吕思勉 著

中 国 社 会 史

上

吕思勉著作精选
专门史

图书在版编目(CIP)数据

中国社会史 / 吕思勉著. —上海：上海古籍出版社，2021.5
(吕思勉著作精选. 专门史)
ISBN 978-7-5325-9935-6

Ⅰ.①中… Ⅱ.①吕… Ⅲ.①社会发展史-中国 Ⅳ.①K20

中国版本图书馆 CIP 数据核字(2021)第 066101 号

吕思勉著作精选·专门史

中国社会史

(全二册)

吕思勉 著

上海古籍出版社出版发行

(上海瑞金二路 272 号 邮政编码 200020)

(1) 网址：www.guji.com.cn
(2) E-mail: guji1@guji.com.cn
(3) 易文网网址：www.ewen.co

上海颛辉印刷厂有限公司印刷

开本 890×1240 1/32 印张 21.75 插页 4 字数 507,000
2021 年 5 月第 1 版 2021 年 5 月第 1 次印刷
ISBN 978-7-5325-9935-6
K·2987 定价：88.00 元
如有质量问题，请与承印公司联系

前　言

　　有一种说法,说理想的历史著述家,要写过一部历史的专著,写过一部历史教科书,再写过一部历史通俗读物。又有一种类似的说法,把教科书换成了方志书,或是把通俗读物换成了历史地图册,说唯有著述了多种主题、多种形式的史学作品,历史著述才算达到了完满的境界。这些说法,当然不是在为史学评论提供一种评判的标尺,其本意是强调历史著述家除了要撰写专业领域里的学术著作,还要尽其所能为社会大众提供多种多样的历史作品,以满足不同层次、不同爱好的读者需要。

　　由此而论,史学家吕思勉先生倒是达到了理想的历史著述境界。他不仅写有大部头的史学著作,如《先秦史》《秦汉史》等成系统的四部断代史,还写过大量的文史教科书和历史通俗读物。其数量之多、品类之丰,在民国时代众多的史学大家中也是很罕见的。而且,他撰写的教科书和历史通俗读物,都是精心之作,或被后人称之为通俗读物之典范。

　　如此次"吕思勉著作精选"收录的一九二四年商务印书馆出版的《新学制高级中学教科书本国史》,黄永年先生曾评价说:这本书现在已经很少有人知道了,有一篇《吕思勉先生主要著作》,就没有提到这本书,也许认为这只是教材而非著作。"其实此书从远古讲到民国,只用了十二万字左右篇幅,而政治、经济、文化以及典章制度各个方面无不顾及,在取舍详略之中,体现出吕先生的史学史识,实是吕先生早期精心之作。有些青年人对我讲,现在流行的通史议论太多,史实太少,而且头绪不清,实在难读难记。我想吕先生这本要言不烦的《本国史》是否可以给现在编写通史、讲义的同志们一点启发。"(黄永年:《回忆我的老师吕诚之先生》,《学林漫录》第四集,北京,中华书局,1981年)

又如《三国史话》,原是吕先生撰写《秦汉史》的副产品,出版之后,就很受欢迎,被视为历史通俗读物的典范之作。虞云国先生说:史学大师吕思勉既有代表其学术高度的断代史,又有通俗读物《三国史话》,"各擅胜场,令人叹绝"。(吕思勉:《三国史话》封底,北京,商务印书馆,2015年)梁满仓先生也说:"《三国史话》的大家风范,首先体现在作者强烈的历史责任意识……还表现在一些经得住时间检验的观点……《三国史话》是一部通俗历史读物,然而通俗中却包含着渊博的知识……小中见大、通俗中见高雅,《三国史话》为我们树立了典范。"(梁满仓:《〈三国史话〉的大家风范》,吕思勉:《三国史话》,北京出版社,2012年)如今,吕先生的各种著述一再重版、重印,成为民国史学家中最为大众欢迎的史家之一,说明上述史学家们的评说已经成为大家的共识。

本着这样的认识,我们在吕先生一千余万字的著述中,选择了二十余种兼具通俗性与专业性且篇幅适宜者,根据内容分为七类,分别是:通史、专门史、修身、历史分级读本、读史札记、史话和国学,组成"吕思勉著作精选",以飨读者。如最先推出的"吕思勉著作精选·专门史",收入《中国社会史》、《中国社会变迁史(附大同释义)》、《中国民族史两种》和《中国文化史六讲 中国政治思想史十讲》。何以收入此四种?吕先生历来备受关注者,即其"两部通史、四部断代史、一种札记",但其对专门史亦非常重视。他提倡"专就一种现象的陈迹加以研究"之专门的历史,并且身体力行,在史学实践中完成社会史、民族史、文化史、政治思想史等专史著作,涵盖面很广。且其专门史常常有一种贯通的眼光,既是朝代的贯通,也是"专门"的贯通,如其讲政治思想史、文化史,则先论社会史,因此其专门之中又多贯通,体现了其"综合专门研究所得的结果,以说明一地域、一时代间一定社会的真相"的治学路径。吕思勉先生的历史著作,大多都蕴含着这种"贯通"的眼光。以此为例,是想说明我们精选吕思勉著作的用意,以及帮助读者更好地理解中国历史的希望。

目 录

前言 ······ 1

第一章　农工商业 ······ 1
第二章　财产 ······ 46
第三章　钱币 ······ 86
　附录一　二十五史札记·论金银之用 ······ 115
　附录二　二十五史札记·续论金银之用 ······ 122
第四章　饮食 ······ 127
第五章　衣服 ······ 149
第六章　宫室 ······ 196
第七章　婚姻 ······ 229
第八章　宗族 ······ 263
第九章　阶级 ······ 294
第十章　国体 ······ 328
第十一章　政体 ······ 352
　附录一　三皇五帝考 ······ 382
　附录二　广疑古篇 ······ 387

第十二章　户籍 …………………………………………… 397

　附录　论中国户口册籍之法 ………………………… 420

第十三章　赋役 …………………………………………… 424

第十四章　征榷 …………………………………………… 469

第十五章　官制 …………………………………………… 526

第十六章　选举 …………………………………………… 564

第十七章　兵制 …………………………………………… 609

第十八章　刑法 …………………………………………… 642

第一章　农工商业

人民之生业，必始自渔猎，进于畜牧，乃渐及于农耕。盖好逸恶劳人之天性，而畜牧种植之利，皆在日后，非演进太浅之民所知也。

寒地之民好肉食，热地之民则多食草木之实。我国古者盖兼此两者而有之。《礼记·礼运》曰："昔者先王，未有火化，食草木之实、鸟兽之肉，饮其血，茹其毛。未有麻丝，衣其羽皮。"《王制》曰："东方曰夷，被发文身，有不火食者矣。南方曰蛮，雕题交趾，有不火食者矣。"此盖皆食草木之实。又曰："西方曰戎，被发衣皮，有不粒食者矣。北方曰狄，衣羽毛穴居，有不粒食者矣。"此盖皆食鸟兽之肉。中国未进化之时，地偏于东南者，其俗盖与夷蛮同；偏于西北者，其俗盖与戎狄同也。然我族之进化独早。

《古史考》曰："太古之初，人吮露精，食草木实，穴居野处。山居则食鸟兽，衣其羽皮，饮血茹毛，近水则食鱼鳖螺蛤。未有火化，腥臊多害肠胃。于是有圣人以火德王，造作钻燧出火，教人熟食，铸金作刃，民人大说，号曰燧人。"据《绎史》卷一引。《白虎通》曰："燧人钻木取火，教民熟食，养人利性，避臭去毒。"《含文嘉》曰："燧人钻木取火，炮生为熟，令人无复腹疾。"此并足征燧人为游猎之世首出庶物之主。伏羲之号，盖谓其能驯伏犧牲。亦曰庖犧，则谓其取牺牲以充庖厨也。伏羲盖游牧之世首出庶物之主也。燧人、伏羲、神农并称三皇,详见本书第十一章附录《三皇五帝考》。俨然代表生计进化之三时代焉。其年代不可确考。姑以通行之说计之,夏四百年,商六百年,周八百年,三代合千八百年,五帝在其前,约计二百年,三皇距周末当在二千年左右也。神农事迹明见《易·系辞传》曰:"庖牺氏没,神农氏作,斫木为耜,揉木为耒,耒耨之利,以教天下。"此确为教民稼穑之君。我国数千年来以农立国之基,肇于此矣。

黄帝、颛顼、帝喾之时,人民生计如何,古书难可确考。然《系辞传》云:"神农氏没,黄帝、尧、舜氏作,通其变,使民不倦,神而化之,使民宜之。"则下文所述九事,盖皆指黄帝、尧、舜时言之也。其九事,曰"黄帝、尧、舜垂衣裳而天下治"。《系辞传》正义:"以前衣皮,其制短小;今衣丝麻布帛,所作衣裳,其制长大,故云垂衣裳也。"惟农业盛,故蚕织与之并兴也。曰"刳木为舟,剡木为楫"。曰"服牛乘马,引重致远"。曰"重门击柝,以待暴客"。惟农业盛,故盖藏多须谋守御,而数石之重,中人弗胜,非如畜产可驱而行,故陆运有待于马牛,水运必资于舟楫也。曰"断木为杵,掘地为臼"。其与农事相资,尤不俟论。曰"弦木为弧,剡木为矢"。戎器皆资于木,亦耕稼之世,民斩伐树艺,故能然也。曰"上古穴居野处,后世圣人易之以宫室,上栋下宇,以待风雨"。曰"古之葬者,厚衣之以薪,葬之中野,不封不树,丧期无数,后世圣人易之以棺椁"。惟去猎牧,事耕农,不得不去岩穴而居平土,故所以蔽风雨者必资栋宇;亦惟种树既盛,材木日繁,故宫室棺椁咸有所取资也。曰"上古结绳而治,后世圣人易之以书契。百官以治,万民以察"。书契者,《九家易》曰:"百官以书治职,万民以契明共事。"郑云:"书之于木,刻其侧为契,各持其一,后以相考合。"盖《周官》质剂之论。农业盛,故通工易事,随之而盛也。以情事度之,黄帝以降,穑事之日兴,无可疑矣。少昊究为帝王与否难定,其时代则必在黄帝、颛顼之间。《左》昭十七年述其官有"九扈为九农正",可见五帝之初,农业之盛也。而尧、舜之尽力于民,事尤有明征。《孟子》述洪水之祸曰："草木畅茂，禽兽繁殖；五谷不登，禽兽逼人。"《孟子·滕文公上》。此容以后世之情形推度古事，然《尧典》详载尧命羲和四子"历象日月星辰，敬授民时"。授时为古代农政要端。又《禹贡》于兖州言"桑土既蚕，是降丘宅土"，与《孟子》言"民无所定，下者为巢，上者为营窟"，及治水功成，"然后人得平土而居之"合。《孟子·滕文公下》。居于平土，固耕稼之民所急也。即谓此等皆不可尽信，而《生民》一诗，实周人自颂其始祖之辞，后稷教民稼穑，必非后人所附会明矣。然则当时之洪水，以正当农业既盛之时，故觉其为祸之烈也。

唐虞以后，农业之盛，可以《书》之《无逸》为征。是篇首言"君子所其无逸，先知稼穑之艰难，乃逸，则知小人之依"。下文历举殷之贤君中宗、高宗、祖甲以至周之太王、王季、文王，盖皆重农之主也。其称高宗之辞曰："旧劳于外，爰暨小人。"称祖甲之辞曰："旧为小人，作其即位，爰知小人之依，能保惠于庶民，不敢侮鳏寡。"称文王之辞曰："卑服，即康功田功。"皆可为其重农之证。《史记·周本纪》曰："后稷之兴，在陶唐、虞、夏之际，皆有令德。此后稷指弃以后相继居稷官者，非一人。后稷卒，此后稷为不窋之父，最后居稷官者也。子不窋立。不窋末年，夏后氏政衰，去稷不务，不窋以失其官而奔戎狄之间。不窋卒，子鞠立。鞠卒，子公刘立。公刘虽在戎狄之间，复修后稷之业，务耕种，行地宜，自漆、沮渡渭，取材用，行者有资，居者有畜积，民赖其庆。百姓怀之，多徙而保归焉。周道之兴自此始，故诗人歌乐思其德。公刘卒，子庆节立，国于豳。庆节卒，子皇仆立。皇仆卒，子差弗立。差弗卒，子毁隃立。毁隃卒，子公非立。公非卒，子高圉立。高圉卒，子亚圉立。亚圉卒，子公叔祖类立。公叔祖类卒，子古公亶父立。古公亶父复修后稷、公刘之业，积德行义，国人皆戴之。薰育戎狄攻之，欲得财物，予。已复攻，欲得地与民。民皆怒，欲战。古公曰：'有民立君，将以利之。今戎狄所为攻战，以吾地与民。民之在我，与其在彼，何异。民欲以我故战，杀人父子而君之，予不忍为。'乃与私属遂去豳，度漆、沮,逾梁山,止于岐下。豳人举国扶老携弱,尽复归古公于岐下。及他旁国闻古公仁,亦多归之。于是古公乃贬戎狄之俗,而营筑城郭室屋,而邑别居之。作五官有司。民皆歌乐之,颂其德。"周之先世,盖皆以能修农业而兴者也。读《公刘》、《绵》、《七月》诸诗,而其世德可见矣。

《禹贡》一篇,或谓非夏时史官作,盖诚然。然无以证其非追述禹时事。后史追述禹事,诚不敢必其可信,亦无以必其不可信也。古人考证,诚不如后人之精,然风气质朴,伪造之事亦必少。如今人疑古之说,几于古书十八九皆出作伪,实予所不敢从也。《禹贡》述九州之田,雍州居最,而周人实以农业兴,即其可信之一证矣。何休称《周官》为六国阴谋之书,其所述盖皆东周后事。合二书所载九州土田及农牧所宜,可见古代农业之一斑矣。列表如后。

《禹 贡》			《周 官》	
州 名	土 田	田	州 名	畜	谷
冀 州	白 壤	中 中	冀 州	牛、羊	黍、稷
			幽 州	四扰(马、牛、羊、豕)	三种(黍、稷、稻)
			并 州	五扰(马、牛、羊、犬、豕)	五种(黍、稷、菽、麦、稻)
兖 州	黑 坟	中 下	兖 州	六扰(马、牛、羊、鸡、犬、豕)	四种(黍、稷、稻、麦)
青 州	白 坟	上 下	青 州	鸡、狗	稻、麦
徐 州	赤埴坟	上 中			
扬 州	涂 泥	下 下	扬 州	鸟、兽	稻

续　表

《禹　贡》			《周　官》	
州　名	土　田	田	州　名	畜	谷
荆　州	涂　泥	下　中	荆　州	鸟、兽	稻
豫　州	壤坟垆	中　上	豫　州	六扰	五种
梁　州	青　黎	下　上			
雍　州	黄　壤	上　上	雍　州	牛、马	黍、稷

三代之世，我国既已重农，而田猎畜牧之事，遂退居其次。其时非不田猎，然特以祭祀宾客所须，习惯相沿，不能不有取于此。《王制》："天子诸侯无事，则岁三田，一为干豆，二为宾客，三为充君之庖。"桓四年，《公羊》、《榖梁》皆同。又其所重者在讲武，意不在于得禽也。《左氏》隐公五年："春，公将如棠观鱼者。臧僖伯谏曰：'凡物不足以讲大事，其材不足以备器用，则君不举焉。君将纳民于轨物者也。故讲事以度轨量谓之轨，取材以章物采প之物，不轨不物谓之乱政。乱政亟行，所以败也。故春蒐夏苗，秋狝冬狩，皆于农隙以讲事也。三年而治兵，入而振旅，归而饮至，以数军实，昭文章，明贵贱，辨等列，顺少长，习威仪也。鸟兽之肉不登于俎，皮革齿牙，骨角毛羽，不登于器，则公不射，古之制也。若夫山林川泽之实，器用之资，皂隶之事，官司之守，非君所及也。'"可见古代田猎，意最重于讲武。"从兽无厌"，"弃田以为苑囿"，并为人君之大戒，而田猎之意，亦以为农除害。《月令》：孟夏，"驱兽，毋害五谷，毋大田猎。"《公羊》桓四年何注曰："已有三牺，必田狩者，孝子之意，以为己之所养，不如天地自然之牲逸豫肥美。禽兽多则伤五谷，因习兵事，又不空设，故因以捕禽兽，所以共承宗庙，示不忘武备，又因以为田除害。"述田猎之意最备。**畜牧之事，特行之远郊之地，任之薮泽之民。**《周官》太宰以九职任万民，"四曰薮牧，养蕃鸟兽"，载师"以牧田任远郊之地"。农耕与田猎畜牧之重轻，昭然可见矣。至于渔则仅足以供口实，不足以

肄武事，而古人于口实之中，亦不以此为贵，古以鱼为贱者少者之食。《王制》曰："诸侯无故不杀牛，大夫无故不杀羊，士无故不杀犬豕。"此以牛羊犬豕为贵者之食也。《孟子》言："鸡豚狗彘之畜，无失其时。""七十者可以食肉。"此以鸡豚狗彘为老者之食也。又言"数罟不入洿池，鱼鳖不可胜食"，与"不违农时，谷不可胜食"并举，此则少年之食也。《无羊》之诗曰："牧人乃梦，众维鱼矣。""大人占之，众维鱼矣，实维丰年。"笺云："鱼者，庶人之所以养也。今人众相与捕鱼，则是岁熟相供养之祥也。"此以鱼为贱者之食也。故尤视为鄙事，为人君所弗亲。

斯时可供猎牧之地，盖已不多，故所以管理之者甚严。文王之囿，方七十里，民犹以为小，固由其与民同之，亦由其时土尚广，民尚希尔。战国之齐，鸡鸣狗吠相闻，达于四境。而宣王之囿，方四十里，杀麋鹿如杀人之禁，民亦将以为大矣。"国君春田不围泽，大夫不掩群，士不取麛卵。"《礼记·曲礼》。"子钓而不纲，弋不射宿。"《论语·述而》。虽曰仁不尽物，亦无暴天物之意也。《公羊》桓四年，"春曰苗，秋曰蒐，冬曰狩"。注："不以夏田者，春秋制也，以为飞鸟未去于巢，走兽未离于穴，恐伤害于幼稚，故于苑囿中取之。"案，《左》、《穀》、《周官》、《尔雅》皆四时，已无古制也。《左氏》春蒐、夏苗、秋狝、冬狩，见上。《周官》、《尔雅》皆同。《穀梁》曰："春曰田，夏曰苗，秋曰蒐，冬曰狩。"渔猎畜牧之事，一切设官管理，虽所以导民，亦珍惜其物之意也。《周官》管理田猎者为迹人，管理捕鱼之事者为川衡、泽虞。《月令》：仲春，"毋竭川泽，毋漉陂池，毋焚山林"。季春："田猎罝罘，罗网，毕翳，喂兽之药，毋出九门"。仲冬："山林薮泽，有能取蔬食田猎禽兽者，野虞教道之。其有相侵夺者，罪之不赦。""国君无故不杀牛，大夫无故不杀羊，士无故不杀犬豕。""七十者可以食肉。"庶人少壮之食，止于鱼鳖，仍设"数罟不入洿池"之禁，可见口食之艰矣。此田猎畜牧所由进为农耕耶。

田猎畜牧所得有为国用所资者，则设官掌之，或征赋于其地之民，如《月令》所记水虞渔师之事，季夏，"命渔师伐蛟，取鼍，登龟，取鼋"。孟冬，"乃命水虞渔师，收水泉池泽之赋"。季冬，"命渔师始渔"。及逐月之牧政。孟春，"命祀山林川泽，牺牲毋用牝"。季春，"乃合累牛腾马，游牝于牧，牺牲驹犊,举书其数"。仲夏,"则絷腾驹,班马政"。《周官》所设兽人、掌罟田兽。敝人、掌以时敝为梁。梁,水偃也。偃水两畔,中央通水为关孔,以簿承其关孔,鱼过者以簿承取之。鳖人、掌取互物。互物,龟鳖之属。牧人、掌牧六牲。六牲谓牛、马、羊、豕、犬、鸡。牛人、掌养国之公牛。充人、掌系祭祀之牲牷。迹人、掌邦田之地政,为之厉禁而守之,凡田猎者受令焉。角人、掌征齿角骨物于山泽之农。羽人、掌征羽翮于山泽之农。掌蜃、掌敛互物蜃物。蜃,大蛤。囿人、掌囿游之兽禁。鸡人、掌共鸡牲。羊人、掌羊牲。服不氏、掌养猛兽。射鸟氏、掌射鸟。罗氏、掌罗乌鸟。掌畜、掌养鸟。校人、掌王马之政。趣马、趣养马者。巫马、掌养治疾马。牧师、掌牧地。廋人、掌十有二闲之政。圉人、掌养马。犬人、掌犬牲。冥氏、掌攻猛兽。穴氏、掌攻蛰兽。翨氏、掌覆夭鸟之巢。夭鸟,恶鸣之鸟,若鸮鵬。庭氏掌射国中之夭鸟。诸职是也。其中以马政为特重,盖为戎事所须。民间所养有六畜,而马牛亦特重,为县师所简阅,亦以其有关戎事,兼利交通,非若鸡豚狗彘,徒厌口腹之欲也。《曲礼》曰:"问庶人之富,数畜以对。"《管子·八观》曰:"六畜有征,闭货之门也。"《乘马数》曰:"若岁凶旱水泆,民失本,则修宫室台榭,以前无狗后无彘者为庸。"知耕农之世,畜养虽非正业,亦有关于贫富矣。

东迁以还,农业弥重。《管子·治国》曰:"昔者七十九代之君,法制不一,号令不同,然俱王天下者何也?必国富而粟多也。凡为国之急者,必先禁末作文巧。末作文巧禁,则民无所游食。民无所游食,则必农。民事农,则田垦。田垦,则粟多。粟多,则国富。国富者兵强,兵强者战胜,战胜者地广。是以先王知众民、强兵、广地、富国之必生于粟也,故禁末作,止奇巧,而利农事。"又曰:"农事胜则入粟多,入粟多则国富,国富则安乡重家,安乡重家则虽变俗易习,驱众移民,至于杀之,而民不恶也。此务粟之功也。上不利农则粟少,粟少则人贫,人贫则轻家,轻家则易去,易去则上令不能必行,上令不能必行,则禁不能必止,禁不能必止,则战不必胜,守不必固矣。夫令不必行,禁不必止,战不必胜,守不必固,命之曰寄生之君。"法家重农之旨,尽此数语,两言蔽之,于国求其富强,于民求其治理而已。九流之中,切于治国者,莫若儒法。儒家以天下为旨,非如法家之徒求富强,然其言治,亦曰先富后教,曰"有恒产而后有恒心",以人人有士君子之行为究极。其所求与法家异,其所以致之者则与法家同也。秦汉而后,宇内一统,无事求富强以胜敌,然民农则朴,朴则易治,农为本业,工商为末业,及先富后教,有恒产而后有恒心等义,迄未尝变。故汉代法律最尊农夫,薄赋轻徭,惟恐不及,孝弟力田,置有常员。后世虽不能然,然法律政事之重农,则二千年来未尝改也。虽或有其名而无实,然其意则固于此矣。

然秦汉而后,重农之意虽笃,而农政实日以荒,此则封建与统一之世,政治不同为之也。举其大者,盖有两端。

一曰教民稼穑之意不复存。隆古之世,贤者与民并耕而食,饔飧而治,斯时之君,固与人民相去极近。其后省耕省敛,"曾孙来止,以其妇子,馌彼南亩,田畯至喜,攘其左右,尝其旨否",其相去犹不甚远。《诗·小雅·甫田》笺云:"曾孙谓成王也。攘,读当为饷。馌、饷,馈也。田畯,司啬,今之啬夫也。喜,读为饎。饎,酒食也。成王来止,谓出观农事也。亲与后、世子行,使知稼穑之艰难也。为农人之在南亩者,设馈以劝之。司啬至,则又加之以酒食,饷其左右从行者。成王亲为尝其馈之美否,示亲之也。"而有司之巡行,田官之教道,尤为纤悉备至。《月令》:孟春,"王命布农事,命田舍东郊,皆修封疆,审端经术。善相丘陵、阪险、原隰,土地所宜,五谷所殖,以教道民,必躬亲之"。田即田畯。《噫嘻》郑笺所谓"三十里者一部,一吏主之"者也。《公羊》宣十五年何注:"在田曰庐,在邑曰里,一里八十户,八家共一巷。选其耆老有高德者,名曰父老,其有辩护伉健者为里正。民春夏出田,秋冬入保城郭。田作之时,春,父老及里正旦开门坐塾上,晏出后时者不得出,暮不持樵者不得入。"此盖所谓田畯,则大夫也。《曲礼》曰:"地广大,荒而不治,此亦士之辱也。"《管子·权修》曰:"土地博大,野不可以无吏。"古之大夫勤于民事如此。又《月令》:孟夏,"命野虞出行田原,为天子劳农劝民,毋或失时。命司徒巡行县鄙,命农勉作,毋休于都"。仲秋,"乃劝种麦,毋或失时","乃命有司,趣民收敛,务畜菜,多积聚"。季冬,"令告民出五种,命农计耦耕事,修耒耜,具田器"。则神农之事,时烦庙堂之廑虑,又不仅部分之吏矣。后世则县令等于国君,名为亲民,实为高拱。三老啬夫之职既废,与民接近者,莫非蠢愚之徒,知识无异乡农,经验或且不逮。士不以农为学,有履田畴而不辨菽麦者,间有一二从事讲求,亦徒立说著书,而不能播其学于氓庶。凡事合才智者以讲求,则蒸蒸日上,听其自然迁流,未有不日益衰蔽者也。我国朝野上下,于农事莫或措意如此,农业安得而不窳敝也。

一则土地变为私有,寸寸割裂。农人既无知识,又无大土地,不克规划全局,事之关系一乡数乡、千亩万亩者,遂莫或克举,而人人自谋其私利,或且至于彼此相害焉。而农田之丰歉,遂一听诸不可知之天时。民国八年,农商部统计,全国不及十亩之农户居百之四十,不及三十亩者百之二十七,不及五十亩者百之十六,不及百亩者百之十八,有百亩以上者仅百之五耳。地产均平,固是美事,然于使用机器,作豫防水旱等大工程,殊不便也。且如水利于农田,至切之事也。古者沟洫之制详矣,后世悉颓废,间有贤牧令能讲求陂塘井泉之利者,实千百不得一,而人民贪田,退滩废堰,见小利而昧远图,则或利其开科以攘安集之功,或慑于占据者之强顽而莫敢过问,比比也。官吏如此,地方人士又莫能自谋其公益,水利安得不日坏乎?夫水利特其一端耳,他事类此者何限,一切应兴应革之事,莫或主持而听其自然迁流,此又农业之所由日敝也。沟洫之事,论者率以为难行,其实不然。今引清陈斌之言以明之。陈氏之言曰:"沟洫者,万世之利也。后世虑其弃地之多,而实无多也。一井之步约百有八十丈,其为沟者八尺而已。一成之步约万有八千丈,其为洫与涂者九,积十有四丈四尺而已。通计所弃之地,二百分之一而弱也。今更新为之,必有虑其事之难成者,则更非甚难之事也。斌观甽田之法,一尺之畎,二尺之遂,即耕而即成者也。今苏湖之田,九月种麦,必为田轮,两轮中间,深广二尺,其平阔之乡,万轮鳞接,整齐均一,弥月悉成,古之遂径,岂有异乎?设计其五年而为沟洫,则合八家之力,而先治一横沟田首,步之为百八十丈者,家出三人,就地筑土,二日而毕矣。明年以八十家之力治洫,广深三沟,其长十之,料工计日,三日而半,七日而毕矣。及明年,以八百家之力为浍,广深三洫,其长百沟,料工计日,一旬而半,三旬而毕矣。即以三旬之功,分责三岁,其成必矣。及功之俱成,民甽田以为利,一岁之中,家修其遂,众治其沟洫,官督民而浚其浍,有小水旱可以无饥,十分之饥,可救其五,故曰万世之利也。"按《旧唐书·姜师度传》,谓其"好沟洫,所在必发众穿凿,虽时有不利,而成功亦多"。《册府元龟》载开元八年褒美师度之诏,谓"顷职大农,首开沟洫,今原田弥望,畎畮(浍)联属,䅵来榛棘之所,遍为秔稻之所",则固有行之而成者矣。程含章与所属牧令书曰:"水为粒食之原,百姓宁不知自谋,而顾令之不从,何哉?望利之心,不敌其虑害之心也。一陂之开,必合数十百家之人为之,且必请勘于官而后决之。众心不同,可虑也;众论不协,可虑也;众论不齐,可虑也。官司之守候,书役之需索,夫马之供顿,在在可虑也。陂水之利,杳不知其何乡,而切身之忧,纷然莫解,此其虑之在于始者也。工作方兴,人怀观望,乡邻有诟谇之声,银钱有垫支之累,陂头甫筑而挠之者来矣,沟洫所经而挠之者又来矣,伐人一木一石而挠之者又来矣,让之则功不可成,争之则讼端立起,万一半途而废,则虚糜之工料,众不与偿,跋前疐(蹙)后,转悔此举为多事,此其虑之在于继者也。陂幸告成,水汩汩来矣,近者以其水过已前也则争,远者以其水难到田也则又争,强者恃力则又争,富者恃财则又争,争之不已,必继以斗,或伤或死,产业破亡。且新筑之工,多不坚实,大雨之后,冲决必多,怨讟纷腾,呼众莫应,前累未清,后累踵至,首事之心力既倦,二三年后废为丘墟,而前功尽弃矣。此其虑之在于终者也。"观程氏之言,则水利之不修,仍是人谋之不臧耳。其他兴利除弊之事,皆此类矣。沟洫之制,见于《周官·遂人》及《考工记·匠人》。《遂人》云:"夫间有遂,遂上有径。十夫有沟,沟上有畛。百夫有洫,洫上有涂。千夫有浍,浍上有道。万夫有川,川上有路,以达于畿。"《匠人》云:"匠人为沟洫,耜广五寸,二耜为耦。一耦之伐,广尺深尺谓之畎。田首倍之,广二尺、深二尺谓之遂。九夫为井,井间广四尺、深四尺,谓之沟。方十里为成,成间广八尺、深八尺,谓之洫。方百里为同,同间广二寻、深二仞,谓之浍,专达于川。"注虽以为二法,然其释《遂人》遂、沟、洫、浍之深广,皆与《匠人》同,则其实不异也。沟洫所需之地,具如陈氏所计。郑注成方百里出田税,缘边一里治洫,同方八十里出田税,缘边十里治浍,以古有山陵川泽等三分去一之制,故引以为言,非谓治沟洫费地如此之多也。沟洫之制,人或疑其方罫如棋局,不合地势,不知古书多设法之谈,其言封建井田皆如此,沟洫亦然也。《匠人》云:"两山之间,必有川焉。"又云:"凡沟逆地阞,谓之不行。水属不理孙,谓之不行。""凡沟必因水势,防必因地势。善沟者水漱之,善防者水淫之。"其重理脉如此。所谓川者,必自然之川可知矣。即《遂人》之川,疏家以为人造,亦未可信也。然则亦顺地势为之可矣,安取方罫如棋局哉?予谓水少之地,沟洫纯出人为者,方罫如棋局,盖尚简易。若多水之区,不妨顺水势为之曲直,深广一随自然,但岁以人力浚治,浚出之土,即于其上筑路,沟愈深则路愈高,水旱有备,而往来亦益便矣。

要而言之,农业者,非人人各耕其地,彼此不相知之事也。在一区域之中,其利害恒相关。土地公有之世,固易于合力而谋,即使人各自私,而有专主农事之官以督之,有深明农学之人以教之,犹可以不至于大坏。而后世又一切无有,此农业之所以不振也。

虽然,时日者,进化之母也。我国农政虽云陵替,社会自然之进化固不能无。故论其大体,仍有今胜于古者,此可以其耕作之精粗判之。古者一夫受田百亩,又有爰田之制。爰,即换也。《公羊》宣十五年何注:"司空谨别田之高下善恶,分为三品,上田一岁一垦,中田二岁一垦,下田三岁一垦。肥饶不得独乐,墝埆不得独苦,故三年一换土易居。"此为爰田之一义。一授三百亩,一新而再休之,亦爰田之一义也。《周官·大司徒》"不易之地,家百亩;一易之地,家二百亩;再易之地,家三百亩"是也。《尔雅·释地》:"田一岁曰菑,二岁曰新田,三岁曰畬。"即指此。其耕作所获,则"上农夫食九人,其次食八人,其次食七人,其次食六人。下农夫食五人。"《管子·揆度》则云:"上农挟五,中农挟四,下农挟三。上女衣五,中女衣四,下女衣三。"而今日江南,上农所耕,不及十亩,其所食未有以减于古也,则其耕作之精粗,相去远矣。江南固今日农耕最精之所,然即以北方论,其精于古人者,亦已倍蓰矣。此固由人口之日繁,地亩之日狭有以迫之使然,智巧之降而日开,亦不可诬也。

然今世各地方之耕作精粗,亦殊不一,尽有民甚惰而技甚拙者,此则又当归咎于农学之不兴,农政之不举矣。今试举一二事,以证其状。

李兆洛《凤台县志》曰:"地之值下者,止数百钱,贵者不过四五缗。一犁必驾二牛,谓之一犋。按,犋即《说文》之䓫字,旧以为牰字,非也。'牰,二岁牛。''犙,三岁牛。''牭,四岁牛。''䍽,籀文牭。'段氏曰:'牰字见《尔雅·释畜》,牛体长也。'牰无驾二牛义。'䓫,两壁耕也。'贫者代以驴,佃百亩者谓之一犋牛。一夫所治,常数犋牛,惟耕获时须佣僦,余皆暇日矣。凡县中田地,当得四百万亩有奇,计亩岁收二石,当得米谷八百万石。丁口计三十万,别其士工商民不在农者约五万,计实丁之在南亩者,不过二十五万。以二十五万治四百万亩之地,人可得十六亩。家有三丁,用力合作,治其屋下之田,不为兼并所取,计岁米谷常在九十石以上。家不过八口,人日食一升,岁所食三十石。以其余具粪溉,供租赋,与工商交易其有无,为婚嫁丧葬宴会之具,又以余力治塘堰,穿窦窖,为水旱之备。塘可以鱼,堰可以树,亦足以优游乡里,长子养孙,为安足之氓矣。乃一有小水旱,菜色满野,流亡载途。郑念祖者,邑素封家也,佣一兖州人治圃,问能治几何?曰:二亩,然尚须僦一人助之。问亩之粪几何?曰:钱二千。其邻之闻者哗曰:吾一人治地十亩,须粪不过千钱,然岁之所出,常不足以偿值。若所治少而须钱多,地将能产钱乎?郑亦不能尽信,姑给地而试之。日与其人辟野治畎,密其篱,疏其援,萌而培之,长而导之,燠而灌之,湿而利之,除虫蚁,驱鸟雀,虽所治少而终日揗揗不休息,他圃未苗而其圃蔌已实,蔬已繁矣。鬻之市,以其早也,价辄倍,比他圃入市,而其所售者已偿其本,与他圃并市者,皆其赢也。又蔬蔌皆鲜美硕大,殊于他圃,市之即速售。岁终而会之,息数倍。其邻乃大羡,然亦不能夺其故习也。尝行县邑,值小旱,见苗且僵矣。其旁有塘汪然,诘之曰:何不戽?曰:水少而田多,不敷也。曰:少救数亩,不愈于萎乎?曰:无其具。曰:何不为?曰:重劳且恐所得不足偿费。其愚而无虑,盖大率如此。使邑之民皆如郑之圃而募江南民为田师,以开水田,其利岂可数计乎?"

吕星垣《宝相寺记》曰:"宿松田瘠而赋重,安庆属县六,宿松次五,其广轮不及怀宁、桐城远甚。怀宁、桐城田皆三千余顷,宿松则四千四百余顷。《志》称明令屠叔芳虚增亩额,求媚上官,后不良于死。宿松之民,至今蒙害未已也。《诗》曰:三之日于耜,四之日举趾。此而北,高寒气候不同耳。若东南则未有逮春始耕者也。宿松濒湖,冬遂鱼蛤之田,弃田不治,始春乃耕矣。《诗》曰:载芟载柞,其耕泽泽。必芟柞其草木,以罨藏之,而发其土膏,未有徒耕者也。宿松举耜覆土,犹或不全,盖无不徒耕者矣。《诗》曰:千耦其耘,徂隰徂畛。盖始则周行畛隰,足治草之萌芽,使不得生也。又曰:其镈斯赵,以薅荼蓼。盖继则操持利器,手壅草之芜秽,使助荣滋也。宿松则有植而不芸,芸而不复至田者矣。田且如此,其他一切沟洫、蚕桑、畜牧之法,皆置不讲,然则民之贫者,困也,惰废之害未已也,不尽屠令加亩之罪也。予考天下税粮,莫重于苏州、松江,然其田直十金以上,宿松则亩不过五六铢而已。甚或弃之听人耕,又甚则出钱以资受者,求脱田而去。"云云。

张士元《农田议》曰:"予不能周行天下,不知四方治田若何。然以足迹所至,咨访所及者言之,则天下之田,未有如大江以南之治者。江南本水乡,虽无古井田之法,而沟洫畎浍,防水泻水之制犹古也。其民虽有游手,然田无不耕者。阡陌之中,春荣菜麦,秋荣禾稻,桑麻茂密,鸡犬相闻。方二三千里,几尺土必垦,所以公私粮食,常取给于东南一隅也。逾淮而北,过山东、直隶之境,则平原旷野,千里荒芜,虽有种禾黍者,亦少深耕易耨之功,岁收益薄,而不足之处,又不种桑而种柳枣。其民不出于农亩,则业于商贩。其尤无藉者,鬻歌取食,男女年八岁以上,十四五以下,便干屣鸣弦,伺候客馆,而优笑滋多矣。此无他,北方久无沟洫之制,其田专仰雨水,命悬于天,田者少利,则而之末作耳。"尹会一《陈农商四务疏》曰:"南方种田一亩,所获以石计;北方种地一亩,所获以斗计,非尽南智而北拙,南勤而北惰,南沃而北瘠也。盖南方地窄人稠,一夫所耕,不过十亩,多则二十亩,力聚而功专,故所获甚厚。北方地土辽阔,农民惟图广种,一夫所耕,自七八十亩以至百亩不等,意以多种则多收,不知地多则粪土不能厚壅,而地力薄矣;工作不能遍及,而人力疏矣。是以小户自耕己地,种少而常得丰收,佃户受地承耕,种多而收成较薄。应令地方官劝谕田主,多招佃户,量力授田,每佃所种,不得过二十亩。至耘籽之生,又须去革务尽,培壅甚厚。犁则以三覆为率,粪则以加倍为准,锄则以四次为常。棉花又不厌多锄,则地少力专。佃户既获丰收,田主自享其利。"合此两说观之,则田作最精者,厥惟江南,他处则尚多未脱粗耕之域。民国八年,农商部统计,南方田主少而佃户反多,北方田主多而佃户反少,其明验也。盖南方气和土沃,受惠于天然者多,北方气寒土燥,有待于人功者大。人事既已不修,北方之农业自不能如南方也。人事之旷废亦有其由。我国开化本自北而南,故历代政治之重心,恒在于北。其地形平衍,每直兵争,受祸必烈。又自永嘉之乱以来,阅数百年,即为各少数族贵族所蹂躏,不徒财物遭其劫掠,室庐为所摧毁,即人民粗犷之性质,亦有潜滋暗长于不自觉者焉。古代人民之性质,南剽悍而北重厚,今则南柔懦而北粗犷矣。其强弱适相反也。此北方之农业所以衰退之大原因也。而历代帝都多在于北,率漕他处之粟以自给,畿辅之农业转致就荒，亦为一原因。历代帝都所在，不徒恒漕他处之粟以自给，而不知重本地之农业也，又往往导其民于巧伪奢侈。且如雍州，自古即以农业称，商君以农战强其国，其事尤昭昭也。乃自秦并天下，为强干弱枝之计，而徙齐、楚大族于关中。汉人踵之，复徙齐、楚诸侯功臣家等充奉陵邑，而诸陵之地，遂为斗鸡走狗、轻侠驰骋之场。周秦遗民诚朴勇悍之气衰矣，所谓爱之适以害之也。《日知录》"水利"条曰："欧阳永叔作《唐书·地理志》，凡一渠之开，一堰之立，无不记之其县之下，实兼河渠一志，亦可谓详而有体矣。盖唐时为令者，犹得以用一方之财，兴期月之役。而志之所书，大抵在天宝以前者居什之七，岂非太平之世，吏治修而民隐达，故常以百里之官，而创千年之利。至于河朔用兵之后，则以催科为急，而农功水道，有不暇讲求者欤。然自大历以至咸通，犹皆书之不绝于册。而今之为吏，则数十年无闻也已。"案，《马可·波罗游记》尚称中国北方林木郁翳，今则山皆童秃，陆行者赤日当空，无蔽荫之所矣。此可见战事摧毁实业之烈，而为少数族贵族所蹂躏，其为祸犹酷也。

种植之物，盖随世而益精。古有恒言曰"百谷"，又曰"嘉谷"。盖其始供食之物极多，后乃专取其最美者，则五谷及九谷是也。《周官》：大宰九职，"一曰三农，生九谷"。注："郑司农云：九谷：黍、稷、秫、稻、麻、大小豆、大小麦。""玄谓九谷无秫、大麦，而有粱、苽。"五谷皆熟为有年，大熟为大有年，见《穀梁》桓三年、宣十六年。《公羊》宣十五年何注曰："（市井）种谷，不得种一谷，以备灾害。"此亦要图也。今日又患所种之谷太少，以致易遇歉岁。于稻麦之外，提倡多食杂粮，亦足食之一策也。且所食之物多，则可以种植之地亦广矣。菜之供食，次于谷；果之供食，又次于菜，故"谷不熟为饥，蔬不熟为馑，果不熟为荒"。《尔雅·释天》。菜果有种于宅旁疆畔者。宣十五年《公羊》何注所谓"瓜果种疆畔"，《穀梁》所谓"古者公田为居，井灶葱韭尽取焉"者也。有别辟地，秋以为场，种植时则号为圃者。《周官·场人》疏："场圃同地耳。春夏为圃，秋冬为场。其场因圃而为之，故并言之也。"《周官》：大宰九职，"二曰园圃，毓草木"；注："树果蓏曰圃。园，其樊也。"场人"掌国之场圃，而树之果蓏珍异之物"是也。注："果，枣李之属。蓏，瓜瓠之属。珍异，蒲桃、枇杷之属。"齐桓伐山戎，得戎菽。谷类移植中原可考者,当以是为始。其后葡萄、苜蓿等输入者亦不少,而木棉为利尤溥焉。

食物取之山泽者,《周官》谓之蔬材。太宰九职,"八曰臣妾,聚敛疏材"。注:"疏材,百草根实可食者。"是也。亦有官掌之。委人"掌敛野之赋,敛薪刍,凡疏材木材,凡畜聚之物"注:"凡畜聚之物,瓜瓠葵芋,御冬之具也。"是也。古代此等利源,盖亦不少。故《管子》谓"万家以下,则就山泽可矣;万家以上,则去山泽可矣"。《管子·八观》。韩献子谓"山、泽、林、盐,国之宝也。国饶则民骄佚,近宝,公室乃贫"也。《左》成六年。后世人口日繁,则此等遗利日少,耕作之法渐变,宅旁疆畔所种,不足自给,而土地既为私人所有,山泽亦为豪强所占,于是有专事种树畜牧以取利者。《史记·货殖列传》所谓"陆地牧马二百蹄,牛蹄角千,千足羊,泽中千足彘,水居千石鱼陂,山居千章之材。安邑千树枣;燕秦千树栗;蜀、汉、江陵千树橘;淮北、常山已南,河济之间千树萩,陈夏千亩漆;齐鲁千亩桑麻;渭川千亩竹;及名国万家之城,带郭千亩亩钟之田,若千亩卮茜,千畦姜韭。此其人皆与千户侯等"者也。贫富之阶级,自此渐起。然就产业言之,固合于分业之理矣。

古代山泽之地,非徒蔬食所在,亦材木之所自出也。《周官》:山虞"掌山林之政令,物为之厉,而为之守禁"。林衡"掌巡林麓之禁令,而平其守"。柞氏"掌攻草木及林麓"。所司者皆其事也。《月令》:季夏,"乃命虞人,入山行木,毋有斩伐"。季秋,"草木黄落,乃伐薪为炭"。仲冬,"日短至,则伐木取竹箭"。盖皆取之于山。季夏,"命泽人纳材苇",则取之于泽者也。古于林木,保护甚严。山虞"令万民时斩材,有期日","凡窃木者有刑罚"。即《孟子》所谓"斧斤以时入山林"者也。《曲礼》曰:"为宫室不斩于丘木。"《左》昭十六年:"郑大旱,使屠击、祝款、竖柎有事于桑山。斩其木,不雨。子产曰：有事于山，艺山林也，而斩其木，其罪大矣。夺之官邑。"其法之严可想，然不能皆如是。故《孟子》言"牛山之木尝美矣，以其郊于大国也，斧斤伐之"。"其日夜之所息，雨露之所润，非无萌蘖之生焉"，则"牛羊又从而牧之"，而遂至于濯濯也。古于山泽，视为人君所私有，汉世尚然。故以不封禁为美政。《王制》："名山大泽不以封。"注："与民同财，不得障管。"盖人君食禄，亦仅土田之所出而已，然《曲礼》"问国君之富，数地以对，山泽之所出"，则已视为人君之私奉养矣。《左》襄十一年，同盟于亳，载书曰："毋壅利。"注："专山川之利。"所谓专山川之利者，一设官典守，不许人民取用，《穀梁》庄二十八年"山林薮泽之利，所以与民共也。虞之，非正也"是也。人民有取用者，税之。《荀子·王制》："山林泽梁，以时禁发而不税。"《左》昭三年："山木如市，弗加于山。鱼盐蜃蛤，弗加于海。"皆对税之者言也。**然亦因此渐失其典守之职，遂致为私家所占，而业日以荒。**

《周官》：司险"设国之五沟五涂，而树之林以为阻固"。此树木于平地者。后世天下一统，无事于此，故此等人造之林木，几不可睹焉。树木之利甚多。实可食，一也。材可用，二也。芟其枝可以为薪，三也。《管子》言："一年之计，莫如树谷；十年之计，莫如树木。"《管子·权修》。然不可植谷之处，无不可树木者，人工之省，又去树谷不可以道里计，四也。张履祥言："绍兴祁氏，资送其女，费至千金。人怪其厚。祁曰：吾费不过十金耳。人益骇。问其故，曰：于女生之年，山中人已种杉秧万株，株费一厘。女十六七而嫁，杉木大小每株值价一钱，则嫁资裕如矣。"此所谓十年之计树木者也。**调节水旱，五也。**此等利益，有属于公者，亦有属于私者。其属于公者，人民固莫能为，而官吏又莫为之倡导，坐使山原错杂，幅员万里之国，山皆童秃，地尽荒芜，营造所须，转资于外，亦可慨矣！洪荒未辟之世，林木可资于自然，如今日之东北等是。中国春秋时之桃林，秦汉时两粤之深林密箐，盖亦此类。地日开辟，则此等自然之利渐尽，不得不有待于人为矣。森林可防水旱，中国人亦未尝不知，故间有封闭林木、禁止斩伐者。清梅曾亮《书棚民事》曰："予为董文恪公作行状，尽览其奏议。

其任安徽巡抚奏准棚民开山事甚力。大旨言与棚民相告讦者,皆溺于龙脉风水之说,至有以数百亩之田,保一棺之土,弃典礼,荒地利,不可施行。而棚民能攻苦茹淡,于崇山峻岭人迹不可通之地,开种旱谷,以佐稻粱,人无闲民,地无遗利,于策至便,不可禁止,以启事端。予览其说而是之。及予来宣城,问诸乡人,皆言未开之山,土坚石固,草树茂密,腐叶积数年,可二三寸。每天雨,从树至叶,从叶至土石,历石罅,滴沥成泉,其下水也缓,又水下而土不随其下,水缓故低田受之不为灾,而半月不雨,高田又受其浸溉。今以斤斧童其山,而以锄犁疏其土,一雨未毕,沙石随下,奔流注壑,涧中皆填污不可贮,水毕至洼田中乃止。及洼田竭而山田之水无继者。是为开不毛之土,而病有谷之田,利无税之佣,而瘠有税之户也。予亦闻其说而是之。嗟矣! 利害之不两全也,久矣。由前之说,可以息事,由后之说,可以保利。若无失其利,而又不至于董公之所忧,则吾盖未得其术也。"此事在今日,一言可决耳。梅氏不为无学,而其代何持两端如此,以见农学不讲,士大夫莫或知农事矣。李兆洛《凤台县志》曰:"《晋书》称八公山草木皆如人形,而《水经注》则云八公山草木为童阜耳。今北山固濯濯也,询之山民,或云不宜木,然其故老皆云:北山向时木甚美,中多栋梁,今城中老屋,多北山木所构。其产有青櫃、红櫃,大皆合围以上,发老屋者犹时时得之。青櫃色青黑,坚致类海楠,红櫃红泽,皆他处所无。明季兵火,刊伐遂尽。今欲求青櫃红櫃之蘖,而辨其枝叶,亦不可得矣。居民每冬月,则入山划草根以爨,木之槎枿长尺余者,并其根掘而鬻之以为薪。"读此,可知兵燹之贻害于森林,及我国近代林业败坏之状。

农学肇端甚早,古称畎田起于后稷,区田始于伊尹,虽未必可信,《汉书·食货志》:武帝末年,"以赵过为搜粟都尉。过能为代田,一晦三甽。岁代处,故曰代田,古法也。后稷始甽田,以二耜为耦,广尺深尺曰甽,长终晦。一晦三甽,一夫三百甽,而播种于甽中。苗生叶以上,稍耨陇草,因隤其土,以附苗根。故其《诗》曰:或耘或芋,黍稷儗儗。芸,除草也。芋,附根也。言苗稍壮,每耨辄附根,比盛暑,陇尽而根深,能风与旱,故儗儗而盛也"。区田见《农政全书》云:汤有七年之旱,伊尹以此救之。其法一亩之地,阔十五步,步五尺,计七十五尺,行占地一尺五寸,计分五十区,长阔相间,通二千七百区,空一行下种。于所种行内,又隔一区,种一区,可种者六百七十五区。区深一尺,用熟粪一升，与区土相和，布谷匀覆，以手按实，令土种相著。苗出，看稀稠存留。锄不厌频，旱则浇灌。结子时锄区上土，深壅其根，以防大风。《齐民要术》谓兖州刺史刘仁之，以尺田七十步之地为之，收粟三十六石。然则一亩之收，有过百石矣。古斗斛固较今为小，然据后人所试，亦断不能多收至此，大约较诸缦田可多收倍以上，至于四五耳。区田之获丰收，在于耕之深，壅之厚，施肥充足，下种精实，爱护周至，与代田同一理也。盖古人耕作之法本粗，故寻常缦田所收，较诸区田，相去悬绝耳。若与今日耕作之精者较，其相去亦不甚多。大抵粗耕之区，人口渐增，田亩渐形不足者，教以区田之法最宜。然亦惟当变粗为精耳，不必拘执一法也。然后稷以教稼居官，其在当时，必能深通农事，有过恒人，则无疑矣。古者教稼之事，今略见于《周官·大司徒》："辨十有二壤之物，而知其种。"司稼"掌巡邦野之稼，而辨穜稑之种，周知其名，与其所宜地以为法，而悬于邑闾"。此辨土壤、择谷种之法也。《论衡·商虫篇》："神农、后稷藏种之方，煮马矢以汁渍种者，令禾不虫。"草人"掌土化之法，以物地，相其宜而为之种"。此变化土壤之法也。《月令》：季夏，"是月也，土润溽暑，大雨时行。烧薙行水，利以杀草，如以热汤，可以粪田畴，可以美土疆"。庶氏"掌除毒蛊"。翦氏"掌除蠹物"，赤犮氏"掌除墙屋"，除虫豸藏逃其中者。蝈氏蝈，读如蜮。"掌去䵷黾"，壶涿氏"掌除水虫"，则除害之法也。《诗·大田》："去其螟螣，及其蟊贼。毋害我田稚。田祖有神，秉畀炎火。"此等若博搜古书，所得尚不止此，惜乎徒存其事，莫考其法耳。详其法者，盖在农家之书，《汉书·艺文志》所著录《神农》、《野老》之书是也，《汉志》农九家，惟此二家出于秦以前，《宰氏》不知何世，余六家皆汉世作矣。今皆亡矣。《汉志》论农家之语曰："及鄙者为之，以为无所事圣王，欲使君臣并耕，悖上下之序。"此指许行言之。许行所言，乃农政，非农业。又，颜师古引刘向《别录》，谓神农"疑李悝及商君所说"。李悝尽地力之教，今见《汉书·食货志》。《商君书》具存，亦皆重农教战之谈，罕及耕耘树艺之事。因有谓九流中之农家，实言农政，非言农学者。《管子·轻重》诸篇，侈陈重农贵粟，亦古农家者流也。予谓农家者流诚多注意农政,然论种植之法者亦必有之。《管子》之《地员》,《吕览》之《任地》、《辩土》、《审时》,即论及耕种之道。始皇燔诗书百家语,不去种树之书,盖此类也,惜其语不易解耳。汉代农书以《氾胜之》为最著,《周官·草人》注:"土化之法,化之使美,若氾胜之术也。"疏:"汉时农书有数家,《氾胜》为上,故《月令》注亦引《氾胜》。"今亦不传。今所传者,后魏贾思勰《齐民要术》,其最古者也。其后著名者,官修之书则有元之《农桑辑要》,清之《授时通考》,私家所著则有元王祯之《农书》,明徐光启之《农政全书》。虽详略不同,而后先相袭,惟徐氏书采及泰西水法,为取资域外耳。世有好古博闻之士,从事研究,虽不必有当于耕耘,实足考见农业盛衰进退之迹也。中国农书所该颇广。蚕桑、菜果、树木、药草、孳畜等事,靡不该焉。田制、劝课、救荒等,亦多详列。然仍有须参考他家之书,方能周全者,如茶经、酒史、食谱、花谱、相牛经、相马经等,前史皆隶农家,清《四库》书改入谱录。又如兽医之书,历代皆附医家是也。授时为古代农政要端,《夏小正》一书未必果夏时物,亦必出于周初。《月令》所详,皆古代明堂行政之典,虽有太尉等官名,乃后人以今语述古事,不害其书之古。不能以《吕览》有十二纪,遂强断为秦时物也。此二者当为中国最古之农书矣。

　　《淮南子》曰:"古者剡耜而耕,注:"剡,利也。耜,臿属。"摩蜃而耨,注:"蜃,大蛤。摩,令利,用之耨。耨,除苗秽也。"木钩而樵,抱甋而汲,民劳而利薄。后世为之耒耜耰锄,斧柯而樵,桔槔而汲,民逸而利多。"《氾论训》。可见古代之农具,已几经进化矣。此等改进,后世当尚不绝,惜乎吾侪非专门之士,不能道其详也。

　　古代农器,率由官造,后世则不复然。《六韬·农器篇》曰:"武王问太公曰:天下安定,国家无争,战攻之具,可无修乎?守御之备,可无设乎?太公曰:战攻守御之具,尽在于人事。耒耜者,其行马蒺藜也。马牛舆者,其营垒蔽橹也。锄耰之具,其矛戟也。蓑笠簦笠者,其甲胄干橹也。钁锸斧锯杵臼,其攻城器也。"此言寓兵于农,不徒用其人,亦且用其器也。当此之时,其农器不容苟简可知,惜乎后世时异势殊,而此风遂不可复睹也。

蚕桑之利,我国亦发明甚早。世称黄帝元妃嫘祖,实始教蚕,未必可信。然《易·系辞》称:"黄帝、尧、舜垂衣裳而天下治。"其时既有蚕桑之利,则可信矣。夫耕妇织,古代人并视为本业。故神农之教,谓"一夫不耕,或受之饥;一女不织,或受之寒"。天子亲耕,后亦有亲蚕之典也。孟子谓"五亩之宅,树之以桑","五十者可以衣帛"。《诗》讥"妇无公事,休其蚕织"。太宰九职,"七曰嫔妇,化治丝枲"。则举国妇女能勤于织久矣,宜其当西历纪元前,蚕丝即能输入欧洲,为彼邦所珍重也。日本桑原隲藏《东洋史要》:"中国缯彩,上古即开贩路于波斯、印度,亚历山大东征以来,更输入罗马。市人得之珍重不置,指行贾者曰瑟列司,绢商之义也,指其地曰瑟里加,绢产地之义也。"(据山阴樊炳清译本)

今日蚕利盛于东南,然溯厥初兴,实在西北。清周凯知襄阳府,尝劝其民种桑。其言曰:"《禹贡》兖州曰桑土既蚕。青州曰厥篚檿丝。檿,山桑也。扬徐东南亦仅曰厥篚织贝,厥篚玄纤缟而已。《诗·豳风》:蚕月条桑。《唐风》:集于苞桑。《秦风》:止于桑。桑者闲闲,咏于魏。鸤鸠在桑,咏于曹。说于桑田,咏于卫。利不独东南也。襄阳介荆豫之交,荆州厥篚玄纁玑组,豫州厥篚纤纩。纩,细绵也。纁绛币组绶属,皆丝所织。北燕冯跋下书令百姓种桑。辽无桑,慕容廆通晋求种江南。张天锡归晋,称北方之美,桑葚甘香。《先贤传》载司马德操躬采桑后园,庞士元助之。《齐书》载韩系伯桑阴妨他地,迁界,邻人愧谢。三子皆襄阳人,襄之宜桑必矣。"案中国疆域广大,各地方之风气不能齐一,故蚕桑之兴虽久,穷乡僻壤庸有不知其利者。又北方屡遭少数族蹂躏,治化皆停滞不进,民生日以憔悴,民贫且愚。虽以蚕利之兴之久,至于近世,转若有待于官吏之教道焉。《日知录》"纺织之利"条曰:"今边郡之民,既不知耕,又不知织,虽有材力,而安于游惰。华阴王宏撰著议,以为延安一府,布帛之价,贵于西安数倍,既不获纺织之利,而又岁有买布之费,生计日蹙,国税日逋。非尽其民之惰,以无教之者耳。今当每州县发纺织之具一副,令有司依式造成,散给里下,募外郡能织者为师,即以民之勤惰工拙,为司之殿最。一二年间,民享其利,将自为之,而不烦程督矣。计延安一府,四万五千余户,户不下三女子,固已十三万余人,其为利益,岂不甚多!按《盐铁论》曰:边民无桑麻之利,仰中国丝絮,而后衣之,夏不释复,冬不离窟,父子夫妇,内藏于专室土圜之中。崔寔《政论》曰:仆前为五原太守,土俗不知缉绩,冬积草,伏卧其中,若见吏,以草缠身,令人酸鼻。原注:"今大同人多是如此。妇人出草则穿纸袴,真所谓倮虫者也。"吾乃卖储峙,得二十余万,诣雁门、广武,迎织师,使巧手作机,乃纺以教民织。是则古人有行之者矣。"《集释》引唐氏甄曰:"吴丝衣天下,聚于双林。吴越闽番,至于海岛,皆来市焉。五月载银而至,委积如瓦砾。吴南诸乡,岁有百千万之益。是以虽赋重困穷,民未至于空虚,室庐舟楫之繁庶胜于他所,此蚕之厚利也。四月务蚕,无男女老幼,萃力靡他,无税无荒。以三旬之劳,无农四时之久,而半其利,此蚕之可贵也。夫蚕桑之地,北不逾淞,南不逾浙,西不逾湖,东不至海,不过方千里,外此则所居为邻,相隔一畔,而无桑矣。其无桑之方,人以为不宜桑也。今楚、蜀、河东,及所不知之方,亦多有之。何万里同之,而一畔异宜乎?桑如五谷,无土不宜。一畔之间,目睹其利而弗效焉。甚矣民之惰也!吾欲使桑遍海内,有禾之土,必有桑焉。其在于今,当责之守令,于务蚕之乡,择人为师,教民饲缫之法,而厚其廪给。其移桑有远莫能致者,则待数年之后,渐近而分之。而守令则省骑时行,履其地,察其桑之盛衰,入其室,视其蚕之美恶,而终较其丝之多寡,多者奖之,寡者戒之,废者惩之,不出十年,海内皆桑矣。昔吾行于长子,略著于篇,可以取法焉。"清代如陈宏谋之如陕西,宋如林之于贵州,以及唐甄、周凯等,皆可谓能行亭林之议者也。清代陕西蚕利,起于宁羌牧刘某。刘,山东人。山东凤有山蚕,刘以教其民,织成茧绸,称刘公绸,此康熙时事也。乾隆时,陈宏谋抚陕,于省城、三原、凤翔皆设蚕馆织局,招南方机匠为师。又教民种桑,桑叶茧丝,皆许卖于官。民之愿养蚕者,蚕种蚕具皆由官给,亦许借给资本。又有官雇人试养,或与民同养,以资效法焉。贵州蚕利,起于知遵义府陈某。陈亦山东人,以遵义有槲栎可饲山蚕,使至山东买蚕种,延蚕师,以教其民。后宋如林为按察使,又行其法于全省焉。

田猎畜牧,在三代时视之,即已远较农业为轻,已如前述。然当列国并立之世,其君必有苑囿之奉,牧畜之官。故郑有原圃,秦有具囿。《左》僖三十三年。而齐宣王之囿,至于方四十里。《孟子·梁惠王下》。其弃地不可谓不多。读《无羊》及《駉》之诗,天子诸侯畜牧之盛,亦可想见矣。一统而后,有人君之奉者益少,而好武之风亦渐衰,不复好驰骋驱逐。两汉之世,既以弃苑地与民为美谈,后世则此等空地益少矣。牧畜之官,惟牧马尚少留意,以为交通戎事所资也。然苑监诸职,亦多徒有其名,如唐张万岁等能克举其职者盖少。民间畜牧亦益衰,有之,则大率在边地。如《史记·货殖传》称天水、陇西、北地、上郡畜牧为天下饶是也。卜式尽以田宅财物与弟,独取畜羊百余,入山牧十余年,买田宅。弟尽破其产,辄复分与,亦以河南多山,为不食之地故也。《后汉书·马援传》:亡命北地,遇赦,因留牧畜。宾客多归附者,遂役属数百家。转游陇汉间,因处田牧,至有牛马羊数千头,谷数万斛。则正以在边郡,故能就其业矣。《日知录》"马政"条曰:"汉晁错言:令民有车骑马一匹者,复卒三人。文帝从之。故文景之富,众庶街巷有马,阡陌之间成群,乘牸牝者摈而不得会聚。若乃塞之斥也,桥桃致马千匹,班壹避地,于楼烦致马牛羊数千群,则民间之马,其盛可知。武帝轮台之悔,乃修马复令。唐玄宗开元九年诏:天下之有马者,州县皆先以邮递、军旅之役,定户复缘以升之。百姓畏苦,乃多不畜马,故骑射之士减曩时。自今诸州民,勿限有无荫,能家畜十马以下,免帖驿邮递。征行定户,无以马为赀。古之人君,其欲民之有马如此。惟魏世宗正始四年十一月丁未,禁河南畜牝马。元世祖至元二十三年六月戊申,括诸路马,凡色目人有马者,三取其二,汉民悉入官,敢匿与互市者罪之。《实录》言:永乐元年七月丙戌,上谕兵部臣曰:比闻民间马价腾贵,盖禁民不得私畜故也。汉文、景时,闾里有马成群。民有即国家之有,其榜谕天下,听军民畜马勿禁。又曰:三五年后,庶几马渐蕃息。此承元人禁马之后,故有此谕。而洪熙元年正月辛巳,上申谕兵部,令民间畜官马者两岁纳驹一匹,俾得以余力养私马。至宣德六年,有陕西安定卫土民王从义,畜马蕃息,数以来献。此则小为之而小效者也,然未及修汉唐复马之令也。"读此可知汉代牧畜最盛,后世则日以式微,一由农业愈盛,牧地愈少,一由尚武之风日衰,故畜马之人日希也。《汉书·匈奴列传》:元朔六年,卫青之出定襄,"私负从马凡十四万匹"。可见民间有马者,多能事征战之人矣。私负从马,师古曰:"私负衣装者,及私将马从者,皆非公家发与之限。"**牧畜利厚而工力省,今日内地虽已鲜放牧之区,然内蒙、新、青、藏,固皆天然牧场,苟能善为规画,十年之后,必已其效可睹矣。**历代牧畜之盛,见于史者莫若辽。《辽史·食货志》谓:太祖时,"括富人马,不加多,赐大小鹘军万余匹,不加少。"又云:"自太祖及兴宗垂二百年,群牧之盛如一日。天祚初年,马犹有数万群,每群不下千匹。"又述诸国岁贡马之数,东丹千,女直、直不古等国各万,阻卜及吾独婉、惕德各二万,西夏、室韦、越里笃、剖阿里、奥里米、蒲奴里、铁骊等各三百,其地皆今日之域内也。明代以茶易西番之马,故茶禁最严。明之西番,亦今日之域内也。

田猎畜牧,皆以农业之盛而见其衰微,惟渔业不然,以其利在河海,与农田无涉也。我国沿海渔业,起源盖亦甚早。《史记》称"太公望封于营丘,地潟卤,人民寡,于是太公劝其女工,极技巧,通鱼盐"。《史记·货殖列传》。《左》昭三年,晏子述陈氏之厚施,谓"鱼盐蜃蛤,弗加于海"。则三代之世,已极盛矣。汉耿寿昌为大司农,增海租三倍。萧望之谏以为往年加海租,及武帝时县官自渔海,鱼皆不出,则汉世鱼税数已不菲,且有官自采捕者矣。

矿业之兴,盖亦在五帝之世。《管子·地数》:黄帝问于伯高曰:吾欲陶天下而以为一家,为之有道乎?伯高对曰:"上有丹砂者,下有黄金。上有慈石者,下有铜金。上有陵石者,下有铅、锡、赤铜。上有赭者,下有铁。此山之见荣者也。苟山之见其荣者,君谨封而祭之。距封十里而为一坛,是则使乘者下行,行者趋,若犯令者罪死不赦,然则与折取之远矣。修教十年,而葛卢之山发而出水,金从之,蚩尤受而制之,以为剑铠矛戟。是岁相兼者诸侯九。雍狐之山发而出水,金从之,蚩尤受而制之,以为雍狐之戟芮戈。是岁相兼者诸侯十二。故天下之君,顿戟一怒,伏尸满野,此见戈之本也。"蚩尤盖始以金为兵,故后世祠兵则祭之。祠兵见《公羊》庄八年。《左》、《穀梁》皆作治兵,非也。何休《解诂》曰:"礼,兵不徒使,故将出兵必祠于近郊,陈兵习战,杀牲享士卒。"疏曰:"何氏之意,以为祠兵有二义也,一则祠其兵器,二则杀牲享士卒。"案《史记》高祖立为沛公,"祠黄帝,祭蚩尤于沛庭",即祠兵也。或曰:《易大传》称黄帝、尧、舜"弦木为弧,剡木为矢"。《禹贡》荆州之贡"砺砥砮丹"。伪《孔传》曰:"砮,石中矢镞。"贾逵亦曰:"砮,矢镞之石也。"疏引。则三皇、五帝时兵犹以木石为之。案《吕览·荡兵》曰:"人曰:蚩尤作兵,蚩尤非作兵也,利其械矣。未有蚩尤之时,民固剥林木以战矣。"《龙鱼河图》曰:"蚩尤兄弟八十一人,并兽身人语,铜头铁额,食沙石子,造立兵仗刀戟大弩,威振天下。"《史记·五帝本纪》正义引。说虽荒怪,必有依附,则蚩尤以金为兵,事实有之,特用之犹未广耳,然不可执是遂谓是时矿利未盛。盖古贵人多侈靡,重金玉,好事鬼神,故得金则先以铸重器。汉有司言:"黄帝作宝鼎三,象天地人。禹收九牧之金,铸九鼎,象九州,皆尝鬺享上帝鬼神。"《汉书·郊祀志》。则其时惟好战如蚩尤,乃以金为兵。然铸金为币,以济饥困,则惟禹汤之主,又必遭直水旱乃为之耳。《管子·山权数》。《左》僖十八年:"郑伯始朝于楚,楚子赐之金,既而悔之,与之盟曰:无以铸兵。故以铸三钟。"以春秋时战争之烈,而得金犹不以铸兵,古代事从可推想矣。《淮南子·本经训》谓:"逮至衰世,镌山石,鑴金玉,摘蚌蜃,消铜铁,而万物不滋。"意以开矿为侈靡之事,固有由也。

《管子》言水出而金从，则其得金似由地变，"上有丹砂"云云，未知果伯高之言否。然既能以金制兵，且以铸鼎，其不能专恃水中之金沙可知，则虽谓察视矿苗之法，三皇五帝之时即有知者可也。《周官》：卝人"掌金玉锡石之地，而为之厉禁以守之。若以时取之，则物其地，图而授之"。注："物地占其形色，知咸淡也。"疏："郑以当时有人采者，尝知咸淡，即知有金玉。"此亦探察之法也。《管子》又曰："地之东西二万八千里，南北二万六千里，其出水者八千里，受水者八千里，出铜之山四百六十七山，出铁之山三千六百九山。"《地数》。则天下矿产，并有会计矣。要之，矿利究起何时不可考，然由来必甚久也。《考工记》："金有六齐。六分其金而锡居一，谓之钟鼎之齐。五分其金而锡居一，谓之斧斤之齐。四分其金而锡居一，谓之戈戟之齐。参分其金而锡居一，谓之大刃之齐。五分其金而锡居二，谓之削杀矢之齐。金锡半，谓之鉴燧之齐。"此化合之术也。栗氏"为量，改煎金锡则不耗"。此化分之术也，知古冶金之术亦颇精。

古代开矿之术，视后世精粗者若何，盖难言之。然古所有金，实较后世为少，则矿业不如后世之盛，可推知也。始皇收天下之兵，铸以为钟鐻金人十二，而陈涉发难，遂以揭竿斩木闻，固或形容过甚之词，然永初羌人起事，至于执镜以象兵，《后汉书·西羌传》。则秦末群雄之不尽有兵，固亦理所可有矣。古代甲兵，本藏于库，故临战有授甲祠兵之举，而始皇欲销天下之兵，汉时亦有禁民挟弓弩之议。若铜铁广布民间如后世，民岂不能自造乎？故汉时郡国有起事者，往往先劫武库。贾生说汉文收铜，勿令布，若在今日，虽黄金可得而尽收耶？然则后人艳称汉代黄金之多，亦以其聚于上见为多耳，实则古代之金，固少于后世也。盖此二千年来，举国上下，虽未尝专心于矿利，然陆续开采，所得固已不少矣。开矿之事，历代皆有之，今不复胪举。

工业之缘起及变迁，尤为繁杂，非有专门研究之士若干人，分途并进，其史实情状，殆不易明。若以大势言之，则古代工业，率由官营,而后世渐变为民业,即其一大进化。盖官营则能者少,民业则能者多;官营则惟守成规,民业则竞矜智巧也。旧时札记中有论古代工业者一则,今录如下:

古者工业皆由官办,后世则听人民自为,此亦足征智巧之日进也。古代工业必由官办者,何也? 以其时技巧未精。故《考工记》曰:"粤无镈,燕无函,秦无庐,胡无弓车。粤之无镈也,非无镈也,夫人而能为镈也。燕之无函也,非无函也,夫人而能为函也。秦之无庐也,非无庐也,夫人而能为庐也。胡之无弓车也,非无弓车也,夫人而能为弓车也。"注:"言其丈夫人人皆能作是器,不须国工。"此特日用最切又不烦智巧者耳。若其器较难,为用较狭者,则皆不能自为。故曰:"智者创物,巧者述之,守之世,谓之工。百工之事,皆圣人之作也。"下文又曰:"烁金以为刃,凝土以为器,作车以行陆,作舟以行水,此皆圣人之所作也。"盖此两语之注。《易·系辞传》亦曰:"备物致用,立成器以为天下利,莫大乎圣人。"《穀梁》成元年:"丘甲,国之事也。丘作甲,非正也。丘作甲之为非正,何也? 古者立国家,百官具,农工皆有职以事上。古者有四民:有士民,有商民,有农民,有工民。夫甲,非人人之所能为也,丘作甲,非正也。"《周官·小司徒》:"九夫为井,四井为邑,四邑为丘。"丘作甲者,使一丘之民皆作甲也。古列国并立,战事繁多,甲之为用亦广,然非人人所造,他有待智巧之物,皆是类矣。

职是故,古于工政颇重。《考工记》曰:"国有六职,百工与居一焉。"《曲礼》曰:"天子之六工,曰土工、金工、石工、木工、兽工、草工,典制六材。"郑注以为殷制。《考工记》又曰:"有虞氏上陶,夏后氏上匠,殷人上梓,周人上舆。"注:"官各有所尊,王者相变也。"可见其由来久矣。《考工记》所载:"凡攻木之工七,攻金之工六,攻皮之工五,设色之工五,刮摩之工五,抟埴之工二。"注曰:"其曰某人者,以其事名官也。其曰某氏者,官有世功,若族有世业,以氏名官者也。"此所谓巧者述之,守之世。《淮南子·本经训》:"周鼎著倕。"注:"倕,尧之巧工也。周铸鼎，著俺象于鼎。"此殆所谓圣人，如学校之有先圣也。管理百工者，谓之工师。《荀子·王制篇》：序官，"论百工，审时事，辨功苦，尚完利，便备用，使雕琢文采，不敢专造于家，工师之事"是也。《月令》：季春，"命工师，令百工，审五库之量，金、铁、皮、革、筋、角、齿、羽、箭、干、脂、胶、丹、漆，毋或不良。百工咸理，监工日号，毋悖于时，毋或作为淫巧，以荡上心"。季秋，"霜始降，则百工休"。孟冬，"命工师效功，陈祭器，按度程，毋或作为淫巧，以荡上心。必功致为上。物勒工名，以考其诚。功有不当，必行其罪，以穷其情"。盖工师之所以课督其下者如此。《中庸》曰："来百工则财用足。""日省月试，既廪称事，所以劝百工也。"盖物非加以人工，则不可用。《考工记》曰："天有时，地有气，材有美，工有巧，合此四者，然后可以为良。"故有国有家者，百工之事孔亟，不得不谋所以招怀之也。

古重工政如此，宜其工业甚精而日进矣，亦未必然，何也？曰凡事必日竭智巧，思改作而后能精。工既设，官随之以赏罚，则必奉行故事，以顾考成。故"工用高曾之规矩"，古人传为美谈。《檀弓》曰："季康子之母死，公输若方小，敛，般请以机封，将从之，公肩假曰：不可。夫鲁有初，公室视丰碑，三家视桓楹。般尔以人之母尝巧，则岂不得以其母以尝巧者乎？则病者乎？噫！弗果从。"新发明之事，皆不许试用，其不能精进也宜矣。又其业守之以世，子孙之材性，不必尽与父祖同，则有长于上而不得自效，苦其事而不得去者，束缚驰骤，将败绩厌覆是惧，何暇致远，此政治为之也夫！工用高曾之规矩，非徒以考成，亦以防侈靡也。《月令》一再言："毋或作为淫巧，以荡上心。"所以防人君之侈靡也。《荀子》言"雕琢文采，不敢造于家"，所以防卿大夫之侈靡也。《管子》曰："菽粟不足，末生不禁，民必有饥饿之色，而工以雕文刻镂相稼也，谓之逆。布帛不足，衣服无度，民必有冻寒之伤，而女以美衣锦绣綦组相稀也，谓之逆。"《重令》。此汉景帝"雕文刻镂伤农事，锦绣綦组害女红"诏语所本，所以防庶民之侈靡者尤急。故《王制》称：作"奇技、奇器，以疑众，杀"，"不以听"。《墨子·鲁问》："公输子削竹木以为鹊，成而飞之，三日不下。公输子自以为至巧。子墨子谓公输子曰：子之为鹊也，不如匠之为车辖，须臾刘三寸之木，而任五十石之重。故所为巧，利于人谓之巧，不利于人谓之拙。"徒讲实用，则智巧之途塞矣。又古人最重朴质，《礼记·郊特牲》曰："酒醴之美，玄酒明水之尚，贵五味之本也。黼黻文绣之美，疏布之尚，反女功之始也。莞簟之安，而蒲越稿鞂之尚，明之也。大羹不和，贵其质也。大圭不琢，美其质也。丹漆雕几之美，素车之乘，尊其朴也，贵其质而已矣。所以交于神明者，不可同于所安亵之甚也，如是而后宜。"然则图便安，矜技巧则为不敬，为忘本，而知巧之士益无途以自奋矣。此则风俗限之者也。此皆古代工政虽重，而工业不必其精而日进之由也。

工业之由官办变为民业，何也？曰有二端焉。一由需用日繁，官不能给。孟子之诘白圭曰："万室之国，一人陶，则可乎？曰：不可，器不足用也。"《孟子·告子下》。明古立工官，皆度民用之多少以造器。人口之增加无限，生计之程度日高，工官所造，势不能比例俱增，器用安得给足。故古四民之中，久有工。《管子》问："工之巧，出足以利军伍，处可以修城郭补守备者几何人？"《问篇》。此皆名不籍于官，饩不廪于上，故其有无多寡不可知，而必有待于问矣。一亦由奇巧之物，官不肯造，则人民之需用者，不能不迫而自为。《管子》曰："今为末作奇巧者，一日作而五日食。农夫终岁之作，不足以自食也。"《治国》。《史记》亦谓"用贫求富，农不如工"。《货殖列传》。工人获利之厚，正以其技艺之精也。此皆官办之工业所以渐变为民业也。

工业官办之意，汉世犹有之。《汉书·地理志》：怀，河内郡。宛，南阳郡。东平陵，济南郡。奉高，泰山郡。雒县广汉郡。咸有工官，皆古制之仅存者也。史称"孝宣之治，信赏必罚，综核名实，政事文学法理之士，咸精其能，至于技巧工匠器械，自元、成间鲜能及之"。《汉书·宣帝纪》。陈承祚《上诸葛氏集表》亦曰"工械技巧，物究其极"。盖官用之物，由官造者犹多，非如后世冬官，徒有考工之名而已。札记原文止此。

工业进步，必由人民生计程度增高自然而致。往史所载一二奇巧之物，世每艳称之。此等或由智巧出众之人冥心创造，或则贫富不均，达官世家、豪民驵贾，日用饮食，殊异于人，重赏是怀，良工竞劝。夫智巧由于天授，则人云亡而其技亦湮，炫鬻专于一家，则制虽工而其传不广，优昙一现，遗制旋沦，实不足以言真进化也。然智巧之士之多少，亦足觇国民工业才技之低昂，此则简策流传，有非偻指可尽者。姑举最著者数人，我国民其亦可以自奋矣。案《论衡·儒增篇》曰："儒书称：鲁般、墨子之巧，刻木为鸢，飞之三日而不集。案今见《淮南子·齐俗训》。夫言其以木为鸢飞之，可也；言其三日不集，增之也。夫刻木为鸢，以象鸢形，安能飞而不集乎？既能飞翔，安能至于三日？如审有机关，一飞遂翔，不可复下，则当言遂飞，不当言三日。犹世传言曰：鲁般巧，亡其母也。言巧工为母作木车马，木人御者，机关备具，载母其上，一驱不还，遂失其母。如木鸢机关备具，与木车马等，则遂飞不集。机关为须臾间，不能远过三日，则木车等亦宜三日止于道路，无为径去以失其母。二者必失实者矣。"仲任论事，最为覈实，但言三日不集之诬，不以木鸢飞翔为罔，明其事为当时巧匠所能为也。此犹传言，无足深考。后世记载确可信据者，则如汉之张衡、魏之马钧、南齐之祖冲之、元之郭守敬，马钧事见《三国志·魏志·杜夔传》注。余人之事，并见本传。暨造木牛流马之士人,木牛流马为蜀士人所献,见《华阳国志》。造水精碗之交、广人,《抱朴子·内篇·论仙》:"外国作水精碗,实是合五种灰以作之。今交广多有得其法而铸作之者。"案《北史·大月氏传》:魏太武时,其国人商贩京师,自云能铸五色琉璃。于是采矿山中,于京师铸之。既成,光泽美于西方来者。乃诏为行殿,容百余人,光色映彻,观者惊以为神明所作。自此琉璃遂贱,人不复珍之。《隋书·何稠传》:"中国久绝琉璃之作,稠以绿瓷为之,与真无异。"并即今日之玻璃也。咸能利物,前民无惭智者。遐稽西史,则号称近世富强文明之原之利器,印刷术、火药、罗盘针,咸自我昉。盖我之所缺者,近世之科学及据科学之理所造之械器而已,智力则固非不逮人也,我国民其亦可以自奋矣。

商业缘起,吾昔札记中亦有一篇论之,今并录于下:

商业之始,其起于各部落之间乎?孟子之诘彭更曰:"子不通工易事,以羡补不足,则农有余粟,女有余布。"《孟子·滕文公下》。其诘陈相曰:"一人之身,而百工之所为备,如必自为而后用之,是率天下而路也。"《孟子·滕文公上》。此为商业之所由起。然古代部落,率皆共产,力之出不为己,货之藏不于己,取公有之物而用之,以己所有之物资人,皆无所谓交易也。惟共产限于部落之内,与他部落固不然,有求于他,势不能无以为易,而交易之事起矣。往来日数,交易日多,则敦朴日漓,嗜欲日起,而私产之习渐萌。私产行,则人与人之相资亦必以为易,此则商业之所由广也。

《老子》曰:"至治之极,邻国相望,鸡狗之声相闻,民各甘其食,美其服,安其俗,乐其业,至老死不相往来。"《盐铁论》曰:"古者千室之邑,百乘之家,陶冶工商,四民之求,足以相更。故农民不离畎亩而足乎田器,工人不斩伐而足乎陶冶,不耕田而足乎粟米。"《水旱》。《管子》曰:"市不成肆,家用足也。"《权修》。可见古者一部落之中,及此部落与他部之间,交易皆极少。然生事愈进,则分工愈密,分工愈密,则彼此之相资益深,而交易遂不期其盛而自盛。故《管子》又谓

"聚者有市，无市则民乏"矣。《乘马》。《管子·乘马》曰："方六里命之曰暴，五暴命之曰部，五部命之曰聚。"

陈相曰："从许子之道，则市贾不贰，国中无伪，虽使五尺之童适市，莫之或欺。布帛长短同，则贾相若；麻缕丝絮轻重同，则贾相若；五谷多寡同，则贾相若；屦大小同，则贾相若。"《孟子·滕文公上》。不论精粗，但论多少，战国时人断无从发此奇想。盖古自有此俗，而农家称颂之。许行治农家言，亦从而主张之也。交易之初，情状奚若，据此可以想见矣。

《易·系辞传》谓"日中为市"，"交易而退"。此盖定时定地为之，今之所谓作集也。斯时交易盖盛于农隙之时。《书·酒诰》曰："妹土嗣尔股肱，纯其艺黍稷，奔走事厥考厥长。肇牵车牛，远服贾。"伪《孔传》曰："农功既毕，始牵车牛，载其所有，求易所无。"故《郊特牲》谓"四方年不顺成，八蜡不通"，"顺成之方，其蜡乃通"也。稍进乃有常设之市，在于野田墟落之间，《公羊》何注所谓"因井田而为市"，宣十五年。《陔余丛考》"市井条"曰："市井二字，习为常谈，莫知所出。《孟子》：在国曰市井之臣。注疏亦未见分析。《风俗通》曰：市亦谓之市井，言人至市有鬻卖者，必先于井上洗濯香洁，然后入市也。颜师古曰：市，交易之处；井，共汲之所，总言之也。按《后汉书·循吏传》：白首不入市井。注引《春秋》井田记云：因井为市，交易而退，故称市井。此说较为有据。"愚谓此说与《公羊》何注盖系一说。市之设，所以便农民，而设市之处，则因众所共汲之井，颜说亦此意也。《管子》所谓"聚者有市"者也。《孟子》曰："有贱丈夫焉，必求龙断而登之，以左右望，而罔市利。"《公孙丑下》。注："龙断，谓堁断而高者也。"明其贸易行之野田墟落之间，所居高则易望见人，人亦易望见之，故一市之利为所罔矣。更进乃有设肆于国中者。《管子》曰："百乘之国，中而立市，东西南北度五十里。一日定虑，二日定载，三日出竟，五日而反，百乘之制轻重，毋过五日。百乘为耕田万顷，为户万户，为开口十万人，为分者万人，为轻车百乘，为马四百匹。千乘之国,中而立市,东西南北度百五十余里。二日定虑,三日定载,五日出竟,十日而反。千乘之制,轻重毋过一旬。千乘为耕田十万顷,为户十万户,为开口百万人,为当分者十万人,为轻车千乘,为马四千匹。万乘之国,中而立市,东西南北度五百里。三日定虑,五日定载,十日出竟,二十日而反。万乘之制,轻重毋过二旬。万乘为耕田百万顷,为户百万户,为开口千万人,为当分者百万人,为轻车万乘,为马四万匹。"《揆度》。此虽辜较之言,然其所规画欲以给一国之人,则审矣。古者建都,必中四境之内,曰中国,而立市即在国都之中,《考工记》所谓"匠人营国,面朝后市"者也。故《孟子》曰"在国曰市井之臣"也。《万章下》。市井二字,初盖指野田墟落间之市,后乃以为市之通称。

古代之商,非若后世之易为也。古代生计,率由自给,生事所须,不资异国。其有求于异国者,必其遭遇灾祸,以致空无庚财,乞粜莫予,交易所得,资以续命,故必有商人焉。而其时之贸易,不如今日之流通。我所求者,何方有之,何方较贱,所持以为易者,何方有之,何方较贵,非若今日安坐可知,亿度可得,皆有待于定虑之豫,决机之果者也。故白圭曰:"吾治生产,犹伊尹、吕尚之谋,孙、吴用兵,商鞅行法是也。是故其智不足与权变,勇不足以决断,仁不能以取予,强不能有所守,虽欲学吾术,终不告之矣。"《史记·货殖列传》。然则豪商驵贾,其有才智,不始晚近,自古昔则然矣。故曰"商之为言章也"。《白虎通》。《汉书·食货志》:"大司农中丞耿寿昌以善为算,能商功利,得幸于上。"师古曰:"商,度也。"郑商人弦高能矫命以却秦师,《左》僖三十三年。其贾于楚者,又密虑欲出荀䓨,《左》成三年。其明征矣。子产之告韩宣子曰:"昔我先君桓公,与商人皆出自周。庸次比耦以艾杀此地,斩之蓬蒿藜藋,而共处之。世有盟誓,以相信也,曰:尔无我叛,我无强贾,毋或匄夺。尔有利市宝贿,我弗与知。"《左》昭十六年。所以重商如此。其甚者以肇造之国,货财或有阙乏,必恃商人致之也。卫国破坏，文公通商，卒致殷赈，亦同此理。《左》闵二年。

曷言古者生事所须，不资异国也？《史记·货殖列传》曰："百里不贩樵，千里不贩籴。"又曰："夫神农以前，吾不知已。至若《诗》《书》所述虞夏以来，耳目欲极声色之好，口欲穷刍豢之味，身安逸乐，而心夸矜执能之荣。使俗之渐民久矣，虽户说以眇论，终不能化。""夫山西饶材、竹、谷、纑、旄、玉石；山东多鱼、盐、漆、丝、声色；江南出楠、梓、姜、桂、金、锡、连、丹沙、犀、瑇瑁、珠玑、齿革；龙门、碣石北多马、牛、羊、旃裘、筋角；铜、铁则千里往往山出棋置：此其大较也。皆中国人民所喜好，谣俗被服饮食奉生送死之具也。"此亦其所喜好而已，谓必待以奉生送死，非情也。《周书》曰："商不出则三宝绝。"三言其多，曰宝则亦非生活所必资矣。声子之说子木也，曰："晋卿不如楚，其大夫则贤，皆卿材也。如杞、梓、皮革，自楚往也。虽楚有材，晋实用之。"《左》襄二十六年。杞、梓、皮革，固非宫室器用所必资，亦其所喜好而已。当时商人所贩鬻者如此，故多与王公贵人为缘，故子贡"废著鬻财"，"结驷连骑，束帛之币以聘享诸侯，所至，国君无不分庭与之抗礼"。《史记·货殖列传》。晁错论汉之商人，犹谓其"交通王侯，力过吏势"。《汉书·食货志》。夫固有以中其所欲，非独以其富厚也。然生事日进，分工愈密，交易愈盛，则其所恃以牟利者，不必皆王公贵人，而固在于平民。其术一时谷物之轻重而废居焉，一备百物以待取求。《管子》曰："岁有四秋，农事作为春之秋，丝纩作为夏之秋，五谷会为秋之秋，纺绩缉缕作为冬之秋。见《管子·轻重乙》。物之轻重相什而相伯。"《轻重乙》。又曰"君朝令而求夕具，有者出其财，无有者卖其衣屦"是也。《轻重甲》。故曰："今君躬垦犁田，耕发草土，得其谷矣。民人之食，有人若干步亩之数，然而有饿馁于衢间者，何也？谷有所藏也。今君铸钱立币，民通移，人有百十之数，然而民有卖子者，何也？财有所并也。"《轻重甲》。管子所欲摧抑者，正此等人。故曰："岁有凶穰，故谷有贵贱。令有缓急，故物有轻重。然而人君不能治,故使蓄贾游市,乘民之不给,百倍其本。分地若一,强者能守;分财若一,智者能收。智者有什倍人之功,愚者有不赓本之事。然而人君不能调,故民有相百倍之生也。夫民富则不可以禄使也,贫则不可以罚威也。法令之不行,万民之不治,贫富之不齐也。"《国蓄》。故曰:"使万室之都,必有万钟之藏,藏缗千万。使千室之都,必有千钟之藏,藏缗百万。春以奉耕,夏以奉耘,耒耜械器,种饷粮食,毕取赡于君。故大贾蓄家不得豪夺吾民矣。"《国蓄》。汉代之抑商,盖由此也。

计然曰:"夫粜,二十病农,九十病末。末病则财不出,农病则草不辟矣。上不过八十,下不减三十,则农末俱利。"《史记·货殖列传》。然则斯时粜价,轻重相去,盖四而又半之焉。而李悝为魏文侯作尽地力之教,农民之生谷,石以三十钱计,然则农夫所得,最下之价耳,上此则利皆入于商人矣。此农家者流,所以欲重农而抑商耶,亦势有所激也。古农家言,非徒道耕稼之事。许行为神农之言,而讥切时政,其明征矣。《管子》书最杂,昔人隶之道家或法家,实可入杂家。《轻重》诸篇,所陈亦皆农家言也。

右所言乃古代之豪商驵侩,其寻常者初不能。然古者行曰商,处曰贾。商须周知四方物产登耗,又周行异国,多历情伪,其才智自高。贾即不能然,然犹有廛市以处。至求垄断之贱丈夫,则又其下焉者矣。《周官》有贩夫贩妇,盖亦此曹也。又廛人掌敛总布。杜子春云:"总当为儳,谓无市立持者之税也。"郑玄不从,而注肆长叙其总布取之。又《诗·有瞽》笺:"箫,编小竹管,如今卖饧者所吹也。"疏:"《史记》称伍子胥鼓腹吹箫,乞食吴市,亦为自表异也。"此即《说文》所谓"衒,行且卖也"。此并垄断而不能得,又下之下者矣。札记原文止此。

古人之贱商,予昔札记中亦有一则论之,今并录以资参考:

子贡废著鬻财,而结驷连骑,束帛之币以聘享诸侯,所至,国君无不分庭与之抗礼。乌氏倮以畜牧富,秦始皇帝令比封君,以时与列臣朝请。巴寡妇清擅丹穴之利,则以为贞妇而客之。晁错论当时商人,谓其交通王侯,力过吏势。其重富人如此,然言及商贾,则又恒以为贱,何哉?杨恽《报孙会宗书》曰:"恽幸有余禄,方籴贱贩贵,逐什一之利。此贾竖之事,污辱之处,恽亲行之。下流之人,众毁所归,不寒而慄。"可谓若将浼焉。又其甚者,"国君过市,则刑人赦;夫人过市,罚一幕;世子过市,罚一帟;命夫过市,罚一盖;命妇过市,罚一帷"。《周官·地官·司市》。几于刑余之贱矣。岂真以其皇皇求财利,非士大夫之意,故贱之乎?非也。隆古之民好争,惟武健是尚,耕稼畜牧,已非所问,贸迁有无,更不必论矣,是惟贱者为之。其后居高明者,非不欲自封殖,则亦使贱者为之。《货殖列传》曰:"齐俗贱奴虏,而刀閒独爱贵之。桀黠奴,人之所患也,惟刀閒收取,使之逐渔盐商贾之利。"今所传汉人乐府《孤儿行》曰:"孤儿生,孤儿遇生,命当独苦。父母在时,乘坚车,驾驷马。父母已去,兄嫂令我行贾,南到九江,东到齐与鲁。"王子渊《僮约》曰:"舍后有树,当裁作船,上至江州下到湔,主为府掾求用钱。推访垩,贩棕索,绵亭买席,往来都落。当为妇女求脂泽,贩于小市,归都担枲。转出旁蹉,牵犬贩鹅。武都买茶,杨氏担荷。往来市聚,慎护奸偷。入市不得夷蹲旁卧,恶言丑骂。多作刀矛,持入益州,货易羊牛。"虽风刺之辞,或溢其实,游戏之文,不为典要,然当时贩鬻皆使贱者为之,则可见矣。《货殖列传》所列诸人,度亦深居发踪指示,坐收其利,非真躬与贾竖处也。不然,安得曰"千金之子,不死于市"哉?且达官贵人,因好利,故至于与贾竖抗礼,而语及其人,则又贱之,亦非自舛倍也。近世淮南蹉贾有起自奴仆者,士人或从之求句,犹不欲与通婚姻。乡人有嫁女军人者,军人故盗也,戚党耻之,虽其人亦自惭恶,然耻之者亦未尝不以其从军人餔啜为幸。为贪财利,乃蚁慕小人,语及家世,则又自矜亢。承流品之余习,丁好利之末世,人之情固然,其无足怪。以上札记原文。

商业之演进,不征诸富商大贾之多,而征诸普通商人之众。普通商人众,则可见分工之密,易事之烦,而社会生计互相依倚,融成一片矣。《货殖列传》谓关中自秦汉建都,"四方辐凑并至而会,地小人众,故其民益玩巧而市末也"。又谓邹鲁地小人众,"好贾趋利,甚于周人"。以地小人众而为商,其必负贩之流,而非豪商大贾明矣。今日到处皆有小商人,自此昉也。

古代之市,皆自为一区,不与民居相杂,所以治理之者甚备,监督之者亦严。其见于《周官》者,有胥师以察其诈伪,贾师以定其恒贾,司虣以禁其斗嚣,司稽以执其盗贼,胥以掌其坐作出入之禁令,肆长以掌其货贿之陈列,而司市总其成。郑注云:"司市,市官之长。"又云:"自胥师以及司稽,皆司市所自辟除也。胥及肆长,市中给繇役者。"又有质人以掌其质剂、书契、度量、淳制,廛人以敛其布。凡治市之吏,居于思次。司市以次叙分地而经市,"凡市入,则胥执鞭度守门。市之群吏平肆展成奠贾,上旌于思次以令市。市师涖焉,而听大治大讼。胥师、贾师涖于介次,而听小治小讼"。注:"思次,若今市亭也。介次,市亭之属别,小者也。郑司农云:思,辞也。次,市中候楼也。玄谓思当为司字,声之误也。"《天官》:内宰,"凡建国,佐后立市,设其次,置其叙,正其肆,陈其货贿,出其度量淳制,祭之以阴礼"。**通货贿则以节传出入之**。司市,"凡通货贿,以玺节出入之"。司关"掌国货之节,以联门市","凡货不出于关者,举其货,罚其人。凡所达货贿者,则以节传出之"。注:"货节谓商本所发司市之玺节也。自外来者,则案其节而书其货之多少,通之国门,国门通之司市。自内出者,司市为之玺节,通之国门,国门通之关门。"又云:"商或取货于民间,无玺节者至关,关为之玺节及传出之。其有玺节,亦为之传。传,如今移过所文书。"**物之藏则于廛**,《孟子・公孙丑上》:"市廛而不征,法而不廛。"注:"廛,市宅也。"《王制》:"市廛而不税。"注:"廛,市物邸舍。"《周官・载师》:"以廛里任国中之地。"注:"故书廛或作坛。郑司农云：坛读为廛。廛，市中空地未有肆，城中空地未有宅者。""玄谓廛里者，若今云邑居里矣。廛，民居之区域也。里，居也。"又《序官·廛人》注："故书廛为坛。杜子春读坛为廛，说云市中空地。玄谓：廛，民居区域之称。"又，廛布注云："邸舍之税。"又，《遂人》"夫一廛"注："郑司农云：廛，居也。扬子云有田一廛，谓百亩之居也。玄谓廛，城邑之居。孟子所云：五亩之宅，树之以桑麻者也。"愚案廛为区域之称，所谓市中、城中空地者，正区域之谓也。但乡间可居之区域，亦称为廛。筑室其上，亦得沿廛之称，初不论其在邑在野、有宅无宅，为民居为邸舍也。孟子言"廛而不税"，指商肆，下又言"廛无夫里之布"，则指民居。《载师》"以廛里任国中之地"，明言在国中。《遂人》"夫一廛"，则必在野矣。《荀子·王制》"定廛宅"，似以廛与宅为对文。许行"愿受一廛而为氓"，则又似为通名，不必确指其为空地，抑为宅舍也。虽关下亦有之。司关"司货贿之出入者，掌其治禁，与其征廛"。注："征廛者，货贿之税与所止邸舍也。关下亦有邸客舍，其出布如市之廛。"是货物之运贩、囤积，鬻卖，皆有定处，有定途也。《周官》：司市，"大市日昃而市，百族为主。朝市朝时而市，商贾为主。夕市夕时而市，贩夫贩妇为主"。疏云："大市于中，朝市于东偏，夕市于西偏，《郊特牲》所云是也。"案《郊特牲》云："朝市之于西方，失之矣。"注："朝市宜于市之东偏。"引《周官》此文为说，此疏所据也。然则一市之中，亦有部分不容紊越矣。《礼记·王制》："有圭璧金璋，不粥于市。命服命车，不粥于市。宗庙之器，不粥于市。牺牲不粥于市。戎器不粥于市。用器不中度，不粥于市。兵车不中度，不粥于市。布帛精粗不中数，幅广狭不中量，不粥于市。奸色乱正色，不粥于市。锦文珠玉成器，不粥于市。衣服饮食，不粥于市。五谷不时，果实未熟，不粥于市。木不中伐，不粥于市。禽兽鱼鳖不中杀，不粥于市。"又曰：天子巡守，"命市纳贾，以观民之所好恶、志淫奸辟"。惟市有定地，故监督易施，而物价亦可考而知也。秦汉而降，此意仍存。《三辅黄图》谓长安市有各方二百二十六步，六市在道西，四市在道东，凡四里为一市，是汉之市有定地也。《唐书·百官志》谓："市肆皆建标筑土为候。凡市，日中击鼓三百以会众，日入前七刻，击钲三百而散。有果毅巡迾。平货物为三等之直,十日为簿。"两京诸市署令。是唐之市有定地也。此犹京国云尔。王莽于长安及大都市立五均官,长安及洛阳、邯郸、临淄、宛、成都等地皆有五均司市师,则大都市皆有市长矣。隋开皇中以钱恶,京师及诸州邸肆之上,皆令立榜置样为准,不中样者,不入于市,则天长安中,亦悬样于市,令百姓依样用钱。则诸州邸肆皆有定所矣。北魏胡灵后时,尝税入市者人一钱。《辽史》谓太祖置羊城于炭山北,起榷务以通诸道市易。太宗得燕,置南京,城北有市,令有司治其征;余四京及他州县货产懋迁之地,置亦如之。《食货志》。则辽之市亦由官设,由官管理矣。要之,邸肆民居,毫无区别,通衢僻巷,咸有商家,未有如今日者,此固由市制之益坏,亦可见贸易之日盛也。

我国中原与边疆以及外国之通商,亦由来已久,且自古即颇盛。盖两地所有,不得尽同,易事通工,因斯而起。而两地所有之不同,则因国族之异而益盛也。《左》襄十四年,戎子驹支告晋人曰:"我诸戎饮食衣服,不与华同,贽币不通,言语不达。"似乎彼此绝无交涉矣,然此特以国交言之。至于民间,则魏绛说晋侯和戎曰:"戎狄荐居,贵货易土,土可贾焉。"《左》襄四年。知已有以货物易土地者矣。《史记·货殖列传》谓栎邑北却戎狄,"多大贾"。巴蜀"南御滇僰,僰僮。西近邛笮,笮马、旄牛"。天水、陇西、北地、上郡"西有羌中之利,北有戎翟之畜"。杨、平阳"西贾秦、翟,北贾种、代"。上谷至辽东,"北邻乌桓、夫余,东绾秽貉、朝鲜、真番之利"。凡接壤之处,商利几无不饶。汉初,粤地如同化外,西域尤绝未闻知,而枸酱竹杖既已远至,其地商人之无远勿届,亦可惊矣。《盐铁论》:大夫难文学,谓"中国一端之缦,得匈奴累金之物","异物内流则国用饶,利不外泄则民用给"。文学反难之,谓"骡驴之用,不中牛马之功;鼲貂旃罽,不益锦绨之实。美玉珊瑚,出于昆山,珠玑犀象,出于桂林。此距汉万有余里,计耕桑之功,资助之费,是一物而售百倍,其价一也,一捃而中万钟之粟也。夫上好珍怪,则淫服下流;贵远方之物,则货财外充。是以王者不珍无用以节其民,不爱其货以富其国"。《力耕》。通商之为损为益,在当时已成为争辩之端矣。西域既通,来者益多。罽宾杀汉使,遣使谢罪。汉欲遣使报送,杜钦言:其"悔过来,而无亲属贵人,奉献者皆行贾贱人,欲通货市买,以献为名,案,历代所谓外国朝贡,实其贾人者甚多。故烦使者送至县度,恐失实见欺。凡遣使送客者,欲为防获寇害也。起皮山南,更不属汉之国四五,斥候、士百余人,五分夜击刁斗自守,尚时为所侵盗。驴畜负粮,须诸国禀食,得以自赡。国或贫小不能食,或桀黠不肯给,拥强汉之节,馁山谷之间,乞匄无所得,虽一二旬,则人畜弃捐旷野而不反。又历大头痛、小头痛之山,赤土、身热之阪,令人身热无色,头痛呕吐,驴畜尽然。又有三池、盘石阪,道狭者尺六七寸,长者径三十里。临峥嵘不测之深,行者骑步相持,绳索相引,二千余里乃到县度。畜队,未半坑谷尽麋碎;人堕,势不得相收视。险阻危害,不可胜言"。《汉书·西域传》。使节之艰难如此,贾人之来往可知,而犹能矫其君命,远来东国,贾胡重利,可谓甚矣。自此至南北朝,内地与西域之交通,虽或盛或衰,而迄未尝绝。史所云绝者,皆以国交言之。若民间之往来,则可谓终古未绝也。《隋书·食货志》言:南北朝时,河西、交广皆以金银为市。内地固不以金银为泉布,而二方独用之者,以与他处通商故也。隋唐之世,国威遐畅,西域之来者益多,大抵利贾市也。当时裴矩所招致者,盖皆此曹。日本桑原陿藏《东洋史要》曰:"东西陆路之互市,至唐极盛。先是隋炀帝时,武威、张掖、河西诸郡,为东西交易之中枢,西方贾人来集其地者,溢四十国。唐兴,中央亚细亚天山南路之路开,西方诸国来通东方通商者益众。支那人之商于中央亚细亚、波斯、印度地方者,亦不少。彼素谙商业之犹太人,乘机西自欧洲、阿非利加,东至支那、印度间,商权悉归掌握。或自红海经印度洋来支那之南海,或自地中海东岸之安地凹克,经呼罗珊、中央亚细亚、天山南路,而来支那之长安。及大食国勃兴,阿剌比亚人渐拓其通商之范围,无论陆路海路,当时世界商权,殆在阿剌比亚人掌中云。"据樊炳清译本。桑原氏之说,盖兼采西史。今未能博考其所自出,姑引其说。

海路通商,似亦先秦即有之。《史记·货殖列传》言番禺为"珠玑、犀、瑇瑁、果、布之凑",此即后世与外地交易之品也。《汉书·地理志》曰:"自日南障塞、徐闻、合浦船行可五月,有都元国。又船行可四月,有邑卢没国。又船行可二十余日,有谌离国。步行可十余日,有夫甘都卢国。自夫甘都卢国船行可二月余,有黄支国,民俗略与珠崖相类。其州广大,户口多,多异物,自武帝以来,皆献见。有译长,属黄门,与应募者俱入海市明珠、璧流离、奇石异物,赍黄金杂缯而往。所至国皆禀食为耦,蛮夷贾船,转送致之。亦利交易,剽杀人。又苦逢风波溺死,不者数年来还。大珠至围二寸以下。平帝元始中,王莽辅政,欲耀威德,厚遗黄支王,令遣使献生犀牛。自黄支船行可八月,到皮宗。船行可二月,到日南、象林界云。黄支之南,有已程不国,汉之译使自此还矣。"汉勤远略,不在于南,知此道必非因国家之力而开,亦贾人所通也。大秦尝欲通中国,为安息所阂,不得达。至桓帝延熹九年,其王安敦遣使自日南徼外,献象牙、犀角、瑇瑁,始乃一通焉。《后汉书·西域传》。孙权黄武五年,大秦贾人字秦伦,又来交阯,太守吴邈遣送权,《梁书·诸夷列传》。亦自海道来者也。桑原氏云:"当时日南、交阯之地,为东、西洋交通中枢,西邦贾人多集其地。"时则"罗马商船独专印度洋之航海权。及佛教次第东渐,锡兰及南洋诸国与支那间,道路已通,因而支那海运渐兴,经爪哇、苏门答剌而至锡兰之航路,遂归支那人手。经南北朝以至隋唐初叶,支那商船更推广其航路。或自锡兰沿西印度海岸入波斯湾内,或沿阿剌比亚海岸至红海湾头之阿丁。当时锡兰为世界商业中枢,支那人、马来人、波斯人、哀西比亚等四方国民,来集于斯,以从事交易。及大食勃兴,阿非利加与西方亚细亚沿岸及印度河口所有港湾,前后归其版图。以故阿剌比亚人与其属波斯人、犹太人等,益恢张海运。遂东向经南洋诸国而通商于支那沿岸,代支那人而专有亚细亚全境之航海权。至武后天授中,阿剌比亚人之商于广州、泉州、杭州诸港者颇多,时以数万计。唐于诸港置提举市舶之官,征海关税,为岁入大宗"云。《东洋史要》,樊炳清译本。案,国史于南方诸国记载最详者,当推《宋》、《梁》、《唐》三书,所记诸国,大抵为通市来者也。互市置官,始于隋之互市监,而唐因之。市舶司之置,新旧《唐书》、《六典》皆不载。《文献通考》曰:"唐有市舶使,以右威卫中郎将周庆立为之。唐代宗广德元年,有广州市舶使吕太一。"案,庆立事见《新书·柳泽传》,《传》云:"开元中,转殿中侍御史,监岭南选。时市舶使、右威卫中郎将周庆立造奇器以进,泽上书曰:不见可欲,使心不乱,是知见可欲而心必乱矣。庆立雕制诡物,造作奇器,用浮巧为珍玩,以谲怪为异宝,乃治国之巨蠹,明王所宜严罚者也。昔露台无费,明君不忍;象箸非大,忠臣愤叹。庆立求媚圣意,摇荡上心。陛下信而使之乎,是宣淫于天下;庆立矫而为之乎,是禁典之所无赦。陛下新即位,固宜昭宣菲薄,广示节俭,岂可以怪好示四方哉!书奏,玄宗称善。"案,雕制诡物,或亦抚放异国之物欤? 吕太一事,见《旧书·代宗纪》。《纪》云:"广德元年十二月甲辰,宦官市舶使吕太一逐广南度使张休,纵下大掠广州。"又《新书·卢怀慎传》:子奂,"天宝初,为南海太守。南海兼水陆都会,物产瑰怪,前守刘巨鳞、彭杲皆以赃败,故以奂代之。污吏敛手,中人之市舶者,亦不敢干其法,远俗为安。时谓自开元后四十年,治广有清节者,宋璟、李朝隐、奂三人而已"。然则唐市舶使之置,多以武人、宦官为之,黩货无厌,以利其身,损国体而敛怨于远人,云为岁入大宗,盖《东洋史要》亿度之语。泉杭诸州曾置市舶司,亦无文谓于诸港皆置提举,亦不审之谈也。及宋代而设置渐多，其可考者有杭、明、温、秀、泉、广诸州及华亭、江阴、板桥镇名，属密州，即今青岛也。初以州郡兼领，元丰中，令转运司兼提举，后又专置提举，亦数罢归转运。又有令提刑安抚兼领者。所税香药、犀、象，往往以酬入边充钞本，始真于国用有裨矣。《宋史·食货志》：崇宁三年，"令蕃商欲往他郡者，从舶司给券，毋杂禁物、奸人。初，广南舶司言，海外蕃商至广州贸易，听其往还居止，而大食诸国商亦丐通入他州及京东贩易，故有是诏"。

蒙古勃兴，疆域广远，商业亦因之益盛。桑原氏曰"自蒙古建国，四方割据诸小国悉灭，商贾往来日便。又新开官道，设驿站，分置守兵，旅客无阻，东西两洋之交通，实肇于此。是时西亚及欧洲商人，陆自中亚经天山南路，或自西伯利亚南部经天山北路，而开贩路于和林，及燕京。波斯与印度及支那之间，海上交通亦日繁，泉州、福州诸港，为世界第一贸易场，外人来居其地者以万数"云。案，成吉思汗之西侵，实因讹打剌城主杀蒙古人而起，而此蒙古人，则成吉思汗使随西域商人西行市买者也。先是汗尝致书于花剌子模王，请通商，各守疆场，所因者亦商人也。详见《元史译文证补·西域补传》。则知漠南北之地甫定，而西域商人之踪迹已至矣。宋时南方诸国，与我往来最密者为三佛齐。今苏门答剌。三佛齐之南有阇婆。今爪哇。阇婆西北海行十五日，至渤泥。今婆罗洲。此皆今南洋群岛。又有南毗，在大海西南，自三佛齐风飘月余可止，则似在印度沿海。又有注辇，《宋史》云："距广州四十一万一千四百里。"里程必误。《宋史》谓注辇东南二千五百里，有悉兰地，悉兰地即锡兰，则注辇当在印度西岸。《元史》云："海外诸国，以俱蓝、马八儿为最大。"马八儿，今麻打拉萨。"俱蓝为马八儿后障"，岂即所谓注辇者邪？元时招致来朝者，为国凡十，曰马八儿，曰须门那，曰僧急里，曰南无力，曰马兰丹，曰那旺，曰丁呵儿，曰来来，曰急兰亦𩪡，曰苏木都剌。而元尝一用兵于爪哇。马兰丹者，今麻六甲。苏木都剌，即苏门答剌也。

其余诸国，一时未暇悉考。要之，宋元二代，海路所通颇远。明祖御宇，亦使驿四通，陆路远至天方，海路几遍今南洋群岛，其袭元遗迹，播声威于远方欤，抑知胡元疆域之广，虑其百足之虫，死而不僵，抚慰之使实寓伐交之意邪？皆未可知。成祖之遣郑和下西南洋，则又袭太祖之遗迹。或谓其虑建文遁迹海外，从事搜求，则罗织之谈矣。和之航海，在明永乐三年，即西历千四百有五年，哥伦布得亚美利加事在西历千四百九十三年，当我明孝宗弘治六年，后于和者实八十八年也。自郑和航行以后，中国之声威，颇张于海外，华人之谋生南洋者不少，且有作当地大长者，《明史》虽语焉不详，亦有一二，可考见也。新大陆既发见，西人陆续东航，而通商之情形，乃一变矣。其详更仆难穷，其大略则人多知之，其利害又当别论，今不具述。

市舶司之设，元明二代亦皆有之。元设于上海、澉浦、杭州、庆元、温州、泉州、广东，凡七处，时有省置。明洪武初设于太仓黄渡，寻罢，复设于宁波以通日本，泉州以通琉球，广州以通占城、暹罗及西洋诸国，诸国皆听时至，惟日本限其期为十年，人数为二百，舟为二艘，以金叶勘合表文为验，以防作伪，以其时正值倭寇为患也。嘉靖初给事中夏言言，倭患起于市舶，遂罢之。嘉靖三十九年凤阳巡抚唐顺之议复三市舶司，部议从之。四十四年浙江以巡抚到畿言仍罢，福建开而复禁，万历中悉复。永乐中又尝设交阯云南市舶提举司。明之设司，意不在于收税，而在以此抚治诸夷，消弭衅隙，以其时倭寇方张也。在当时未尝不收制驭之效，然习之久，而畏恶外人之心日增，欧人之传教，又颇与华人习俗相违。清嘉庆时，又有西北教匪，东南艇盗之祸，遂并攘夷排教御寇为一谈，中西之交涉，生出无穷胶葛焉。原因虽多，而倭寇滋扰，致中国之视海客咸有畏恶之心，亦其中之一也。《明史·食货志》曰："明初东有马市，西有茶市，皆以驭边省戍守费，海外诸国入贡，许附载方物，与中国贸易，因设市舶司，置提举官以领之。所以通夷情，抑奸商，俾奸禁有所施因，以消其衅隙也。"明之与外国通市，其意皆非以为利，故永乐初西洋剌泥国回回哈只马哈没奇等来朝，附载胡椒，与民互市，有司请征其税，成祖不许。武宗时提举市舶太监毕真言"旧制泛海诸船，皆市舶司专理，近领于镇巡及三司官，乞如旧便"。礼部议"市舶职司进贡方物，其客商及风泊番船，非敕旨所载，例不当预也"。夫许外国互市而曰入贡，许附载方物贸易，而市舶司且若以接待贡使为职，永乐三年又置驿于三市舶司，以待诸番贡使，岂真以其来为入贡而不为贸易哉？夫亦曰必入贡而后许贸易，则不至与沿海之民私相市，而官司无所稽考，以是为制驭之一策云尔。此等办法似乎多事，而亦不能尽谓为不然。盖客强主弱，乃亡清中叶以后之情形，前此则适相反。故嘉靖倭变，朱纨访知"由舶主皆贵官大姓市番货，皆以虚值转鬻牟利，而值不时给"。而史且谓"市舶既罢，日本海贾往来自如，海上奸豪与之交通，法禁无所施"也。盖市舶官吏原来未尝不有赃私之行，然视土豪势家，则终有间矣。

　　北方游牧民，虽时与中国以兵戎相见，然通市亦恒不绝，史所载虽不详，亦可考见其盛者，则如汉设马邑之权，匈奴单于觉之而去，自是绝和亲，攻当路塞，然尚"乐关市，嗜汉财物，汉亦关市不绝以中之"，又如唐杀突董，九姓胡死者千人。突董，回纥毗伽可汗叔父也，而毗伽谓唐使，"国人皆欲尔死，我独不然。突董等已亡，今又杀尔，犹以血濯血，徒益污。吾以水濯血，不亦善乎！为我言有司所负马值百八十万，可速偿我也"。若宽仁能以德报怨者，实贪马值不能绝耳。明初设马市三，一在开原南关，以待海西。一在开原城东，一在广宁，以待朵颜三卫。正统三年始设马市于大同以待也先，其后王振裁其马价，遂有土木之变，也先桀骜固终必反。然非裁马价有以激之，其叛或不至于是其速也。其后北抚俺答，东驭女直，亦藉大同马市、辽东义州木市。努尔哈赤之攻尼堪外兰，明人不能讨，顾开抚顺、清河、宽甸、叆阳四关，许其互市。论者谓满洲之致富厚、习华事实于此有关焉。盖中国与外夷通商，不徒资其困乏，亦足牖其文明矣。蠢彼建夷，不思木桃之报，而为封豕长蛇，荐食上国，其罪可胜诛乎！

第二章　财　产

人与物并生，人以其力取物以自养；至于人与人之间，则只有协力以对物，更无因物而相争。此邃古之世然也。

此等情状，其在诸小部落，各自独立，不相往来之世乎？老子称："至治之极，邻国相望，鸡狗之声相闻，民各甘其食，美其服，安其俗，乐其业，至老死不相往来。"《史记·货殖列传》。今见于《老子》者，词小异而意大同。《管子》亦称：倍即帝誉。尧之时，"牛马之牧不相及，人民之俗不相知，不出百里而来足。"《管子·侈靡》。来，疑当作求。盖各小部落，各自独立，所与处者，皆本部落之人，故能和亲康乐如此也。迨各部落互相并兼，而其形势一变。

《礼记·礼运》载孔子之言曰："大道之行也，与三代之英，丘未之逮也，而有志焉。大道之行也，天下为公，选贤与能，讲信修睦。故人不独亲其亲，不独子其子，使老有所终，壮有所用，幼有所长，鳏寡孤独废疾者皆有所养。男有分，女有归。货恶其弃于地也，不必藏于己。力恶其不出于身也，不必为己。是故谋闭而不兴，盗窃乱贼而不作，故外户而不闭，是谓大同。今大道既隐，天下为家。各亲其亲，各子其子，货力为己。大人世及以为礼，城郭沟池以为固，礼义以为纪。以正君臣，以笃父子，以睦兄弟，以和夫妇，以设制度，以立田里，以贤勇知，以功为己。故谋用是作，而兵由此起。禹、汤、文、武、成王、周公，由此其选也。"《淮南子·本经训》亦言古者"机械诈伪，莫藏于心"，而以"分山川溪谷，使有壤界。计人多少众寡，使有分数。筑城掘池，设机械险阻以为备。饰职事，制服等，异贵贱，差贤不肖，经诽誉，行赏罚"，为后世之事。言民生必兼及国政、外交，固知争夺之原，为部落之与部落，而人之于人，其小焉者也。然以一人而私有财产，亦即萌于此时。

《白虎通》述三皇以前之俗曰："卧之詓詓，行之盱盱。饥即求食，饱即弃余。"此时之人，盖全未知物之可占为己有也，但知其可供人用而已。物虽可供人用，取而用之，亦须劳力。然斯时之人，又未知劳力之可贵。既不谓我取之即为我有，则以我所取之物与人，自亦无所谓以我之物与人，盖纯然不分人我者也。然物有限而人之欲无穷，取用之余，稍感不足，而人我之界，乃随之而渐起焉。

人我之分，初亦以群而不以人。此群占此山以猎，则不许他群之人来猎。彼群占彼泽以渔，则不许此群之人往渔。是为"分地"之始。游牧之世，人之待养于土地益著，则其宝爱土地之情弥殷。《史记·匈奴列传》谓东胡"与匈奴间，中有弃地，莫居，千余里，各居其边为瓯脱。东胡使使谓冒顿曰：匈奴所与我界瓯脱外弃地，匈奴非能至也，吾欲有之。冒顿问群臣。群臣或曰：此弃地，予之亦可，勿予亦可。于是冒顿大怒曰：地者，国之本也，奈何予之！诸言予之者，皆斩之。冒顿上马，令国中有后者斩。遂东袭击东胡。"此事信否不可知，然游牧之国，亦有重视土地之意，则于此可见矣。虞芮让所争为间田，《尚书大传》。宋郑约皆勿有隙地，《左》哀十二年。盖犹古之遗制也。

然斯时之土地，但为部落所有。私人占有土地之制，尚未萌芽也。逮其益进，则入于耕农之世。耕农之世，种植之地，不能不分，垦辟之地，不容轻弃。农夫多有盖藏，不易移徙。于是人民渐土著，土著，则与其地关系益密矣。如所耕之田施肥多，所居之宅修葺完，皆不愿轻以与人。即不然，游钓之乡，亦不肯轻弃。而世世据有之之情生。土地私有之萌芽，实伏于此。

然斯时之土地，循其名，固犹未为私人所有也。一部落之土地，即为其部落所垦辟者，其为其部落所公有，固无待言。即为异部落所征服，亦举其土地，悉为异部落所有而已。《诗》曰："普天之下，莫非王土。率土之滨，莫非王臣。"盖以一部落征服他部落，则他部落之地，悉为所有；而此部落之中，有管理财产之权者，为其酋长。酋长亦只有管理之权，财产实非所有。遂举土地之所有权，以属之也。此部落之酋长，以此土地分人，盖有两法：一将所有之地，分与亲戚勋旧，使食其入，且治其人，是为封建之制。所谓"王者有分土"也。一将此等土田，分给耕作之人，是为井田之制。耕作者仅得耕作，土地初非所有，故有还授之法，及换土易居之制焉。

《公羊》桓二年："夏，四月，取郜大鼎于宋，此取之宋，其谓之郜鼎何？器从名，《解诂》：从本主名名之。地从主人。《解诂》：从后所属主人。器何以从名，地何以从主人？器之与人，非有即尔。《解诂》：即，就也。凡人取异国物，非就有。取之者，皆持以归为有。为后不可分明，故正其本名。宋始以不义取之，故谓之郜鼎。至于地与人则不然，俄而可以为其有矣。《解诂》：俄者，谓须臾之间，制得之顷也。诸侯土地，各有封疆里数。今日取之，然后王者起，兴灭国，继绝世，反取邑，不嫌不明，故卒可使以为其有，不复追录系本主。然则为取可以为其有乎？《解诂》：为取，恣意辞也。曰：否。何者？若楚王之妻，无时焉可也。"《解诂》：妹也。引此为喻者，明其从不可名有也。此可见古人视分土之严。孟子诘慎子曰："周公之封于鲁，为方百里也。今鲁方百里者五。子以为有王者作，则鲁在所损乎？在所益乎？"《告子下》。亦春秋义也。斯时之土地，除农田分赋外，余皆作为公有。人民但依定法，皆得使用。《礼记·王制》曰："名山大泽不以封。"郑注谓"与民同财，不得障管"是也。

《王制》又曰:"天子诸侯无事,则岁三田:一为干豆,二为宾客,三为充君之庖。无事而不田,曰不敬。田不以礼,曰暴天物。天子不合围,诸侯不掩群。天子杀则下大绥,诸侯杀则下小绥,大夫杀则止佐车。佐车止,则百姓田猎。獭祭鱼,然后虞人入泽梁。豺祭兽,然后田猎。鸠化为鹰,然后设罻罗。草木零落,然后入山林。昆虫未蛰,不以火田。不麛,不卵,不杀胎,不殀夭,不覆巢。"《孟子》亦曰,"数罟不入洿池","斧斤以时入山林"。《梁惠王上》。《周官》有山虞、林衡、川衡、泽虞、迹人等官,以掌斩林、田猎之事。又有卝人,"掌金玉锡石之地,而为之厉禁以守之。若以时取之,则物其地图而授之"。皆此等公地使用之法也。《孟子·梁惠王下》,谓"文王之囿方七十里,刍荛者往焉,雉兔者往焉"。亦与民同财不障管之意也。《荀子·王制》:"君者,善群也。群道当,则万物皆得其宜,六畜皆得其长,群生皆得其命。故养长时,则六畜育;杀生时,则草木殖;政令时,则百姓一,贤良服。圣王之制也:草木荣华滋硕之时,则斧斤不入山林,不夭其生,不绝其长也;鼋鼍鱼鳖鳅鳝孕别之时,罔罟毒药不入泽,不夭其生,不绝其长也;春耕夏耘,秋收冬藏,四者不失时,故五谷不绝,而百姓有余食也;污池渊沼川泽,谨其时禁,故鱼鳖优多,而百姓有余用也;斩伐养长,不失其时,故山林不童,而百姓有余材也。"《淮南子·主术训》:"故先王之法,畋不掩群,不取麛夭。不涸泽而渔,不焚林而猎。豺未祭兽,罝罦不得布于野。獭未祭鱼,网罟不得入于水。鹰隼未挚,罗网不得张于溪谷。草木未落,斤斧不得入山林。昆虫未蛰,不得以火烧田。孕育不得杀,鷇(鷇)卵不得探。鱼不长尺不得取,彘不期年不得食。是故草木之发若蒸气,禽兽之归若流泉,飞鸟之归若烟云,有所以致之也。"《汉书·货殖传》:"于是辨其土地、州泽、丘陵、衍沃、原隰之宜,教民种树畜养;五谷六畜及至鱼鳖、鸟兽、雚蒲、材干、器械之资,所以养生送终之具,靡不皆育。育之以时,而用之有节。草木未落,斧斤不入于山林;豺獭未祭,罝网不布于野泽;鹰隼未击,矰弋不施于徯隧。既顺时而取物,然犹山不茬蘖,泽不伐夭,蝝鱼麛卵,咸有常禁。所以顺时宣气,蕃阜庶物,稸足功用,如此之备也。"

斯时之分职,为士农工商。农人以田亩均平,无甚贫甚富。工业则械器之简易者,悉由人民自造。人民不能自造者,则国家设工官造之。其造械器,所以共民用,非以牟利也。商业则贩易大者行诸国外,盖亦为本国计,与他国通有无,非其人藉以牟利。其商人藉以牟利者,如《孟子》所谓求垄断之贱大夫,获利有限。士虽可入官,然禄亦仅足代耕,故斯时之社会,除君卿大夫有封地者外,实可谓无甚贫甚富之别也。

斯时之社会,所最重者为分。《荀子》曰:"(人)力不若牛,走不若马,而牛马为用,何也?曰:人能群,彼不能群也。人何以能群?曰:分。分何以能行?曰:义。故义以分则和,和则一,一则多力,多力则强,强则胜物。""故人生不能无群,群而无分则争。争则乱,乱则离,离则弱,弱则不能胜物。""君者,善群也。群道当,则万物皆得其宜,六畜皆得其长,群生皆得其命。"《荀子·王制》。《荀子·富国》:"人之生不能无群,群而无分则争,争则乱,乱则穷矣。故无分者,人之大害也;有分者,天下之本利也。而人君者,所以管分之枢要也。"又曰:"天下害生纵欲。欲恶同物,欲多而物寡,寡则必争矣。故百技所成,所以养一人也。而能不能兼技,人不能兼官。离居不相待则穷,群而无分则争。穷者患也,争者祸也。救患除祸,则莫若明分使群矣。"《富国》。《管子·乘马》:"圣人之所以为圣人者,善分民也。圣人不能分民,则犹百姓也。于己不足,安得名圣?"又曰:"足国之道,节用裕民,而善藏其余。""上以法取焉,而下以礼节用之。""量地而立国,计利而畜民,度人力而授事。使民必胜事,事必出利,利足以生民,皆使衣食百用,出入相揜,必时藏余,谓之称数。"《富国》。《孟子》亦曰:"易其田畴,薄其税敛,民可使富也。食之以时,用之以礼,财不可胜用也。"《尽心上》。《大学》曰:"生财有大道。生之者众,食之者寡,为之者疾,用之者舒,则财恒足矣。"皆致谨于生财、用财,而不以财之不足为患。故曰:"田野县鄙者,财之本也;垣窖仓廪者,财之末也;百姓时和,事业得叙者,货之原也;等赋府库者,货之流也。"故曰:"夫有余不足,非天下之公患也,特墨子之私忧过计也。天下之公患,乱伤之也。"《荀子·富国》。故曰:"有国有家者,不患寡而患不均,不患贫而患不安。盖均无贫,和无寡,安无倾。"《论语·季氏》。故曰:"君子先慎乎德。有德此有人,有人此有土,有土此有财,有财此有用。德者本也,财者末也。"《大学》。故曰:"天地之大德曰生,圣人之大宝曰位,何以守位曰仁,何以聚人曰财。理财正辞,禁民为非曰义。"《易·系辞》。

斯时之制用,盖皆量入以为出。《礼记·王制》曰:"冢宰制国用,必于岁之杪。五谷皆入,然后制国用。用地小大,视年之丰耗,以三十年之通制国用,量入以为出。""国无九年之畜,曰不足;无六年之畜,曰急;无三年之畜,曰国非其国也。三年耕,必有一年之食;九年耕,必有三年之食。以三十年之通,虽有凶旱水溢,民无菜色,然后天子食,日举以乐。"《曲礼》曰:"岁凶,年谷不登,君膳不祭肺,马不食谷,驰道不除,祭事不县,大夫不食粱,士饮酒不乐。"《郊特牲》曰:"四方年不顺成,八蜡不通,以谨民财也。顺成之方,其蜡乃通,以移民也。"移,羡也。合全社会共策力作,其事储蓄,共谋节省,俨然今日之家人父子焉。《管子·八观》曰:"入国邑,视宫室,观车马衣服,而侈俭之国可知也。夫国城大而田野浅狭者,其野不足以养其民。城域大而人民寡者,其民不足以守其城。宫营大而室屋寡者,其室不足以实其宫。室屋众而人徒寡者,其人不足以处其室。囷仓寡而台榭繁者,其藏不足以共其费。故曰:主上无积而宫室美,氓家无积而衣服修,乘车者饰观望,步行者杂文采,本资少而末用多者,侈国之俗也。国侈则用费,用费则民贫,民贫则奸智生,奸智生则邪巧作。故奸邪之所生,生于匮不足。匮不足之所生,生于侈。侈之所生,生于毋度。故曰:审度量,节衣服,俭财用,禁侈泰,为国之急也。不通于若计者,不可使用国。"古人之理财,固非若后世之苟求足用而已。

又《管子·事语》:"桓公问管子曰:事之至数可闻乎?管子对曰:何谓至数?桓公曰:秦奢教我曰:帷盖不修,衣服不众,则女事不泰。俎豆之礼不致牲,诸侯太牢,大夫少牢,不若此,则六畜不育。非高其台榭,美其宫室,则群材不散。此言何如?管子曰:非数也。桓公曰:何谓非数?管子对曰:此定壤之数也。彼天子之制,壤方千里。齐诸侯方百里。负海子七十里,男五十里,若胸臂之相使也。故准徐疾赢不足,虽在下也,不为君忧。彼壤狭而欲举与大国争者,农夫寒耕暑耘,力归于上,女勤于缉绩徽织,功归于府者,非怨民心伤民意也,非有积蓄,不可以用人。非有积财,无以劝下。秦奢之数,不可用于危隘之国。桓公曰:善。"案此秦奢谓奢侈可以生财,而管仲辟之也。定壤之数,即《王制》用地之大小,以制国用之说。

斯时之分财,盖因其位之高下而有差等。《荀子》曰:"夫贵为天子,富有天下,是人情之所同欲也。然则从人之欲,则势不能容,物不能赡也。故先王案为之制礼义以分之,使有贵贱之等,长幼之差,知愚能不能之分,皆使人载其事而各得其宜,然后使悫禄多少厚薄之称,是夫群居和一之道也。故仁人在上,则农以力尽田,贾以察尽财,百工以巧尽械器,士大夫以上至于公侯,莫不以仁厚知能尽官职,夫是之谓至平。故或禄天下而不自以为多,或监门、御旅、抱关、击柝,而不自以为寡。故曰:斩而齐,枉而顺,不同而一。夫是之谓人伦。"《荣辱》。孔子曰:"圣人之制富贵也,使民富不足以骄,贫不至于约,贵不慊于上,注:"慊,恨不满之貌也。慊或为嫌。"故乱益亡。"《礼记·坊记》。知此时除君卿大夫食禄稍厚外,其余固无甚贫甚富之差也。

然君卿大夫,食禄虽厚,其待下亦多以宽为训,以聚敛为戒,以与民争利为耻。《大学》曰:"德者本也,财者末也。外本内末,争民施夺。是故财聚则民散,财散则民聚。是故言悖而出者,亦悖而入;

货悖而入者，亦悖而出。"又曰："仁者以财发身，不仁者以身发财。"又曰："孟献子曰：畜马乘，不察于鸡豚。伐冰之家，不畜牛羊。百乘之家，不畜聚敛之臣。与其有聚敛之臣，宁有盗臣。此谓国不以利为利，以义为利也。《礼记·坊记》："子云：君子不尽利以遗民。《诗》云：彼有遗秉，此有不敛穧，伊寡妇之利。故君子仕则不稼，田则不渔，食时不力珍。大夫不坐羊，士不坐犬。"长国家而务财用者，必自小人矣。彼为善之，小人之使为国家，菑害并至。虽有善者，亦无如之何矣。此谓国不以利为利，以义为利也。"可谓言之深切著明矣。古所谓战胜之族，其初虽亦以兵力击服异族而臣之。然其人必有不好利之美德。好利则奢惰而易流于弱，且易起内争，不能战胜矣。亦必有哀矜降伏者之仁心。而朘民自肥，终招亡灭，在古代亦必数见不鲜，又足以资其鉴戒。故积之久，而损上益下，遂垂为明训也。

《礼记·王制》谓岁之成，大司徒、大司马、大司空，"以百官之成，质于天子。百官齐戒受质，然后休老劳农"。此即《月令》所谓"腊先祖五祀，劳农以休息之"；《郊特牲》所谓"蜡，黄衣黄冠而祭，息田夫"者也。《郊特牲》曰："既蜡而收民息已，故既蜡，君子不兴功。"《杂记》："子贡观于蜡。孔子曰：赐也乐乎？对曰：一国之人皆若狂，赐未知其乐也。子曰：百日之蜡，一日之泽，非尔所知也。张而不弛，文武弗能也。弛而不张，文武弗为也。一张一弛，文武之道也。"此古者农耕既毕，所谓"施惠于民"之事。《祭统》曰："凡馂之道，每变以众，所以别贵贱之等，而兴施惠之象也。""祭者，泽之大者也。是故上有大泽，则惠必及下。""是故上有大泽，则民夫人待于下流，知惠之必将至也。"此则国家有庆典，行恩泽于民者也。凡此，皆古战胜之族，所以抚绥其所征服之族者也。

共产之世，力作皆以为群，相养亦惟群是待。故老弱疾病之民，亦皆有以食之；死亡迁徙之事，则必有以协助之。其遗规尚流传后世，如《礼记·王制》曰："五十不从力政，六十不与服戎，七十不与宾客之事，八十齐丧之事弗及也。"又曰："八十者，一子不从政。九十者，其家不从政。废疾非人不养者，一人不从政。父母之丧，三年不从政。齐衰大功之丧，三月不从政。将徒于诸侯，三月不从政。自诸侯来徙家，期不从政。"又曰："少而无父者谓之孤。老而无子者谓之独。老而无妻者谓之鳏。老而无夫者谓之寡。此四者，天民之穷而无告者也，皆有常饩。瘖、聋、跛、躄、断者、侏儒、百工，各以其器食之。"《荀子·王制》："五疾，上收而养之。"此等盖皆原始共产时代之遗规也。《乐记》曰："强者胁弱，众者暴寡，知者诈愚，勇者苦怯，疾病不养，老幼孤独不得其所，此大乱之道也。"呜呼！苟以此言为治乱之衡，则虽号称治平如中国之汉唐，富强如今日之欧美，以曷尝一日能免于乱哉？

原始共产之世，不徒一社会之中，能尽相生相养之道也，即其彼此之间，亦恒能互相救恤。其遗规亦尚流传于后世。如《公羊》襄三十年，"晋人、齐人、宋人、卫人、郑人、曹人、莒人、邾娄人、滕人、薛人、杞人、小邾娄人，会于澶渊，宋灾故"，"诸侯相聚，而更宋之所丧，曰：死者不可复生，尔财复矣"。《穀梁》襄三十年："其曰人，何也？救灾以众。何救焉？更宋之所丧财也。"此其用意，与现在之保险同，然不必豫行出资，则真可谓之义举矣。《墨子·非攻》下篇云："今若有能信效，孙诒让云：'效，读为交。'先利天下诸侯者：大国之不义也，则同忧之；大国之攻小国也，则同救之；小国城郭之不全也，必使修之；布粟之绝则委之，币帛不足则共之。"城郭不全使修之，齐桓合诸侯而城杞其事也。《公羊》僖十四年。布粟之绝则委之，币帛不足共之，卫为狄灭，立戴公以庐于曹，齐侯"归公乘马，祭服五称，牛羊豕鸡狗皆三百，与门材。归夫人鱼轩，重锦三十两"其事也。《左》闵二年。《孟子》曰："汤居亳，与葛为邻，葛伯放而不祀。汤使人问之曰：何为不祀？曰：无以供牺牲也。汤使遗之牛羊。葛伯食之，又不以祀。汤又使人问之曰：何为不祀？曰：无以供粢盛也。汤使亳众往为之耕。"《滕文公下》。以后世之事衡之，殊属不近情理。然在古代，固不足为异，盖保留有原始之遗风也。齐桓公葵丘之盟，五命曰：无遏籴。《孟子·告子下》，《穀梁》僖九年。《左》僖十三年，晋荐饥，使乞籴于秦。秦伯谓百里："与诸乎？"对曰："天灾流行，国家代有。救灾恤邻，道也。行道有福。"此亦古代各部落互相救恤之遗制也。

原始部落共产之制，随世运之进步而逐渐破坏。其所由然，则以社会组织之改变，由于私有制之产生，私利之心日盛也。邃古之人，只有合力以对物，更无因物而相争，前已明之。斯时所谓合力者，其事至简。迨其稍进，则分工易事之道兴。既有分工，则必有分职。分职如何？部落小，人民少，事务简之时，编制甚易。国大，人众，事既繁复；一物所需之多少，又时有不同，则编制甚难。斯时各部落时时互相吞并。两部落并为一部落，则其社会已非其故，分职之法，亦各舍其旧而新是图。然欲如此时时改变则甚难。且交通渐便，往来日繁，则有无之相资亦日多，各物孰宜自造？孰可不造而求之于外？孰当多造以与人为易？其情形亦月异而岁不同。旧时之分职，至此不徒不复相宜，并足为此时获利之障。私有制既兴，人之欲利，如水就下。旧制既为获利之障，自将堕坏于冥漠之中。而欲利之心，因可欲之物多而益盛。在上者日剥其下，诈伪兴而淳朴漓，原始共产之制，弥不可行矣。此非一朝一夕之故，欲凿指其在何时，实不可得。然合全局而观之，其迹固有可征也。今试略述其事如下。

共产制度之坏，其第一事，即在井田之废。我国古代井田制，为贵族剥削庶人之法。但名义上尚保存有平均分田之制，既有还受之法，又有换土易居之制。及春秋战国之际，社会经济之最大变化，即在井田之废。《孟子》曰："经界不正，井地不均，谷禄不平。是故暴君污吏，必慢其经界。"《孟子·滕文公上》。朱子《开阡陌辨》曰："《汉志》言秦废井田，开阡陌。说者之意，皆以开为开置之开。言秦废井田，而始置阡陌也。按阡陌者，旧说以为田间之道。盖因田之疆畔，制其广狭，辨其横纵，以通人物之往来，即《周礼》所谓遂上之径，沟上之畛，洫上之涂，浍上之道也。然《风俗通》云：南北曰阡，东西曰陌。又云：河南以东西为阡，南北为陌。二说不同。今以《遂人》田亩夫家之数考之，则当以后说为正。盖陌之为言百也，遂洫从而径涂亦从，则遂间百亩，洫间百夫，而径涂为陌矣。阡之为言千也，沟浍横而畛道亦横，则沟间千亩，浍间千夫，而畛道为阡矣。阡陌之名，由此而得。至于万夫有川，而川上之路，周于其外，与夫《匠人》井田之制，遂沟洫浍，亦皆四周，则阡陌之名，疑亦因其横从而命之也。然遂广二尺，沟四尺，洫八尺，浍二寻，则丈有六尺矣。径容牛马，畛容大车，涂容乘车一轨，道二轨，路三轨，则几二丈矣。此其水陆占地，不得为田者颇多。先王之意，非不惜而虚弃之也，所以正经界，止侵争，时蓄泄，备水旱，为永久之计，有不得不然者，其意深矣。商君以其急刻之心，行苟且之政，但见田为阡陌所束，而耕者限于百亩，则病其人力之不尽。但见阡陌之占地太广，而不得为田者多，则病其地利之有遗。又当世衰法坏之时，则其归授之际，必不免有烦扰欺隐之奸。而阡陌之地，切近民田，又必有阴据以自私，而税不入于公上者。是以一旦奋然不顾，尽开阡陌，悉除禁限，而听民兼并买卖，以尽人力，垦辟弃地，悉为田畴，而不使其有尺寸之遗，以尽地利。使民有田即为永业，而不复归授，以绝烦扰欺隐之奸。使地皆为田，而田皆出税，以覈阴据自私之幸。此其为计，正犹杨炎疾浮户之弊，而遂破租庸以为两税。盖一时之害虽除，而千古圣贤传授精微之意，于此尽矣。故《秦纪》、《鞅传》皆云：为田开阡陌封疆而赋税平。蔡泽亦曰：决裂阡陌，以静生民之业，而一其俗。详味其言，则所谓开者,乃破坏划削之意,而非创置建立之名;所谓阡陌,乃三代井田之旧,而非秦之所制矣;所谓赋税平者,以无欺隐窃据之奸也;所谓静生民之业者,以无归授取予之烦也。以是数者,合而证之,其理可见,而蔡泽之言,尤为明白。且先王疆理天下,均以予民,故其田间之道,有经有纬,不得无法。若秦既除井授之制矣,则随地为田,随田为路,尖斜屈曲,无所不可,又何必取其东西南北之正,以为阡陌,而后可以通往来哉?此又以物情事理推之,而益见其说之无疑者。或乃以汉世犹有阡陌之名,而疑其出于秦之所置。殊不知秦之所开,亦其旷僻而非通路者耳。若其适当衝要而便于往来,则亦岂得而尽废之哉?但必稍侵削之,不使复如先王之旧耳。"《晦庵先生朱文公文集》。朱子此文,于井田之废坏,洞若观火。盖一由人多而地不足,故田间旷土,竞图垦辟。一由斯时有土之君,及各地方之豪强,竞思剥民以自奉,占公地以自肥,遂益破坏昔日之疆界也。还受之制既废,所占即为所有,则并公有之名而不复存,而土地尽入私人之手矣。斯时占有土地者,自系强有力之徒。愚弱之民,则任其兼并而无如何矣。职是故,乃生秦汉之世所谓田连阡陌之家。

秦汉之世,农田以外之土地,亦为私家所占。《史记·货殖列传》所载事畜牧、盐铁、丹穴之利者皆是也。《货殖列传》曰:"陆地牧马二百蹄,牛蹄角千,千足羊,泽中千足彘,水居千石鱼陂,山居千章之材。安邑千树枣;燕、秦千树栗;蜀、汉、江陵千树橘;淮北、常山已南,河济之间千树萩;陈、夏千亩漆;齐、鲁千亩桑麻;渭川千亩竹;及名国万家之城,带郭千亩亩钟之田,若千亩卮茜,千畦姜韭:此其人皆与千户侯等。"此等广大之土地,皆前此衡虞、迹人、丱人等之所掌也。此时亦皆入私人之手矣。是即秦汉之世所谓擅山泽之利之徒也。

古代工业,本由官营,读《考工记》可见。孟子难白圭曰:"万室之国,一人陶,则可乎?"曰:"不可,器不足用也。"《孟子·告子下》。明古者立工官,度需用之多少以造械器,贵族之需用,皆仰给于官也。逮夫春秋以后,社会发生变革,民所需用之器日多,或为官所不能造。人口日繁,则旧时官造之器,又或不能给民用。情势既异,工官之制虽尚保存,而私家之制造业日渐兴起矣。《史记·货殖列传》谓:"用贫求富,农不如工,工不如商。"王莽之行六筦也,下诏曰:"夫盐,食肴之将;酒,百药之长,嘉会之好;铁,田农之本;名山大泽,饶衍之臧;五均赊贷,百姓所取平,卬以给澹;铁布铜冶,通行有无,备民用也。此六者,非编户齐民所能家作,必卬于市,虽贵数倍,不得不买。豪民富贾,即要贫弱。"《汉书·食货志》。可见当时恃此以致富者众矣。

商业之盛,尤为共产制度破坏之大原。共产之世,本部落中虽更无交易,然交易之事,未尝不行于异部落之间。人之欲利,如水就下。交易既盛,为公家尽力之外,势必竞造私货,售诸异部落,以易其所欲得。于是一部落中,有私财者日多,共产之组织,既日以陵夷,而部人之有私财者又日多,其制安得不荡焉以尽也? 凡此,皆共产制度之所由废坏也。《汉书·货殖传》曰:"及周室衰,礼法堕,诸侯刻桷丹楹,大夫山节藻棁,八佾舞于庭,雍彻于堂。其流至乎士庶人,莫不离制而弃本,稼穑之民少,商旅之民多,谷不足而货有余。陵夷至乎桓、文之后,礼谊大坏,上下相冒,国异政,家殊俗,耆欲不制,僭差亡极。于是商通难得之货,工作亡用之器,士设反道之行,以追时好而取世资。伪民背实而要名,奸夫犯害而求利。篡弑取国者为王公,圉夺成家者为雄桀。礼谊不足以拘君子,刑戮不足以威小人。富者木土被文锦,犬马余肉粟,而贫者裋褐不完,唅菽饮水。其为编户齐民,同列而以财力相君,虽为仆虏,犹亡愠色。故夫饰变诈伪奸轨者,自足乎一世之间;守道循理者,不免于饥寒之患。"《史记·货殖列传》曰："天下熙熙，皆为利来；天下攘攘，皆为利往。"又曰："贤人深谋于廊庙，论议朝廷，守信死节隐居岩穴之士设为名高者安归乎？归于富厚也。是以廉吏久，久更富，廉贾归富。富者，人之情性，所不学而俱欲者也。故壮士在军，攻城先登，陷阵却敌，斩将搴旗，前蒙矢石，不避汤火之难者，为重赏使也。其在闾巷少年，攻剽椎埋，劫人作奸，掘冢铸币，任侠并兼，借交报仇，篡逐幽隐，不避法禁，走死地如骛者，其实皆为财用耳。今夫赵女郑姬，设形容，揳鸣琴，揄长袂，蹑利屣，目挑心招，出不远千里，不择老少者，奔富厚也。游闲公子，饰冠剑，连车骑，亦为富贵容也。弋射渔猎，犯晨夜，冒霜雪，驰阬谷，不避猛兽之害，为得味也。博戏驰逐，斗鸡走狗，作色相矜，必争胜者，重失负也。医方诸食技术之人，焦神极能，为重糈也。吏士舞文弄法，刻章伪书，不避刀锯之诛者，没于赂遗也。农工商贾畜长，固求富益货也。此有知尽能索耳，终不余力而让财矣。"人自为谋，惟利是图，惟力是视，俨然今日之情形矣。《淮南子·齐俗训》："衰世之俗，以其知巧诈伪，饰众无用。贵远方之货，珍难得之财。不积于养生之具。浇天下之淳，析天下之朴，牿服马牛以为牢。滑乱万民，以清为浊。性命飞扬，皆乱以营。贞信漫澜，人失其情性。于是乃有翡翠犀象，黼黻文章，以乱其目；乌嬴黍粱，荆吴芬馨，以嚂其口；钟鼓管箫，丝竹金石，以淫其耳；趋舍行义，礼节谤议，以营其心。于是百姓糜沸豪乱，暮行逐利，烦挐浇浅。法与义相非，行与利相反。虽十管仲，弗能治也。且富人则车舆衣纂锦，马饰傅旄象，帷幕茵席，绮绣条组，青黄相错，不可为象。贫人则夏被褐带索，含菽饮水以充肠，以支暑热；冬则羊裘解札，短褐不掩形，而炀灶口故其为编户齐民无以异。然贫富之相去也，犹人君与仆虏，不足以论之。夫乘奇技伪邪施者，自足乎一世之间；守正修理不苟得者，不免乎饥寒之患。而欲民之去末反本，是由发其原而雍其流也。夫雕琢刻镂，伤农事者也；锦绣纂组，害女工者也。农事废，女工伤，则饥之本而寒之原也。夫饥寒并至，能不犯法干诛者，古今未之闻也。故仕鄙在时，不在行；利害在命，不在智。夫败军之卒，勇武遁逃，将不能止也；胜军之陈，怯者死行，惧不能走也。故江河决沈一乡，父子兄弟，相遗而走，争升陵阪,上高丘,轻足先升,不能相顾也。世乐志平,见邻国之人溺,尚犹哀之,又况亲戚乎?故身安则恩及邻国,志为之灭;身危则忘其亲戚,而人不能解也。游者不能拯溺,手足有所急也;灼者不能救火,身体有所痛也。夫民有余即让,不足则争。让则礼义生,争则暴乱起。扣门求水,莫弗与者,所饶足也。林中不卖薪,湖上不鬻鱼,所有余也。故物丰则欲省,求澹则争止。秦王之时,或人菹子,利不足也。刘氏持政,独夫收孤,财有余也。故世治则小人守政,而利不能诱也;世乱则君子为奸,而法弗能禁也。"可与《史》、《汉》货殖传之言参看。《管子·禁藏》:"夫凡人之情,见利莫能勿就,见害莫能勿避。其商人通贾,倍道兼行,夜以续日,千里而不远者,利在前也。渔人之入海,海深万仞,就彼逆流,乘危百里,宿夜不出者,利在水也。故利之所在,虽千仞之山,无所不上;深源之下,无所不入焉。故善者势利之在,而民自美安,不推而往,不引而来,不烦不扰,而民自富。如鸟之覆卵,无形无声,而惟见其成。"案此谓任人自谋,人自各止于其所利,而公利存焉。与斯密亚丹之说相近。又《轻重甲》:"浑然击鼓,士忿怒。枪然击金,士帅然策桐鼓从之,舆死扶伤,争进而无止。口满用,手满钱,非大父母之仇也,重禄重赏之所使也。故轩冕立于朝,爵禄不随,臣不为忠。中军行战,委予之赏不随,士不死其列陈。然则是大臣执于朝,而列陈之士执于赏也。故使父不得子其子,兄不得弟其弟,妻不得有其夫,唯重禄重赏为然耳。故不远道里,而能威绝域之民,不险山川,而能服有恃之国,发若雷霆,动若风雨,独出独入,莫之能圉。"此则借利以倾邻国矣。

人类之始,不知自私其力也。寖假而知自私其力矣。其所私者,一身一家,日用饮食之物而已矣。稍进,乃及于奢侈之物。此古之诸侯大夫等,所以宝珠玉重器也。《孟子·尽心下》曰:"诸侯之宝三:土地、人民、政事。宝珠玉者,殃必及身。"可见是时宝珠玉者之多。《左》桓十年:"初,虞叔有玉,虞公求旃。弗献,既而悔之。曰:周谚有之,匹夫无罪,怀璧其罪。吾焉用此,其以贾害也。乃献之。又求其宝剑。叔曰:是无厌也。无厌,将及我。遂伐虞公,故虞公出奔共池。"《左》定三年:"蔡昭侯为两佩与两裘,以如楚,献一佩一裘于昭王。昭王服之,以享蔡侯。蔡侯亦服其一。子常欲之,弗与。三年止之。唐成公如楚,有两肃爽马,子常欲之,弗与。亦三年止之。"卒以此启入郢之祸。此其大者,其他类此者尚多。昭十二年:楚灵王谓子革曰:

"昔我先王熊绎,与吕伋、王孙牟、燮父、禽父,并事康王,四国皆有分,我独无有。"数世之后,追溯之,犹有怏怏之情焉。子革对曰:"齐,王舅也。晋及鲁、卫,王母弟也。楚是以无分,而彼皆有。"又可见是时厚待懿亲,乃颁之重器,而非疏逖之臣所得比矣。卫蒯聩久居于外,仅乃复国,而其谓浑良夫曰:"吾继先君而不得其器,若之何?"乐毅《报燕惠王书》,亦以"珠玉财宝,车甲珍器,尽收入于燕。齐器设于宁台,大吕陈于元英,故鼎反乎历室",盛夸功伐,皆可见是时视重器之重也。然此等物仅可以供玩弄,而不可以作母财。故虽或因此以肆诛求,究不能藉是以资剥削。及其益进,则玩好之情渐减,货币之用益弘。周转既灵,借贷弥易,而所谓息钱者起焉。《史记·货殖列传》谓"子贷金钱千贯"者,"比千乘之家"。又谓"吴楚七国兵起时,长安中列侯封君行从军旅,赍贷子钱,子钱家以为侯邑国在关东,关东成败未决,莫肯与。惟无盐氏出捐千金贷,其息什之。《史记》索隐:"谓出一得十倍。"三月,吴楚平。一岁之中,则无盐氏之息什倍,用此富埒关中。"可见汉初已有专事放债之人,及其利息之厚。晏子谓齐景公曰:"春省耕而补不足,秋省敛而助不给。夏谚曰:吾王不游,吾何以休?吾王不豫,吾何以助?"《孟子·梁惠王下》。《管子·五辅》篇曰:"养长老,慈幼孤,恤鳏寡,问疾病,吊祸丧,此谓匡其急。衣冻寒,食饥渴,匡贫窭,振罢露,资乏绝,此谓振其穷。"《管子·幼官》篇:"再会诸侯,令曰:养狐老,食常疾,收孤寡。"可见是时民有乏绝者,在上之人,皆负匡救之责。齐景公闻晏子之言而悦,大戒于国,出舍于郊,于是始兴发补不足,盖即其事。陈氏"以家量贷,而以公量收之";《左》昭三年。冯煖为孟尝君收责,尽焚其券以市义,《战国策》。犹其遗制也。《管子·问》篇:"问乡之良家,其所牧养者几何人矣?问邑之贫人,债而食者几何家?""贫士之受责于大夫者几何人?""问人之贷粟米,有别券者几何家?"良家所牧养之人,后盖渐变为奴婢,贫士受责于大夫,则养士之始也。债而食,贷粟米有别券,盖皆民家借贷。一有别券,一无之,则是时借贷,出于情面者尚多。

出于情面者,盖不必皆有利息。然其后,则多变为有利息者矣。盖制民之产之政既亡,人民之失养者日多,在上者既不能振救,而放债之人乃乘之而牟利也。

富厚所在,权力随之。子贡结驷连骑,束帛之币,以聘享诸侯。所至,国君无不分庭与之抗礼。乌氏倮以畜牧起,秦始皇帝令比封君,以时与列臣朝请。巴寡妇清能用财自卫,秦皇以为贞妇而客之,为筑女怀清台。万乘之君如此,平民之畏惮之,又曷足怪乎?谚曰:"千金之子,不死于市。"可见是时富人之声势矣。《史记·货殖列传》。《庄子·盗跖》篇述富人之苦曰:"内则疑劫请之贼,外则畏寇盗之害,内周楼疏,外不敢独行。"则斯时盗贼之觊觎富人,亦如今世。此富人之所以不敢轻出。此千金之子,不死于市之注脚也。

欲利之心如此,而廉让之节遂亡。《韩非子》曰:"古者丈夫不耕,草木之实足食也;妇人不织,禽兽之皮足衣也。不事力而养足,人民少而财有余,故民不争。是以厚赏不行,重罚不用,而民自治。今人有五子不为多,子又有五子,大父未死而有二十五孙。是以人民众而货财寡,事力劳而供养薄,故民争。虽倍赏累罚,而不免于乱。尧之王天下也,茅茨不剪,采椽不斫;粝粢之食,藜藿之羹;冬日麑裘,夏日葛衣。虽监门之服养,不亏于此矣。禹之王天下也,身执耒臿,以为民先,股无胈,胫不生毛。虽臣虏之劳,不苦于此矣。以是言之,夫古之让天子者,是去监门之养,而离臣虏之劳也,故传天下而不足多也。今之县令,一日身死,子孙累世絜驾,故人重之。是以人之于让也,轻辞古之天子,难去今之县令者,薄厚之实异也。夫山居而谷汲者,膢腊而相遗以水;泽居苦水者,买庸而决窦。故饥岁之春,幼弟不饷;穰岁之秋,疏客必食,非疏骨肉爱过客也,多少之实异也。是以古之易财,非仁也,财多也;今之争夺,非鄙也,财寡也。轻辞天子,非高也,势薄也;重争土橐,非下也,权重也。"《五蠹》。其于争夺之祸,可谓能烛其原矣。又曰:"今世之学士语治者,多曰:

与贫穷地,以实无资。今夫与人相若也,无丰年旁入之利而独以完给者,非力则俭也;与人相若也,无饥馑疾疚祸罪之殃,独以贫穷者,非侈则惰也。侈而惰者贫,而力而俭者富。今人征敛于富人以布施于贫者,是夺力俭而与侈惰也。"《显学》。然则古者,遇民之无告者,则哀矜之;今也,遇民之无告者,则督过之,而人情大变矣。《庄子》曰:"柏矩至齐,见辜人焉。推而强之,解朝服而幕之,号天而哭之曰:子乎!子乎!天下有大菑,子独先离之,曰莫为盗!莫为杀人!荣辱立,然后睹所病;货财聚,然后睹所争。今立人之所病,聚人之所争,穷困人之身使无休时,欲无至此,得乎?""匿为物而愚不识,大为难而罪不敢,重为任而罚不胜,远其涂而诛不至。民知力竭,则以伪继之,日出多伪,士民安取不伪!夫力不足则伪,知不足则欺,财不足则盗。盗窃之行,于谁责而可乎?"《则阳》。此深悲社会制度之不善,民生其间者,实无以自全也。可谓恻然仁者之言矣。

邃古财产公有之制,犹有遗存于三代时者。晏子谓齐景公:"今也,师行而粮食。"《孟子·梁惠王下》。粮同量。量食者,酌留人民所自食,余悉供军,此古者合一社会之食,以食一社会之人之遗制也。古者生之为之也同,食之用之也亦同。后虽不复然,然醵与乡饮酒,犹是合食之遗制。《酒诰》曰:"群饮,汝勿佚。尽执拘以归于周,予其杀。"当禁酒之时,岂不知群饮之易罹禁网,独酌之可避耳目?而犹有群饮者,习不可猝变也。汉世所谓赐酺犹然。《诗》曰:"言私其豵,献豜于公。"此田猎所得,公之于众也。周行彻法。释者曰:"耕则通力合作,收则计亩而分。"此农作之役,不分彼此也。此等遗制尚多,难以枚举。后世距共产之世日远,则其迹亦日湮矣。

土地私有制之缘起,盖有四端:一曰先占,如垦辟荒地是也。古之分地后遂变为私有者,当属此类。二曰劫夺。胜者以败者为奴,没收其财产为己有是也。大而灭国,小而亡家,皆属此类。三曰兼并。则私产既兴之后，恃其财力，以攘夺人者也。四曰由公产变为私产。私有制既兴，一部落之公财，散而为家族之私财。家族管理财产之权，在其族长。久之，财产遂变为族长所独有。故曰："子妇无私蓄。"《礼记·内则》。又曰："父母存，不有私财。"又《曲礼上》。后世卑幼不得擅用财之律由此。

东周以降，社会组织发生变化。秦汉时，大地主及大工商皆极跋扈。斯时所谓商人者，实为兼营工业之豪民，如煮盐、铁冶之类是也。《汉书·食货志》载董仲舒之言，谓"至秦则不然，用商鞅之法，改帝王之制，除井田，民得卖买，富者田连阡陌，贫者无立锥之地。又颛川泽之利，管山林之饶，荒淫越制，逾侈以相高；邑有人君之尊，里有公侯之富，小民安得不困"？又谓"或耕豪民之田，见税十五。王莽行王田之诏曰："汉氏减轻田租，三十而税一，而豪民侵陵，分田劫假，厥名三十，实什税五也。"故贫民常衣牛马之衣，食犬彘之食"。晁错述当时农商情形曰："今农夫五口之家，其服役者不下二人，其能耕者不过百亩，百亩之收不过百石。春耕夏耘，秋获冬藏，伐薪樵，治官府，给繇役；春不得避风尘，夏不得避暑热，秋不得避阴雨，冬不得避寒冻，四时之间，亡日休息。又私自送往迎来，吊死问疾，养孤长幼在其中。勤苦如此，尚复被水旱之灾，急政暴虐，赋敛不时，朝令而暮改。当具有者半贾而卖，亡者取倍称之息，于是有卖田宅鬻子孙以偿责者矣。而商贾大者积贮倍息，小者坐列贩卖，操其奇赢，日游都市，乘上之急，所卖必倍。故其男不耕耘，女不蚕织，衣必文采，食必粱肉，亡农夫之苦，有阡陌之得。因其富厚，交通王侯，力过吏势，以利相倾；千里游敖，冠盖相望，乘坚策肥，履丝曳缟。此商人所以兼并农人，农人所以流亡者也。"汉世救正之法，则减轻其田租（即地税）。"高祖令贾人不得衣丝乘车，重税租以困辱之。孝惠、高后时，为天下初定，复弛商贾之律。然市井子孙亦不得宦为吏。"武帝天汉四年，发天下七科谪以击匈奴。七科谪者，张晏曰："吏有罪一，亡命二，赘婿三，贾人四，故有市籍五，父母市籍六，大父母有市籍七。"商贾居其四焉。然荀悦谓"官家之惠，优于三代；豪强之暴，酷于亡秦。文帝不正其本，而务除租税，适足以资豪强"。晁错谓"法律贱商人，商人已富贵矣；尊农夫，农夫已贫贱矣"。则当时之政令，实无救正之效，反以资豪强也。汉时儒者所梦想者，为恢复井田，次则欲限民名田。哀帝时，师丹、孔光、何武等执政，曾定其法，为丁、傅、董贤等所不便，卒不果行。至王莽，乃决然"更名天下田曰王田，奴婢曰私属，皆不得卖买。其男口不满八，而田过一井者，分余田与九族乡党。犯令，法至死"。然"制度又不定，吏缘为奸，天下謷謷然，陷刑者众。后三年，莽知民愁，下诏：诸食王田及私属皆得卖买，勿拘以法"。《汉书·食货志》。限田之制，实不能行。

摧抑豪强，限制末作，汉世久有此论。桑弘羊之行均输也，其言曰："大农诸官，尽笼天下之货物，贵则卖之，贱则买之。如此，富商大贾，亡所牟大利，则反本，而万物不得腾跃。""故抑天下之物，命曰平准。"其所行算舟车缗钱之法，所税遍及于各种人。又令贾人不得名田。虽意在聚敛，未尝不以平物价、抑末业为口实也，惜其说不尽传耳。桑弘羊并非无学问之人，读《盐铁论》可知。迨王莽变法，乃有五均司市泉府之官，及六筦之制。《汉志》曰："国师公刘歆言周有泉府之官，收不雠，与欲得，即《易》所谓理财正辞，禁民为非者也。莽乃下诏曰：夫《周礼》有赊贷，《乐语》有五均，邓展曰：《乐语》、《乐元语》，河间献王所传，道五均事。臣瓒曰：其文云：天子取诸侯之土，以立五均，则市无二贾，四民常均。强者不得困弱，富者不得要贷，则公家有余，恩及小民矣。"传记各有斡焉。今开赊贷，张五均，设诸斡者，所以齐众庶，抑并兼也。遂于长安及五都立五均官，更名长安东西市令及洛阳、邯郸、临菑、宛、成都市长皆为五均司市师。今本作"司市称师"，称字衍，今删。东市称京，西市称畿，洛阳称中，余四都各用东西南北为称，皆置交易丞五人，钱府丞一人。工商能采金银铜连锡登龟取贝者，皆自占司市钱府，顺时气而取之。又以《周官》税民：凡田不耕为不殖，出三夫之税；城郭中宅不树艺者为不毛，出三夫之布；民浮游无事，出夫布一匹。其不能出布者，冗作，县官衣食之。诸取众物鸟兽、鱼鳖、百虫于山林水泽及畜牧者，嫔妇桑蚕、织纴、纺绩、补缝，工匠、医、巫、卜、祝及它方技商贩、贾人、坐肆列里区谒舍，皆各自占所为于其在所之县官，除其本，计其利，十一分之，而以其一为贡。敢不自占，自占不以实者，尽没入所采取，而作县官一岁。诸司市常以四时中月实定所掌，为物上中下之贾，各自用为其市平，毋拘它所。众民卖买五谷、布帛、丝绵之物，周于民用而不雠者，均官有以考检厥实，用其本贾取之，毋令折钱。万物邛贵，过平一钱，则以平贾卖与民。其价氐贱减平者，听民自相与市，以防贵庾者。民欲祭祀丧纪而无用者，钱府以所入工商之贡但赊之，祭祀毋过旬日，丧纪毋过三月。民或乏绝，欲贷以治产业者，均受之，除其费，计所得受息，毋过岁什一。羲和鲁匡言：名山大泽，盐铁钱布帛，五均赊贷，斡在县官，唯酒酤独未斡。酒者，天之美禄，帝王所以颐养天下，享祀祈福，扶衰养疾。百礼之会，非酒不行。故《诗》曰：无酒酤我。而《论语》曰：酤酒不食。二者非相反也。夫《诗》据承平之世，酒酤在官，和旨便人，可以相御也。《论语》孔子当周衰乱，酒酤在民，薄恶不诚，是以疑而弗食。今绝天下之酒，则无以行礼相养；放而无限，则费财伤民。请法古，令官作酒，以二千五百石为一均，率开一卢以卖，雠五十酿为准。一酿用粗米二斛，曲一斛，得成酒六斛六斗。各以其市月朔米曲三斛，并计其贾而参分之，以其一为酒一斛之平。除米曲本贾，计其利而什分之，以其七入官，其三及醋载灰炭给工器薪樵之费。羲和置命士督五均六斡，郡有数人，皆用富贾。洛阳薛子仲、张长叔、临菑姓伟等，乘传求利，交错天下。因与郡县通奸，多张空簿，府臧不实，百姓俞病。莽知民苦之，复下诏曰：夫盐，食肴之将；酒，百药之长，嘉会之好；铁，田农之本；名山大泽，饶衍之臧；五均赊贷，百姓所取平，卬以给澹；铁布铜冶，通行有无，备民用也。此六者，非编户齐民所能家作，必卬于市，虽贵数倍，不得不买。豪民富贾，即要贫弱，先圣知其然也，故斡之。每一斡为设科条防禁，犯者罪至死。奸吏猾民并侵，众庶各不安生。"案莽之法，将事业之大者，皆归官办。其较小者，虽听民自营，亦设官管理。凡事皆收其税，以供贫民借贷之资。有田宅而惰游者有罚。无业者得冗作县官。贵庾虽有禁防，周于民用而不雠之物，亦可得平价。合各方面而兼筹并顾，其用意在改革，其如不能行何？

　　莽之法所以不能行者？由是时去共产之世已远，人民虽有怨恨私产之心，已无复共产之世不分人己之美德。推行共产之制于人人皆务私利之世，自觉綦难。若恃官吏监督，则斯时之设治，已极阔疏，其力必不能及。况官吏亦莫非罔利之徒乎？莽所定制，亦实有不可行者。如欲以官力平万物之价，安得此雄厚之资本？《盐铁论》贤良之言曰："县官鼓铸铁器，大抵多为大器，务应员程，不给民用。民用钝弊，割草不痛。是以农夫作剧，得获者少，百姓苦之矣。"又曰："故民得占租、鼓铸、煮盐之时，盐与五谷同贾，器和利而中用。今县官作铁器，多苦恶，用费不省，卒徒烦而力作不尽。家人相一，父子戮力，各务为善器。器不善者不集。农事急，挽运衍之阡陌之间。民相与市买，得以财货五谷新币易货，或时贳民，不弃作业。置田器各得所欲，更繇省约。县官以徒复作，缮治道桥，诸发民便之。今总其原，一其价，器多坚硁，善恶无所择。吏数不在，器难得。家人不能多储，多储则镇生。弃膏腴之日，远市田器，则后良时。盐铁贾贵，百姓不便。贫民或木耕手耨，土耰淡食。铁官卖器不雠，或颇赋于民。卒徒作不中程，时命助之。发征无限，更繇以均剧。故百姓疾苦之。"《盐铁论·水旱》。官制器之弊如此，莽独能免之乎？且改制,难事也。改变社会制度,则难之又难者也。敏事深谋,犹惧不克,而莽徒殚思于制度,不思制度之何以行,且不省目前之务。《汉书·王莽传》曰:"莽意以为制定则天下自平,故锐思于地里,制礼作乐,讲合《六经》之说。公卿旦入暮出,议论连年不决,不暇省狱讼冤结民之急务。县宰缺者数年,守兼一切,贪残日甚。"又曰:"又好变改制度,政令烦多。当奉行者,辄质问乃以从事,前后相乘,愦眊不渫。莽常御灯火,至明,犹不能胜。"将来之利未形,日前之务先已败坏决裂,不可收拾矣,安得而不败乎?

共产社会之生财,与私有社会异。共产社会之生财,为用之而生之者也。私有社会之生财,为持以交易而生之者也。既不能皆自为而后用之,则易事通功,必不能废。司通工易事之键者,则商业也。何也?用财者皆仰给焉,生财者亦必视此物之有消路而后为之也。故必先有一法,可以代商贾分配须用之物之人,而后商贾可废。今也分财之法未立,而先强平市价,大更币制,见《钱币篇》。使商贾不行,则生财者无不失职,用财者皆无所取赡焉。此"农商失业,食货俱废"之所由来也。

王莽变法,虽召大乱,而土地却因乱而渐均。荀悦云:"井田之制,不宜于人众之时。田广人寡,苟为可也。然欲废之于寡,立之于众,土地布列在豪强,卒而革之,并有怨心,则生纷乱,制度难行。若高祖初定天下,光武中兴之后,人众稀少,立之易矣。"观此,可知东汉之初,实有地广人稀,土田无主之象,向之田连阡陌,又颛川泽之利,管山林之饶者,至此则皆因兵燹而丧其所有矣。此其所以获暂安也。

部落共产之世,人之生财,皆以为社会。其所须,亦受诸社会。其欲利之心,自不如财产私有之世之甚,则风气可以淳朴,而机械变诈之事希,堕于饥寒不如后世之易,则人可以优游自乐,不至若后世芒芒若丧家之狗。即或天灾人祸,陷于空乏,亦系公共之事,可以合力而谋。身虽困苦,心无愤懑,非如后世,"朱门饱粱肉,路有冻死骨"，犹若秦越人之相视肥瘠，漠不关心。使集于枯者，益觉其情有难堪也。其制虽坏，而常为学士所称道，万民所讴思，亦固其所。然虽称道之，讴思之，而人之才德，卒不足以复之。王莽欲复之，而转致大乱，后之人遂莫敢更作此想，历时既久，则事渐淡忘，而称道讴思，亦稍稍衰矣。财产私有之制，遂相沿以迄于今。

凡一种制度，为人心所同欲，学者所同然，一时虽未克行，久之，未有不见诸施行者。限民田之论，两汉儒者之公言也。两汉迄未能行，而晋以后行之。晋之户调式、魏之均田令、唐之租庸调法是也。此三法之详，当于讲田赋时述之。今撷其大要，则三法皆以成年为丁，丁因男女之异，而受田有差。其所受之田既均，则其所纳之税亦均，乃按户而征之，是曰户调。魏制有桑田、露田之别。桑田为世业，露田有还受。盖以在官之荒田，授民为露田，其所私有，亦不夺之，则为桑田。《孟子》曰："五亩之宅，树之以桑。"桑田盖屋庐所在。桑田得卖其盈，亦得买所不足，而不得卖其分，亦不得买过所足。盖欲以渐平均地权也。唐制还受者曰口分，不还受者曰永业。乡有宽狭，田多可以足其人者为宽乡，不足者为狭乡。田，乡有余以给比乡，县有余以给比县，州有余以给比州。庶人徙乡，及贫无以葬，得卖世业田。自狭乡徙宽乡者，得并卖口分田。其立法弥详矣，然史称开元而后，其法大坏，并兼逾汉成、哀。

田赋而外，诸山海川泽之利，如盐铁等。理应归官管理，一以防豪强之把持，一则国家得此大宗收入，可以兴利除弊。且可藉以均平贫富也。然历代于此，当国用饶足时，则一切置之不问，必国用窘乏，乃思所以取之。盖一由官吏办理不善，后遂引以为戒；观前所引《盐铁论》可知。后汉章帝尝复盐铁官，和帝即位，罢之。其诏曰："昔孝武皇帝，致诛胡越，故权收盐铁之利，以奉师旅之费。自中兴以来，匈奴未宾，永平末年，复修征伐。先帝即位，务休力役，然犹深思远虑，安不忘危，探观旧典，复收盐铁，欲以防备不虞，宁安边境。而吏多不良，动失其便，以违上意。先帝恨之，故遗戒郡国,罢盐铁之禁,纵民煮铸,入税县官,如故事。"可知后汉盐铁官有之不可行,亦由官吏办理之不善也。一则狃于旧见,以为天子当衣食租税而已,他皆非所宜取也。《汉书·食货志》:"卜式言曰:县官当食租衣税而已,今弘羊令吏坐市列,贩物求利。亨弘羊,天乃雨。"案租谓田租,税谓口税也。国家取民,无当专于田租口税之理。古代名山大泽,皆与民同之,故不得障管。后世此等利源,既为私人所有,重税之以减田租口税,实为褒多益寡之道。然思想之变迁,往往较事实之变迁为缓,故此等旧说,犹为人所称引。隋文帝有天下,尝将一切杂税,悉行罢免,亦狃于此等旧见也。然诸物放任不税,未必遂为平民之利。《魏书·食货志》曰:"河东郡有盐池,旧立官司,以收税利,是时孝静帝时。罢之,而民有富强者,专擅其用,贫弱者不得资益。延兴末,复立监司,量其贵贱,节其赋入,于是公私兼利。世宗即位,复罢其禁。自后豪贵之家,复乘势占夺,近池之民,又辄障敇。"举此一端,其余可以推想矣。此等自唐中叶后皆有税,且降而弥重。然皆仅为度支计,能注意于利民者甚寡也。

　　田法自唐开元后,迄未能整顿。两税只可云整顿税收,不可云整顿田制。加以唐中叶后,藩镇割据,竞行剥民之政,豪强乘之兼并,丧乱之际,豪强兼并最易。其故约有数端:田多荒芜,乘机占为己有,一也。贫者无以自立,或迫于苛税,弃田而去,亦为豪强所占,二也。乱时民或弃农,田益易荒,三也。暴政皆择小民而施,民不得不托庇于豪强,四也。吏治苟简,莫能摧抑豪强,且或与相结托,五也。故宋时农民,困苦殊甚。《宋史·食货志》述其情形曰:"太宗时,比年多稼不登,富者操奇赢之资,贫者取倍称之息,一或小稔,富家责偿愈急,税调未毕,资储罄然。遂令州县戒里胥乡老察视,有取富民谷麦资财,出息不得逾倍,未输税,毋得先偿私逋,违者罪之。"又曰:宣仁太后临朝,司马光抗疏言农民疾苦曰:"幸而收成,公私之债,交争互夺。谷未离场,帛未下机,已非己有。所食者糠籺而不足,所衣者绨褐而不完。直以世服田亩,不知舍此之外,有何可生之路耳。"其言可谓哀切矣。仁宗时,曾下诏限田,未几即废。景祐时,谏官王素言天下田赋,轻重不等,请均定。欧阳修亦言:秘书丞孙琳尝往洺州肥乡县,与大理寺丞郭谘,以千步方田法,括定民田。愿诏二人任之。三司亦以为然。且请于亳、寿、蔡、汝四州,择尤不均者均之。于是遣谘蔡州括一县,均其赋。既而谘言州县多逃田,未可尽括。朝廷亦重劳人,遂罢。嘉祐五年,复诏均定,遣官分行诸路,才数郡而止。神宗熙宁五年,乃重修定方田法,诏司农以《方田均税条约并式》,颁之天下。以东西南北各千步为方,岁以九月,县委令,佐分地计量,随陂原平泽而定其地,因赤淤黑垆而辨其色。方量毕,以地及色参定肥瘠而分五等,以定税则。至明年三月毕,揭以示民,一季无讼,即书户帖,连庄帐付之,以为地符。均税之法,县各以其租额税数为限。若瘠卤不毛,及众所食利,山林、陂塘、沟路、坟墓,皆不立税。令既具,以济州钜野尉王曼为指教官,先自京东路行之,诸路仿焉。至元丰八年,乃罢。时天下之田,已方者二百四十八万四千三百四十九顷。徽宗崇宁三年,蔡京请诏诸路提举常平官选官习熟其法,谕州县官吏,以丰稔日推行,自京西、河北两路始。五年,罢。大观二年,复诏行之。四年,罢,其税赋依未方旧则输纳。政和时,复行其法。宣和二年,又罢之,并诏自今诸司,毋得请方田。盖徽宗时所行新政,率皆有名无实,故有此诏也。南渡后,兼并之患尤甚,乃有经界之法,然亦罕能实行。惟朱熹行之漳州,赵恳夫行之婺州,颇著成效。

绍兴六年,知平江府章谊言:"民所甚苦者,催科无法,税役不均。强宗巨室,阡陌相望,而多无税之田,使下户为之破产。"《宋史·食货志》。淳祐六年,殿中侍御史兼侍讲谢方叔言:"今百姓膏腴,皆归贵势之家,租米有及百万石者。小民百亩之田,频年差充保役,官吏诛求百端,不得已,则献其产于巨室,以规免役。小民田日减,而保役不休。大官田日增,而保役不及。"《宋史·食货志》。咸淳十年,御史陈坚等言:"今邸第戚畹,御前寺观,田连阡陌,亡虑数千万计。

皆巧立名色,尽蠲二税。州县乏兴,鞭挞黎庶,鬻妻卖子,而钟鸣鼎食之家,苍头庐儿,浆酒藿肉;梵宫琳宇之流,安居暇坐,优游死生。"《宋史·食货志》。南渡兼并之情形,可以见矣。其时害民最烈者,又有所谓官田及圩田。官田,谓籍没之田,募民耕者,皆仍私租旧额。私租额重而纳轻,承佃犹可,公租额重而纳重,民乃不堪。而州县胥吏,与仓库百执事,又皆从而侵渔之。季世金人乍和乍战,战则军需浩繁,和则岁币重大,国用常告不继。于是因民苦官租之重,命有司括卖官田以给用。其初弛其力役以诱之,其终不免于抑配,此官田之弊也。嘉定以后,又有所谓安边所田者。先是韩侂胄诛,金人讲解,用廷臣言,置安边所。凡侂胄与他权幸没入之田,及围田、湖田之在官者皆隶焉,收其租以给岁币。迨与北方绝好,则军需边用每于此取之。至其将亡,又限民名田,买其限外所有,谓之公田。初,议欲省和籴以纾民力,而其弊极多,其租尤甚。宋亡,遗患尤不息也。浙西田亩,有直千缗者。贾似道均以四十缗买之。数稍多,与银绢。又多,与度牒告身。吏又恣为操切,浙中大扰。奉行不至者,提领刘良贵劾之,有司争相迎合,务以买田多为功,皆谬以七八斗为石。其后田少与硗瘠亏租,与佃人负租而逃者,率取偿田主。六郡之民,破家者众。湖田、圩田者,明、越皆有陂湖,大抵湖高于田,田又高于江海。旱则放湖水溉田,涝则决田水入海,故无水旱之灾。庆历、嘉祐间,始有盗湖为田者,其禁甚严。政和以来,创为应奉,始废湖为田。自是两州之民,岁被水旱之患。余姚、上虞每县收租不过数千斛,而所失民田常赋,动以万计。其他会稽之鉴湖、鄞之广德湖、萧山之湘湖等处尚多。濒太湖之地,多为兵卒侵据,累土增高,长堤弥望,名曰坝田。旱则据之以溉,而民田不占其利;涝则远近泛滥,不得入湖,而民田尽没矣。此湖田、围田之害也。凡此虽由政治之不善,而原其始,则皆兼并之家为之也。然遗毒且不仅此,明之定天下也,官田亩税五升三合五勺,民田减二升,重租田八升五合五勺,没官田一斗二升。惟苏、松、嘉、湖,怒其为张士诚守,乃籍诸豪族及富民田为官田,按私租簿为税额。而司农卿杨宪,又以浙西地膏腴,增其赋,亩加二倍。于是浙西官、民田,有亩税至二三石者,后虽累经减免,其重犹甲于全国也。此虽明太祖之暴政,而豪族收租之重,实有以导其先路矣。

明时行黄册及鱼鳞册之法。黄册以户为主,以田从之。鱼鳞册则以土田为主,诸原阪、坟衍、下隰、沃瘠、沙卤之别毕具。据黄册,则知各户所有丁粮,由之定赋役。而田之所在,则稽诸鱼鳞册而可知。其法本甚精详,使能实行,则户口土田,皆有可考。顾积之久,鱼鳞册漫漶不可问,而田所在不可复知。于是黄册亦失实,卒至富者有田而无税,贫者有税而无田。其或田弃粮存,则摊征于细民,责偿于里甲。劣绅又立官户、儒户、子户等名,为下户纳赋税而私其所入,其弊不可胜穷。嘉靖时,乃有履亩丈量之议。神宗初,张居正为相,行之,限三岁竣事。史称"豪猾不得欺隐,里甲免赔累,而小民无虚粮"焉。清代丁税摊入地粮,但计按田征税,而人户之有田无田,及其田之多少,不复过问。地权之情况,国家遂无从知之矣。

李悝谓"籴甚贵伤民,甚贱伤农",此至论也。农夫耕耘,亦须资本。谷价贱,肥料人工等,未必与之俱贱,粜谷或不偿其本,而农人困矣。食为民天,苟使口实不乏,他事皆可徐图,否则蹙然不可终日矣。故不耕之民,于谷价贵贱,亦利害相关甚切也。职是故,他种物价,政府虽久任其自然,而于谷价,则犹思调剂。其法最古者,为和籴及常平仓。《汉书·食货志》曰:"宣帝即位,用吏多选贤良,百姓安土,岁数丰穰,谷至石五钱,农人少利。时大司农中丞耿寿昌以善为算能商功利得幸于上,五凤中奏言:故事,岁漕关东谷四百万斛以给京师,用卒六万人。宜籴三辅、弘农、河东、上党、太原郡谷足供京师,可以省关东漕卒过半。"又"白令边郡皆筑仓,以谷贱时增其贾而籴,以利农,谷贵时减贾而粜,名曰常平仓。"此两法,后世亦多行之。然籴本甚微,不能左右谷价。常平既由官办,惠仅及于城市之民。朱子《建宁府崇安县五夫社仓记》曰:"予惟成周之制,县都皆有委积,以待凶荒。而隋唐所谓社仓者,亦近古之良法也。今皆废矣。独常平义仓,尚有古法之遗意,然皆藏于州县,所恩不过市井游惰辈。至于深山长谷,力穑远输之民,则虽饥饿濒死,而不能及也。又其为法太密,使吏之避事畏法者,视民之殍而不肯发,往往全其封鐍,递相付授,至或累数十年不一訾省。一旦县不获已,然后发之,则已化为浮埃聚壤而不可食矣。夫以国家爱民之深,其虑岂不及此?然而未之有改者,岂不以里社不能皆有可任之人,欲一听其所为,则惧其计私以害公;欲谨其出入,同于官府,则钩校靡密,上下相遁,其害又必有甚于前所云者。是以难之而有弗暇耳。"隋时,乃又有所谓义仓者。其事始于开皇五年。工部尚书长孙平请令诸州百姓及军人,劝课当社,共立义仓,收获之日,随其所得,劝课出粟及麦,于当社造仓窖贮之,即委社司执帐检校。每年收积,勿损败。若时或不熟,当社有饥馑者,即以此谷振给。史称"自此诸州储峙委积"云。此法既能遍及各地,又令人民自谋,实为善举。然各地未必能遍行,又或以人民不善管理而移之于县,则全失立法之本意矣。宋以来,乃又有所谓社仓者。淳熙八年,朱子提举浙东,言"乾道四年间,建民艰食,熹请于府,得常平米六百石。请本乡土居朝奉郎刘如愚,共任振济。夏受粟于仓,冬则加二计息以偿。自后逐年敛散,或遇少歉,即蠲其息之半;大饥,即尽蠲之。凡十有四年,得息造成廒,及以元数六百石还府。见储米三千一百石,以为社仓,不复收息,每石只收耗米三升。以故一乡四五十里间,虽遇凶年,人不阙食。请以是行于司仓"云云。后多有于行之者。《文献通考》谓"凶年饥岁,人多赖之。然事久而弊,或主之者倚公以行私,或官司移用而无可给,或拘纳息米而未尝除免,甚者拘催无异正赋。良法美意,胥此焉失。必有仁人君子,以公心推而行之,斯民庶乎其有养矣"。《文献通考·社仓》。盖此为人民自治之事,故必人民程度高,能善其事,而后其效可睹也。

以常平之蓄积，推及借贷者，则为宋王安石之青苗法。常平，汉以平谷价；义仓，隋以备凶灾。惠民仓者，周显德间，以杂配钱分数折粟贮之，岁歉减价，出以惠民。宋兼存其法。又有广惠仓者，则募人耕没入户绝田，收其租，以给州县郭内老幼贫疾不能自存之人者也。宋时民间举债，出息颇重，甚至约偿缗钱，而谷粟、布缕、鱼盐、薪荛、耰锄、斧錡之属，皆杂取之。见《宋史·陈舜俞传》。故农民无资耕种，在当时实为大忧。李参官陕西，始令民自隐度谷粟之赢，贷以钱，俟谷熟还官，号为青苗钱。安石秉政，请以诸路常平广惠仓钱谷，依陕西例预借于民，令出息二分，随夏秋税输纳。如遇灾伤，许展至丰熟日纳。自河北、京东、淮南三路施行，俟有绪，推之诸路。谓"常平广惠之物，收藏积滞，必待年俭物贵，然后出粜，而所及又不过城市游手之人。今通一路有无，贵发贱敛，可以广蓄积，平物价，使农人有以赴时趋事，而并兼者不得乘其急"也。当时反对者甚众，综其所论，厥有六端：以钱贷民，出纳之际，吏缘为奸，法不能禁，一也。钱入民手，良民不免非理使用，及其纳钱，富民不免违限。如此，鞭笞必用，州县多事，二也。良懦者不愿与州县交易，不免抑配。且上户必不愿请，近下等第与无业客户，虽或愿请，必难催纳，必有行刑督索，及勒干系人同保均陪之患，三也。无赖子弟，谩昧尊长，钱不入家，甚有他人冒名诈请，莫知为谁者，四也。乡村上等户及坊郭有物业者，亦依乡户例支借，是官自放钱取息，与初诏违戾，五也。出息二分太重，六也。案青苗立法之意颇善，但奉行不善，事亦有之。试观元祐元年罢此法，未几，范纯仁即以国用不足，建议复散，则当时行此，不免藉以取息可知。惟纯仁虽号持平，究近旧党。亦主俵散，则青苗虽有弊，亦不至如旧党所言之甚可知。盖此等事宜令人民自相扶助，一经官手，则因设治之疏阔，监督有所难周，法令之拘牵，于事情不能适合，有不免弊余于利者。此安石所以行之一县而效，行之全国而不能尽善也。宋朝法中，有所谓俵籴者。度民田入多寡，都提举市易司预给钱物，秋成，于指定之地入米麦。或召农民相保，预贷官钱。或坊郭乡村，以等第给钱，俟收成依时价入粟。亦与青苗相类。

中国有一等计臣，其才力极有可取者。桑弘羊之行均输也，《汉书·食货志》谓其"以诸官各自市相争，物以故腾跃，而天下赋输或不偿其僦费，乃请置大农部丞数十人，分部主郡国，各往往置均输盐铁官，令远方各以其物，如异时商贾所转贩者为赋，而相灌输。置平准于京师，都受天下委输。召工官治车诸器，皆仰给大农。大农诸官尽笼天下之货物，贵则卖之，贱则买之"。此非周知四方之物价不可。《新唐书·刘晏传》曰："初，晏分置诸道租庸使，慎简台阁士专之。时经费不充，停天下摄官，独租庸得补署，积数百人，皆新进锐敏，尽当时之选，趣督倚办，故能成功。虽权贵干请，欲假职仕者，晏厚以廪入奉之，然未尝使亲事，是以人人劝职。尝言：士有爵禄，则名重于利；吏无荣进，则利重于名。故检劾出纳，一委士人，吏惟奉行文书而已。所任者，虽数千里外，奉教令如目前，频伸谐戏不敢隐。惟晏能行之，他人不能也。"又曰："京师盐暴贵，诏取三万斛以赡关中，自扬州四旬至都，人以为神。至湖峤荒险处，所出货皆贱弱，不偿所转，晏悉储淮、楚间，贸铜易薪，岁铸缗钱十余万。其措置纤悉如此。诸道巡院，皆募驶足，置驿相望，四方货殖低昂及他利害，虽甚远，不数日即知，是能权万货重轻，使天下无甚贵贱而物常平，自言如见钱流地上。每朝谒，马上以鞭算。质明视事，至夜分止，虽休浣不废。事无闲剧，即日剖决无留。所居脩行里，粗朴庳陋，饮食俭狭，室无媵婢。然任职久，势轧宰相，要官华使多出其门。自江淮茗橘珍甘，常与本道分贡，竞欲先至，虽封山断道，以禁前发，晏厚资致之，常冠诸府，由是媢怨益多。馈谢四方有名士无不至，其有口舌者，率以利啖之，使不得有所訾短。故议者颇言晏任数固恩。"案欲立功名，必不免于委曲，此古今所同慨，实当局之苦心。观其清节挺挺,则知不为身谋。固恩不免厚诬,任数未足为病。古度支多以实物,非如纯用泉币,易于较计,而能周知各地之盈虚,以谋流通,以权轻重,其才力则不易几矣。今后欲行公产,必不能如古者以一小部自封,必合天下之财,通计其所生所耗之量,以定其运输颁布之方。行之百年,或事虽至繁,而有至简之法可守。初行之时,则其委曲繁重,必非今日亿度所及也。此等人正相需甚殷矣。

宋神宗时,尝行均输市易之法。熙宁二年,制置三司条例司言:"典领之官,拘于弊法,内外不相知,盈虚不相补。诸路上供,岁有常数。丰年便道,可以多致而不能赢;年俭物贵,难于供亿而不敢不足。远方有倍蓰之输,中都有半价之鬻,徒使富商大贾乘公私之急,以擅轻重敛散之权。今发运使实总六路赋入,其职以制置茶、盐、矾、酒税为事,军储国用,多所仰给。宜假以钱货,资其用度,周知六路财赋之有无而移用之。凡籴买税敛上供之物,皆得徙贵就贱,用近易远。令预知中都帑藏年支见在之定数,所当供办者,得以从便变易蓄买,以待上令。稍收轻重敛散之权归之公上,而制其有无,以便转输,省劳费,去重敛,宽农民。庶几国用可足,民财不匮。"《宋史·食货志》。诏本司具条例以闻,而以发运使薛向领均输平准事。案此所领者,即桑弘羊、刘晏之所为也。然其后绝无成效,则知理财之事,必待其人而后行矣。市易始于熙宁五年,先是有魏继宗者,自称草泽,上言:"京师百货无常价,贵贱相倾。富人大姓,乘民之亟,牟利数倍,财既偏聚,国用亦绌。请假榷货务钱,置常平市易司,择通财之官任其责,求良贾为之转易。使审知市物之价,贱则增价市之,贵则损价鬻之,因收余息,以给公上。"《宋史·食货志》。于是中书奏在京置市易务官。凡货之可市及滞于民而不售者,平其价市之,愿以易官物者听。若欲市于官,则度其抵而贷之钱,责期使偿,半岁输息十一,及岁倍之。金帛田宅,皆可为抵。田宅抵久不还者,估实直,如卖坊场河渡法。以吕嘉问为都提举市易司,诸州市易务皆隶焉。案此所为,颇近王莽之司市泉府。其事亦卒不能行,盖后世商业日盛,操纵固非易事也。

关于借贷情况,《陔余丛考》三十三有一条考历代放债起息之重轻者,今录之如下:"放债起息,后人皆以《周礼》泉府之官,凡民之贷,与其有司辨之,以国服为之息一语为口实。按国服为之息一语,本不甚了了。郑众释之云:贷者,从官借本贾也,故有息,使民弗利,以其所贾之国所出为息也。郑康成因释之云:以其于国服事之税为息也。于国事受园廛之田,而贷万泉者,则期出息五百。此亦亿度之词。盖《周礼》园廛二十而税一,近郊十一,远郊二十而三,甸稍县都,皆无过十二,唯漆林之征,二十而五。漆林自然所生,非人力所作,故税重。康成乃约此法,谓从官贷钱,若受园廛之地。贷万钱者,期出息五百也。贾公彦因而疏解,谓近郊十一者,万钱期出息一千;远郊二十而三者,期出息一千五百;甸稍县都之民,万钱期出息二千也。此后世放债起息之所本也。《汉书·谷永传》:为人起责,分利受谢。颜师古注曰:富贾有钱,假托其名,代为之主,放与他人以取息,而共分之。是汉时已有放债之事。然师古谓代富人为主,放与他人,亦恐未确。盖如今之中保,为之居间说合,得以分利受谢耳。《汉书·货殖传》:农工商贾,大率岁万息二千,百万之家即二十万。注云:每万得利二千,故百万之家,得二十万。此加二之息,见于《汉书》者也。郑康成注"国服为息"句又云:王莽时,贷以治产业者,但计赢所得,受息无过岁什一。公彦疏云:莽时虽计本多少为定,及其催科,惟计所赢多少。如岁赢万泉则催一千,如赢五千则催五百,皆据利催什一也。然则王莽时,收息仅加一也。然《汉书·莽传》:令市官收贱卖贵,赊贷与民,收息百月三。如淳曰:出百钱与民,月收其息三钱也。则莽收息乃加三,而非如康成所云什一也。此加三起息之见于《莽传》者也。宋《青苗条例》云：人户所请价钱斛斗，至秋成应纳时，如物价稍贵，愿纳见钱者，当比附元请价钱，不得过三分。如一户请过一贯文，送纳见钱，不得过一贯三百文。此后世官利加三之始也。原注："《元史·世祖本纪》：至元十九年，诏民间贷息，以三钱为率，著为令。"然韩琦疏又云：今放青苗钱，凡春贷十千，半年之内，令纳利二千。秋再放十千，至年终，又令纳利二千。则又加四利息矣。《元史·太宗本纪》：国初官民贷回鹘金，岁加倍。太宗著令；凡假贷岁久，惟子本相侔而止。原注："时因耶律楚材言回鹘金取息太重，名羊羔利，请以本利侔而止，故有是诏。见《楚材传》。"世祖至元六年，又申明此制，令民间贷钱虽逾限，止偿一本息。原注："时又因刘秉忠言：宜确计官民欠负，依前者使一本一利偿还，诏从之。见《秉忠传》。又布鲁海牙宣抚真定，以富民收息，不逾时倍之，乃定令息如本而止。见《布鲁海牙传》。"此近代远年债负一本一利之所始也。至近代京债之例，富人挟赀住京师，遇月选官之不能出京者，量其地之远近，缺之丰啬，或七八十两作百两，谓之扣头。甚至有四扣五扣者。其取利最重。按此事古亦有之。《史记·货殖传》：吴、楚七国反时，长安列侯当从军者，欲贷子钱。子钱家莫肯贷。惟无盐氏捐金出贷，其息十之。吴、楚平，而无盐氏之息十倍。曰子钱家，则专有此出钱取息之人，如今放京债者也。曰息十倍，则如今京债之重利也。又《旧唐书·武宗纪》：中书奏选官多京债，到任填还，致其贪求，罔不由此。乃定户部预借料钱到任扣还之例。此又后世京债故事，又官借俸钱之始。"《陔余丛考》"放债起利加二加三加四并京债"条。

吾国虽久行私产之制，然贫富之相去实不可谓之悬殊。（一）因封建久废，有广土者甚少。（二）则财产久由各子均分。大家族在后世既已罕见，即有巨富之家，一再传后，财产亦以分而日薄。（三）则恤贫抑富，久为政治家所信奉。人民亦能互相救恤。（四）则地处大陆，人事之变迁甚剧。每一二百年，辄有大战乱。贫富之变易较易。此吾国民所以久有均贫富之思想,而数千年来,卒能相安无事者也。然今后之情形则非复曩昔矣。

今日生计之情形,所以大异于昔者,在舍器械,<small>有口曰器,无口械,合二字,为凡用具之总名。</small>而用机器。器械仅能少助人力。且其为物单简,一人能用之,则人人皆能用之;一家能有之,则家家皆能有之。故众人生利之具,无大不同。其所生之利,亦略相等。至于机器,则非复人人所能制,亦非复家家所能有。于是购机器,设工厂,不得不望诸资本家。其物必合众力而后可用,则其业必集多人而后可营。而管理指挥,遂不得不有企业者。资本家安坐而奉养甚厚,劳动者胼胝而饱暖犹艰,则易致人心之不平,企业者之利害,恒与资本家同,其于工人,督责既严,又或肆行朘削,则易为工人所怨恨。旧日商工之家,师徒如父子之亲,主佣有友朋之谊,至此则皆无之矣。况手工造物,皆略有乐趣。机器既用,所事益简,终日反覆,不出一两种动作,则易生厌倦之情。于是劳资相疾如仇矣。吾国之用机器,盖起于同、光之朝。初办者为军事,<small>如江南制造局,福州船政局。</small>后渐进于交通,<small>如汽车、汽船。</small>又渐进于开矿纺织等业,<small>如汉冶萍煤铁矿厂公司,李鸿章所设上海机械织布局,张之洞所设广东缫丝、汉口织布、制麻等局。</small>其初多由官办,或官督商办,其后民业渐起。而外人亦投资中国,经营一切。中日战后,又许外人设厂于通商口岸。于是新式事业,日增月盛。劳资相轧,遂日甚一日矣。今之论者,每谓中国人只有大贫小贫,而无所谓富。人民只患失业,不患业之不善。此诚然。然此特今日内乱不息,百业凋敝之时为然耳。一旦战事息而国内安,人民率其勤俭之习,以从事于实业。将见财富之增,一日千里。美利坚自赤贫以至富厚,不过50年,况于吾国,人口本庶,国土久辟者乎?《诗》曰:"逮天之未阴雨,彻彼桑土,绸缪牖户。"今日之劳资,虽若未成阶级,然其成为阶级甚易,固不容不早为之计也。

社会主义,派别甚多。约其大旨,不越两端:一主各尽所能,各取所需。人之尽其能否，固无督责之人。其取其所需，不致损及他人，或暴天物与否，亦复无人管理，一凭其良心而已。此非民德大进，至"货恶其弃于地，不必藏于己；力恶其不出于身，不必为己"之时，未易几及。程度不及，而欲强行之，将有后灾，岂徒说食不能获饱而已。一则主按劳力之多少，智识技艺之高下，以定其酬报之厚薄。其主张急进者，欲以国家之力，管理一切。主张渐进者，并只欲徐徐改良而已。此则于现在情形为近。马克思曰："新社会之所须者，必于旧社会中养成之。"今欲行社会主义，所须者何物乎？以人言：一曰德，一曰才。以物言：一曰大规模之生产器具，一曰交通通信机关。必有大规模之生产事业，而后生产可以集中；而后可由公意加以管理。否则东村一小农，西市一小工，固无从合全国而通筹并计也。大规模之生产器具，交通通信机关，既非一时所能有。人之经营擘画之才能，又非既有此等事，无从练习。其公德心，亦不能凭空增长。则人我不分之理想，断非今日所能行，无俟再计矣。故今日者，以"各尽所能，各取所需，合全世界而通筹并计，以定生产之法，分配之方；而人之生产，仍无一不为公，其消费则无一不仰给于公，与部落共产时代无以异，为最终之蕲向。而且前则暂于较小之范围内，求生产之渐趋于协力，分配之渐进于平均，随生产之渐次集中，徐图管理擘画之才能之增长；日培养公德心使发达，而徐图尽去其利己之私"。则进行之正规也。

　　无政府主义，我国无之。近人或以许行之说相附会。案许行之说，乃欲取法于极简陋之国家耳，非无政府也。说见《政治史·政体篇》，* 至于凭借国家权力，大之则制民之产，谋贫富之均平；小之则扶弱抑强，去弊害之大甚。则我国之人，夙有此思想。以政治放任既久，幅员辽远，政府之威权，不易下逮，奉行之官吏，难得其人，故

---

　　* 编者按：见本书《政体篇》。

迄未能行耳。然其思想，则未尝消灭也。试引王安石、龚自珍两家之言以明之。

王安石《度支副使厅壁题名记》曰："夫合天下之众者财，理天下之财者法，守天下之法者吏也。吏不良，则有法而莫守；法不善，则有财而莫理。有财而莫理，则阡陌闾巷之贱人，皆能私取予之势，擅万物之利，以与人主争黔首，而放其无穷之欲，非必贵强桀大而后能。如是而天子犹为不失其民者，盖特号而已耳。虽欲食蔬衣弊，憔悴其身，愁思其心，以幸天下之给足，而安吾政，吾知其犹不行也。然则善吾法，而择吏以守之，以理天下之财，虽上古尧、舜犹不能毋以此为先急，而况于后世之纷纷乎？"《王文公文集》。此为安石变法首重理财之故。盖国不能贫富予夺人，则贫富予夺之权，操于豪强，国家欲有所为，其事恒不得遂。然国家所行，多为公义。豪强所行，多为私利。国家所欲不能遂，而豪强则所为必成，则公义不伸，正道灭绝，社会将永无太平之日矣。安石之言，自有至理。后人或訾其挟忿戾之心，以与豪暴争，误也。

龚自珍《平均篇》曰："有天下者，莫高于平均之尚也，其遂初乎！降是，安天下而已；又降是，与天下安而已；又降是，食天下而已。最上之世，君民聚醨然。三代之极其犹水。君取盂焉，臣取勺焉，民取卮焉。降是，则勺者下侵矣，卮者上侵矣。又降，则君取一石，民亦欲得一石，故或涸而踣。石而浮，则不平甚，涸而踣，则又不平甚。有天下者曰：吾欲为遂初，则取其浮者而挹之乎？不足者而注之乎？则群然喙之矣。大略计之，浮不足之数相去愈远，则亡愈速，去稍近，治亦稍速。千万载治乱兴亡之数，直以是券矣。人心者，世俗之本也；世俗者，王运之本也。人心亡，则世俗坏；世俗坏，则王运中易。王者欲自为计，盖为人心世俗计矣。有如贫相轧，富相耀；贫者阽，富者安；贫者日愈倾，富者日愈壅。或以羡慕，或以愤怨，或以骄汰,或以啬吝,浇漓诡异之俗,百出不可止,至极不祥之气,郁于天地之间,郁之久,乃必发为兵燹,为疫疠,生民噍类,靡有孑遗,人畜悲痛,鬼神思变置。其始,不过贫富不相齐之为之尔。小不相齐,渐至大不相齐;大不相齐,即至丧天下。呜呼!此贵乎操其本原,与随其时而剂调之。上有五气,下有五行,民有五丑,物有五才,消焉息焉,淳焉决焉,王心而已矣。是故古者天子之礼,岁终,太师执律而告声,月终,太史候望而告气。东无储水,西无储财,南无储粟,北无储土,南无储民,北无储风,王心则平,听平乐,百僚受福。其《诗》有之曰:秉心塞渊,骒牝三千。王心诚深平,畜产且腾跃众多,而况于人乎?又有之曰:皇之池,其其马歕沙,皇人威仪。其次章曰:皇之泽,其马歕玉,皇人受穀。言物产蕃庶,故人得肆威仪,茹内众善,有善名也。太史告曰:东有储水,西有储财,南有储粟,北有储土,南有储民,北有储风,王心则不平,听倾乐,乘欹车,握偏衡,百僚受戒,相天下之积重轻者而变易之。其《诗》有之曰:相其阴阳,观其流泉。又曰:度其夕阳。言营度也。故积财粟之气滞,滞多雾,民声苦,苦伤惠;积民之气淫,淫多雨,民声嚣,嚣伤礼义;积土之气氐,氐多日,民声浊,浊伤智;积水积风,皆以其国瘥昏,官所掌也。且夫继丧亡者,福禄之主;继福禄者,危迫之主。语百姓曰:尔惧兵燹乎?则将起其高曾于九京而问之。惧荒饥乎?则有农夫在。上之继福禄之盛者难矣哉!龚子曰:可以虑矣!可以虑,可以更,不可以骤。且夫唐、虞之君,分一官,事一事,如是其谆也,民固未知贸迁,未能相有无,然君已惧矣。曰:后世有道吾民于富者,道吾民于贫者,莫如我自富贫之,犹可以收也。其《诗》曰:不识不知,顺帝之则。夫尧固甚虑民之识知,莫如使民不识知,则顺我也。水土平矣,男女生矣,三千年以还,何底之有?彼富贵至不急之物,贱贫者犹且筋力以成之,岁月以靡之,舍是则贱贫且无所托命。然而五家之堡必有肆,十家之村必有贾,三十家之城必有商。若服妖之肆,若食妖之肆,若玩好妖之肆,若男子咿唔求爵禄之肆,若盗圣贤市仁义之肆,若女子鬻容之肆,肆有魁,贾有枭,商有贤桀,其心皆欲并十家、五家之财而有之,其智力虽不逮,其号既然矣。然而有天下者更之,则非号令也。有五挹五注,挹之天,挹之地,注之民;挹之民,注之天,注之地;挹之天,注之地;挹之地,注之天。其《诗》曰:挹彼注兹,可以餴饎。岂弟君子,民之父母。有三畏:畏旬、畏月、畏岁。有四不畏:大言不畏,细言不畏,浮言不畏,挟言不畏。而乃试之以至顺之法,齐之以至一之令,统之以至澹之心。龚子曰:有天下者,不十年,几于平矣。"《定盦文集》。此篇大意,以贫富不齐为致乱之原。而以操其本原,随时调剂,责诸人主。盖古者国小民寡,政府之威权易于下逮。而其时去部落共产之世未远,财产之分配,较为平均。此等情形,习为后人所讴歌,所想望。后世虽以时异势殊,政府不克复举此责,然特为事势所限,以理论,固无人谓政府不当举此责;且皆以克举此职,为最善之治也。故借国家之权力,以均贫富,实最合于我国之国情者也。

然借国家之力以均贫富,亦必行之以渐,而断非一蹴所能几。何也?借国家之力,以均贫富,则国家之责任必大。为国家任事者,厥惟官吏。服官之成为谋食之计旧矣。监督不至,焉不朘民以自肥?监督苟严,又虑厥长立而马益瘝也。况夫监督官吏者,亦官吏也。任事之官吏不可信,为得可信之官吏,而任以监察之责乎?借使大业皆由官营,挟其权力,以为身谋,民之疾之,犹其疾资本家也;犹其疾企业者也。其自视,徒为求食故而劳动,而绝无劝功乐事之心,与今日之工人同也。安保其不反抗?而是时一反抗,即涉及政治。较之今日,劳资之争斗,愈可忧矣。且今日欲图生利,必借外资。借用外资,必所兴举之事,皆能获利而后可。否则有破产之忧矣。前清末叶，议借外资。即有人谓：宜以银行承受之，而转贷于民者。以民业较易获利，必多能复其本；其规模不如官业之大，即有亏败，成功者多，足以偿之；非若官业，一失败，即有破产之虞也。然如此，则有助长资本之忧。若一切由国家自营，又虑官吏之不足任，而破产之终不可免也。何去何从？若何调剂？诚可深长思矣。

第三章　钱　币

吾国币制大略可分五期，自殷以前，盖珠玉金银龟贝粟帛等杂用，此为第一期。周代渐开金铜并用之端，至秦汉而大定，此为第二期。南北朝以降，黄金渐少，乃代之以帛，此为第三期。及宋而纸币兴，金人效之，元明沿焉，至宣宗宣德三年而废，此为第四期。纸币既已极弊，铜钱又不足，用银乃乘之而起，肇于金之末造，盛于明，废纸币以后，以迄于今，此为第五期。今略述其事。

《汉书·食货志》云："凡货，金钱布帛之用，夏殷以前，其详靡记云。"此语最确。《史记·平准书》云："虞夏之币，金为三品，或黄，或白，或赤；或钱，或布，或刀，或龟贝。"《平准书》本伪物，此数语又在篇末，必读者记识之语，溷入正文无疑。《通考》曰："自太昊以来，则有钱矣。太昊氏、高阳氏谓之金，有熊氏、高辛氏谓之货，陶唐氏谓之泉，商人、周人谓之布，齐人、莒人谓之刀。"此数语未知所出，疑系橐括古书而成，未必可据。殷以前事，书史无征，然知其为珠玉、金银、龟贝、粟帛等杂用者，以凡事不能突然而起，周以后事，必前有所承。《汉志》曰："太公为周立九府圜法：黄金方寸，而重一斤；钱圜函方，轻重以铢；布帛广二尺二寸为幅，长四丈为匹。故货宝于金，利于刀，流于泉，布于布，束于帛。太公退，又行之于齐。"是周初之易中金铜布帛并用。《管子》曰："玉起于禺氏，金起于汝、汉，珠起于赤野。东西南北，距周七千八百里，水绝壤断，舟车不能通。先王为其途之远，其至之难，故托用于其重，以珠玉为上币，以黄金为中币，以刀布为下币。"《国蓄》。《地数》、《揆度》、《轻重乙》略同。所谓先王，盖亦周武王、齐太公之类，《轻重乙》以为癸度对周武王之言。则周初又兼用珠玉。孟子谓彭更曰："子不通功易事，则农有余粟，女有余布。"《滕文公下》。陈相述许行衣、冠、械器，皆以粟易之，《滕文公下》。粟虽重滞，然切日用，便分割，用为易中，亦固其所。《盐铁论》曰："夏后以玄贝，周人以紫石，后世或金钱、刀布。"《错币》。《说文解字》曰："古者货贝而宝龟，周而有泉，至秦废贝行钱。"则贝行于夏，至周仍极通用，足征其前有所承。然则黄金方寸而重一斤，与钱圜函方轻重以铢之制，盖周初所定，其余则皆殷以前旧俗也。此中国邃古之世泉币之情形也。

泉币之用，自以金属为便，故自周以后，他物逐渐淘汰，而金铜专行。《汉志》曰："秦兼天下，币为二等：黄金以溢为名，上币；铜钱质如周钱，文曰'半两'，重如其文。而珠玉、龟贝、银锡之属，为器饰宝藏，不为币。"此实上承周之圜法者也。汉虽改秦钱法，又易黄金计重之法为一斤，然其并用金铜，固无以异。晁错说文帝，谓："珠玉、金银轻微易臧，在于把握，可以周海内而无饥寒之患。"此即《汉志》所谓珠玉、龟贝、银锡之属，虽不为币，"然各随时而轻重无常"者，虽为俗所宝用，要不能径指为钱币矣。

然金在当时，特以供王公贵人之用，不则富商大贾或资焉，与平民实绝无关系。详见附录《二十五史札记》。当时切于民用者，惟钱而已，今试一论其沿革得失。

《汉书·食货志》："汉兴，以为秦钱重难用，更令民铸荚钱。"《高后纪》：二年，"行八铢钱"。应劭曰："本秦钱，质如周钱，文曰半两，重如其文，即八铢也。汉以其太重，更铸荚钱，今民间名榆荚钱是也。民患其太轻,至此复行八铢钱。"六年,"行五分钱"。应劭曰:"所谓荚钱者。"文帝以五分钱太轻小,更作四铢钱,文亦曰半两,今民间半两钱最轻小者是也。案《食货志》言:汉更荚钱之后,"不轨逐利之民,畜积余赢以稽市物,痛腾跃,米至石万钱,马至匹百金"。而下接"天下已平"云云,则汉之铸荚钱,实在天下未平以前。当时似借铸钱为筹款之策,物价腾踊,固有他因,币价之落,亦必其一。高后时复行八铢,不闻民患其重,则所谓"秦钱重难用"者,乃欲行小钱借口之辞,非其实也。高后虽复八铢,而仍不能绝荚钱。文帝欲减半两钱之半而强齐其价,其不能行固无待再计矣。而放民私铸,为害尤烈。贾生陈其币曰:"法使天下公得顾租铸铜锡为钱,敢杂以铅铁为它巧者,其罪黥。然铸钱之情,非殽杂为巧,则不可得赢;而殽之甚微,为利甚厚。夫事有召祸而法有起奸,今令细民人操币之势,各隐屏而铸作,因欲禁其厚利微奸,虽黥罪日报,其势不止。乃者,民人抵罪,多者一县百数,及吏之所疑,榜笞奔走者甚众。夫县法以诱民,使入陷阱,孰积于此!曩禁铸钱,死罪积下;今公铸钱,黥罪积下。为法若此,上何赖焉?又民用钱,郡县不同:或用轻钱,百加若干;或用重钱,平称不受。法钱不立,吏急而壹之乎,则大为烦苛,而力不能胜;纵而弗呵乎,则市肆异用,钱文大乱。苟非其术,何乡而可哉!今农事弃捐而采铜者日蕃,释其耒耨,冶镕炊炭,奸钱日多,五谷不为多。善人怵而为奸邪,愿民陷而之刑戮,刑戮将甚不详,奈何而忽!"是时之币制,固无解于罔民之讥矣。

　　武帝之初,亦以改币为筹款之策。《志》载其事曰:"天子与公卿议,更造钱币以澹用,而摧浮淫并兼之徒。是时禁苑有白鹿而少府多银锡。自孝文更造四铢钱,至是岁四十余年,从建元以来,用少,县官往往即多铜山而铸钱,民亦盗铸,不可胜数。钱益多而轻,物益少而贵。有司言曰:'古者皮币,诸侯以聘享。金有三等,黄金为上,白金为中，赤金为下。今半两钱法重四铢，而奸或盗摩钱质而取鋊，钱益轻薄而物贵，则远方用币烦费不省。'乃以白鹿皮方尺，缘以缋，为皮币，直四十万。王侯宗室朝觐聘享，必以皮币荐璧，然后得行。又造银锡白金。以为天用莫如龙，地用莫如马，人用莫如龟，故白金三品，其一曰重八两，圜之，其文龙，名'白撰'，直三千；二曰以重差小，方之，其文马，直五百；三曰复小，椭之，其文龟，直三百。令县官销半两钱，更铸三铢钱，重如其文。盗铸诸金钱罪皆死，而吏民之犯者不可胜数。"又曰："有司言三铢钱轻，轻钱易作奸诈，乃更请郡国铸五铢钱，周郭其质，令不可得摩取鋊。""自造白金五铢钱后五岁，而赦吏民之坐盗铸金钱死者数十万人。其不发觉相杀者，不可胜计。赦自出者百余万人，然不能半自出，天下大氐无虑皆铸金钱矣。"其罔民尤甚于文帝矣。

　　自然之势不可逆也，逆之者必还从之，而后可几于治，汉武之专令三官铸五铢是也。《汉志》曰："郡国铸钱，民多奸铸，钱多轻，而公卿请令京师铸官赤仄，一当五，赋官用非赤仄不得行。白金稍贱，民弗宝用，县官以令禁之，无益，岁余终废不行。""其后二岁，赤仄钱贱，民巧法用之，不便，又废。于是悉禁郡国无铸钱，专令上林三官铸。钱既多，而令天下非三官钱不得行，诸郡国前所铸钱皆废销之，输入其铜三官。而民之铸钱益少，计其费不能相当，惟真工大奸乃盗为之。"此时所行，可谓与生计原理相合，故币制自此遂定，然亦以汉世币重，铜之流布民间者少，故能致此也。详见附录《二十五史札记》。

　　古代与金铜并行之物，周以后多废，而金铜专行，此亦势也，无可如何者也。而王莽以周钱有子母相权，更造大钱，径寸二分，重十二铢，文曰"大钱五十"。又造契刀、错刀。契刀，其环如大钱，身形如刀，长二寸，文曰"契刀五百"。错刀，以黄金错其文，曰"一刀直五千"。与五铢钱四品并行。即真，以为书"刘"字有金刀，乃罢错刀、契刀及五铢钱,而更作金、银、龟、贝、钱、布之品,名曰"宝货"。凡五物,六名,二十八品。钱货六品,银货二品,龟货四品,贝货五品,布货十品,黄金重一斤,直钱万,仍旧制。币所以定物价,可一而不可二,而莽错乱之至于如此,其不能行审矣。于是百姓愦乱,其货不行,民私以五铢钱市买。莽患之,下诏"挟五铢钱者,为惑众,投诸四裔以御魑魅"。农商失业,食货俱废,民涕泣于市道。坐卖买田宅奴婢铸钱抵罪者,自公卿大夫至庶人,不可称数。莽知民愁,乃但行小钱直一,与大钱五十,二品并行,龟贝布属且寝。天凤元年,复申下金银龟贝之货,颇增减其价直。而罢大小钱,改作货布,长二寸五分,广一寸,首长八分有奇,广八分,其圜好径二分半,足枝长八分,间广二分,其文右曰"货",左曰"布",重二十五铢,直货泉二十五。货泉径一寸,重五铢,文右曰"货",左曰"泉",枚直一,与货布二品并行。又以大钱行久,罢之,恐民挟不止,乃令民且独行大钱,与新货泉俱枚直一,并行尽六年,毋得复挟大钱矣。每一易钱,民用破业,而大陷刑。莽以私铸钱死,及非沮宝货投四裔,犯法者多,不可胜行,乃更轻其法:私铸作泉布者,与妻子没入为官奴婢;吏及比伍,知而不举告,与同罪;非沮宝货,民罚作一岁,吏免官。犯者愈众,及五人相坐皆没入,郡国及槛车铁锁,传送长安钟官,主铸钱者。愁苦死者十六七。自有货币以来,未有以私意败民而又自败如此其甚者也。莽乱后,遂至杂用布帛金粟交易。

《汉书·食货志》云:"诛莽后二年,世祖受命,荡涤烦苛,复五铢钱。"是事在建武元年,而《后汉书·光武纪》:建武十六年"始行五铢钱",注:"武帝始为五铢钱,王莽时废,今始行之。"不合。案《马援传》:"初援在陇西,上书言宜如旧五铢钱,事下三府。三府奏以为未可许,事遂寝。及援还,从公府求得前奏难十余条,乃随牒解释,更具表言,帝从之,天下赖其便。"则铸五铢在建武十六年,而复行五铢在建武初元也。

五铢在铜钱中最为民所宝用,汉末董卓坏之,而币制乃大乱,迄于六朝,莫能复理矣。今略述其事如下。据五朝史志及《文献通考》。

献帝初平元年,董卓坏五铢钱,更铸小钱,悉取洛阳、长安钟簴、铜马、飞廉之属以充铸,货贱物贵,谷石数万。又钱无伦理文章,不便人用。

先主攻蜀,与士众约:事定,府库百物,孤无取焉。入成都,士庶皆舍干戈,赴库藏,取宝物。军用不足,以刘巴言,铸直百钱。

魏文帝黄初二年,罢五铢钱,使百姓以谷帛为市。至明帝世,巧伪渐多,竞湿谷造薄绢,严刑不能禁,乃立五铢钱。

孙权嘉平五年,铸大钱一当五百。赤乌元年,又铸当千钱,既太贵,但有空名,乃罢之。

晋用魏五铢钱,不闻更有所创。元帝过江,用孙氏旧钱,轻重杂行,大者谓之比轮,中者谓之四文。吴兴沈充又铸小钱,谓之"沈郎钱"。钱既不多,由是稍贵。桓玄辅政,议用谷帛,朝议不可,乃止。河西自太始中不用钱,裂匹为段,索辅言于张轨,乃用钱焉。辅谓徒耗女工,亦用帛一币也。

宋文帝元嘉七年,立钱置法,铸四铢,重如其文。人间颇多盗铸,剪凿古钱取铜,帝甚患之。江夏王义恭议以一大钱当两,行之经时,公私非便,乃罢。元嘉中,铸四铢,轮廓形制,与古五铢同。孝武孝建新铸四铢,文曰"孝建",一边为"四铢"二字,其后除去四铢二字,仅留孝建年号。孝建所铸钱,形式薄小,轮廓不成。于是盗铸者云起,杂以铅锡,并不牢固。又剪凿古钱,以取其铜。钱既转小,稍违官式。虽严刑,人、吏、官长坐免者相系,而盗铸弥甚,百物踊贵,人患苦之。乃立品格,薄小无轮廓者,悉加禁断。议者又以铜转难得,欲铸二铢钱。废帝景和二年铸之,文曰"景和",形式转细。官钱每出,民间即模效之,而大小厚薄,皆不及也。无轮廓,不磨鑢,如今剪凿者，谓之耒子，尤轻薄者，谓之荇叶，市井通用之。永光元年，沈庆之启通私铸，由是千钱长不盈三寸，大小称此，谓之鹅眼钱。劣于此者，谓之綖环钱。入水不沉，随手破碎，市井不复料数，十万钱不盈一掬，斗米一万，商贾不行。明帝泰始初，惟禁鹅眼、綖环，余皆通用。复禁民铸，官署亦废工。寻又并断，惟用古钱。

梁初，惟京师及三吴、荆、郢、江、襄、梁、益用钱，其余州郡，则杂以谷帛，交广全用金银。武帝乃铸"五铢"、"公式女钱"二品并行。<small>重皆四铢三参二黍。</small>民间或私以古钱交易，频下诏非新铸二种钱不许用，而私用转甚。普通中，尽罢铜钱，更铸铁钱。铁易得，并私铸。大同后，所在如丘山，物价腾贵，交易者以车载钱，论贯不计数。于是商贾奸诈，因以求利，破岭以东，<small>黄汝成云：破或庚字之讹，见《日知录》"短陌"条《集释》。</small>八十为百，名东钱；江、郢以上，七十为百，名西钱；京师九十，名长钱。大同元年，下诏通用足陌，而人不从，钱陌益少，末年，遂以三十五为陌。

陈初，承梁丧乱之后，铁钱不行。始梁末，又有两柱钱及鹅眼钱，时人杂用，其价同，但两柱重而鹅眼轻。私家多镕铸，又间以锡钱，兼以粟帛为货。文帝天嘉五年，改铸五铢，初出一当鹅眼十。宣帝太建十一年，又铸大货六铢，以一当五铢之十，与五铢并行，后还当一。人不便，乃讹言六铢钱有不利县官之象。未几，帝崩，遂废六铢而行五铢，至于陈亡。其岭南诸州，多以盐、米、布交易，俱不用钱。

后魏初，置太和钱，货无所用也，孝文始诏天下用钱。十九年，公铸粗备，文曰"泰和五铢"，在所遣钱工备炉冶，人有欲铸，就听铸之。宣武帝永平三年冬，又铸五铢钱。京师及诸州镇或不用，或止用古钱，商货不通，贸迁颇隔。孝明熙平初，以任城王澄言下诸方镇，太和及新铸并古钱内外全好者，不限大小，悉听行之。鹅眼、环凿,依律而禁。而河北诸州,旧少钱货,犹以他物交易。二年冬,尚书崔亮奏并许开铸,从之。自后人多私铸,钱稍小薄,孝庄初益甚,乃至风飘水浮,米斗几直一千。以杨侃言铸五铢钱,永安二年秋更铸,文曰"永安五铢",官自立炉,亦听人就铸,自九月至三年正月止。官欲知贵贱,乃出藏绢,分遣使人于三市卖之,绢匹止钱二百,而私市者犹三百。利之所在,盗铸弥众,巧伪既多,轻重非一,四方州镇,用各不同。

北齐神武伯政之初,犹用永安五铢,迁邺已后,百姓私钱,体制渐别,遂各以为名,有雍州青赤、梁州生厚、紧钱、吉钱、河阳生涩、天柱、赤牵之称。冀州之北,交贸皆以绢布,神武乃收境内之铜及钱,仍依旧文更铸,流之四境。未几,复细薄,奸伪兢起。文襄欲于京邑二市、天下州镇郡县之市,各置二秤,县于市门,私铸不禁,但重五铢,然后听用,不果。文宣受禅,除永安钱,改铸常平五铢,重如其文,甚贵而制甚精。未行,私铸已兴,一二年间,即有滥恶。杀戮不止,令市长铜价,私铸少止,然乾明皇建间,往往私铸,武平后转甚,至齐亡,卒不能禁。

后周初,用魏钱。武帝保定元年,更铸布泉之钱,以一当五,与五铢并行。梁、益之境,又杂用古钱交易。河西诸郡,或用西域金银之钱。建德三年,更铸五行大布钱,以一当十。五年,以布钱渐贱,而人不用,废之。宣帝大象元年,又铸永通万国钱,以一当十,与五行大布、五铢,凡三品并用。

隋文帝开皇元年,以天下钱货轻重不一,乃更铸新钱,背面肉好,皆有周郭,文曰"五铢",重如其文,每千钱重四斤二两,严禁私铸,及前代五行大布、永通万国、常平等。钱货始一,所在流布,百姓便之。是时见用之钱,皆须和以锡蜡;锡蜡既贱,私铸不可禁约,乃禁出锡蜡处,不得私采。其后奸猾稍多,渐磨鑢钱郭,取铜私铸,又杂以铅锡,递相仿效,钱遂轻薄,乃下恶钱之禁。京师及诸州邸肆之上,皆令立榜置样为准,不中样者不入于市。十八年,钱益滥恶,乃令有司检天下邸肆,见钱非官铸者,皆毁之,其铜入官。而京师以恶钱贸易,为吏所执,有死者,数年之间,私铸颇息。大业以后,王纲弛紊,巨奸大滑,遂多私铸,钱转薄恶,每千渐至一斤。或剪铁叶,裁衣糊纸以为钱,相杂用之,货贱物贵,以至于亡。

唐武德四年,废五铢钱,铸开元通宝钱,每十钱重一两,一千重六斤四两,置钱监于洛、并、幽、益诸州。显庆五年,盗铸恶钱,官为市之,以一善钱售五恶钱,民间藏恶钱,以待禁弛。乾封元年,改铸乾封泉宝钱,径寸,重二铢六分,以一当旧钱之十,逾年而旧钱多废。明年,以商贾不通,米帛踊贵,复行开元通宝钱,天下皆铸之。然私钱犯法日蕃,有以舟筏铸江中者,诏所在纳恶钱,奸亦不息。武后长安中,令悬样于市,百姓依样用钱。俄而拣择艰难,交易留滞,乃令钱非穿穴及铁锡铜液,皆得用之。自是盗铸蜂起,江、淮尤甚,更莫能捕。先天之际,两京钱益滥,郴、衡钱才有轮廓,铁锡五铢之属,皆可用之。或镕锡模钱,须臾千百。玄宗开元初,宰相宋璟请禁恶钱,行二铢四参钱,毁旧钱不可用者。监察御史萧隐之使江、淮收恶钱,又巢十万斛收恶钱毁之。二十六年,于宣、润等州置钱监,时两京用钱稍善,米粟价亦下。后又渐恶,诏出钱所在置监,铸开元通宝钱,京师库藏皆满,天下盗铸益起,广陵、丹阳、宣城尤甚。京师权豪,岁岁取之,舟车相属。肃宗乾元元年,铸乾元重宝钱,以一当十。后又铸重轮乾元钱,一当五十。法既屡易,物价腾踊,斗米七千,死者满道。上元元年,减重轮钱一当三十,开元旧钱与乾元钱一当十。代宗即位,乾元重宝钱一当二,重轮钱一当三,凡三日,而大小钱皆一当一焉。

历代善币,五铢而外,首数开元,然开元之能专行及久行,远不逮五铢,则以其时铜已流布,私铸不易禁也。详见附录《二十五史札记》。五代纷纷不足道,北宋币制亦迄不能善,其弊有三:一铸钱太多,流入外国;一多铸大钱;一行用铁钱,皆足以紊乱币制也。宋代铸铁之数见于史者,至道中八十万贯,景德中一百八十三万贯,天禧末一百有五万贯,皇祐中,池、江、建、韶等五州一百四十六万缗,嘉、邛、兴三州大铁钱二十七万缗,治平中,饶、池、江、建、韶、仪六州一百七十万缗,兴州三万缗。嘉、邛自嘉祐四年起,停铸十年。熙宁诏京西、淮南、两浙、江西、荆湘五路,各置铸钱监,江西、湖南以十五万,余路以十万缗为额。神宗增监十四,元祐皆罢。神宗弛钱禁,元祐亦复之。张方平言边关重车而出,海舶饱载而回,沿海州军钱出外,但每贯收税而已。盖辽用宋钱甚多,而宋与南洋贸易,当时亦通用钱也。又西北边内属,戎人赍货帛于秦、阶、成州,易铜钱出塞,销铸为器,则以钱为输出矣。徒耗鼓铸之劳,以供他国之用,不亦亡谓之甚乎?

　　大钱之铸,始于陕西军兴之时,初用知商州皮仲容议,采铜铸钱。既而陕西都转运使张奎、知永兴军范雍请铸大铜钱,与小钱兼行,一当十,及奎徙河东,又铸大铁钱于晋、泽二州,亦以一当十。供陕西军费。未几,三司奏罢。河东铸大铁钱,而陕西复采铜置监,铸大钱,因敕江南铸大铜钱。江、池、饶、仪、虢又铸小铁钱,悉辇致关中。大约小铜钱三,可铸当十大铜钱一,盗铸者众,钱文大乱,物价翔踊。奎复奏晋、泽、石三州及威胜军日铸小铁钱,独留用,河东铁钱既行,盗铸获利十六,钱轻货重,患如陕西。契丹亦铸铁钱,以易并边铜钱。于是知并州郑戬请河东铁钱以二当铜钱一。行之一年,又以三当一,或以五当一。罢官炉日铸,且行旧钱。庆历末,叶清臣为三司使,与学士张方平等上陕西钱议,请以江南、仪商等州大铜钱一当小钱三,小铁钱三当铜钱一,河东小铁钱亦三当一。后又令陕西大铁钱皆以一当二,盗铸乃止。熙宁中,陕西转运副使皮公弼言:

"自行当二钱,铜费相当,盗铸衰息。请以旧铜铅尽铸。"从之,折二钱遂行于天下。其后蔡京党陕西转运副使许天启创议铸当十钱,乃先铸当五。熙宁折二钱之行,不许运致京师,故诸州所积甚多,咸请以铸当十。于是罢当五,各处皆铸当十,除陕西、河东、四川铁钱地外,均许行使,私铸寖广。崇宁四年后,以当十为当五。然小平钱益少,贸易濡滞。乃命以折五、折十上供,小平钱留本路,罢铸当十,添铸小平钱。时各路当十钱或当三,或当五,俄命行于畿内、陕西、河东北,余路禁之。又命禁用之钱,悉输官藏之于库,然一旦更用,所损甚大。诸路或用或否,亦不尽送官。私贩私铸仍甚,乃许搜索舟车,重官司失察之罪。大观元年,蔡京再相,京之相,在崇宁二年。折十之法,至四年乃渐变。五年,京去位,乃诏谕中外不复用。复行折十钱,重私铸搜捕劝告之法。至四年,获罪者十余万人。三年,京再罢,四年,乃停铸。政和三年,令当十钱并作当三焉。熙、丰时,陕西、河东铜钱千,易铁钱千五百。绍圣时易二千五百。

宋代行使铁钱之地,尚有四川。元丰间,毕仲衍进《中书备对》,以陕西、河东为兼行铜铁钱之地,成都、梓州、利州、夔州为专行铁钱之地。初,江南西蜀平,皆听用铁钱,铜钱许入界。太平兴国二年,弛铜钱渡江之禁,广鼓铸以给之,铁钱遂不用,惟蜀中铁钱仍不准出界。由是铁钱日贱,商贾争以铁钱入界,与民为市。官亦言民乐输铜钱,增赋税所收铜钱分数,以俸给所得铜钱,厚直与民市。沈伦又增铸铁钱,易民铜钱上供,四川遂成铁钱世界。以交通最不便之地,行运输最不便之币,而纸币乃应运而兴矣。

古代黄金,专供王公、贵人、富商、大贾之用,说已具前。夫资生愈厚,则物之有待于交易者愈多;交易愈繁,则泉币之为用愈广。用币既多,必求轻赍,黄金之流衍全国,宜也。然而卒不然者,则一以金铜异物,其价不齐,并为易中,殊觉不便;一亦以金之渐少也。前说详见予所撰《二十五史札记》,后说则顾亭林《日知录》、赵瓯北《陔余丛考》皆论之。

顾氏之言曰："汉时黄金上下通行，故文帝赐周勃至五千斤，宣帝赐霍光至七千斤。而武帝以公主妻栾大，至赍金万斤。卫青出塞，斩捕首虏之士，受赐黄金二十余万斤。梁孝王薨，藏府余黄金四十余万斤。馆陶公主近幸董偃，令中府曰：'董君所发，一日金满百斤，钱满百万，帛满千匹，乃白之。'王莽禁列侯以下不得挟黄金，输御府受直。至其将败，省中黄金万斤者为一匮，尚有六十匮。黄门钩盾藏府中尚方处，处各有数匮。而《后汉·光武纪》，言王莽末，天下旱蝗，黄金一斤，易粟一斛，是民间亦未尝无黄金也。董卓死，坞中有金二三万斤，银八九万斤。昭烈得益州，赐诸葛亮、法正、关羽、张飞金各五百斤，银千斤。《南齐书·萧颖传》：长沙寺僧业富沃，铸黄金为龙数千两，埋土中，历相传付，称为下方黄铁，莫有见者。颖胄起兵，乃取此龙，以充军实。《梁书·武陵王纪传》：黄金一斤为饼，百饼为簉，至有百簉，银五倍之。自此以后，则罕见于史。《尚书》疏：汉、魏赎罪，皆用黄金。后魏以金难得，令金一两，收绢十匹，今律乃赎铜。"

赵氏之言曰："汉以来金银皆以斤计。如汉高祖赐陈平金十万斤，赐田肯金五百斤。文帝赐周勃金五千斤，陈平、灌婴金二千斤。武帝以东方朔谏起上林，赐金百斤。以及南北朝时，犹以斤计。如魏孝文帝赐抱睹生葬事黄金八千斤、梁武陵王以金银百斤为饼之类是也。侯景围城，羊侃率兵御之，诏送金五千两、银一万两赐战士，则金银以两计起于梁时。其后陈将周罗睺彭城之战，拔出萧摩诃于重围，以功赐金银各三千两。梁睿平剑南，隋文帝赐金二千两。又平王谦赐金二千两、银三千两。王谦作乱，王述执其使上书，文帝亦赐金五百两。又文帝尝赐萧岿金五百两、银千两。周法尚破李光仕，文帝赐黄金百五十两、银百五十斤，则金以两计，银犹以斤计。

炀帝以来护儿破杨玄感功,赐黄金千两;以王辨击破山东贼盗功,赐黄金二百两,事俱见《南》《北史》。则金银之以两计,起于梁、陈、隋之世也。《通考》谓:萧梁间交、广以金银交易,既是民间交易,则零星多寡不齐,自必细及铢两。又《宋书·徐豁传》:中宿县俚民课银一子输半两,则国制收银课亦以两计,因而上下通行,俱论两不论斤。且古时金银价甚贱,故以斤计,后世金银日贵,故不得不以两计也。"

其渐少之原因,顾氏论之曰:"宋太宗问学士杜镐曰:'两汉赐予,多用黄金,而后代遂为难得之货,何也?'对曰:'当时佛事未兴,故金价甚贱。'今以目所睹记,及《会典》所载国初金价推之,亦大略可考。《会典·钞法》卷内云:洪武八年,造大明宝钞,每钞一贯,折银一两,每钞四贯,易赤金一两。是金一两,当银四两也。《征收》卷内云:洪武十八年,令凡折收税粮,金每两准米十石,银每两准米二石,是金一两当银五两也。三十年,上曰:'折收逋赋,欲以苏民困也。今如此其重,将愈困民。'更令金每两准米二十石,银每两准米四石,然亦是金一两当银五两也。永乐十一年,令金每两准米三十石,则当银七两五钱矣。又令交阯召商中盐,金一两,给盐三十引,则当银十两矣。岂非承平以后,日事侈靡,上自宫掖,下逮勋贵,用过乎物之故与?幼时见万历中赤金止七八换,崇祯中十换,江左至十三换矣。投珠抵璧之风,将何时而见与?"又曰:古来用金之费,如《吴志·刘繇传》:笮融大起浮图祠,以铜为人,黄金涂身,衣以锦采,垂铜盘九重。《何姬传》注引《江表传》:孙皓使尚方以金作华燧步摇假髻以千数,令宫人着以相扑,朝成夕败,辄出更作。《魏书·释老志》:兴光元年,敕有司于五假大寺内,为大祖已下五帝,铸释迦立像五,各长一丈六尺,都用赤金二万五千斤。天安中,于天宫寺造释迦立像,高四十三尺,用赤金十万斤,黄金六百斤。《齐书·东昏侯纪》：后宫服御，极选珍奇，府库旧物不复周用，贵市民间，金银宝物，价皆数倍京邑，酒租皆折使输金，以为金涂，犹不能足。《唐书·敬宗纪》：诏度支进铜三十斤，金箔十万，翻修清思院新殿及昇阳殿图障。《五代史·闽世家》王昶起三清台三层，以黄金数千斤，铸宝星及元始天尊、太上老君像。宋真宗作玉清昭应宫，甍栱栾楹，全以金饰，所费巨亿万，虽用金之数，亦不能全计。《金史·海陵纪》：宫殿之饰，遍傅黄金，而后间以五采，金屑飞空如落雪。《元史·世祖纪》：建大圣寿万安寺，佛像及窗壁，皆金饰之，凡费金五百四十两有奇，水银二百四十斤。又言缮写金字藏经，凡糜金三千二百四十两。此皆耗金之由也。杜镐之言，颇为不妄。《草木子》云：金一为箔无复再还元矣。故《南齐书·武帝纪》禁不得以金银为箔。而《太祖实录》言："上出黄金一锭，示近臣曰：'此表笺袱盘龙金也。'令宫人洗涤销镕得之。呜呼！俭德之风远矣。"余谓用金之费，诚为消耗之一因，然其大原因，则仍在于金之渐散。见附录《二十五史札记》。赵氏《廿二史札记》"汉多黄金"一条，历举《汉书》本纪、列传所载汉史多金之事而论之曰："后世黄金日少，金价亦日贵，盖由中土产金之地，已发掘净尽。而自佛教入中国后，塑像涂金，大而通都大邑，小而穷乡僻壤，无不有佛寺，即无不用金涂。以天下计之，无虑几千万万。此最为耗金之蠹。加以风俗侈靡，泥金写经，贴金作榜，积少成多，日消月耗。故老言黄金作器，虽变坏，而金自在。一至泥金涂金，则不复还本。此所以日少一日也。"愚案，金如俗所云重，虽有消耗，还本者仍多。谓产金之地，已发掘净尽，尤不其然。历代淘采虽不盛，然产金之数合计之，亦当不少也。

因金少，故用币多者，乃代之以帛。《陔余丛考》曰："六朝则钱帛兼用，而帛之用较多。《北史》魏张普惠疏曰：高祖废长尺大斗重秤，后因军国需用，故绢上加绵八两，布上加麻十五斤，是纳赋皆以绢布也。孝文帝始制百官之禄，每户增调绢三匹，谷二石九斗，以为俸禄之用。夏侯道迁岁禄三千余匹，李冲一门岁禄万匹，是官俸皆以谷帛也。张说妻为魏所虏，说以千匹赎之，是赎罪亦绢帛也。高允死，赐以粟五百石，绢千匹，高澄生子，魏孝静帝赐锦采布帛万匹，是赐予皆谷帛也。西魏赏擒高敖曹者，布绢万端，是购赏亦布绢也。""唐初，租出谷，庸出绢，调出缯布，并未尝征钱。天宝中，杨国忠请令各道义仓及丁租地课，皆易布帛，充禁藏。玄宗诏百官观库物积如山，是亦尚皆用布帛。"愚按，开元二十二年诏庄宅口马交易，并先用绢布、绫罗、丝绵等，其余市买至一千以上，亦令钱物并用，违者科罪。《旧唐书》宪宗元和三年六月诏曰：天下有银之山，必有铜矿。铜者可以资鼓铸，银者无益于人生。其天下自五岭以北见采银坑，并宜禁断。则明以布帛为货币，而金银不得与焉矣。金银价贵，专用则失之重，与铜并用则比价岂能不变？钱币者，度物价之尺，尺宜一不宜二，此其所以不获为钱币欤？然以布帛为币，究亦非宜，于是纸币兴焉。

纸币之前驱为飞钱。《唐书·食货志》：贞元时，"商贾至京师，委钱诸道进奏院及诸军、诸使、富家，以轻装趋四方，合券乃取之，号飞钱"。此可谓之汇兑，而不可谓之纸币。京兆尹裴武请禁之，元和时，以"自京师禁飞钱，家有滞藏，物价寖轻。判度支卢坦、兵部尚书判户部事王绍、盐铁使王播请许商人于户部、度支、盐铁三司飞钱，每千钱增给百钱。然商人无至者。复许与商人敌贯而易之。然钱重帛轻如故"。案三司飞钱之不行，以不为商人所信也。一禁飞钱而京师物遂滞销，可见飞钱之行，出于不容已矣。宋太祖取飞钱故事，许民入钱京师，于诸州便换，初许商人入钱左藏库，以诸州钱给之。商旅先经三司投牒，乃输于库。开宝三年，置便钱务，令商人入钱者，诣务陈牒，即牒至左藏库，给以券。仍敕诸州，凡商人赍券至，当日给付，不得住滞，违者科罚。自是无复停滞。至道末，商人入便钱一百七十余万贯。天禧末，增一百一十三万贯。亦所以省运输耳。逮交子兴，始具纸币之意。《文献通考》曰："初，蜀人以铁钱重，私为券，谓之交子，以便贸易。富人十六户主之。其后富人稍衰，不偿所负，争讼数起。寇瑊尝守蜀,乞禁交子。薛田为转运使,议废交子,则贸易不便,请官为置务,禁民私造。诏从其请,置交子务于益州。"《宋史·薛田传》曰:"田请置交子务,以榷其出入,未报。寇瑊守益州,卒奏用其议,蜀人便之。"二说互歧,未知孰是。《食货志》:"真宗时,张咏镇蜀,患蜀人铁钱重,不便贸易,设质剂之法,一交一缗,以三年为一界而换之。六十五年为二十二界,谓之交子,富民十六户主之。"一似法为咏所创者,恐非也。交子初行,谨守分界之法。天圣以后,界以二十五万三百四十缗为额。熙宁五年,交子二十二界将易,而后界给用已多,诏更造二十五界一百二十五万,以偿二十三界之数,两界并行自此始。时交子给多而钱不足,致价太贱,既而竟无实钱。绍圣以后,界率增造,以给陕西沿边籴买及募兵之用,少者数十万,多至数百万缗;而成都乏用,又请印造,故每岁书放亦无定数。熙宁二年,以河东公私共苦运铁钱劳费,诏置潞州交子务。明年,漕司以其法行则盐、矾不售,有害入中粮草,罢之。又明年,复行于陕西,而罢永兴军盐钞务。文彦博言其不便,未几竟罢,盖尚与入中之法相依附也。崇宁三年,置京西北路专切管干通行交子所。四年,令诸路更用钱引,准新样印制,四川如旧法。钱引通行诸路,惟闽、浙、湖、广不行。自用兵湟、廓,借交子之法以助边费,较天圣一界逾二十倍,而价逾损。及更界之年,新交子一当旧者四。大观元年,并改为钱引交子务,曰钱引务。旧造一界,备本钱三十六万缗,新旧相因。大观中,不畜本钱而增造无艺,卒致一缗当钱十数。张商英秉政,奉诏复循旧法。至宣和中,乃引界复平焉。盖钞之不及百年,而其跌价已屡见矣。

高宗绍兴六年,行在置交子务,旋罢之,令榷货务储见钱印造关子。关子始绍兴元年,令商人入中,执关子于榷货务请钱,以给婺州军也。二十九年,户部造会子。三十年,诏会子务隶都茶场。会子初行于两浙,后通行于淮、浙、湖北、京西。隆兴元年,江州置会子务。四年,立三年为一界,界以千万贯为额,然有展限及前后界并行之弊。绍定五年,两界会子之数至二亿二千九百万。嘉定四年,乃令十七、十八两界会子更不立限,永远行使。盖以数界并行,轻重不等,民益眩惑,故用此举。然纵能齐诸界会子价,不能使会子不跌价。况《宋志》云:"前之二界,尽用川纸,物料既精,工制不苟,民欲为伪,尚或难之。迨十七界之更印,已杂用川、杜之纸,至十八界则全用杜纸矣。纸既可以自造,价且五倍于前,故昔之为伪者难,今之为伪者易。"更立永远行使之法,伪会不益无术剔除乎?贾似道执政,又造关子,与会子并行。《五行志》云:"宋初,陈抟有纸钱使不行之说,其后会价愈低,有'使到十八九,纸钱飞上天'之谣,似道恶十九界之名,乃名关子,而关子价益低。"案《食货志》:"咸淳四年,以近颁见钱关子,贯作七百七十文足,十八界每道作二百五十七文足,三道准关子一贯,同见钱转使。"则新出关子,不及八折矣。

川引自赵开为总饷,以供籴本,给军需,增印日多。前宋时,放出两界,每界一百二十万余缗。绍兴七年,三界至三千七百八十万。末年,至四千一百四十七万。淳熙五年,以四千五百万立额,然嘉泰末,放至五千三百万。旧例引三年一易,开禧始展年收,遂两界、三界通使。嘉定九年,定十年为一界,著为令。宝祐四年,以台臣奏,拘印造之权归之朝廷。咸淳五年,以会板发下成都运司掌之,从制司抄纸发往运司印造毕功,发回制司,用总所印行使,岁以五百万为额。

辽铸钱甚早,《辽史》谓先代撒刺的为夷离堇,以土产多铜,始造钱币。太祖其子,袭而用之是也。然实取中原钱为多。《辽史》云:石敬瑭又献沿边所积钱,圣宗凿大安山取刘守光所藏钱,散诸五计司。更益以宋代钱禁有名无实,其为数之巨可知矣。然辽自景宗以后,历代亦皆铸钱,新旧听民并用,故其钱币极为饶足。

金初用辽、宋旧钱,天会末,虽刘豫阜昌元宝、阜昌重宝亦用之。贞元二年,户部尚书蔡松年复钞引法,遂制交钞,与钱并用。正隆二年,始议鼓铸。三年,于中都立钱监二,曰宝源,曰宝丰;京兆一,曰利用。世宗大定十八年,于代州立监,曰阜通。二十七年,曲阳别为一监,曰利通。章宗即位,罢代州、曲阳二监,以役民运铜有弊,而铜仍不足,复销铜器及旧钱以铸也。阜通、利用两监,岁铸十四万贯,所费至八万贯,其弊可谓深矣。

金初既患钱少,亦患铜少。初括民铜器以铸,于是铜禁极严。铜器初皆官造,其后官不胜烦,民不胜弊,乃听民造,而官为立价。以售铜不许越界,与外国贸易,亦不许用钱。以宋用铜钱,淮南乃用铁钱,以防流出。陕西有用银布姜麻者。承安三年,立制以钱与外方人使及与交易者,徒五年,三斤以上死。其后乃渐兴窑冶,然无大效。钞法既敝,钱遂为所逐,虽立七年之限,极力设法流通,而亦无济矣。

金代行钞,始于海陵。贞元二年,以户部尚书蔡松年请行钞引法,遂设交钞库及印造钞引库,印一贯、二贯、三贯、五贯、十贯五等,谓之大钞;一百、二百、三百、五百、七百五等,谓之小钞。与钱并行,以七年为限,纳旧易新,循宋张咏四川交子之法,而纾其期,盖以铜少权制之法也。章宗即位,有欲罢钞法者,有司言:"商旅利于致远,往往以钱买钞,盖公私俱便之事,岂可罢去。止因有厘革年限,不能无疑,乞削七年厘革之法,令民得常用。若岁久字文磨灭,许于所在官库纳旧换新,或听便支钱。"从之。《食货志》论之曰:自此"收敛无术,出多入少,民寖轻之。厥后法屡更,而不能革,弊亦始于此焉"。案当时交钞之制,上有文曰:"圣旨印造逐路交钞,于某处库纳钱换钞,更许于某处库纳钞换钱。"则钱钞相易,皆有定处,此其所以不便,初不关七年厘革之限也。自厘革之限既废,有司以出钞为利,收钞为讳,渐苦钞多,乃欲以银权之。承安二年十二月,尚书省议,官俸军需皆以银钞兼给,旧例银每锭五十两,其直百贯,民间或有截凿之者,其价亦随低昂,遂改铸银名承安宝货,一两至十两分五等,每两折钱二贯,公私同见钱用,亦代钞本,仍定销铸及接受稽留罪赏格。后私铸者多,杂以铜锡,寖不能行。五年十二月,罢之。卫绍王时,钞法大敝,会河之役,至以八十四车充军赏。宣宗立,欲重之,贞祐二年,更造二十贯至百贯、二百贯,至千贯钞。三年四月,河东宣抚胥鼎言:"市易多用见钱,而钞每贯仅值一钱,曾不及工墨之费。"请权禁见钱,从之。自是钱多入于宋。《志》谓"富家内困藏镪之限,外弊交钞屡变,皆至窘败,谓之坐化。"三年七月,改交钞名为贞祐宝券。宝券初行,民甚重之。已而河北、陕西诸路,所支既多,民遂轻之。商贾争收入京市买,物价顿昂。乃令宝券路各殊制,河北者不许入河南。四年,以河东行省胥昇言,仍许不限路行使。兴定元年二月,造贞祐通宝,一贯当贞祐宝券千,四贯直银一两。五年闰十二月,造兴定宝泉,每贯当通宝四百贯,以二贯为银一两。元光元年二月,诏行之。是年五月,造元光重宝,每贯当通宝五十。又以绫印制元光珍货,同银钞及余钞行之。未久,银价日贵,宝泉日贱,民但以银论价,宝泉几不用,乃定法,银一两不得过宝泉三百贯,凡物可值银三两以下者,不许用银,以上者三分为率,一分用银,二分用宝泉及重宝、珍货。京师及州郡置平准务,以宝泉银相易,私易及违法而能告者罪赏有差。是令既下,市肆昼闭,商旅不行。七月,乃除市易用银及银宝泉私相易之法。至义宗正大间,民间遂全以银市易焉。

《元史·食货志》:元初"有行用钞,其制无文籍可考。世祖中统元年,始造交钞,以丝为本。每银五十两,易丝钞一千两,诸物之直,并从丝例。是年十月,又造中统元宝钞。其文以十计者四:曰一十文、二十文、三十文、五十文。以百计者三：曰一百文、二百文、五百文。以贯计者二：曰一贯文、二贯文。按《王文统传》云：中统交钞，自十文至二贯文，凡十等，此所载止九等。每一贯同交钞一两，两贯同白银一两。又以文绫织为中统银货。其等有五：曰一两、二两、三两、五两、十两。每一两同白银一两，而银货盖未及行云。五年，设各路平准库，主平物价，使相依准，不致低昂，仍给钞一万二千锭，以为钞本。至元十二年，添造厘钞。其例有三：曰二文、三文、五文。初，钞印用木为板，十三年铸铜易之。十五年，以厘钞不便于民，复命罢印。然元宝、交钞，行之既久，物重钞轻。二十四年，改造至元钞，自二贯至五文，凡十有一等，与中统钞通行。每一贯文当中统钞五贯文。依中统之初，随路设立官库，贸易金银，平准钞法。每花银一两，入库其价至元钞二贯，出库二贯五文；赤金一两，入库二十贯，出库二十贯五百文。伪造钞者处死，首告者赏钞五锭，仍以犯人家产给之。""至大二年，武宗复以物重钞轻，改造至大银钞，自二两至二厘，本纪作一厘，此当系误刻。《志》又云：至大通宝钞一文准至大银钞一厘，可见。定为一十三等。每一两准至元钞五贯，白银一两，赤金一钱。元之钞法，至是盖三变矣。大抵至元钞五倍于中统，至大钞又五倍于至元。然未及期年，仁宗即位，以倍数太多，轻重失宜，遂有罢银钞之诏。而中统、至元二钞，终元之世，盖常行焉。"

至正十年，丞相脱脱议更钞法，下诏："以中统交钞一贯文省权铜钱一千文，准至元宝钞二贯，仍铸至正通宝钱与历代铜钱并用，以实钞法。至元宝钞，通行如故。"十一年，置宝钱提举司，铸至正通宝钱，印造交钞，令民间通行。行之未久，物价腾踊，价逾十倍。值海内大乱，军储赏犒，每日印造，不可数计。交料散满人间，京师料钞十锭，易斗粟不可得。既而所在郡县，皆以物货相贸易，公私所积之钞，遂俱不行，人视之若弊楮焉。

明太祖初设局以铸钱，京师曰宝源，各直省曰宝泉。有司责民出铜，民毁器皿输官，颇以为苦。而商贾沿元之旧习用钞，多不便用钱。洪武七年，乃设宝钞提举司以造钞。其等凡六：曰一贯，曰五百文，曰四百文，曰三百文，曰二百文，曰一百文。每钞一贯，准钱千文，银一两；四贯准黄金一两。禁民间不得以金银物货交易。遂罢宝源、宝泉局。越二年，复设宝泉局。二十五年复罢。铸小钱与钞兼行，百文以下止用钱。商税兼收钱钞。钱三钞七。十六年，户部置宝钞广源库、广惠库，入则广源掌之，出则广惠掌之。在外卫所军士月盐，各盐场工本，天下有司官禄米，皆给钞。时两浙、江西、闽、广民重钱轻钞，有以钱百六十文折钞一贯者。成祖时，乃行户口食盐之法，大口月食盐一斤，纳钞一贯，小口半之。税粮课程赃罚俱折收钞。盐官纳旧钞支盐，发南京抽分场积薪、龙江提举司竹木鬻之军民，收其钞。应天岁办芦柴，征钞十之八。仁宗监国，令犯笞杖者输钞。及即位，加市肆门摊课程。宣宗宣德初，府县卫所仓粮积至十年以上者，盐粮悉收钞，秋粮亦折钞三分，门摊课钞增五倍，塌房店舍月纳钞五百贯，果园、骡车并令纳钞。户部言民间交易，惟用金银，乃益严其禁。四年，始设钞关。先一年六月，停造新钞。英宗即位，收赋有米麦折银之令，遂灭诸纳钞者，而以米银钱当钞，弛用银之禁。于是朝野皆用银，其小者乃用钱，惟折官俸用钞而已。宪宗令内外课程钱钞兼收，官俸军饷亦兼支钱钞。是时钞一贯不能直钱一文，而计钞征之民，则每贯征银二分五厘，民以大困。孝宗弘治元年，京城税课司，顺天、山东、河南户口食盐，俱收钞，各钞关俱钱钞兼收。其后皆改折用银。世宗嘉靖四年，令宣课分司收税，钞一贯折银三厘，钱七文折银一分。是时钞久不行，钱亦大壅，益专用银矣。

明初铸洪武钱。成祖永乐九年铸永乐钱。宣宗宣德九年铸宣德钱。孝宗弘治十六年以后，铸弘治钱。至世宗嘉靖六年，大铸嘉靖钱。每文重一钱三分，且补铸累朝未铸者。三十二年，铸洪武至正德九号钱，每号百万锭，嘉靖钱千万锭，一锭五千文。税课抽分诸厂，专收嘉靖钱。民患钱少，乃令通行历代钱。先是，民间行滥恶钱，率以三四十当银一分。后益杂铅锡，薄劣无形制，至以六七十文当银一分。用给事中李用敬言，以制钱与前代杂钱相兼行，上品者俱七文当银一分，余视钱高下为三等，下者二十一文当银一分，私造滥恶钱悉禁不行。小钱行久，骤革之，民颇不便。又出内库钱给官俸，不论新旧美恶，悉以七文折算。诸以俸钱市易者，亦悉以七文抑勒予民，民亦骚然。乃采御史何廷钰议，许民用小钱，以六十文当银一分。且定嘉靖钱七文，洪武诸钱十文，前代钱三十文，当银一分。诸滥恶小钱，以初禁之严，虽奉旨间行，竟不复用，而民间竞私铸嘉靖钱，与官钱并行焉。时以两京铜贵，就云南鼓铸。越数年，部议"钱法壅滞者，由宣课司收税以七文当一分。奸民乘机阻挠，钱多则恶滥相欺，钱少则增直罔利，故禁愈繁而钱愈滞。自今准折听民便，不必定文数，而课税及官俸且俱用银"。乃罢云南铸钱。于时铸钱日恶，盗铸日滋，从大学士徐阶言，停鼓铸，税课征银而不征钱。民间又止用制钱，不用古钱，隆庆初钱法不行，兵部侍郎谭纶言："今钱惟布于天下，而不以输于上，故其权在市井。请令民得以钱输官，则钱法自通。"于是课税银三两以下复收钱，民间交易一钱以下止许用钱。时钱八文折银一分，禁民毋得任意低昂。高拱再相，言："钱法朝议夕更，迄无成说。小民恐今日得钱，而明日不用，是以愈更愈乱，愈禁愈疑。请一从民便，勿多为制以乱人耳目。"帝深然之。钱法复稍通矣。万历时十三布政司皆铸钱。嘉靖钱最工，隆、万钱加重半铢，故鼓铸后十年而钱价犹涨至加倍。天启元年，铸当十、当百、当千三种大钱，于是"开局遍天下，重课钱息"，"自启、祯新铸出，旧钱悉弃置。然日以恶薄，大半杂铅砂，百不盈寸，摔掷辄破碎"。崇祯时，定钱式，每文重一钱，每千直银一两，钱价亦稍落矣。初制，历代钱与制钱通行。自神宗初，从金都御史庞尚鹏议，古钱止许行民间，输税赎罪俱用制钱。启、祯时广铸钱，始括古钱以充废铜，民间市易亦摈不用，盖自隋世尽销古钱，至是凡再见云。《日知录》曰："钱者，历代通行之货，虽易姓革命而不得变古。后之人主，不知此义，而以年号铸之钱文，于是易代之君，遂以为胜国文物而销毁之。"然"未有废古而专用今者，惟王莽一行之耳"。南北朝皆铸五铢钱，隋悉禁古钱而所铸亦为五铢钱，唐则二百八十九年独铸开元通宝钱。"自天启、崇祯，广置钱局，括古钱以充废铜，于是市人皆摈古钱不用。而新铸之钱，弥多弥恶，旋铸旋销。宝源、宝泉二局，只为奸蠹之窟。故尝论古来之钱，凡两大变，隋时尽销古钱一大变，天启以来一大变也。昔时钱法之弊，至于鹅眼、綖环之类，无代不有，然历代之钱尚存，旬日之间，便可澄汰。今则旧钱已尽，即使良工更铸，而海内之广，一时难遍，欲一市价而裕民财，其必用开皇之法乎？"案亭林谓当时"听炉头之说，官吏工徒，无一不衣食其中。而古钱销尽，新钱愈杂"。以此推之，金代虽事窑冶，而仍销古钱，虽日事铸造，而钱仍不足于用，其弊亦当如此，时莫能道其详耳。当日钱销为铜，仍在中国，设欲铸造，不过重费功力耳。有清之季，内外竞铸铜元，以牟余利。购铜于外国，而固有之钱，遂为奸徒销毁以尽。民国之初，至有特设公司以销小钱者。青岛役起，日人占据山东，又广搜小钱，销镕运载以去，而赤金之流于外国者，不知几何矣！使亭林见之，其感慨又当如何乎？又案先生《钱法论》谓："莫善于明之钱法，莫不善于明之行钱。""古之行钱，不特布之于下，而亦收之于上。""明之钱下而不上，伪钱之所以日售，而制钱所以日壅。"此由当时官吏利征银不利征钱也，读先生之《钱粮论》可知。

  清代承明，钱法极敝，又鉴于宋、金、元、明四代钞法之弊，不敢用钞，自不得不鼓铸铜钱，与银并行。案历代论钱法者，每以不爱铜、不惜工为鼓铸之良规，清代颇能力行其议，所惜者未明泉币之理，徒欲使银铜并用，而不知定其一为本位，又不知既已成币，即当论枚，不当论重。时时变铜钱之重，欲求适宜，转益纷杂，且使人民益视钱与铜为同物耳。

历代铜钱之重,《清通考》尝考之曰:"钱之轻重,古以铢与累黍计,今以钱与分厘计。盖分厘之数,古者但以为度名,而不以为权名。权之为数,则十黍为累,十累为铢,二十四铢为两。自太公圜法轻重以铢,汉以后每以铢之数铸于钱文,唐开元通宝为二铢四絫,积十钱重一两,是每文为今之重一钱。后人以为繁而难晓,故十分其两,而代以钱字,盖宋之前已然。考宋太宗淳化二年诏定称法,其时以太府权衡但有一钱至十勔之数,乃别为新制,以御书三体淳化钱较定,实重一铢四絫为一钱,就黍絫铢参之度尺,以忽丝毫厘各积分为一钱之则,然后制取等称。新制既定,中外以为便。是则十厘为分,十分为钱之计数,始于宋时。所谓钱者,即借钱币之名,以为数名。所谓分厘者,即借度尺长短之名,以为轻重之名也。若夫古之称法,至后世而加重。隋文帝铸五铢钱,重如其文。而每钱一千,重四斤二两,则古称三斤为隋一斤而少。《隋书》亦谓开皇以古称三斤为一斤。孔颖达《左传正义》谓周隋称于古三而为一。杜佑《通典》谓六朝称三两当唐一两。今以古称三之一约之,则汉之五铢钱,止当今七分而弱。而今之重一钱二分者,实为古八铢有赢。"顾栋高《汴宋历朝钱文记》云:"乾隆四年,余就九江榷使幕,设馆大孤山塘,西去府治德化县四十里,又东十里为青山,俱滨鄱阳湖,为设税口岸。十月水涸,有客舟青山下,移舟举矴,重逾常,悉力举之,则累然有物,发视之,皆古钱也。居民闻之,竞来取,日集三四十小舟,凡得钱数十百万。盖往日运钱,曾覆舟于此,积水中六百余年矣。钱皆宋时物,杂出唐开通钱一二文,兼用八分篆隶。余取其轻重一一较之,唐开通元宝重一钱。开通系武德四年铸,每十钱重一两,历代遵为定式,世目为开元通宝者,读误也。余较其轻重果信。又有唐国通宝,重一钱一分,盖南唐李氏所铸。宋太宗时,始用纪元铸钱,曰太平通宝,其轻重一准唐开通,重一钱或钱二分不等。真宗朝,天禧重一钱二分,咸平重一钱,祥符重一钱一分或九分半不等。景德重一钱三分或一钱。仁宗朝,嘉祐及至和俱重一钱一分,景祐一钱二分。天圣一钱五分,庆历一钱八分。又有皇宋通宝及圣宋通宝,俱重一钱一分。《文献通考》云:国朝钱文皆用通宝,而冠以年号。及改号宝元,文当曰宝元元宝,诏学士议,因请改曰丰济元宝。仁宗时,命以皇宋通宝为文,庆历以后,乃复冠以年号。神宗朝,熙宁重二钱四分或一钱不等,元丰二钱或一钱八分。哲宗朝,元祐一钱一分,绍圣二钱一分或九分不等。徽宗朝,元符二钱二分或一钱一分,大观三钱,崇宁三钱二分。余所见钱文之重,无逾于此。且铜质润泽坚厚,轮廓端好,钱文堆起如金剜成。宣和二钱,政和二钱七分。自是汴宋亡矣。自熙宁而后,钱重者文俱云重宝。高宗朝建炎一钱七分,绍兴一钱六分,南宋钱止此两年号,盖余之所见止此。"观此知历代之钱皆重在一钱左右,庆历之钱独重者,以时方有事,元昊用张奎、范雍言,铸大钱与小钱兼行也。自熙宁至绍兴重至一钱六分以上者,准此皆非小平钱也。予案钱币所以须铸造者,固以鉴定成色,亦以省称量之烦也。若既为币,仍权其轻重而用之,则与用未铸之金何异。泉币初行,民之重之,仍以其质,固不能无计较轻重之情习焉。则此等见解,当化除矣。乃中国之行泉币,载历三千,而其斤斤于轻重如故。轻重小有歧异,民听即为眩惑,贪吏奸商乘之罔利,而国法遂致靡靡大乱,实由只知泉币为交易之媒,而未知其为度价之尺,知铸造当求美精而不知行用当统于一。即号圜法整治之时,亦仍有多种泉币并行于市。民之用之,实未能全与生金异也。此等见解,不能化除,实于币制整治颇有关碍。然非统一泉币历有年所,此等见解亦不易尽行化除也。

清自太祖、太宗时即已铸钱,天命元年所铸者,曰天命通宝。天聪元年所铸者,曰天聪通宝。入关后设宝泉、属户部。宝源属工部。二局,铸钱曰顺治通宝,嗣后历朝所铸,亦均用其年号。每文重一钱,颁其制于直隶、河南、陕西等省，令开局设铸。二年，改为每钱重一钱二分，七文准银一分，旧钱二当新钱之一。后又禁用前代旧钱。四年，更定钱直，每十文准银一分。八年，改钱重每文一钱二分五厘。十年，又改为一厘，铸一厘二字于其上。十五年，又改重一钱四分，铸满文于其幕。以各省铸造不精，概令停铸。十七年，以难于流通，仍命开铸。康熙初，以钱多价落，又命停铸，改每文之重为一钱。四十八年，以私铸竞起，仍复一钱四分之制。先所铸重一钱者，每百准银七分。雍正十一年，复定钱之重为一钱二分。乾隆时同。嘉庆时，乃改为八分。至光绪三十一年，改为六分。三十四年，又定为三分二厘，则以其时已视为辅币也。乾隆五十二年，各省炉局复先后开炉。五十九年，以其私行减小，停之。嘉庆元年，因各局员役生计艰难，仍许开铸，盖铸钱之弊窦深矣。旋以钱小而劣，复令停铸。至二十一年，乃又许开铸焉。

清铸大钱，始于咸丰三年，所以济军饷也。分当十、当五十、当百、当五百、当千五种。当千者重二两。四年，以不能流通，只铸当十、当五十两种，然流布仍艰，而私铸竞起，其后卒废不行。时又议铸铁钱，设局四，未几，即废。至光绪二十五年，又造当十大钱，亦不能行。三十年，停之。时则各省铜元已竞起矣。

清自乾隆以前，钱文铸造颇精，嘉、道渐劣，咸丰以后，乃日坏。恶钱既多，良钱稍绝，末造颇以钱荒为患，故以铜元之名实不副，初起亦能通行。铜元铸造，始于广东，事在光绪二十六年。明年，谕令各省仿造。于是相继设局者十有五省，无不借以图利，而其价遂日跌。各省颇有减折行使者，清末物价之骤昂，铜元实阶之厉也。

金银加以铸造，由来甚旧，而其铸之为币，则实始晚近。《清通考》云："古者金银，皆有定式，必铸成币而后用之。颜师古注《汉书》，谓旧金虽以斤为名，而官有常形制，亦犹今时吉字金挺之类。

武帝欲表祥瑞，故改铸为麟趾裹蹄之形，以易旧制。然则麟趾裹蹄即当时金币式也。汉之白选与银货，亦即银币之式。《旧唐书》载内库出方圆银二千一百七十二两，是唐时银亦皆系铸成。《金史·食货志》载，旧例银每锭五十两，改铸银名承安宝货，一两至十两分五等。此今日以重五十两者为元宝，重十两或五两、三两者为中锭所由始也。元至元三年，以银五十两铸为锭，文以元宝，嗣后或铸重四十九两，或铸重四十八两。又有扬州元宝、辽阳元宝等名色。此元宝命名之始。盖古者多以元宝之名，铸于钱面，自元以后，银始蒙钱文元宝之称，于是钱面始专铸通宝字矣。其称银为锭者，考锭字，《说文》：镫也。《广韵》：豆有足曰锭，无足曰镫。又《博古图》有虹烛锭。当时皆以为器物之名。其在古之称银，多称为鉼。《三国志》魏嘉平五年，赐郭修子银千鉼。《水经注》岭南林水石室有银，有奴窃其三鉼归是也。亦有称为钣及笏及版者，犹之称鉼之意。所谓鉼者，以其倾银似饼，则与今所称锭者，其式原自不同。盖今之称锭者，即古之称铤。《南史》梁庐陵威王续子应至内库，见金铤。《唐书》太宗赐薛收黄金四十锭。原注：《旧唐书》作挺。《唐书》耿先生握雪为铤，爇之成金。《五代史》贾纬言：“桑维翰身后有银八千锭。自宋以后，遂转称银为锭云。”又曰：“直省解银，由布政使起解者，曰地丁银；由运使起解者，曰盐课银；由粮道起解者，漕项银；由关监督起解者，关税银。皆必倾镕成锭然后起解。其解银之具，曰鞘，每银一千两为一鞘。或委员押解，或即由吏胥押解。例填给勘合、火牌及兵牌，于所过地方，拨夫抬送，拨兵防护，所以慎重帑项也。”予案《汉书·食货志》言：太公为周立圜法，黄金方寸而重一斤，疑亦言其铸造之式。秦人盖有意于变古，故改以镒计。虽有此制，未及改铸。当时之金，盖仍以一斤范为方寸形者为多，故汉仍行周制。《管子》言：禹以历山、汤以庄山之金铸币，虽未知其式何如，然既言铸，则必有定式。可知古之用金,皆以为币。用为币者,岂容即仍其出土之形哉?则金银之加以铸造,并不始于夏、殷矣。然加以铸造,是一事,铸为泉币,又是一事。铸为泉币者,不徒必当有定形,并亦不容有两形。今观古金银之称,曰挺,曰版,曰笏,曰饼,曰方,曰圆,观其名之不同,即可知其形之各异。故汉世金有形制,而及其用之,则必以斤为名。清代银已广行,而千两为鞘,特就起解之便,此断不能谓之铸币以供民用也。清时银两通行较广者,为元宝及马蹄银,用之则仍权其重。而计重之法,又错杂不一,库平、漕平、关平等皆不能通行全国,于是外国银元乘之流入矣。

外银输入,亦由来甚早。清慕天颜尝谓"银所由生,一为矿产,一则番舶。顺治六、七年,海禁未设,市井贸易,多以外国银钱。各省流行,所在多有。自一禁海,绝迹不见"。足征明、清间已有之矣。其后海禁重开,外银又复输入,以西班牙、墨西哥所铸为多。论者皆谓其以杂有他质之银,易我纯银以去为不利。然自铸造,直至光绪之世始有之。首创之者为粤,文曰光绪元宝,重漕平七钱三分,形制重量皆准外国银元,所以便推行也。时为光绪十三年,张之洞督粤所为也。二十二年,湖北继之。二十四年,山东继之,江苏、安徽、浙江、直隶、奉天等省亦次第铸造。二十七年,谕"近年各省所铸银圆,以广东、湖北两省成色较准,沿江沿海均已通行,应即就该两省所筹银款,源源铸造,即应解京饷。亦准酌量拨作成本。仍以每圆重七钱三分为准,并兼铸小银圆,以便民用"。自是银圆、银角铸出日多,然主辅之制不定,民各以市价用之,又增一纠纷矣。

厘定币制,始于光绪三十年。度支部奏定银币之重为七钱二分,辅币三等,曰三钱六分,曰一钱四分五厘,曰七分二厘,文曰大清银币。铜币亦四等,最重者四钱,当小钱二十;次二钱,当十;次一钱,当五;次四分,当一。文亦曰大清铜币。明年,裁宝泉、宝源局,设户部造币厂于天津。三十三年,并各省铸局为九处。宣统二年,定造币厂章程,宁、鄂两厂始铸大清银币,总厂及奉、粤等厂,则先铸铜币。仅铸成当十、当二十两种。未几而清社覆矣。

清行纸币,始于咸丰二年,谓之银钱票。招商设官立银钱号,以司兑换收放。地丁杂税均得以钱票二千,当银一两。其推行不广,末造乃又有行钞之议。光绪三十一年,户部银行始印行纸币。三十三年,设印制局于北京,造纸厂于汉口。宣统元年,定通用银钱票章程。二年,又定纸币则例。时户部银行改为大清银行,以发钞之权专归之,然交通银行亦发纸币,终未能统于一也。

民国既立,大清银行改为中国银行,于时造币总厂仍铸宣统元宝银币,川厂则别铸大汉银币。三年春,始定造币厂官制,又定国币铸造条例。定银主币之重为六钱四分八厘,又定造币厂及化验新币章程。始铸袁世凯肖像之银币,津、宁、鄂、粤等厂继之。五年,津厂又铸半元、二角、一角银辅币,仅行于北方诸省。七年,议改金本位,颁金券条例。先是定交通银行则例,许发兑换券,后又明令中国、交通并为中央银行,而以政府借款过多,两行所发兑换券,尝两次停兑。其余银行发行纸币者亦多,虽有取缔条例,定于三年十月。不能尽行也。开国时曾铸开国纪念铜币及国旗铜币,四川亦别铸大汉铜币。六年,津厂铸一分及五厘两种铜币,中有圆孔,面绘嘉禾,亦不行于南方云。

附录一　二十五史札记·论金银之用

中国用金银为币，果始何时乎？曰用银为币，始于金末，而成于明之中叶，金则迄未尝为币也。自明废纸币以前，可称为币者惟铜耳。何以言之？

《史记·平准书》云："虞、夏之币，金为三品，或黄，或白，或赤。"此为书传言用金银最古者。《平准书》本伪物，此数语在篇末，又系后人记识之语，混入正文。《汉书·食货志》云："凡货，金钱布帛之用，夏殷以前，其详靡记云。"记识者何由知之？《汉志》又言："太公为周立九府圜法：黄金方寸，而重一斤。"《管子·国蓄》、《地数》、《揆度》、《轻重》皆言先王以"珠玉为上币，黄金为中币，刀布为下币。"所谓先王，盖亦指周。《轻重乙》以为癸度对周武王之言。则用黄金为币，当始于周也。《管子·山权数》言禹以历山、汤以庄山之金铸币，未言何金，下文系言铜。然此时所谓币者，与后世之所谓币，其意大异，不可不察。

凡物之得为易中者，必有二因：一曰有用，一曰玩好。《汉志》释食货之义曰："食谓农殖嘉谷可食之物，布谓布帛可衣，及金刀龟贝，所以分财布利通有无者也。"所谓食，即今所谓消费；所谓货，即今所谓交易也。《志》又云："货宝于金，利于刀，流于泉，布于布，束于帛。"则所谓货者，实兼指金、铜、龟、贝、布、帛言之。是时之金，果可行用民间为易中之物乎？则不能无疑矣。

《汉志》载李悝尽地力之教，粟石三十。《史记·货殖列传》亦言："粜二十病农，九十病末。"则三十实当时恒价。古权量当今四之一，则百二十钱得今粟一石，一钱得粟八合余矣。此可供零星贸易之用乎？而况于黄金乎？然则古之金，果用诸何处？曰用诸远方。《管子》曰："玉起于禺氏，金起于汝、汉，珠起于赤野，东西南北距周七千八百里。《通典》引作七八千里。水绝壤断，舟车不能通。先王为其途之远，其至之难，故托用于其重。"《国蓄》。《地数》、《揆度》、《轻重乙》略同。又曰："汤七年旱，禹五年水，民之无糟卖子者。汤以庄山之金铸币，而赎民之无糟卖子者。禹以历山之金铸币，而赎民之无饘卖子者。"《山权数》。盖古者交易未兴，资生之物，国皆自给，有待于外者，厥惟荒歉之年。故《周官·司市》"国凶荒札丧，则市无征而作布"。布者铜币，所以通寻常之贸易。《揆度》所谓"百乘之国，中而立市，东西南北度五十里"；"千乘之国，中而立市，东西南北度百五十余里"，"万乘之国，中而立市，东西南北度五百里"者也。

至于相距七八千里之处，则铜又伤重赍，而不得不以黄金珠玉通其有无也。此黄金珠玉，岂持以与平民易哉？非以为聘币而乞粜于王公贵人，则以与所谓万金之贾者市耳。至于民间，则钱之用且极少，而黄金珠玉无论也。李悝言粟石三十，乃用以计价耳，非必当时之籴粜者，皆以钱粟相易也。《管子·轻重丁》：桓公欲借国之富商畜贾，管子请使宾胥无驰而南，隰朋驰而北，宁戚驰而东，鲍叔驰而西，视四方称贷之间，受息之民几何家。反报西方称贷之家，多者千钟，少者六七百钟，其出之中也一钟，其受息之萌九百余家。南方称贷之家多者千万，少者六七百万，其出之中伯五也，其受息之萌八百余家。东方称贷之家丁、惠、高、国，多者五千钟，少者三十钟，其出之中钟五釜也，其受息之萌八九百家。北方称贷之家多者千万，少者六七百万，其出之中伯二十也，受息之氓九百余家。凡称贷之家，出泉参千万，出粟参数千万钟，受子息民参万家。可见当时称贷钱谷并用，及当时富家藏粟之多。

其中丁、惠、高、国，乃大夫也。桓公又忧大夫并其财而不出，腐朽五谷而不散，可见大夫与富商畜贾，并为多藏钱粟之家矣。大夫如此，国君可知。《山权数》：北郭有得龟者，管子请命之曰："赐若服中大夫。东海之龟，托舍于若。"四年，伐孤竹。丁氏家粟，可食三军之师行五月。召丁氏而命之曰："吾今将有大事，请以宝为质于子，以假子之邑粟。"当时以珠玉黄金等为币，皆用之。此等人非如后世帛币用诸寻常贸易之间也。

然则货币之原始可知已矣。布帛泉刀，物之有用者也，所以与平民易也。泉为钱之借字。钱本农器名，钱刀并以金为之。械器粗拙之时，日用之物，人民并能自造，惟金所成之械器不然。《易·大传》曰：神农"斫木为耜，揉木为耒"，黄帝、尧、舜"弦木为弧，剡木为矢"，则兵及农器，亦不用金。然究为难造之物，非夫人所能为，故为人所贵，而可用为易中也。珠玉黄金，可资玩好者也，所以与王公贵人易也。龟为神物，贝属玩好，龟少而难得，惟王公贵人有之，贝则较多，故民间亦用为易中焉。故曰"古者货贝而宝龟"。《说文》：宝者，保也。字或作保，与俘相似。故庄六年"齐人来归卫宝"。左氏讹为俘货者，非也，对居言之。《书》曰："懋迁有无非居。"《史记·货殖列传》作"废著"。《汉志》云："货宝于金。"可见黄金与龟，并皆宝藏，不用于市。周时之钱，则贝之后身也。钱之圜所以像贝，函方所以便贯穿。古者贝亦贯而用之，故《说文》云："贯，钱贝之贯。""毌"，"从一横贯"。曰，所以像宝货之形也。汉武帝以白鹿皮为币，又造白金三品，以龙、马、龟为文，则古珠玉、黄金、宝龟之属也。王侯宗室朝觐聘享，必以皮币荐璧，然后得行，正合古者用上币中币之法。白金欲强凡人用之，则终废不行矣。王莽变法，黄金重一斤，直钱万。朱提银重八两为一流，直一千五百八十。它银一流直千。宣帝时，谷石四钱。然则挟它金一流者，将一举买谷二百五十石乎？其不行宜矣。买谷十石，用钱四十，取携毫无不便也。用银尚不及三分之一两。古权量当今四之一，尚不及一钱，如何分割乎？王莽造错刀，以黄金错其文，曰一刀，直五千。张晏曰："刻之作字，以黄金填其文，上曰一，下曰刀。"汉时黄金，一斤直钱万。错刀所错之黄金，固必不及半斤，亦以金价太贵，不便分割，故欲错之于铜而用之也。

职是故古所谓子母相权者,非谓以金银铜等不同之物相权,乃谓以铜所铸之钱大小不同者相权。周景王将铸大钱,单穆公曰:"不可。古者天降灾戾,于是乎量资币,权轻重,以救民。民患轻,则为之作重币以行之,于是有母权子而行,民皆得焉。若不堪重,则多作轻而行之,亦不废重。于是乎有子权母而行,小大利之。今王废轻而作重,民失其资,能无匮乎?"是其时金所以宜为币者,以其可分。什之伍之,其价亦必什之伍之。百取其一,千取其一,其价亦必为百之一,千之一。夫物之不齐,物之情也。三品之金,其物固异,其价安能强齐?今世以金银为主币,银铜为辅币,其视辅币,以为主币若千分之一耳,不复视为本物。犹恐其物故有直,民或舍其为辅币之直,而论其故直也。故必劣其成色,限其用数以防之,若防川焉,而犹时有溃决。汉世钱之重,几牟于今之银圆,安得欲用金银?既不欲用金银,安得喻今主辅币相辅而行之理?既不喻今主辅币相辅而行之理,相异之金安得并用为币乎?《汉志》曰:"秦兼天下,币为二等:黄金以溢为名,上币;铜钱质如周钱,文曰半两,重如其文。而珠玉龟贝银锡之属为器饰宝藏,不为币。"珠玉龟贝银锡之属不为币固矣。黄金虽号上币,实亦非今之所谓币也。今之所谓币者,必周浃于日用市易之间,秦汉之黄金能之乎?则亦用为器饰宝藏,特以有币之名,故赐予时用之耳。得之者固与今之人得珠玉钻石等同,非如今之人之得金银也。或曰晁错言"珠玉金银轻微易藏,在于把握,可以周海内而无饥寒之患",则固极通用矣,安得云不足为币?曰此言其易藏,非谓其可以易物。可以易物者,凡物之所同。轻微易藏,则珠玉金银之所独也。凡物之有用而为人所欲者,果能挟以周行,皆可以无饥寒之患,然则凡物皆可谓之币邪?

顾亭林《日知录》以金哀宗正大间,钞废不行,民间但以银市易,为上下皆用银之始。王西庄《十七史商榷》谓专用银钱二币,直至明中叶始定。以生计学理衡之，说皆不误。赵瓯北《陔余丛考》驳王氏之说，殊为不然。然瓯北又谓当时用银，犹今俗之用金，则说亦不误，而又驳王氏者，昔人于泉币与人民寻常用为易中之物，分别未清也。亭林引《后汉书·光武纪》王莽末天下旱蝗，黄金一斤易粟一斛，为当时民间未尝无黄金之证，则殊不然。此特以金计价，非谓真持金一斤易粟一斛，即有其事其人几何。今日荒歉之区，固亦有持黄金易粟者，可谓中国今日用金为币乎？

然则用银为币，晚近以前果绝无其事，而用金为币，则更从来未有乎？曰是亦不然，特其有之皆在偏隅之地与外国交市之区，犹今日通商之地或用外国之币，不可谓为中国之钱币耳。《五朝史志》云：梁初，"交广以金银为货"；后周时，"河西诸郡或用西域金银之钱"。或者，不尽然之词。《志》又云：陈时，"岭南诸州多用盐、米、布交易，不用钱"。盖通用盐、米、布；直巨，或须行远，则济以金银。《日知录》引韩愈奏状云："五岭买卖一以银。"元稹奏状言："自岭以南，以金银为货币。"张籍诗曰："海国战骑象，蛮州市用银。"《宋史·仁宗纪》："景祐二年，诏诸路岁输缗钱，福建、二广以银。"则与偏隅之地交易，用金银由来已久，且迄不绝。然终不能行之全国者，以其与铜异物，价不齐，相权固不便也。历代钱法大坏，民至以物易物，数见不鲜。据《陔余丛考》所考，其时金银初未尝乏，然民终不用为币。《旧唐书》：宪宗元和三年六月诏曰："天下有银之山，必有铜矿。铜者，可资于鼓铸。银者，无益于生人。其天下自五岭以北见采银坑，并宜禁断。"则明言银之不可为币矣。宋代交会跌价，香药犀象并供称提，而民仍不用金银。金以银为钞本，亦弗能信其钞。其后民间以银市易，则钞既不用，钱又无有，迫于无如何耳。故知中国人之用银，乃迫不得已为之，而非其所欲也。

夫民之所以不用金银为币者，何也？曰以其与铜异物，物异则价不齐，不能并用为币也。故在古代，患物之重，宁铸大铜钱，与小钱相权。然生事日进，则资生之物有待于交易者日多；交易愈多，用币愈广；用币既广，泉币之数，势必随之而增；泉币日增，其价必落；币价落而交易又多，势必以重赍为患。大钱之名直，与其实直不符，民所弗信也。符则大钱之重赍与小钱等矣。古之作大钱，非患小钱重赍，乃患钱币数少耳。专用铜币，至此将穷，安得不济以金银乎？曰斯时也，实当以纸币济铜钱之穷，不当以金银也。《唐书·食货志》载飞钱之始，由"商贾至京师，委钱诸道进奏院及诸军、诸使、富家"，而"以轻装趋四方，合券乃取之"。《文献通考》载交子之始，由蜀人患铁钱重，私为券以便贸易，皆以为钱之代表，而非遂以纸为钱。其后宋造交、会、关子，金行钞，或不畜本，或虽畜本而不足，或则所以代本者为他物而非钱，故为民所弗信耳。若其可以代钱，则唐于飞钱，宋于交子，并弗能禁。飞钱之行，京兆尹裴武请禁之。元和时，遂以"家有滞藏，物价寖轻"为患。交子之行，富人十六户主之。后富人资稍衰，不能偿所负，争讼数起。寇瑊尝守蜀，请禁之。薛田为转运使，议废交子，则贸易不便，请官为置务，禁民私造，乃置交子务于益州。金章宗初立，或欲罢钞法，有司亦言"商旅利于致远，往往以钱买钞，公私俱便之事，岂可罢去"。以钞代钱，有轻赍之益，而无价格不齐之患，实非并用金银所逮，惜乎人民已自发明此策，而为理财者所乱也。故曰："善者因之。"又曰："代大匠斫，希不伤手。"

今日纷纷，莫如径用银为币，其直巨者，以钞代之。若虑汇兑之际，外人操纵金银之价，则定一比率，设法维持之可也。银之辅币，不必以铜，可别以一种合金为之，为一角、一分、一厘诸种。此犹以纸代银，视为十分圜、百分圜、千分圜之一，而不复视为本物，特不用纸而用一种合金耳。所以不用纸者，以币之直愈小，其为用愈繁，纸易敝坏，多耗废也。所以并不用铜者，以铜行用久，民或不视为银币之十分一、百分一、千分一，而仍论其铜之价，则圜法不立。用新造之合金，其物为旧日所无，自无固有之价，民自视为银币之化身矣。此亦暂时之事，若论郅治，则必如孔子所言："货恶其弃于地也，不必藏于己；力恶其不出于身也，不必为己。"如今社会学家所言，有分配而无交易，乃可。即以小康论，亦必支付，虽用泉币定数，则以实物，如今谓货物本位者。整齐钱币，特姑取济目前而已。

用钞之弊，昔人有言之者，亭林所谓"废坚刚可久之货，而行软熟易败之物"也。纸直最贱，贱则弥利伪造矣。其质易败，又不可以贮藏也。新旧钞异价之事，往往有之。钞法行时，民多用钞而藏实币，钞价由是贱，实币由是贵，久则实币与钞异价，而钞法坏矣。固由民信实币，不信虚钞，亦由纸质易败，不可久藏也。旷观历代直小之币，未有能用纸者。宋之交、会，本以代表见钱，金之行钞，则为铜少权制。元中统元年造钞，始于十文，至元十一年，添造厘钞为一文、二文、三文，十五年而罢。明初设局铸钱，后以无铜，乃更行钞，然百文以下，皆用钱。至洪武二十七年，以民重钱轻钞，乃令悉收钱归官，依数换钞，不许更用，则钞法亦寖坏矣。钞可以行钱，而不可以为钱，固由虚不敌实，亦由辅币之直愈小，愈便于用。金利分割，坚刚可久，纸不然也。故主币可用纸，辅币用纸易败耳。

附录二　二十五史札记·续论金银之用

予尝论古代之黄金，仅行于王公贵人、富商畜贾之间，人民初未以为用，故不可以为钱，观于亭林论铜之语而益信。亭林之言曰："乏铜之患，前代已言之。江淹谓古剑多用铜，如昆吾、欧冶之类皆铜也。楚子赐郑伯金，盟曰无以铸兵，故以铸三钟。原注：杜氏注：古者以铜为兵。《汉书·食货志》：贾谊言：收铜勿令布，以作兵器。《韩延寿传》：为东郡太守，取官铜物，候月蚀，铸作刀剑钩镡，放效尚方事。古金三品，黑金是铁，赤金是铜，黄金是金。夏后之时，九牧贡金，乃铸鼎于荆山之下。董安于之治晋阳公宫，令舍之堂，皆以炼铜为柱质。荆轲之击秦王中铜柱，而始皇收天下之兵铸金人十二，即铜人也。原注：《三辅旧事》曰：聚天下兵器，铸铜人十二，各重二十四万斤。汉世在长乐宫门。《魏志》云：董卓坏以铸小钱。吴门杨氏曰：门当为王之误。阖闾冢，铜椁三重。秦始皇冢，亦以铜为椁。战国至秦，攻争纷乱，铜不充用，故以铁足之。铸铜既难，求铁甚易，是故铜兵转少，铁兵转多，年甚一年，岁甚一岁，渐染流迁，遂成风俗，所以铁工比肩，而铜工稍绝。二汉之世，愈见其微。建安二十四年，魏太子铸三宝刀、二匕首，天下百练（炼）之精利，而悉是铸铁，不能复铸铜矣。考之于史，自汉以后，铜器绝少，惟魏明帝铸铜人二，号曰翁仲。又铸黄龙、凤凰各一。而武后铸铜为九州鼎，用铜五十六万七百一十二斤。原注：唐韩滉为镇海军节度，以佛寺铜钟铸弩牙兵器。自此之外，寂尔无闻，止有铜马、铜驼、铜匦之属。昭烈入蜀,仅铸铁钱。而见存于今者,如真定之佛、蒲州之牛、沧州之狮,无非黑金者矣。"亭林论铜之渐少甚精,然谓铜所以少,由于攻争纷乱,铜不充用,则非也。果如所言,秦、汉而后,天下统一,兵争旷绝,民亦不挟兵器以自卫,往往历一二百年,即战争亦不以铜为兵器,何以铜不见多乎?盖铜之少,非真少也,乃以散在民间而见其少耳。铜之所以散在民间,则因人民生计渐裕,所以资生者降而愈厚,用为器者多也。无论如何巨富之家,一人之藏,断不敌千万人之积。秦始皇帝收天下之兵,铸以为金人十二,重各二十四万斤。此数尚未必实。散诸民则家得一斤,有铜者亦仅二百八十八万家耳,不见其多也。推此论之,则古代黄金之多,亦以其聚觉其然耳,非直与后世相去悬绝也。今日中国人口号四万万,女子半之,姑以十分之一人有黄金一钱计,已得二百万两,当汉八百万两、五十万斤矣。

贾生说文帝"收铜勿令布"。武帝时,钱法大乱,卒之"悉禁郡国无铸钱,专令上林三官铸。钱既多,而令天下非三官钱不得行,诸郡国前所铸钱皆废销之,输入其铜三官"。钱法乃理,所行实即贾生之策也。汉世钱重,宣帝时粟石四钱,汉权量当今四之一,则一钱得今粟六升余矣。其时之民,所以资生者尚菲,所用之钱盖无几,故可悉收而改铸。若在今日,虽黄金岂可得而悉收,虽银圆亦岂易尽改铸邪?汉世黄金一斤直钱万,以宣帝时谷价除之,得粟二千五百石,岂人民所能有邪?

金之渐见其少,始于南北朝时。以《陔余丛考》考金银以两计始于梁,而《书疏》谓汉、魏赎罪皆用黄金。后魏以金难得,令金一两收绢十匹也。案《齐书·东昏侯纪》:"后宫服御,极选珍奇,府库旧物,不复周用,贵市民间,金银宝物,价皆数倍京邑,酒租皆折使输金,以为金涂,犹不能足。"此虽用之侈,亦府库金渐少,民间金渐多之证。盖三代以前,贵族平民阶级甚著,秦、汉而后,天下一统,封建废绝,官吏虽或贵富,较诸乡者传世之君、卿大夫,则不可以道里计,其数之多少,亦相悬绝矣。昔之富有者,既以世变之剧烈,人事之推移,其财日趋于散。新兴者之数不足与之相偿。平民之财产,则以铢积寸累,而日有所增,财货之下流,夫固不足为怪。然因此故,而钱币之措置,乃较古倍难,何者?钱法当大乱时,必尽举所有改铸之,然数少收之易,数多则收之难,贾生"收铜勿令布"之说,惟汉武几于行之,后世卒莫能行,以此也。后世尽收旧钱而铸新钱者有两次,一隋一明也。隋已无以善其后,明则以销铸有利,旧钱逐渐消磨以尽耳,非国家能悉收而改铸之也。详见《日知录》"钱法之变"条。铜禁金世最烈,铜器不可缺者,皆造于官。其后官不胜烦,民不胜弊,乃听民冶造,而官为立价以售。然其铸钱,资铜于销钱如故也。明初,置局鼓铸,有司责民输铜,民毁器皿以进,深以为苦,乃改而行钞。凡此皆铜散而不可复收之证也。北齐以私铸多,令市长铜价。隋时,铸钱须和锡蜡,锡蜡既贱,私铸不可禁约,乃禁出锡蜡处不得私采。此二者,一禁之于售卖之处,一禁之于开采之乡,亦非今日矿产遍地,冶肆遍于穷乡僻壤者之所能行矣。清雍正间,李绂疏言:钱文入炉,即化为铜,不可得而捕,惟禁断打造铜器之铺,则销毁亦无所用,其弊不禁自除。此仍"收铜勿令布"之意也。然其事岂可行乎?晚近康有为又欲令金肆之金,先尽国家收买,积之以行金币。一时之积或可致,然如是金价必贵,私销之弊必起,非尽积之银行,而以纸代之不可。然民信实币既欠,金不可见,而纯以纸代,信亦不易立也。若谓钱币之用,只在市买;市买必须,虽不见金,民亦不得不用;不得不用则信立矣,则又何必用金乎?谓金价贵,利轻赍,纸币不益轻乎?故行金币,究劳扰而无益,尚不如就见已流通之银,而权之以纸也。

欲齐币制,所难者不在私铸,而尤在私销。私铸但能行不爱铜、不惜工之论即可防,政治苟清明,虽恃法令,亦足齐其末也。私销则钱一入炉,即化为金,无形迹可求。其事不待技艺,人人可以为之,又不必集众置器,可各为之隐屏。此直防无可防,非特防不胜防矣。以银为器,贵不如金,用不如铜,私销初无所利,但使名直与实直相符,即为能行不爱铜之论矣。以纸为币,制必极精,务使奸人不能仿为,所以行不惜工之论也。纸质无直,不虑私销。辅币以合金为之,故无此物,众所不贵,使用之数不待限而自有限。故无此物,则莫以为器,自亦不虑私销。或谓可以为币之物,不能使人不以为器,则造此物,专以为币,可定法令,不许以造他器。苟见此物所造之器,即为奸,法禁之自易,非如金银铜等为法为奸,卒不可辨也。然则私铸私销,两无可虑,不劳而币制可理矣。

《日知录》"以钱为赋"一条,引《白氏长庆集·策》曰:"夫赋敛之本者,量桑地以出租,计夫家以出庸。租庸者,谷帛而已。今则谷帛之外,又责之以钱。钱者,桑地不生铜,私家不敢铸,业于农者,何从得之。至乃吏胥追征,官限迫蹙,则易其所有,以赴公程。当丰岁,则贱粜半价,不足以充缗钱;遇凶年,则息利倍称,不足以偿逋债。丰凶既若此,为农者何所望焉。是以商贾大族,乘时射利者日以富豪,田垄罢人,望岁勤力者,日以贫困。"《李翱集·疏改税法》一篇言:"钱者,官司所铸。粟帛者,农之所出。今乃使农人贱卖粟帛,易钱入官,由是豪家大商,皆多积钱,以逐轻重,故农人日困,末业日增。"宋绍熙元年,臣僚言:"古者赋出于民之所有,不强其所无。今之为绢者,一倍折而为钱,再倍折而为银。银愈贵,钱愈难得,谷愈不可售。使民贱粜而贵折,则大熟之岁,反为民害。愿诏州郡,凡多取而多折者,重置于罚。民有粜不售者,令常平就籴,异时岁歉,平价以粜,庶于民无伤,于国有补。"从之。顾氏《钱粮论》曰:"往在山东,见登、莱并海之人,多言谷贱,处山僻不得银以输官。今来关中,自鄠以西,至于岐下,则岁甚登,谷甚多,而民且相率卖其妻子。至征粮之日,则村民毕出,谓之人市。问其长吏,则曰一县之鬻于军营而请印者,岁近千人,其逃亡或自尽者又不知凡几也。何以故?则有谷而无银也。"其与蓟门当事书,谓"目见凤翔之民,举债于权要,每银一两,偿米四石","请举秦民之夏麦秋米及豆草,一切征其本色,贮之官仓,至来年青黄不接之时而卖之,则司农之金固在也,而民间省倍蓰之出。"清任源祥《赋役议》亦谓"征愈急则银愈贵,银愈贵则谷愈贱,谷愈贱则农愈困,农愈困则田愈轻"。昔人之非折色而欲征本色者,其论大率如此。予谓此固由民贫,平时略无余畜,欲完税即不得不急卖其新谷;亦由乡间资生,皆属实物,即有余畜,亦非银钱也。近代之民如此,况于古昔。予谓古者金铜之多,特以其聚而见为然,审矣。《钱粮论》又曰:"今若于通都大邑行商麕集之地,虽尽征之以银,而民不告病。至于边陬僻壤舟车不至之处,即以什之三征之,而犹不可得。"可见银钱特乏于乡间。或谓如此则近世之民,其乏泉币与秦、汉等耳。予谓金铜散之民间,岂尽在城市间乎?曰金大略在城市间,钱则近世乡民亦皆有之。然征税又不以钱而以银,此其所以觉其难得也。读顾氏论火耗之说可知。

第四章 饮　食

言古人衣食居处之进化者，莫明于《礼运》。《礼运》曰："夫礼之初，始诸饮食。其燔黍捭豚，注："中古未有釜甑，释米捭肉，加于烧石之上而食之耳。今北狄犹然。"疏："以水洮释黍米，加于烧石之上以燔之，或捭析豚肉，加于烧石之上而孰之。"污尊而抔饮，蒉桴而土鼓，犹若可以致其敬于鬼神。及其死也，升屋而号，告曰：皋某复，然后饭腥而苴孰。"注："饭以稻米，上古未有火化，苴孰取遣奠，有火利也。苴或为菹。"疏："饭用生稻之米，故云饭腥，用上古未有火化之法。苴孰者，至欲葬设遣奠之时，而用苞裹孰肉以遣送尸，法中古修火化之利也。"又曰：昔者先王"未有火化，食草木之实，鸟兽之肉，饮其血，茹其毛"。疏："虽食鸟兽之肉，若不能饱者，则茹食其毛以助饱也。若汉时苏武以雪杂羊毛而食之，是其类也。""后圣有作，然后修火之利。""以炮、注："裹烧之也。"以燔、注："加于火上。"以亨、注："煮之镬也。"以炙、注："贯之火上。"以为醴酪。"注："蒸酿之也。酪，酢酨。""故玄酒在室，醴盏在户，粢醍在堂，澄酒在下，陈其牺牲，备其鼎俎。"注："此言今礼馔具所因于古。""玄酒以祭，荐其血毛，腥其俎，孰其殽。""醴盏以献，荐其燔炙。"注："此谓荐上古、中古之食也。腥其俎，谓豚解而腥之，及血毛，皆所以法于大古也。孰其殽，谓体解而爓之。此以下皆所法于中古也。""然后退而合亨，体其犬豕牛羊，实其簠、簋、笾、豆、铏、羹。"注："此谓荐今世之食也。体其犬豕牛羊，谓分别骨肉之贵贱以为众俎也。"案铏羹对大羹言之也。《周官·天官》"亨人"："祭祀，共大羹铏羹，宾客亦如之。"注："大羹，肉湆。郑司农云：大羹，不致五味也。铏羹，加盐菜矣。"《士昏礼》曰："大羹湆在爨。"注："大羹湆，煮肉汁也。大古之羹无盐菜，爨火上。今文湆皆作汁。"《礼记·郊特牲》："大羹不和，贵其质也。"《少仪》："凡羞有湆者不以齐。"疏引"贺玚云：凡湆皆谓大羹，大羹不和也。"《左》桓二年臧哀伯曰："大羹不致。"注："大羹，肉汁，不致五味。"《亨人》疏曰："云铏羹者，皆是陪鼎膷臐膮，牛用藿，羊用苦，豕用薇，调以五味，盛之于铏器，即谓之铏羹。若盛之于豆，即谓之庶羞，即公食大夫十六豆膷臐膮等也。"古人最重本，凡礼皆必存最初之俗以为纪念。观于祭祀，所荐三古之食，固足知饮食进化之序矣。

《诗·豳风》："九月筑场圃。"笺云："耕治之以种菜茹。"疏曰："茹者咀嚼之名，以为菜之别称，故书传谓菜为茹。"案：毛言茹，菜亦言茹，则古人之食菜，乃所以代茹毛也。《墨子·辞过》曰："古之民，未知为饮食时，素食而分处。故圣人作，海男耕稼树艺，以为民食。其为食也，足以增气充虚，强体适腹而已矣。"孙氏《閒诂》曰："素食，谓食草木。《管子·七臣七主》云：果蓏素食当十石。素，疏之叚字。《淮南子·主术训》云：夏取果蓏，秋畜疏食。疏俗作蔬。《月令》：取疏食。郑注云：草木之实为疏食。《礼运》说上古云：未有火化，食草木之实。即此素食也。"予案《周官·太宰》九职："八曰臣妾，聚敛疏材。"注："疏材，百草根实可食者。"《委人》："掌敛野之赋，凡疏材木材，凡畜聚之物。"《管子》谓："万家以下，则就山泽。"《八观》。可见疏食之利之溥矣。疏本训草木之实。草木之实，较之谷食为粗，故引申为粗疏。凡谷之不精者，亦以疏食称之。《杂记》："孔子曰：吾食于少施氏而饱，少施氏食吾以礼。吾祭，作而辞曰：疏食不足祭也。吾飧，作而辞曰：疏食也，不足以伤吾子。"疏曰，"疏粗之食，不可强饱，以致伤害"是也。《吕览·审时》曰："得时之稼，其臭香，其味甘，其气章，百日食之，耳目聪明，心意睿智，四卫变强，注："四卫，四枝也。"殃气不入，身无苛殃。黄帝曰：四时之不正也，正五谷而已矣。"谷食精者之胜粗,犹其粗者之胜疏食,亦犹疏食之胜鸟兽之毛也。此饮食进化之由也。

古人饮食必祭者,《曲礼》郑注曰:"祭先也,君子有事不忘本也。"疏曰:"君子不忘本,有德必酬之,故得食而种,种出少许,置在豆间之地,以报先代造食之人也。"《周官·膳夫》注:"礼,饮食必祭,示有所先。"《释文》引干宝云:"祭五行六阴之神,与人起居。"案:古人最重报本,干说非也。今者人习于谷食,不知始教饮食之功。观《墨子》、《吕览》言古伤生者之多,追想古代茹毛与菜之苦,则知孔子之"疏食菜羹瓜,祭,必齐如也",礼亦宜之矣。古人凡事皆隆先圣之报者以此。《考工记》曰:"百工之事,皆圣人之所为也。"非独学校释奠所祭。

酒之缘起,予昔有札记一则考之,今录如下。原文曰:《史记》谓纣"以酒为池"。正义引《六韬》云:"纣为酒池,回船糟丘而牛饮者三千余人为辈。"此其池当大几何?其酒当得几许?不问而知其诞谩矣。然其说亦有所本。《礼运》述大古之俗,"污尊而抔饮"。郑注云:"污尊,凿地为尊也。抔饮,手掬之也。"《周官·萍氏》:"掌国之水禁,几酒,注:'苛察沽卖过多及非时者。'谨酒,注:'使民节用酒也。'禁川游者。"夫凿地而饮,则所饮者水也。几酒、谨酒与掌水禁同官,尤邃初酒与水无别之明证。盖大古仅饮水,后乃易之以酒也。何以知其然也?古之饮者,必以群。《酒诰》曰:"群饮,汝勿佚。尽执拘以归于周,予其杀。"夫当酒禁甚严之世,宁不可杜门独酌,以远罪戾,而必群饮,以遭执杀之刑哉!则习之不可骤改也。《礼器》:"周礼其犹醵与。"注:"王居明堂之礼,仲秋乃命国醵。"《周官·酒正》:"掌酒之政令,以式法授酒材。凡为公酒者,亦如之。"注谓:"乡射饮酒,以公事作酒者,亦以式法及酒材授之,使自酿之。"《族师》:"春秋祭酺。"注谓:"族长无饮酒之礼,因祭酺而与其民以长幼相献酬焉。"疏曰:"知因祭酺有民饮酒之礼者,郑据《礼器》明堂礼,皆有醵法。"然则醵之由来尚矣。盖部落共产之世,合食之遗俗也。夫当部落共产之世,其尚不能造酒,而惟饮水也审矣。斯时之聚合,盖或就水边,或则凿地取水,至后世犹袭其风群饮者,必在水边。其初凿地取水,后虽易以酒,亦或凿地盛之,故几酒与掌水禁同官。而纣亦作大池,以示其侈也。云牛饮者三千人为辈,固《论衡》所谓语增之流,然其说固有所本,非尽子虚也。《易·序卦》言:"饮食必有讼。"盖由群饮酒以致争斗,非争食也。汉世赐民牛酒,盖实授以酒。古给公酒之遗其赐民酺,则听其合钱聚饮,古所谓酾也。

或曰:焉知酒之兴必后于部落共产之世乎?曰:有征焉。《礼运》言"污尊抔饮"与"燔黍捭豚"、"蒉桴土鼓"并举。又曰:"昔者先王,未有火化,食鸟兽之肉,饮其血,茹其毛。后圣有作,然后修火之利。以炮、以燔、以亨、以炙、以为醴酪。"疏曰:未有火化,据伏牺以前。以燔黍捭豚,即是有火。燔黍捭豚,污尊抔饮,指神农。以《明堂位》云:土鼓苇籥,伊耆氏之乐。《郊特牲》曰:伊耆氏始为蜡。旧说以伊耆氏为神农。今此云蒉桴土鼓,故知谓神农也。《士昏礼》疏云:"污尊抔饮,谓神农时虽有黍稷,未有酒醴。后圣有作,以为醴酪,据黄帝以后。"案《礼运》言"污尊抔饮"与"以为醴酪"对举,此疏是。《礼运》疏谓:"污尊,乃凿地污下而盛酒。"恐非。然亦可证后来有凿地盛酒之事。然则酒醴之作盖在黄帝以后也。"凡酒,稻为上,黍次之,粟次之。"《聘礼》注。"五齐三酒,俱用秫、稻、曲糵,鬯酒用黑黍。"《周官·酒正》疏。皆有资于农产。神农时,农事初兴,农产未盛,未必能以之为酒。谓酒起黄帝以后,近于实也。

《战国策》曰:"仪狄作酒,禹饮而甘之,遂疏仪狄,而绝旨酒。曰:后世必有以酒亡其国者。"则夏时酒尚不甚通行。《明堂位》曰:"夏后氏尚明水,殷尚醴,周尚酒。"注:"此皆其时之用耳,言尚非。"案《礼器》、《郊特牲》皆言"玄酒之尚。"《礼记·郊特牲》作:"玄酒明水之尚。"《仪礼·士昏礼》疏曰:"相对,玄酒与明水别。通而言之,明水亦名玄酒。"《玉藻》曰:"凡尊必尚玄酒,惟君面尊,惟飨野人皆酒。"注:"蜡饮不备礼。"疏:"飨野人,谓蜡祭时也。野人贱,不得比士,又无德,又可饱食,则宜贪味,故惟酒而无水也。"案如予说,玄酒所以和酒而饮,飨野人之酒盖不多,故无待于和也。见下。则古祭祀饮食皆尚玄酒。《仪礼·士昏礼》:"酌玄酒三属于尊。"疏云:"明水,若生人相礼,不忘本,亦得用。"康成所知者,作记者无由不知,则所谓尚者,正即康成所谓用耳。疏云:"《仪礼》设尊尚玄酒,是周家亦尚明水也。《礼记·礼运》云:澄酒在下,则周世不尚酒。"

《周官》酒正有五齐、三酒、四饮。五齐者:泛齐、醴齐、盎齐、缇齐、沈齐。注云:"自醴以上尤浊,盎以下差清。"三酒者:一曰事酒。注云:"即今醳酒。"疏云:"冬酿春成。"二曰昔酒。注云:"今之酋久白酒,所谓旧醳者也。"疏云:"久酿乃熟,故以昔酒为名。""对事酒为清,对清酒为白。"三曰清酒。注:"今中山冬酿,接夏而成。"疏云:"此酒更久于昔,故以清为号。"四饮者:一曰清,即《浆人》醴清。二曰医,即《内则》所谓或以酏为醴。谓酿粥为醴。三曰浆。四曰酏。郑注曰:五齐之中,醴恬"与酒味异"。疏曰:"恬于余齐,与酒味稍殊,故亦入于四饮。""其余四齐,味皆似酒。"盖四饮最薄,五齐次之,三酒最厚。疏云:"五齐对三酒,酒与齐异。通而言之,五齐亦曰酒。"四饮去水最近,五齐醴以上近水,盎以下近酒,而古人以五齐祭三酒饮。《周官·酒正》疏:"五齐味薄,所以祭。三酒味厚,人所饮。"其陈之也,则玄酒为上,醴酒次之,三酒在下。《礼运》:"玄酒在室,醴盏在户,粢醍在堂,澄酒在下。"《坊记》:"醴酒在室,醍酒在堂,澄酒在下。"醴即醴齐,盏即盎齐,粢醍即缇齐,澄即沈齐,酒即三酒。《玉藻》:"五饮:上水、浆、酒、醴、酏。"注:"上水,水为上,余其次之。"可见酒味之日趋于厚矣。

知酒味之日趋于厚,则知古人初饮酒时,其酒实去水无几。酒之厚者,或和水而饮之,未可知也。《周官》浆人:六饮有凉。司农曰:"凉,以水和酒也。"康成不从,未知何故。疏谓"和水非人所饮",

则以后世事度古人矣。果古无和水而饮者,司农岂得亿为之说邪?案古人饮酒之器,《韩诗》说:"一升曰爵,二升曰觚,三升曰觯,四升曰角,五升曰散,觥亦五升。"古《周礼》说:爵一升,觚二升,献以爵,而酬以觚,一献而三酬,则一豆矣。亦见《考工记·梓人》。《毛诗》说:"金罍大一石,觥大七升。"许慎云:"一献三酬当一豆,若觚二升不满一豆,觥罚有过,一饮而尽,七升为过多。"郑驳之云:"觯字角旁箸支,汝颍之间师读所作。今《礼》角旁单,古书或作角旁氏","角旁氏则与觚字相近。学者多闻觚,寡闻觯,写此书乱之而作觚耳。又南郡太守马季长说:一献而三酬则一豆,觚当为觯,豆当为斗,与一爵三觯相应。"《礼器》:"宗庙之祭,贵者献以爵,贱者献以散,尊者举觯,卑者举角,五献之尊,门外缶,门内壶,君尊瓦甒。"郑注:爵、散、觯、角,与《韩诗》同。又曰:"壶大一石,瓦甒五斗,缶大小未闻也。"正义:"壶大一石,瓦甒五斗者,汉礼器制度文也。此瓦甒即燕礼公尊瓦大也。《礼图》:瓦大受五斗,口径尺,颈高二寸,径尺,大中身锐下平。瓦甒与瓦大同。以小为贵。近者小,则远者大。缶在门外,则大于壶矣。"《周官》疏引汉礼器制度,亦云"觚大二升,觯大三升"。《诗》疏引《礼图》"罍大一斛,觥大七升"。古十斗为斛,即汉所谓一石。然则古酒器大小,惟觥未能定,缶不可知。自爵至罍,《韩》、《毛诗》、《周礼》、《礼图》礼器制度略同。《论语》:"觚不觚。"马曰:"一升曰爵,二升曰觚。"亦同。据器之大小,可以考古人饮酒之多寡矣。《韩诗》说诸爵名之义曰:"觚,寡也,饮当寡少。觯,适也,饮当自适也。角,触也,不能自适,触罪过也。散,讪也,饮不能自节,为人所谤讪也。"又曰:"觚、觯、角、散,总名曰爵。其实曰觞。觞者,饷也。觥亦五升,所以罚不敬。觥,廓也,所以著明之貌。君子有过,廓然明著,非所以饷,不得名觞。"《玉藻》曰:"君子之饮酒也,受一爵而色洒如也,二爵而言言斯,三爵而油油以退。"然则古人饮酒不过三爵,过三爵则不能自持矣。古权量于今，不逮三之一，其饮酒之多寡，略与今人等也。乃《考工记》曰："食一豆肉，饮一豆酒，中人之食。"淳于髡之说齐王曰："臣饮一斗亦醉，一石亦醉。"虽讽谏之辞，不必尽实，亦不容大远于情，知必有和水饮之之法，故能如是也。《射义》曰："酒者所以养老也，所以养病也，求中以辞爵者辞养也。"《孟子》谓："曾子养曾晳，曾元养曾子，必有酒肉。"《曲礼》曰："五十不致毁，六十不毁，七十惟衰麻在身，饮酒食肉处于内。"《周官·酒正》："凡飨士庶子，飨耆老孤子，皆共其酒，无酌数。"注："要以醉为度。""凡有秩酒者，以书契授之。"注："所秩者谓老臣。《王制》曰：九十日有秩。"此所谓所以养老也。《曲礼》又曰："居丧之礼，头有创则沐，身有疡则浴，有疾则饮酒食肉。"《檀弓》曰："曾子曰：丧有疾，食肉饮酒，必有草木之滋焉，以为姜桂之谓也。"《周官·疾医》："以五味、五谷、五药养其病。"《疡医》亦曰："以五味节之。"注："五味，醯、酒、饴蜜、姜、盐之属。"《酒正》："辨四饮之物，二曰医。"注："醫，《内则》所谓或以酏为醴。凡醴浊，酿酏为之，则少清矣。醫字从殹，从酉。"疑正指其以酒为养，此所谓所以养病也。酒者兴奋之剂，古人以为可以养神。《郊特牲》曰："凡饮，养气也。"又曰："凡食，养阴气也。"疏曰："饮是清虚，食是体质。"《周官·酒正》注曰："王致酒，后致饮，夫妇之义。"饮较酒，兴奋之用较少也。射与角觝等事，其初不必如后来之有礼，败者或致创夷，故宜以是饮之。《投壶》曰："当饮者皆跪奉觞曰：赐灌。胜者跪曰：敬养。"此所谓所以辞养也。夫以酒养人，厚薄必适如其量，不然是困之已。人之饮酒，多寡不同，而相饷之爵，大小若一，明亦必和水饮之，而后其礼可行也。

以酒为养生之物，则宜有以胜争饮者，古盖亦有此俗。《战国策》：陈轸曰："有祠者赐其舍人卮酒。舍人相谓曰：数人饮之不足，一人饮之有余。请画地为蛇，先成者饮酒。"此以胜争饮者也。礼戒争而教让，故以饮败者为常耳。又酒以为养，而又以为罚不敬之具者,所以愧耻之也。此亦可见古人之贵礼而贱财,厚厉人之节而重加之以罚矣。札记原文止此。后读《观堂集林》卷三,有《说盉》一篇,明玄酒所以和酒,古人之酒皆和水而饮,足与鄙说相发明,惟多引甲骨文耳。

野蛮之人多好肉食,然后卒改食植物者,实由人民众多、禽兽不足之故。观前文所述,由茹毛进为疏食之事可知矣。故古必大夫乃得食肉,《左氏》庄公十年:"齐师伐我。公将战,曹刿请见。其乡人曰:'肉食者谋之,又何间焉。'"杜注:"肉食,在位者。"疏曰:"昭四年,传说颁冰之法,云食肉之禄,冰皆与焉。大夫命妇丧浴用冰。"盖位为大夫,乃得食肉也。庶人所食鱼鳖而已。《诗》:"牧人乃梦,众维鱼矣。""大人占之,众维鱼矣,实维丰年。"笺曰:"鱼者,庶人之所以养也。今人众相与捕鱼,则是岁熟相供养之祥也。"《王制》言:"六十非肉不饱。"《孟子》言:"七十者可以食肉矣。"然孔子告子路:"啜菽饮水,尽其欢,斯之谓孝。"《檀弓》。则亦非贫者所能得也。然其王公大人,饮食皆极奢侈。《墨子·辞过》曰:"古之民,未知为饮食时,素食而分处。故圣人作,诲男耕稼树艺,以为民食。其为食也,足以增气充虚,强体适腹而已矣。故其用财节,其自养俭,民富国治。今则不然,厚敛于百姓,以为美食刍豢。蒸炙鱼鳖,大国累百器,小国累十器,前方丈,《孟子·尽心》:"食前方丈。"赵注:"极五味之馔食,列于前方一丈。"目不能遍视,手不能遍操,口不能遍味。冬则冻冰,夏则饰饐。人君为饮食如此,故左右象之。是以富贵者奢侈,孤寡者冻馁,虽欲无乱,不可得也。"今案人君之食,《周官·膳夫》举其凡曰:"凡王之馈,食用六谷,膳用六牲,饮用六清,羞用百有二十品,珍用八物,酱用百有二十瓮。"《食医》职云:"掌和王之六食、六饮、六膳、百羞、百酱、八珍之齐。"六谷者,稌、黍、稷、粱、麦、苽,皆嘉谷也。《内则》:"饭黍、稷、稻、粱、白黍、黄粱稰穛。"下言白黍,则上谓黄黍。下言黄粱,则上谓白粱也。孰获曰稰,生获曰穛。正义曰:"按《玉藻》,诸侯朔食四簋:黍、稷、稻、粱。此则据诸侯。其天子则加以麦、苽为六。"六牲者,马、牛、羊、犬、豕、鸡。六清者,水、浆、醴、凉、医、酏。郑注,据《浆人》也。《酒正》无水、凉二物。羞即庶羞,"出于牲及禽兽,以备滋味"。郑注云:"《公食大夫礼》《内则》,下大夫十六,上大夫二十,其物数备焉。天子诸侯有其数,而物未得尽闻。"疏云:"此经云百有二十者,是天子有其数。《掌客》云:上公食四十,侯伯三十二,子男二十四。是诸侯有其数也。"今案《内则》云:"膳:膷、臐、膮、醢、郑云衍字。牛炙醢、熊氏云:豕、牛、羊之下即其肉之醢。牛胾醢、牛胘、羊炙、羊胾醢、豕炙醢、豕胾、芥酱、鱼脍、雉、兔、鹑、鷃。"《公食大夫礼》鷃作鴽。自鱼脍以上十六豆为下大夫之礼。雉、兔、鹑、鷃,则上大夫所加,此《公食大夫》所设也。《内则》又云:"牛脩、鹿脯、田豕脯、麋脯、麕脯、麋、鹿、田豕、麕,皆有轩。雉、兔,皆有芼。爵、鷃、蜩、范、芝栭、菱、椇、枣、栗、榛、柿、瓜、桃、李、梅、杏、楂、梨、姜、桂。"郑云:"三十一物,皆人君燕食所加庶羞也。"《内则》又云:"食:注:"目人君燕食所用也。"蜗醢而苽食、雉羹、麦食、脯羹、鸡羹、析稌、犬羹、兔羹、和糁不蓼。注:"凡羹齐宜五味之和,米屑之糁,蓼则不矣。"疏:"此等之羹,宜以五味调和。米屑为糁,不须加蓼。"濡豚包苦实蓼,注:"凡濡谓亨之以汁和也。苦,苦荼也。以包豚杀其气。"濡鸡、醢酱实蓼,濡鱼卵酱实蓼,注:"卵读为鲲。鲲,鱼子。"濡鳖醢酱实蓼,殷脩、蚳醢、脯羹、重出。兔醢、麋肤、鱼醢、鱼脍、芥酱、麋腥、醢、酱、桃诸、梅诸、卵盐。"郑云:"二十六物似皆人君燕所食也。"疏云:"按《周礼•掌客》云:诸侯相食,皆鼎簋十有二,其正馔与此不同。其食臣下,则《公食大夫礼》具有其文,与此又异,故疑是人君燕食也。"

《周官》百有二十品,虽不得尽闻,亦可以见其概矣。珍,郑注云:"谓淳熬、淳毋、炮豚、炮牂、捣珍、渍、熬、肝膋也。"亦见《内则》。酱,郑云:"醯醢"即《醢人》职云"王举,则共醢六十瓮,以五齐七醢七菹三臡实之。"《醯人》云"王举,则共齐菹醯物六十瓮"者也。五齐者:昌本,昌蒲根,切之四寸为菹。脾析、蜃、豚拍、郑大夫、杜子春皆以拍为膊,谓胁也。或曰豚拍,肩也。深蒲郑司农云:"蒲蒻入水深,故曰深蒲。或曰桑耳。"也。七醢:醢、蠃、蠯、蚳、鱼、兔、雁。七菹:韭、菁、茆、葵、芹、菭、笋。三臡：麋、鹿、麇。"凡醯酱所和，细切为齑，全物若牒为菹。""作醢及臡者，必先膊干其肉，乃后莝之，杂以粱曲及盐，渍以美酒，涂置甀中，百日则成矣。"此与八珍作之皆极费时者也。王日一举，注："杀牲盛馔曰举。王日一举，以朝食也。"鼎十有二，物皆有俎。赵商问：王日一举，鼎十有二，是为三牲备焉。商案《玉藻》：天子日食少牢，朔月太牢，礼数不同，请闻其说。郑答云：《礼记》后人所集，据时而言，或以诸侯同天子，或以天子与诸侯等，礼数不同，难以据也。《王制》之法与礼违者多，当以经为正。案《周官》，六国时书。《玉藻》所述盖较古，愈近愈侈也。齐则日三举。有小事而饮酒，谓之稍事，此康成说。司农以为非日中大举时而间食。设荐脯醢。其内羞，则笾人所供四笾之实，醢人所供四豆之食也。朝事之笾八：曰曲，熬麦也；曰黄，麻子也；曰白，熬稻米也；曰黑，熬黍米也；曰形盐（司农曰：筑盐为形；康成曰：盐之似虎者）；曰膴，膴生鱼为大脔；曰鲍鱼；曰鱐，干鱼也。馈食之笾：曰枣、曰栗、曰桃、曰干藤、曰榛实。干藤即干梅。疏云：当别有干桃、湿梅。枣亦宜有干者，凡八也。加笾以菱、芡、栗、脯四物为八笾。司农云：栗当为脩。司农之意，以栗与馈食之笾同也。羞笾二：曰糗饵；曰粉餈。见《内则》。朝事之豆八：曰韭菹；曰醓醢；曰昌本；曰麋臡；曰菁菹；曰鹿臡；曰茆菹；曰麇臡。馈食之豆八：曰葵菹；曰蠃醢；曰脾析；曰蠯醢；曰蜃；曰蚳醢；曰豚拍；曰鱼醢。加豆之实八：曰芹菹；曰兔醢；曰深蒲；曰醓醢；曰箈菹；曰雁醢；曰笋菹；曰鱼醢。羞豆之实二：曰酏食；曰糁食。亦见《内则》。"列之方丈，目不能遍视，手不能遍操，口不能遍味，冬则冻冰，夏则饰饐。"信矣。案《王制》曰："羹食自诸侯以下，至于庶人，无等。"注曰："羹食，食之主也。庶羞乃异耳。"疏曰："此谓每日常食。"《左氏》隐公元年言颍考叔有献于公，公赐之食，食舍肉。公问之，对曰："小人有母，皆尝小人之食矣，未尝君之羹，请以遗之。"杜注曰："宋华元杀羊为羹享士，盖古赐贱官之常。"疏曰："《礼·公食大夫》及《曲礼》所记，大夫士与客燕食，皆有牲体骰胾，非徒设羹而已。此与华元享士，惟言有羹，故疑是赐贱官之常。"愚案：孔子称颜回"一箪食，一瓢饮"。其《述而》

则曰:"饭疏食饮水。"《乡党》记孔子之行则曰:"虽疏食菜羹,必祭。"《孟子》言:"箪食豆羹,得之则生,弗得则死。"《檀弓》言黔敖"左奉食,右执饮"。《墨子》称尧"黍稷不二,羹胾不重,饭于土塯,啜于土形"。《节用》中。《韩非子·十过》:尧饭于土簋,饮于土铏。《史记·李斯传》:二世曰:尧饭土匦,啜土铏。《韩诗外传》:舜饭乎土簋,啜乎土型。《史记自序》:墨者亦尚尧舜道,言其德行曰:"食土簋,啜土刑,粝梁之食,藜藿之羹。"凡古人之言食,无不以羹食并举者。元凯之言虽亿度,固事实也。《曲礼》曰:"凡进食之礼,左殽右胾。食居人之左,羹居人之右。脍炙处外,醯酱处内。葱渫处末,酒浆处右。以脯修置者,左朐右末。"《弟子职》曰:"凡彼置食,鸟兽鱼鳖,必先菜羹。羹胾中列,胾在酱前。其设要方。饭是为卒,左酒右酱。"《曲礼》所加,不过殽胾、脍炙、醯酱、葱渫、酒浆。《弟子职》所加,不过酒酱及肉。一为大夫士与宾客燕食之礼,一为养老之礼矣。食以羹食为主,信不诬也。《弟子职》谓:"凡彼置食,其设要方。"盖古人设食之礼。如所云,设之方不数尺耳。而当时之王公大人,设食至于方丈,其侈固可见矣。《内则》又曰:"大夫燕食,有脍无脯,有脯无脍。""士不贰羹胾。"又曰:"谓士燕食也。若朝夕常食。则下云:羹食,自诸侯以下至庶人无等。"饮食愈后则愈侈。墨子用夏政,孔子言"禹菲饮食"。而墨子亦病时人之侈于食,可见夏时之俭。《内则》曰:"大夫无秩膳,大夫七十而有阁。天子之阁,左达五,右达五。公侯伯于房中五,大夫于阁三,士于坫一。"注曰:"秩,常也。""五十始命,未为老。"故必七十而后有秩膳也。"阁,以板为之,庋食物。""五者,三牲之肉及鱼腊。"此则较常人少侈耳,尚未至食前方丈也。

　　古代外交之礼,亦可见其饮食之侈。据《聘礼》:客始至,则设飧,饪一牢,在西鼎九,牛、羊、豕、鱼、腊、肠胃、肤、鲜鱼、鲜腊。肤,豕肉也。羞鼎三,膷臐膮即陪鼎。腥一牢,在东鼎七。无鲜鱼鲜腊。此中庭之馔也。其堂上之馔八,八豆:醯醢、昌本、麋臡、青菹、鹿臡、葵菹、蜗醢、韭菹。八簋:黍、稷。六铏:牛、羊、豕。两簠:粱、稻。八壶:稻酒、粱酒。西夹六。

六豆、六籩、四铏、两簠、六壶。六豆无葵菹、蜗醢,余实与前同。门外米禾皆二十车。薪刍倍禾,上介饪一牢,在西鼎七,羞鼎三,堂上之馔六。西夹无。门外米禾皆十车,薪刍倍禾,众介皆少牢。鼎五:羊、豕、肠胃、鱼、腊。堂上之馔,四豆、四籩、两铏、四壶,无簠。既见而归饔饩,牲杀曰饔,生曰饩。《周官·司仪》注:"小礼曰飧,大礼曰饔饩。"则五牢,饪一牢,鼎九,腥二牢,鼎七,堂上八豆八籩,六铏两簠八壶,西夹六豆六籩,四铏两簠六壶,馔于东方亦如之。东夹无。醯醢百瓮,瓮受斗二升。饩二牢,米百筥,黍、粱、稻、稷。门外米三十车,车秉有二籔,凡二十四斛。禾三十车,车三秅,凡千二百秉。薪刍倍禾。上介三牢,饪一牢,鼎七,羞鼎三,腥一牢,鼎七,堂上之馔六。西夹亦如之。筥及瓮如上宾。饩一牢,门外米禾视死牢,牢十车,薪刍倍禾。士介四人,皆饩大牢,米百筥。夫人归礼,堂上笾豆六,脯醢。醆黍清皆两壶。稻黍粱酒,皆有清白。醆言白清,指粱各举一也。大夫饩宾,大牢米八筐。黍、粱各二,稷四。筐五斛。上介亦如之。众介皆少牢,米六筐。公于宾,一食再飧。燕与羞,雁鹜之属。俶献始献四时新物,《聘仪》所谓时赐。无常数。上介一食一飧。大夫于宾,一飧一食。上介若食若飧。既致饔旬而稍,谓廪食也。行聘礼一旬之后,或逢凶变,或主人留之不得反,即有稍礼。宰夫始归乘禽,雁鹜之属。日如其饔饩之数。士中日则二双。《周官·掌客》:王合诸侯,而飧礼公侯伯子男尽在,兼享之。则具十有二牢,庶具百物备。王巡守殷国,则国君膳以牲犊,令百官百姓皆具。从者三公视上公之礼,卿视侯伯之礼,大夫视子男之礼,士视诸侯之卿礼,庶子一视其大夫之礼。凡诸侯之礼,诸侯自相待。天子待诸侯亦同。上公五积,侯伯四,子男三。皆视飧牵,谓所共如飧而牵牲以往,不杀也。一积视一飧,飧五牢。五积则二十五牢。又云视飧则有刍薪米禾之等。三问皆修。侯伯再,子男一。群介行人宰史,皆有牢。飧五牢,侯伯四,子男三。食四十,庶羞器,侯伯三十二,子男二十四。籩十,稻粱器,侯伯八,子男六。豆四十，瑄罍器，侯伯三十二，子男二十四。铏四十有二，羹器，郑云宜为三十八。侯伯二十八，子男十八。壶四十，酒器，侯伯三十二，子男二十四。鼎牲器。簋黍稷器。十有二，侯伯同。牲三十有六。郑云牲当为腥。侯伯二十七，子男十八。饔饩九牢，侯伯七，子男五。其死牢如飧之陈，牵四牢，侯伯三，子男二。米百有二十筥，侯伯百，子男八十。醯醢百有二十瓮，侯伯百，子男八十。车米视牲牢。牢十车，车秉有五籔。侯伯三十车，子男二十。车禾视死牢。牢十车，车三秅，侯伯四十车，子男三十。刍薪倍禾。乘禽日九十双，侯伯七十，子男五十。殷膳中致膳。大牢，以及归三飨三食三燕。侯伯再，子男一。凡介行人宰史，皆有飧饔饩，以其爵等为之牢礼之陈数，惟上介有禽献。夫人致礼八壶、八豆、八笾，子男六。膳大牢，致飧大牢，子男不飧。食大牢。卿皆见以羔膳大牢。侯伯特牛。侯伯子男各有差等。卿大夫不从君而来聘者，如其介之礼以待之。《大行人》：上公之礼，礼九牢。注："礼，大礼飧饩也。三牲备为一牢。"侯伯七，子男五。三享王礼，再祼再饮公也。侯伯子男同。而酢，报饮王也。子男不酢。飧礼九献，侯伯七，子男五。食礼九举，司农云："举，举乐也。"后郑曰："举牲体九饭也。"疏云：礼九献相连，故以为举牲体，其实举中可以兼乐。侯伯七，子男五。出入五积，谓馈之刍米也。侯伯七，子男三。疏云：在路供宾来去皆五积。三问三劳。问，问不恙也。劳，谓苦倦之也。皆有礼，以币致之。侯伯再，子男一。侯伯子男亦各有差等。盖其一食之费，足当平民终岁之饱矣。《聘仪》曰："古之用财者，不能均如此。然而用财如此其厚者，言尽之于礼也。尽之于礼，则内君臣不相陵，而外不相侵。故天子制之，而诸侯务焉尔。"此固然，然其时王公大人之食用，与平民相去之远则可见矣。

《玉藻》：天子"皮弁以日视朝，遂以食，日中而馂，注："馂，朝食之余也。"奏而食。注："奏，奏乐也。"日少牢，朔月大牢，五饮：上水、浆、酒、醴、酏"。诸侯"朝服以日视朝于内朝"。"退适路寝听政，使人视大夫。大夫退，然后适小寝，释服。又朝服以食，特牲，三俎，祭肺。

注：'食必复朝服，所以敬养身也。三俎：豕、鱼、腊。"夕深衣，祭牢肉。注：
"祭牢肉，异于始杀也。天子言日中，诸侯言夕。天子言俭，诸侯言祭牢肉，互相
挟。"朔月少牢，五俎四簋。注："五俎：加羊与其肠胃也。朔月四簋，则日食
粱稻各一簋而已。"子卯，稷食菜羹，注："忌日贬也。"夫人与君同庖。注：
"不特杀也。"疏："举诸侯，天子可知。"君无故不杀牛，大夫无故不杀羊，士
无故不杀犬豕。注："故，谓祭祀之属。"疏："言祭祀之属者，若待宾客飨食，亦
在其中。"案此三语，亦见《王制》。又曰：庶人无故不食珍，庶羞不逾牲。"君子
远庖厨。凡有血气之类，弗身践也。"注："践，当为翦。翦，犹杀也。"所言
与《周官》大同小异。如《周官》，天子日食大牢，则无故得杀牛矣。

《玉藻》又曰："年不顺成，则天子素服，乘素车，食无乐。"又言
诸侯之礼曰："至于八月不雨，君不举。年不顺成，君衣布搢本，关
梁不租，山泽列而不赋，土功不兴，大夫不得造车马。"《王制》曰：
"以三十年之通，虽有凶旱水溢，民无菜色，然后天子食，日举以
乐。"《曲礼》曰："岁凶，年谷不登，君膳不祭肺，马不食谷，驰道不
除，祭事不县，大夫不食粱，士饮酒不乐。"此盖隆古共产社会同甘
苦之遗制。三代制礼，犹有存者，特不能尽守耳。后世去古愈远，遗
意浸沦。"朱门饱粱肉，路有冻死骨。"视为固然，曾无愧恻。不惟大
同之世之人所梦想不到，即视三代守礼之贵族，亦有愧色矣。因事限
制民食，古代亦有之。《十三经诂答问》五："问师行而粮食，饥者弗食，劳者弗
息。"《周礼·廪人》注：行道曰粮，谓糒也。止居曰食，谓米也。赵注：人君行师
兴军，皆远转粮食而食之，有饥不得饱食者，劳者致重亦不得休息。与《晏子》内
篇所引，互有异同，果何从耶？曰《晏子·问下》篇："师行而量食，贫苦不补，劳
者不息。"粮食作量食。《管子·戒》篇：夫师行而量食其民者谓之亡。洪氏颐
煊曰："量食者，量限其食也。"义较粮食为长。今本《晏子》皆作粮者，后人据《孟
子》而改耳。

《东塾读书记》云："《通典》卷六十三，天子诸侯玉珮剑绶玺印。
自注云：秦汉以降，逮于周隋，既多无注解，或传写舛讹，研覈莫辨。

澧案：此不独玉佩剑绶玺印为然。凡汉以来，衣冠读史者皆难明，而周之冠冕衣裳易明，赖有诸经注疏故也。"愚案：又不独衣冠，饮食、宫室、器用，无不如此。此由经约而易精，治之者必求其事事明白。史既不然，而读者于此诸端，又多不措意故也。此等处，非有专门名家之士数十百人，一人钩考一事，穿贯群书，证以古代遗物，通以异邦之制，孰思而详考之，未易了了。今既未能无取杂博，故于秦汉以后，衣食宫室等，皆但取其荦荦大端，足以考见进化之迹者，略事讲述而已。古代阶级以贵贱分，后世则以贫富分。讲财产时已言之，饮食之侈俭亦然。《盐铁论·散不足》：贤良曰："古者谷物菜果，不时不食；鸟兽鱼鳖，不中杀不食。故缴网不入于泽，杂毛不取。今富者逐驱歼网置，掩捕麛鷇，耽湎沈湎，铺百川鲜，羔羍饥胎，扁皮黄口，春鹅秋雏，冬葵温韭，浚茈蓼苏，丰奕耳菜，毛果虫貉。"又曰："古者污尊抔饮，盖无爵觞尊俎。及其后，庶人器用，即竹柳陶瓠而已。唯瑚琏觞豆，而后雕文彤漆。今富者银口黄耳，金罍玉钟，中者舒玉纻器，金错蜀杯，夫一文杯得铜杯十，价贱而用不殊。箕子之讥，始在天子，今在匹夫。古者燔黍食稗，而燀豚以相飨。其后乡人饮酒，老者重豆，少者立食，一酱一肉，旅饮而已。及其后，宾昏相召，则豆羹白饭，綦脍孰肉。今民间酒食殽旅，重叠燔炙，满案臑鳖，脍腥麛卵，鹑鹦橙拘，鲐鳢醢醯，众物杂味。古者庶人，春夏耕耘，秋冬收藏，昏晨力作，夜以继日。《诗》曰：昼尔于茅，宵尔索绹，亟其乘屋，其始播百谷。非腊腊不休息，非祭祀无酒肉。今宾昏酒食，接连相因，折酲什半，弃事相随，虑无乏日。古者庶人，粝食藜藿，非乡饮酒腊腊祭祀无酒肉，故诸侯无故不杀牛羊，大夫士无故不杀犬豕。今闾巷县伯，阡伯屠沽，无故烹杀，相聚野外，负粟而往，挈肉而归。夫一豕之肉，得中年之收，十五斗粟，当丁男半月之食。"又曰："古者不粥饪，不市食。及其后，则有屠沽，沽酒市脯鱼盐而已。今熟食遍列,殷施成市,作业堕怠,食必趣时,杨豚韭卵,狗臗马朘,煎鱼切肝,羊淹鸡寒,蜩马骆日,塞捕庸脯,朒羔豆赐,觳膹雁羹,自鲍甘瓠,热粱和炙。"盖古者君卿大夫之食,渐为平民所共享矣。亦未闻汉时之民,以饕餮而至于贫窘。可见食用之渐侈,实由生计之日裕也。然较诸今日,究尚相悬。《论衡•讥日》谓:"海内屠肆,六畜死者日数千头。"持视当今,不过十一之于千百耳。《隋书•地理志》谓:梁州汉中之人,"性嗜口腹,多事田渔,虽蓬室柴门,食必兼肉"。此在今日,亦恬不为怪矣。故知社会生计,在无形之中实日以增长也。

食物随时代而变,如古言百谷,或言九谷,或言五谷。今则主于麦及稻米。古人兼食牛羊犬豕之肉,今则主于食豕。此盖因农业之进步,及畜牧情形之不同。嗜味亦以今古之殊。如古人好食荤辛,《仪礼•士相见礼》:"夜侍坐,问夜,膳荤,请退可也。"注:"膳荤,谓食之荤辛物葱薤之属,食之以止卧。古文荤作薰。"疏曰:"云古文荤作薰者,《玉藻》云:膳于君,有荤桃茢。作此荤。郑注《论语》作焄,义亦通。若作薰,则春秋一薰一莸。薰,香草也,非荤辛之字,故叠古文不从也。"案:香草之薰,与荤辛之荤,同为气之烈者,义亦可通。又案:葱薤之属,其气皆荤,而味非辛。故郑言之属以该之辛,如姜桂是也。今则好荤者惟北方为然,好辛者惟楚蜀为烈。古人调羹多用盐梅,秦汉则用盐豉。《左》昭二十年:"异。和如羹焉,水火醯醢盐梅,以烹鱼肉。"疏:"此说和羹而不言豉,古人未有豉也。《礼记•内则》、《楚辞•招魂》备论饮食而言不及豉。史游《急就篇》乃有芜荑盐豉,盖秦汉以来始为之焉。"此等亦必皆以其所以然时,非专门研究,未易言之耳。

后世食物有为古所无而极重要者,一为蔗糖,一为茶,一为烟。《唐书•西域传》:摩揭陀,"太宗遣使取熬糖法,即诏扬州上诸蔗,柞沸如其剂,色味愈西域远甚。"则其法实始唐初。宋王灼撰《糖霜谱》,其第二篇备言以蔗为糖始末。《四库提要》曰:宋时产糖霜之地有福唐、四明、番禺、广汉、遂宁,而遂宁最盛。灼遂宁人,故能详言之也。《说文》有饴字,无糖字。徐铉新附中有之,亦训饴,不言蔗。则五代宋间尚未大盛。我国食物自西域输入者，尚有苜蓿，人皆知之，而西瓜亦来自西域。《陔余丛考》："或谓西瓜自元世祖时始入中国。然元初方夔已有《食西瓜诗》。夔系浙之淳安人。是时浙中已有之，则非元初入中国可知矣。南宋末，方回亦有秋热诗云：西瓜足解渴，割裂青瑶肤。又文信国《吟啸集》有《西瓜吟》。陆俨山《菽园杂记》云：金时，王予可南云《咏西瓜》云：一片冷裁潭底月，六弯斜卷陇头云。则金时已有之矣。按《五代史·四夷》附录，胡峤居契丹七年，自上京东去四千里，至真珠寨始食菜。明日东行，始食西瓜。土人云，契丹破回纥得此种，以牛粪覆棚而种，大如中国东瓜而味甘。是西瓜由峤而创见于塞外，尚未入中国。杨用修云：余尝疑《本草》瓜类中不载西瓜，后读五代胡峤《陷虏记》云：峤于回纥得瓜种，结实大如斗，味甘，名曰西瓜。则西瓜由峤入中国也。今西瓜已遍天下，而台湾则并种于秋，至十月采取，贡入京，以备腊月庙祭之用。台湾在闽海东，则西瓜又可称东瓜矣。"此等物，若能详考，当尚不少也。

《日知录》曰："荼字自中唐始变作茶，其说已详之《唐韵正》。按《困学纪闻》，荼有三，谁谓荼苦，苦菜也。有女如荼，茅秀也。以薅荼蓼，陆草也。陆清献曰："王肃云：荼，陆秽；蓼，水草。田有原有湿，故并举水陆秽草。依此，则荼与蓼是二物。《朱子诗传》，谓一物而有水陆之异，前后儒者所见似不同。愚谓草木之类，有种一而臭味别者，胡荼与蓼一物，而有水陆之异。《邶风》之荼，与《周颂》之荼，一物而有苦菜秽草之异。正义以其分者言之，朱子以其合者言之，非牴牾也。"陈氏曰："《尔雅》，荼者，荼委叶也。蓼者，蔷虞蓼也。王肃皆以为秽草，分水陆当矣，但未详荼之性状。《尔雅》：荼，委叶。郭注引《诗》而外，亦不著其形。案《古今注》云：荼，蓼也。紫色者荼也，青色者蓼也。其味辛且苦，食之明目。或谓紫叶者为香荼，青色者为青荼。亦谓紫者为紫蓼，青者为青蓼。其长大不苦者为高蓼。此与王氏水陆二秽意同。朱子所谓辣蓼，或即斯草，但不当以苦菜当之耳。"今按《尔雅》荼蒤字，凡五见而各不同。《释草》曰：荼，苦菜。注引《诗》：谁谓荼苦，其甘如荠。疏云：此味苦可食之菜。《本草》一名选，一名游冬。《易纬·通卦验元图》云：苦菜生于寒秋，经冬历春乃成。《月令》：孟夏，苦菜秀是也。叶似苦苣而细,断之有白汁。花黄似菊,堪食,但苦耳。又曰藨荼。注云即芳。疏云:按《周礼·掌荼》,及《诗》有女如荼,皆云荼,茅秀也。藨也,荂也,其别名。此二字皆从草,从余。又曰:蔏,虎杖。注云:似红草而粗大,有细刺,可以染赤。疏云:蔏,一名虎杖。陶注《本草》云:田野甚多,壮如大马蓼,茎斑而叶圆是也。又曰:蔏,蔆叶。注引《诗》以茠蔏蓼。疏云:蔏,一名蔆叶。王肃说《诗》云:蔏,陆秽草。然则蔏者原田芜秽之草,非苦菜也。今《诗》本茠作薅。此二字皆从草从涂。《释木》曰:槚苦荼。注云:树小如栀子,冬生叶,可煮作羹饮。今呼早采者为荼,晚取者为茗。一名荈,蜀人名之苦荼。此一字亦从草从余。以《诗》考之,《邶·谷风》之荼苦,《七月》之采荼,《绵》之堇荼,皆苦菜之荼也。原注:《诗》:采苦采苦。传:苦,苦菜。正义曰:此荼也。陆玑云:苦菜生山田及泽中,得霜恬肥而美。所谓堇荼如饴。《内则》云:濡豚包苦,用苦菜是也。又借而为荼毒之荼,《桑柔》、《汤诰》,皆苦菜之荼也。《夏小正》取荼莠。《周礼·地官》掌荼,《仪礼·既夕礼》茵著用荼,实绥泽焉。《诗·鸱鸮》捋荼。传曰:荼,萑苕也。正义曰:谓蒹薍之莠,其物相类,故皆名荼也。茅秀之荼也,以其白也而象之,出其东门,有女如荼。《国语》:吴王夫差万人为方陈,白常白旗素甲白羽之矰,望之如荼。《考工记》:望而眡之,欲其荼白,亦茅秀之荼也。良耜之荼蓼,蔆叶之蔏也。唯虎杖之蔏,与槚之苦荼,不见于《诗》、《礼》,而王褒《僮约》云:武都买荼。张载《登成都白菟楼诗》云:芳荼冠六清。孙楚诗云:姜桂荼荈出巴蜀。《本草衍义》:晋温峤上表,贡荼千斤,茗三百斤。是知自秦人取蜀而后,始有茗饮之事。"又曰:"王褒《僮约》:前云凫鳖烹荼,后云武都买荼。注:以前为苦菜,后为茗。"又曰:"《唐书·陆羽传》:羽嗜茶,原注:自此后茶字减一画为茶。著《经》三篇,言茶之原之法之具尤备,天下益知饮茶矣。有常伯熊者,因羽论复广著茶之功,其后尚茶成风。时回纥入朝,始驱马市茶。至明代,设茶马御史。

而《大唐新语》言：右补阙綦母㬥性不饮茶，著《茶饮序》曰：释滞消壅，一日之利暂佳，瘠气侵精，终身之害斯大，获益则功归茶力，贻患则不谓茶灾，岂非福近易知，害远难见。宋黄庭坚《茶赋》，亦曰寒中瘠气，莫甚于茶。或济之盐，勾贼破家。今南人往往有茶癖而不知其害，此亦摄生者之所宜戒也。"案：《三国·吴志·韦曜传》："皓每飨宴，无不竟日，坐席无能否率以七升为限，虽不悉入口，皆浇灌取尽。曜素饮酒不过二升，初见礼异时，常为裁减，或密赐茶荈以当酒。"又《世说新语》谓，王濛好饮茶，客至，尝以是饷之。士大夫欲诣，濛辄曰：今日有水厄。则茗饮初行于南方，其盛行全国，要始唐代，故其时始有茶税。然观《日知录》所引綦母㬥之论，则当时茗饮者尚有用为药物之意，与今日用代水饮者不同。《金史》谓金人所需之茶，除宋人岁供外，悉贸于宋界之権场。章宗承安三年，以为费国用而资敌。四年，于淄密宁海蔡州各置一坊造茶。至泰和五年乃罢。六年，尚书省奏：茶，饮食之余，非必用之物。比岁上下竞啜，累民尤甚。市井茶肆相属，商旅多以丝绢易茶，岁贾不下百万。遂命七品以上官方许食茶，仍不得卖及馈献不应留者，以斤两立罪赏。七年，八年，及宣宗重光二年，又更定其制，亦可见当时饮茶，尚不如今日之盛。若在今日，可得而限制邪？古人饮茶之法与今不同，读《茶经》可知。

《陔余丛考》曰："王阮亭引姚露《旅书》，谓烟草一名淡巴菰，出吕宋国，能辟瘴气。初漳州人自海外携来，莆田亦种之，反多于吕宋矣。然唐诗云'相思若烟草'，似唐时已有服之者。据王肱枕《蚓菴琐语》，谓烟叶出闽中，边上人寒疾，非此不治。关外至以一马易一觔。崇祯中，下令禁之，民间私种者问徒。利重法轻，民冒禁如故。寻下令犯者皆斩。然不久因军中病寒不治，遂弛其禁。予儿时尚不识烟为何物。崇祯末，三尺童子莫不喫烟矣。据此，则烟草自崇祯时乃盛行也。"予案张岱《陶菴梦忆》云："余少时不识烟草为何物。

十年之内,老壮童稚妇人女子无不喫烟,大街小巷尽摆烟草,此草妖也。"岱,明清间人,亦烟草盛于明末之一证。

清郭起元《论闽省务本节用书》曰:"闽地二千余里,原湿饶沃,山田有泉滋润,力耕之原足给全闽之食。无如始辟地者多植茶蜡麻苎蓝靛糖蔗离支柑橘青子荔奴之属,耗地已三之一,其物犹足供食用也。今则烟草之植,耗地十之六七,原烟出自西北边外,谓可以驱寒耳。今则遍于东南,饮烟者无间暑寒,为用与食盐等,而又胜之,闽中更甚。""闽地耗于植烟,既严其禁,然小民不知大计,终以烟草为利,久且复植。"云云。岳震川《府志食货论》云:"《府志食货》中无烟草,安康之民,果不种此,此俗之善也。今汉中郡城,商贾所集,烟铺十居其三四。城固湑水以北,沃土腴田,尽植烟苗。盛夏晴霁,弥望野绿,皆此物也。当其收时,连云充栋,大商贾一年之计,夏丝秋烟,烟乌得与丝并论邪?""甘肃士人赋《烟草诗》曰:饷宾先饼饵,种地碍桑麻。南郑城固大商,重载此物,历金州以抵襄樊、鄂渚者,舳舻相接,岁縻数千万金,可谓好之僻矣。""又闻紫阳务滋烟苗,较汉中尤精,尤易售。此可以为戒,弗可效也。"云云。《经世文编》卷三十六。可见入清代而吸烟者益盛。《癸巳类稿》云"明四译馆同文堂,外国来文八册,有译出暹罗国来文",云"进皇帝""鸦片二百斤"、"进皇后""鸦片一百斤"之语。又"《大明会典》九十七、九十八,各国贡物,暹罗、爪哇、榜葛剌三国,俱有乌香,即鸦片"。"唐译《毗耶那杂事律》云:在王城婴病,吸药烟瘵损,苾刍白佛,有病者听吸烟。佛言以两碗相合,底上穿孔,中著火,置药,以铁管长十二指,置孔吸之,用了,用小袋盛挂杙笫竿上。后用时,置火中烧以取净,不应用竹,不应水洗。此则西域古有之。明徐伯龄《蟫精隽》云:成化癸卯,令中贵收买鸦片,其价与黄金等,其国自名合浦融。俞氏又云:入中国曰乌香,或曰乌烟,就其本名,还音曰鸦片,亦曰阿片,亦曰亚荣,亦曰阿芙蓉,亦曰合浦融。是成化时市廛已有货卖者。万历时,李时珍《本草纲目·谷部》云：鸦片，前代罕闻，近方有用者，是已行于民间。"云云。近人《鸦片源流考》曰："鸦片或称阿片，花曰罂粟，亦名阿芙蓉，来自西洋。"其初盖先有罂粟。罂粟之名见于《开宝本草》，归入米谷下品，云"一名米囊，一名御米"。是为罂粟入药之始首。唐宋时，亚拉伯人航海至广州等口，携来各种药材，相与交易，罂粟之来，当自斯始。唐明皇时陈藏器述嵩阳子语曰："罂粟花有四叶，红白色，上有浅红晕子，其囊形如髇头箭，中有细米。"米囊之名，所自始也。是时大食人往来中国已足百载，罂粟花当亦如芙蓉等花流入内地矣。唐雍陶《西归出斜谷》诗云："行过险栈出褒斜，历尽平川如到家。万里客愁今日散，马前初见米囊花。"雍陶，成都人，罂粟当时已流入四川，如野花之遍种矣。由唐至德到宋乾德二百年间，大食人往来中国者虽无可稽，然西人所著书则往往可见一斑焉。想是时罂粟当较前更广。《开宝本草》之以作药，岂亦传自西洋耶？宋时亦有作汤食者。东坡诗云："道人劝饮鹤苏水，童子能煎莺粟汤。"莺粟，即罂粟也。以罂粟作药者，宋人书多著之。如寇宗奭《本草衍义》云："一罂凡数千万粒，大小如葶苈子，其色白，服石人甚宜饮。"是已。洎乎南宋，又以壳入药。宋末杨士瀛《直指方》云："粟壳治痢，人皆薄之固矣。然下痢日久，腹中无积病，当止涩者岂容不涩，不有此剂，何以对除乎？"是已。元李杲云："粟壳收敛固气，能入肾，故骨病尤宜。"则元人尚未知煎粟壳为鸦片之法也。明时医书乃有用罂粟壳作膏者，盖鸦片之制所自始，然亦仅作药用。明王玺《医林集要》云："阿芙蓉是天方国种。"又云："罂粟花花卸结壳，复三五日，午后于壳上用大针刺开外面青皮十余处，次日早津出，以竹刀刮出，磁器内阴干，每用小豆一粒，空心温水化下。"是制鸦片之法也。但不知是否传自西洋耳！明李梴《医学入门》，论制鸦片法綦详。盖因嘉靖二年罢市，舶外洋货物不得入，故详言之。知中国内地早有自制之鸦片矣。自宋而明,用罂粟法不同,而其为药则一。洎乎明末,西洋有吸黄烟之法入。黄烟者美国土产,始及台湾,后及大陆。清人称为淡巴菰者也。中国人因以为吸鸦片之法。清宛平黄玉圃《台海使槎录》云:"鸦片烟,用麻葛同鸦片土切丝,于铜铛内煎成拌烟,另用竹筒实以棕丝贮之,群聚吸之,索值数倍于常烟,专治此者名之开鸦片馆,吸一二次后即不能离,暖气直注丹田,可竟夜不眠。土人服此,为导淫之具,肢体萎缩,脏腑溃出,不杀身不止。官吏每为严禁,常有身被鞭击,犹求缓须臾再吸一筒者。"棕丝指黄烟。玉圃,乾隆时人也。雍正年间,鸦片遗害已烈,故治之之律颇严,凡开鸦片馆者拟绞监候,为从杖一百,流三千里。道光十九年,黄爵滋、朱成烈奏请再禁,鄂督林则徐奏,有"烟不禁则国日贫、民日弱,数十年后,岂惟无可筹之饷,抑且无可用之兵"等语。皇帝即命则徐莅粤查办,此则《江宁条约》所自始也。予案:鸦片税则定于咸丰八年,见《中英通商章程》第五款,当时实以洋药为名而税之也。

第五章　衣　服

衣服之制，可考者亦始于三皇、五帝之时。《礼运》曰："昔者先王，未有麻丝，衣其羽皮。后圣有作，治其麻丝，以为布帛。"《墨子·辞过》曰："古之民未知为衣服时，衣皮带茭，冬则不轻而温，夏则不轻而清。圣王以为不中人之情，故作诲妇人，治丝麻，捆布帛，以为民衣。"《礼运》所谓先王，《墨子》所谓古之民，盖当三皇时。《礼运》所谓后圣，《墨子》所谓圣王，则在五帝之世。何以知其然也？《礼记·冠义》疏云："案略说称周公对成王云：'古人冒而句领。'注云古人谓三皇时，以冒覆头，句领绕颈，至黄帝时则有冕也。故《世本》云黄帝造火食旒冕，是冕起于黄帝也。但黄帝以前，则以羽皮为之冠，黄帝以后，乃用布帛。"《淮南·氾论训》曰："古者有鍪而绻领，伯余之初作衣也，緂麻索缕，手经指挂，其成犹网罗。后世为之机杼胜复，以领其用，而民得以掩形御寒。"注曰："古者盖三皇以前也。鍪头著兜鍪帽，言未知制冠也。绻领皮衣屈紩之，如今胡家韦袭反褶以为领也。一说鍪放发也，绻绕颈而已，皆无饰。伯余，黄帝臣。《世本》曰：伯余制衣裳。一曰伯余黄帝。"《易·系辞传》曰："黄帝、尧、舜垂衣裳而天下治。"疏曰："以前衣皮，其制短小，今衣丝麻布帛，所作衣裳，其制长大，故曰垂衣裳也。"合观诸说，则布帛为用之广，衣裳制作之精，其必在五帝之世，无可疑矣。《禹贡》：兖、青、徐、扬、荆、豫六州皆有织物，不知所记果禹时事否？

《士冠礼》郑注："皮弁者，以白鹿皮为冠，象上古也。"《易纬乾凿度》注："古者田渔而食，因衣其皮，先知蔽前，后知蔽后。后王易之以布帛。而独存其蔽前者，重古道而不忘本也。"《左》桓二年疏引。《郊特牲》曰："黄衣黄冠而祭，息田夫也。野夫黄冠，黄冠，草服也。大罗氏，天子之掌鸟兽者也。诸侯贡属焉。草笠而至，尊野服也。"《诗》曰："彼都人士，台笠缁撮。"《毛传》曰："台所以御暑，笠所以御雨也。"笺曰："台夫须也。都人之士以台为笠。"《左》襄十四年，晋人数戎子驹支曰："乃祖吾离被苫盖。"注曰："盖，苫之别名。"疏曰："言无布帛可衣，惟衣草也。"孙诒让《墨子閒诂》谓带茭疑即丧服之绞带，《传》云："绞带者，绳带也。"亦即《尚贤》篇所谓带索，《尚贤》篇："传说被褐带索。"此皆邃古之遗制也。《禹贡》：冀州鸟夷皮服，扬州鸟夷卉服，邃古之情形，固与蛮夷近矣。

古者冠与服相因，故以冠名服。冠之尊者莫如冕。冕之制以木为干，用布衣之，上玄下朱，前俯后仰。《礼运》曰："天子之冕，朱绿藻，十有二旒，诸侯九，上大夫七，下大夫五，士三。"《周官·弁师》："掌王之五冕，皆玄冕，朱里延纽，注："小鼻在武，上笄所贯也。"五采缫，十有二就，皆五采玉十有二。注："缫，杂文之名也。合五采丝为之绳，垂于延之前后各十二，所谓邃延也。就，成也。绳之每一币而贯五采玉，十二旒则十二玉也，每就间盖一寸。"疏："玉有五色，以青赤黄白黑于一旒之上，以此五色玉贯于藻绳之上，每玉间相去一寸。"郑司农曰："缫当为藻。"玉笄朱纮。"注："以朱组为纮也。纮一条，属两端于武。"疏："谓以一条绳，先属一头于左旁笄上，以一头绕于颐下，至句上，于右相笄上绕之。是以郑注《士冠礼》云：有笄者屈组以为纮，垂为饰；无笄者缨而结其绦。彼有笄据皮弁爵弁。此五冕皆有笄，与彼同。此言属于武者据笄贯武，故以武言之，其实在笄。"《司服》云："王之吉服，祀昊天上帝，则服大裘而冕，祀五帝亦如之。享先王则衮冕；享先公飨射，则鷩冕；祀四望山川，则毳冕；祭社稷五祀，则希冕；祭群小祀，则玄冕。"郑注谓"冕服有六，而言五冕者，大裘之冕，盖无旒不联数也。"前后皆有旒,旒贯玉十二。"衮衣之冕十二斿,则用玉二百八十八;鷩衣之冕缫九斿,用玉二百一十六;毳衣之冕七斿,用玉百六十八;希衣之冕五斿,用玉百二十;玄衣之冕三斿,用玉七十二。"《弁师》云:"诸侯之缫斿九就,瑉玉三采。"注:"朱白苍也。""玉琪玉笄。"疏:"王不言玉琪,于此言之者,王与诸侯互见。"注曰:"侯当为公之误也。""公之冕用玉百六十二。"又谓:"侯伯缫七就,用玉九十八;子男缫五就,用玉五十,缫玉皆三采;孤缫四就,用玉三十二;三命之卿缫三就,用玉十八;再命之大夫缫再就,用玉八,缫玉皆朱绿;一命之大夫冕而无旒,士变冕为爵弁。"疏云:"公以下皆一冕而冠五服。"案《大戴记》云:冕而前旒,所以蔽明也;黈纩塞耳,所以掩聪也。薛综注《东京赋》:"黈纩以黄绵,大如丸,县冠两边当耳,案后以玉,曰瑱。《左》桓二年疏:紘者,县瑱之绳,垂于冠之两旁。《鲁语》敬姜曰:王后亲织玄紞,则紞必织线为之,若今之缘绳。郑玄《诗》笺云:充耳所以县瑱者,或名为紞,织之人君五色,臣则三色是也。缘必杂色。而《鲁语》独言玄者,以玄是天色,故特言之,非谓纯玄色也。"后旒失蔽明之义矣。《续汉书·舆服志》:"孝明皇帝永平二年初,诏有司采《周官》、《礼记》、《尚书·皋陶》篇,乘舆服从欧阳氏说,公卿以下从大小夏侯氏说,冕皆广七寸,长尺二寸,前圆后方,朱绿里,玄上,前垂四寸,后垂三寸,系白玉珠为十二旒,以其绶采色为组缨。三公诸侯七旒,青玉为珠。卿大夫五旒,黑玉为珠。皆有前无后,各以其绶采色为组缨,旁垂黈纩。"此盖有所受之,郑说非也。《玉藻》曰:"天子玉藻,十有二旒。"《郊特牲》亦曰:"戴冕璪十有二旒。"无自十二旒至三旒之说,更无祀上帝冕无旒之说。《玉藻》:"天子玉藻,十有二旒,前后邃延。"注:"杂采曰藻。天子以五采藻为旒,旒玉十有二。前后邃延者,言皆出冕前后而垂也。天子齐肩,延冕上覆也。"疏:"天子齐肩者,以天子之旒十有二就,每一就贯以玉,就间相去一寸,则旒长尺二寸,故垂而齐肩也。言天子齐肩,则诸侯以下,各有差降。则九玉者九寸,七玉者七寸,以下皆依旒数垂而长短为差。旒垂五采玉,依饰射侯之次,从上而下,初以朱,次白,次苍,次黄,次玄,五采玉既质遍,周而复始。其三采者,先朱,次白,次苍。二色者,先朱后绿。皇氏、沈氏并为此说,今依用焉。后至汉明帝时,用曹褒之说,皆用白旒珠,与古异也。"《周官·弁师》疏:"凡冕体《周礼》无文,叔孙通作汉礼器制度,取法于周,今还取彼以释之。按彼文凡冕以版广八寸,长尺六寸,以此上玄下朱覆之,乃以五采缫绳贯五采玉,垂于延前后,谓之邃延。"《王制》疏:"凡冕之制,皆玄上纁下。故注《弁师》云,皆玄覆朱里,师说以木版为中,以三十升玄布衣之于上,谓之延也。以朱为里,但不知用布缯耳。当应以缯为之,以其前后旒用丝故也。按汉礼器制度,广八寸,长尺六寸也。又董巴《舆服志》云:广七寸,长尺二寸。皇氏谓此为诸侯之冕。应劭《汉官仪》:广七寸,长八寸,皇氏以为卿大夫之冕服也。若如皇氏言,岂董巴专记诸侯,应劭专记卿大夫,盖冕随代变异,大小不同,今依汉礼器制度为定也。"《左》桓二年疏:"《世本》云:黄帝作冕。宋仲子云:冕,冠之有旒者。礼文残缺,形制难详。《周礼》弁师掌王之五冕,皆玄冕朱里,止言玄朱而已,不言所用之物。《论语》云:麻冕,礼也。盖以木为干,而用布衣之,上玄下朱,取天地之色。其长短广狭,则经传无文。阮谌《三礼图》汉礼器制度云:冕制皆长尺六寸,广八寸,天子以下皆同。沈引董巴《舆服志》云:广七寸,长尺二寸。应劭《汉官仪》云:广七寸,长八寸。沈又云:广八寸,长尺六寸者,天子之冕;广七寸,长尺二寸者,诸侯之冕;广七寸,长八寸者,大夫之冕。但古礼残缺,未知孰是,故备载焉。司马彪《续汉书·舆服志》云:孝明帝永平二年初,诏有司采《周官》、《礼记》、《尚书》之文制冕,皆前圆后方,朱里玄上,前垂四寸,后垂三寸,天子白玉珠十二旒,三公诸侯青玉珠七旒,卿大夫黑玉珠五旒,皆有前无后,此则汉法耳。"按疏家皆郑学,故以夏侯、欧阳说为不然,其实郑说显与古违者多也。《论语·子罕》:"子曰:麻冕,礼也。今也纯俭,吾从众。"《集解》:孔曰:"古者绩麻三十升布以为之。"疏:"郑注《丧服》云:布八十缕为升。三十升则二千四百缕矣,细缕难成,故孔子以为不如纯之俭也。"案《丧服》注:"布八十缕为升,升字当为登。登,成也。今之礼皆以登为升,俗误已行久矣。"疏:"布八十缕为升者,此无正文,师师相传言之,是以今亦云八十缕,谓之宗。宗即古之升也。"《说文》:"冕大夫以上冠也。"《杂记》:"大夫冕而祭于公,弁而祭于己;士弁而祭于公,冠而祭于己。"与《礼运》异。《左》桓二年"衡紞纮綖",注:"綖冠上覆",疏:"冕以木为干,以玄布衣其上,谓之綖。"案此即"前后邃延"之延也。

凡冕则衮衣，《玉藻》所谓"天子玉藻，十有二旒，前后邃延，龙卷以祭"者也。《觐礼》疏引《白虎通》："天子升龙，诸侯降龙。"衮衣之制，盖自虞、夏而有之。《书·益稷》曰："予欲观古人之象，日、月、星、辰、山、龙、华、虫、作会、宗彝、藻、火、粉、米、黼、黻、絺、绣，以五采章施于五色，作服，汝明。"今本《益稷》。孔安国云："日月星，为三辰；华，象草华；虫，雉也。画三辰、山龙、华虫于衣服旌旗。""会，五采也，以五采成此画焉。宗庙彝樽，亦以山龙华虫为饰。""藻，水草有文者。火为火字。粉若粟冰。米若聚米。黼若斧形。黻为两已相背。葛之精者曰絺。五色备曰绣。"如孔此言，日也，月也，星辰也，山也，龙也，华也，虫也，七者画于衣服旌旗；山、龙、华、虫四者，亦画于宗庙彝器；藻也，火也，粉也，米也，黼也，黻也，六者绣之于裳。如此数之，则十三章矣。天之大数，不过十二，若为十三，无所法象。或以为孔并华虫为一，其言华象草华虫雉者，言象草华之虫，故为雉也。若华别似草，安知虫为雉乎？未知孔意必然以否。郑玄读会为绘，谓画也；絺为绣，谓刺也；宗彝，谓虎蜼也。《周礼》宗庙彝器有虎彝、蜼彝，故以宗彝为虎蜼也。《周礼》有衮冕、鷩冕、毳冕，其衮鷩、毳者，各是其服章首所画，举其首章以名服耳。衮是衮龙也，衮冕九章，以龙为首。鷩是华虫也，鷩冕七章，以华虫为首。毳是虎蜼也，毳冕五章，以虎蜼为首。虎毛浅，蜼毛深，故以毳言之。毳，乱毛也。如郑此言，则于《尚书》之文其章不次。故于《周礼》之注，具分辨之。郑于《司服》之注，具引《尚书》之文，乃云：此古天子冕服十二章。絺或作绣，字之误也。王者相变，至周而以日、月、星辰画于旌旗，所谓三辰旌旗，昭其明也。而冕服九章，登龙于山，登火于宗彝，尊其神明也。九章：初一曰龙，次二曰山，次三曰华虫，次四曰火，次五曰宗彝，皆画以为绘。次六曰藻，次七曰粉米，次八曰黼，次九曰黻，皆絺以为绣，则衮之衣五章，裳四章，凡九也。鷩画以雉，谓华虫也。

其衣三章，裳四章，凡七也。毳画虎蜼，谓宗彝也。其衣二章，裳三章，凡五也。是郑玄之说，华虫为一，粉米为一也。以上录《左》昭二十五年疏。杜预亦以日、月、星辰画于旌旗，以山也、龙也、华也、虫也、藻也、火也、粉米也、黼也、黻也为九，释左氏之九文。王肃以为舜时三辰，即画于旌旗，不在衣，见《书》疏。郑又云："希郑读为缔，紩也。刺粉米，无画也。其衣一章，裳二章，凡三也。玄者，衣无文，裳刺黻而已，是以谓之玄焉。"郑释冕服如此。《王制》疏述郑说又云："此是天子之服，其诸侯以下，未得而闻。"案《皋陶谟》云："五服五章哉。"郑注云："五服，十二也、九也、七也、五也、三也。如郑之意，九者谓公侯之服，自山而下七也，是伯之服，自华虫而下五也，是子男之服，自藻而下三也，卿大夫之服，自粉米而下，与《孝经》注不同者，《孝经》举其大纲。或云《孝经》非郑注。"清宋绵初驳之曰："谓古天子冕服十二章，至周而冕服九章，其说无据。凡车服旗章，天子以十二为节，公以九为节，侯、伯以七为节，子男以五为节，礼有明文。天子玉藻十二旒，则冕服亦十二章矣。公之冕九旒九就，则冕服亦九章矣。郑以《虞书》冕服龙在次五，而周曰龙衮，则是龙章为首。以日、月、星辰之于旌旗，而引《左传》三辰旐以实之。今案旗章与章服两事，虞、夏之旌旗，何尝不画日月乎？日、月、星不可以名服，故以龙衮为名而统十二章，犹《论语》言黻冕，举一章以该他章，不当因龙衮之名而谓无日、月、星也。贾公彦云：九章。无正文并郑以意解之。然则郑氏之说，未可即以为周公之礼矣。"案《司服》又云："公之服，自衮冕而下，如王之服。侯伯之服，自鷩冕而下，如公之服。子男之服，自毳冕而下，如侯伯之服。孤之服，自缔冕而下，如子男之服。卿大夫之服，自玄冕而下，如孤之服。士之服，自皮弁而下，如大夫之服，其齐服有玄端素端。"《王制》疏："谓之端者，已外之服，其袂三尺三寸，其袪尺八寸。其玄端则袂二尺二寸，袪尺二寸。端，正也，以幅广二尺二寸，袂广二尺二寸，与之正方，故云玄端也。"《大行人》："上公之礼，冕服九章；侯伯之礼，冕服七章；子男之礼，冕服五章。"《诗·无衣》毛传同。宋氏之说是也。宋氏又云：绘之为画，乃假借之文，非本训。经典无衣服用画之文，而《周官·典丝》、《考工记》皆以画缋并举，绘缋一字。《说文》：绘，会五采绣也。缋，织余也。绘绣对文异，散则通。绘者，合五采丝为之，织功也。絺绣者，刺五采丝为之，箴功也。衣以绘，裳以绣，上下相变，其为采色彰施则同。其说新而确，观此知以作会为古代绘画者之非，而唐、虞之世，已有五采之丝织物，则得一新发见矣。

弁之制，与冕略同，所异者"弁前后平，冕则前低一寸余"耳。《周官·弁师》疏。《公羊》宣元年注："皮弁武冠，爵弁文冠，夏曰收，殷曰冔，周曰弁，加旒曰冕，王所以入宗庙。"《士冠礼记》："委貌，周道也。章甫，殷道也。毋追，夏后氏之道也。周弁，殷冔，夏收，三王共皮弁素积。"《礼记·郊特牲》同。注谓其制之异同皆未闻。宋绵初谓：经意若言"周之委貌者，弁也；殷之章甫者，冔也；夏后氏之毋追者，收也。盖大同而小异"。可为《解诂》作疏。《周官·弁师》注："弁者，古冠之大称，委貌缁布曰弁。"疏曰："六冕皆得称弁。委貌缁布，散文亦得言弁。"案士冠三加，初加缁布冠，古冠也，士无綏。天子玄冠朱组缨，诸侯缁布冠缋綏，见《玉藻》。再加皮弁素积，庙廷之服也。三加爵弁纁裳，宗庙之服也。既冠，易玄冠玄端，斋戒之服也。《郊特牲》："大古冠布，齐则缁之。其綏也，孔子曰：吾未之闻也。"注："唐、虞以上曰太古。"盖太古吉凶，同服白布冠，三代改制，以为丧冠，惟始冠冠之，反本修古之意也。既冠，即不复用，所谓"冠而敝之"也。《杂记》注："大白冠，大古之布冠也。《春秋传》曰：卫文公大布之衣、大白之冠。"此乃乘丧败之后，非常制也。

冠制与冕弁大殊。《白虎通》曰："冠者，棬也，所以棬持其发也。"《说文》曰："冠，豢也，所以豢发。"《释名》："冠，贯也，所以贯韬发也。"古之冠，略如今之丧冠，中有梁，广二寸。丧冠广二寸，见《丧服》贾疏。吉冠当亦同之。冠形穹窿，其长当尺有数寸，秦始皇改为六寸，汉文帝增为七寸而梁始阔，而古之冠制不可见矣。古人重露发，必先韬之，以縰结之为紒，然后固之以冠。《士冠礼》："缁纚，广终幅，长六尺。"注:"纚,今之帻梁也。终,充也。纚一幅长六尺,足以韬发而结之矣。"疏:"既云韬发,乃云结之,则韬讫乃为紒乎矣。"《内则》:"栉、縰、笄、总。"疏:"总者,裂练缯为之,束发之本,垂余于髻后,故以为饰也。""栉讫,加縰。縰讫,加笄。笄讫,加总。《曲礼》:"敛发毋髢。"注:"髢,髲也,毋垂余,如髲也。髢或为肄。"疏:"古人重发,以纚韬之,不使垂也。"幼时剪发为鬌,下垂至眉,稍长,乃结为两角,而犹留其象为髦,此为人子之饰。亲殁,则亦去之矣。《内则》:"三月之末,择日,剪发为鬌,男角女羁,否则男左女右。"注:"鬌,所遗发也。夹囟曰角,午达曰羁。"疏:"囟是首脑之上缝。夹囟两旁,当角之处,留发不剪。女剪发留其顶上,纵横各一,相交通达。不如两角相对,故曰羁。羁者,只也。"又《内则》:"栉、縰、笄、总、拂髦。"注:"縰,韬发者也。总,束发也,垂后为饰。拂髦振去尘著之,髦用发为之,象幼时鬌,其制未闻也。"《诗·柏舟》传:"髦者,发至眉,子事父母之饰。"《既夕礼》:"既殡,主人脱髦。"注:"儿生三月,剪发为鬌,男角女羁,否则男左女右,长大犹为饰存之,谓之髦,所以顺父幼小之心。至此尸柩不见,丧无饰,可以去之。髦之形象未闻。"《柏舟》疏曰:"若父母有先死者,于死三日脱之,服阕,又著之。若二亲并没,则因去之矣。《玉藻》云:亲没不髦是也。"案《玉藻》注云:"去为子之饰。"《诗·氓》:"总角之宴,言笑晏晏。"传:"总角,结发也。"笺:"我为童,女未笄,结发宴然之时。"疏:"《甫田》云:总角丱兮,未几见兮,突而弁兮。是男子总角未冠,则妇人总角未笄也。《内则》亦云:男女未冠笄者,总角衿缨,以无笄,直结其发,聚之为两角。故《内则》注云:收发结之。《甫田》传云:总角,聚两髦也。"《杂记》:"女虽未许嫁,年二十而笄,燕则鬈首。"注:"既笄之后去之,犹若女有鬈紒也。"疏:"谓既笄之后,寻常在家,燕居则去其笄而鬈首,谓分发为鬈紒也。此既未许嫁,虽已笄,犹为少者处之。"冠之卷谓之武,或谓之委缨,以组二属于武,结颐下,有余则垂之为饰,是曰緌。丧冠以绳为武,故缨武同材。武之始,盖以布围发际,自前而后,及项则有緄以结之,故缺而不周,故谓之缺项也。《士冠礼》:"缁布冠缺项青组,缨属于缺,缁纚广终幅,长六尺,皮弁笄,爵弁笄,缁组纮纁边,同箧。"注:"缺读如,有頍者弁之,頍缁布冠,无笄者著,頍围发际结项,中隅为四,缀以固冠也。项中有绲,亦由固頍为之耳。今未冠笄者著。卷帻,頍象之所生也。縢、薛名繭，为颊属犹著。笄，今之簪，有笄者屈组为纮，垂为饰。无笄者缨而结其绦。"疏："颊之两头皆为缅，别以绳穿缅中结之，然后颊得牢固。""屈组谓以一条组于左笄上，系定绕颐下，又相向上仰属于笄屈，系之有余，因垂为饰也。"无笄"则以二条组两相属于颊，既属讫，则所垂绦于颐下结之"。《杂记》："丧冠条属，以别吉凶。"注："条属者，通屈一条绳若布为武，垂下为缨，属之冠，象大古丧事略也。吉冠则缨武异材焉。"《丧服》："冠绳缨条属。"注："通屈一条绳为武，垂下为缨，著之冠也。"疏："谓将一条绳从额上约之，至项后交过，两相各至耳，于武缀之，各垂于颐下结之云。著之冠者武缨，皆上属著冠。"《左》桓二年："衡、紞、纮、綖。"注："衡，维持冠者。紞，冠之垂者。纮，缨从下而上者。綖，冠上覆。"疏："《周礼》追师掌王后之首服，追衡笄。郑司农云：衡，维持冠者。郑玄云：祭服有衡，垂于副之两旁当耳，其下以紞县瑱。彼妇人首服有衡，则男子首服亦然，冠由此以得支立，故云维持冠者。追者，治玉之名。王后之衡，以玉为之，故追师掌焉。弁师掌王之五冕，弁及冕皆用玉笄，则天子之衡，亦用玉。其诸侯以下，衡之所用则未闻。纮缨皆以组为之，所以结冠于人首也。缨用两组，属之于两旁，结之于颔下，垂其余也。纮用一组，从下屈而上属之于两旁，垂其余也。弁师掌王之五冕，皆玉笄朱纮。《祭义》称诸侯冕而青纮。《士冠礼》称缁布冠青组缨，皮弁笄，爵弁笄，缁组缨。郑玄云：有笄者屈组为纮，垂为饰。无笄者缨而结其绦。以其有笄者用纮力少，故从下而上属之，无笄者用缨力多，故从上而下之。冕弁皆有笄，故用纮。缁布冠无笄，故用缨也。《鲁语》称公侯夫人织纮綖，知纮亦织而为之。《士冠礼》言组缨组纮，知天子诸侯之纮，亦用组也。"《癸巳存稿》"紟缨"条："《内则》：妇事舅姑，紟缨。注云：紟，犹结也。妇人有缨，示系属也。按《说文》云：頚，颈饰也。婴，颈饰也。缨，冠系也。紟，衣系也。冠系亦在颈，垂于下为饰，所谓冠緌双止。妇人之缨，由颈交于胸，所谓亲结其褵也。男缨亦曰綏，女缨亦曰褵。缨与婴字通用。《荀子·富国》篇云：处女婴宝珠，言颈饰缀珠也。《释名》云：缨者，自上而系于颈也。婴儿者，胸前曰婴，抱之婴前乳养之。是婴颈饰至胸。妇人乳子者犹有缨，是缨为妇人常饰也。"

《周官·弁师》曰："王之皮弁，会五采玉注："会，缝中也。皮弁之缝中，每贯结五采玉十二，以为饰，谓之綦。《诗》云：会弁如星。又曰：其弁伊綦。

是也。"璂,注:"结也。"象邸注:"邸,下柢也,以象骨为之。"疏:"谓于弁内顶上,以象骨为柢。"玉笄。王之弁绖,弁而加环绖。注:"弁绖,王吊所服也。其弁如爵弁而素,所谓素冠也。"诸侯及孤卿大夫之冕,韦弁皮弁,弁绖各以其等为之。"注:"各以其等,缫斿玉璂,如其命数也。冕则侯伯缫七就,用玉九十八。子男缫五就,用玉五十。缫玉皆三采。孤缫四就,用玉三十二。三命之卿缫三就,用玉十八。再命之大夫藻再就,用玉八。藻玉皆朱绿。韦弁皮弁,则侯伯璂饰七,子男璂饰五,玉亦三采。孤则璂饰四,三命之卿璂饰三,再命之大夫璂饰二,玉亦二采。弁绖之弁,其辟积如冕缫之就。然庶人吊者素委貌,一命之大夫冕而无斿,士变冕为爵弁,其韦弁皮弁之会无结饰,弁绖之弁不辟积。""不言冠弁,冠弁兼于韦弁皮弁矣。不言服弁,服弁自天子以下无饰无等。"

《司服》曰:"凡兵事,韦弁服。"注:"韦弁以靺韦为弁,又以为衣裳。《春秋传》曰晋郤至衣靺韦之跗注是也。《聘礼》疏:"晋郤至衣靺韦之跗注,郑《志》以跗为幅,以注为属,谓制韦如布帛之幅,而连属为衣及裳。"与《周官》疏引郑《志》异,疑《周官》疏误。今时伍伯缇衣,古兵服之遗色。"疏:"贾服等说,跗谓足跗;注,属也,袴而属于跗。郑《杂问志》则以跗为幅,注亦为属,以靺韦幅如布帛之幅,而连属以为衣。而素裳既与诸家不同,又与此注裳亦用靺韦有同者异者。郑君两解此注,与贾服同,裳亦用靺韦也。至彼《杂问志》裳用素者,从白舄之义。若然,案《聘礼》云:卿韦弁,归饔饩。注云:韦弁,靺韦之弁,盖靺布为衣,而素裳与此又不同者。彼非兵事入庙,不可纯如兵服,故疑用靺布为衣也。言素裳者,亦从白屦为正也。以其屦从裳色,天子诸侯白舄,大夫、士白履,皆施于皮弁故也。"《聘礼》疏:"晋郤至衣靺韦之跗注,郑《志》以跗为幅,以注为属,谓制韦如布帛之幅,而连属为衣及裳。"与《周官》疏引郑《志》异,疑《周官》疏误。

《周官》又曰:"眡朝,则皮弁服。"注:"十五升白布衣积素以为裳。"积,犹辟也。《士冠礼》:"皮弁,服素积,缁带,素韠。"此即《士冠礼记》所谓"三王共皮弁素积"者也。其用之甚广,《玉藻》:天子皮弁以日视朝,遂以食。乡党素衣麑裘。郑注:视朝之服,君臣同服也。《小雅》有頍弁。注:弁,皮弁也,天子诸侯朝服以燕。《郊特牲》:祭之日,王皮弁以听祭报。《明堂位》:皮弁素积,裼而舞大夏。《学记》:大学始教,皮弁祭菜。《聘礼》:宾皮弁以聘。又,宾射燕射亦用之。后世以为吊服。

《司服》又曰:"凡甸冠弁服。"注:"甸,田猎也。冠弁委貌,其服缁布衣,亦积素以为裳,诸侯以为视朝之服。"宋氏曰:《郊特牲》注:或谓委貌为玄冠。《晋语》:范文子退朝,武子击之以杖,折委笄。《士冠礼》:有缨者无笄。玄冠即缁布冠有缨,而皮弁爵弁有笄,则委貌乃弁,非冠也。《左》襄十四年:"卫献公戒孙文子、宁惠子食,皆服而朝。日旰不召,而射鸿于囿。二子从之,不释皮冠而与之言。二子怒。"注:"皮冠,田猎之冠也。"疏:"诸侯每日视朝,其君与臣,皆服玄冠,缁布衣素积以为裳,《礼》通谓此服为朝服。宴食虽非大礼,要是以礼见君,故服朝服。公食大夫之礼宾朝服,则臣于君虽非礼食,亦当朝服也。""虞人掌猎,昭二十年《传》曰:皮冠以招虞人。又十二年《传》言,雨雪,楚子皮冠以出,出田猎也。是诸侯之礼,皮冠以田猎。《周礼·司服》云:凡甸冠弁服。郑玄云:彼天子之礼,故以诸侯朝服而田,异于此也。昭十二年《传》又云:右尹子革夕,王见之,去皮冠。杜云:敬大臣。是君敬大臣,宜释皮冠。"

《司服》又云:"凡凶事,服弁服。凡吊事,弁绖服。凡丧,为天王斩衰,为王后齐衰,王为三公六卿锡衰,为诸侯缌衰,为大夫士疑衰,其首服皆弁绖,大札、大荒、大灾素服。"注:"服弁,丧冠也。其服斩衰齐衰。""弁绖者,如爵弁而素加环绖。其服锡衰、缌衰、疑衰。"郑注:"郑司农云:锡,麻之滑易者,十五升去其半,有事其布,无事其缕。缌亦十五升去其半,有事其缕,无事其布。案,此皆《丧服》传文。《杂记》曰:"朝服十五升,去其半而缌,加灰锡也。"《大射礼》注:"锡,细布也。今文锡，或作錫。"疑衰十四升，此无文。玄谓疑之言拟也，拟于吉。"疏："吉服十五升，今疑衰十四升，少一升而已，故云拟于吉。"注："大札，疫病也。大荒，饥馑也。大裁、水火为害，君臣素服缟冠，若晋伯宗哭梁山之崩。"《礼记·间传》："斩衰三升，齐衰四升、五升、六升，大功七升、八升、九升，小功十升、十一升、十二升，缌麻十五升去其半。有事其缕，无事其布，曰缌。此哀之发于衣服者也。斩衰三升，既虞，卒哭，受以成布六升，冠七升。为母疏衰四升，受以成布七升，冠八升。去麻服葛，葛带三重，期而小祥，练冠縓缘，要绖不除。""又期而大祥，素缟麻衣，中月而禫，禫而纤，无所不佩。"注："此齐衰多二等，大功、小功多一等，服主于受，是极列衣服之差也。""麻衣十五升布，亦深衣也。谓之麻者，纯用布，无采饰也。黑经白纬曰纤，旧说纤，冠者采缨也。"疏："《丧服记》云：齐衰四升，此经云齐衰四升、五升、六升，多于《丧服》篇之二等。《丧服记》云：大功八升，若九升，此云大功七升、八升、九升，是多于《丧服》一等也。《丧服记》又云：小功十升，若十一升，此云小功十升、十一升、十二升，是多于《丧服》一等也。以《丧服》既略，故记者于是经极列衣服之差。"

《司服》又云："公之服，自衮冕而下，如王之服。侯伯之服，自鷩冕而下，如公之服。子男之服，自毳冕而下，如侯伯之服。孤之服，自希冕而下，如子男之服。卿大夫之服，自玄冕而下，如孤之服。其凶服，加以大功小功。士之服，自皮弁而下，如大夫之服，其凶服亦如之。其齐服，有玄端素端。"注："自公之衮冕，至卿大夫之玄冕，皆其朝聘天子及助祭之服。诸侯非二王后，其余皆玄冕而祭于己。《杂记》曰：大夫冕而祭于公，弁而祭于己。士弁而祭于公，冠而祭于己。大夫爵弁。自祭家庙，唯孤尔，其余皆玄冠，与士同。玄冠自祭其庙者，其服朝服玄端。诸侯之自相朝聘，皆皮弁服。此天子日视朝之服。《丧服》，天子诸侯齐斩而已。卿大夫加以大功小功，士亦如之，又加缌焉。士齐有素端者，亦为札荒。有所祷，请变素服。言素端者，明异制。郑司农云：衣有襦裳者，为端玄。玄谓端者，取其正也。士之衣袂，皆二尺二寸，而属幅是广袤等也。其袪尺二寸，大夫以上侈之。侈之者，盖半而益一焉。半而益一，则其袂三尺三寸，祛尺八寸。"案，此亦无正文。案《玉藻》云："天子玉藻，十有二旒，前后邃延，龙卷以祭。玄端而朝日于东门之外，听朔于南门之外。闰月，则阖门左扉，立于其中。注："端当为冕。"疏："知端当为冕者，凡衣服，皮弁尊，次以诸侯之朝服，次以玄端。按，下诸侯皮弁听朔，朝服视朝，是视朝之服，卑于听朔。今天子皮弁视朝，若玄端听朔，则是听朔之服卑于视朝，与诸侯不类。且听朔大，视朝小，故知端当为冕。"皮弁以日视朝，遂以食。日中而馂。卒食，玄端而居。诸侯玄端以祭，注："端亦当为冕。"裨冕以朝，注："裨冕，公衮，侯伯鷩，子男毳也。"皮弁以听朔于大庙。朝服以日视朝于内朝，注："朝服，冠玄端素裳。"朝，辨色始入。君日出而视之，退适路寝听政，使人视大夫。大夫退，然后适小寝，释服。注："服玄端。"又朝服以食，特牲三俎，祭肺，夕深衣，祭牢肉。"《公羊》昭二十五年《解诂》云："《礼》天子朝皮弁，夕玄端。朝服以听朝，玄端以燕，皮弁以征不义，取禽兽行射。诸侯朝朝服，夕深衣，玄端以燕，裨冕以朝。天子以祭其祖祢，卿大夫冕服而助君祭，朝服祭其祖祢。士爵弁黻衣裳以助公祭，玄端以祭其祖祢。"案，如《玉藻》、《解诂》之文，天子诸侯大夫士之服，皆递降一等，惟天子玄端以朝日听朔。又玄端以燕居为错乱，且玄端用之朝日听朔，诸侯用之以祭亦太轻。宋绵初谓玄端当作玄衮，指《周官》之衮鷩以下。后世以衮必龙章，误。服玄衮则裨冕，诸侯玄衮以祭，裨冕以朝，乃互言以相备云。玄端齐服，即《祭统》所谓"王后蚕于北郊，以供纯服"者。《士冠礼》疏曰："古缁纯二字并行。若据布为色者，则为缁字；若据帛为色者，则为纯字。但缁布之缁，多在本字，不误。纯帛之纯，则多误为纯。"《诗·都人士》疏："缁虽古布帛两名，但字从才者为帛，从甾者为布。"《郊特牲》曰："齐之玄也，以阴幽思也。"故其冠亦玄冠，所谓"大古冠布齐则缁之"者也。玄裳《士冠礼》："玄端、玄裳、黄裳、杂裳可也。"缁带黑屦，皆见《士冠礼》，天子以为燕居之服。朝服缁衣，即《周官》之冠弁服，已见前。朝服委貌，齐服玄冠，其制不同。凡言端委，皆指朝服，与连言玄端者亦异。《论语》端章甫，即《左氏》太伯端委之端委，郑注以为玄端，误也。《续汉书·舆服志》："委貌冠，皮弁冠同制，长七寸，高四寸。制如覆杯，前高广，后卑锐，所谓夏之毋追，殷之章甫者也。"爵弁见《士冠礼》。《士冠礼》云："爵弁，服纁裳，纯衣，缁带，韎韐。"注："爵弁者，冕之次，其色赤而微黑，如爵头，然或谓之陬。其布三十升。纁裳，浅绛裳。纯衣，丝衣也。余衣皆用布，惟冕与爵弁服用丝耳。"案《杂记》谓朝服十五升，郑注因谓天子、诸侯、大夫、士朝服通用布。宋绵初则谓此语惟指深衣言之，经典别无朝服用布之文。吉服止于深衣者，惟庶人为然云。经典言缁布衣者，必加布字。《说文》：缁，黑色布也。祭服通上下，皆玄衣纁裳，齐服通上下，皆玄衣玄裳。韎韐，注曰："韫韍也。士染以茅蒐，因以名焉。韍之制似韠。"疏谓："祭服谓之韍，其他服谓之韠。""但有饰无饰为异耳。""《明堂位》云：有虞氏服韍，夏后氏山，殷火，周龙章。郑云：后王弥饰，天子备焉。诸侯火而下，卿大夫山，士韎韦而已。是士无饰，则不得单名韍，一名韎韐，一名缊绂而已。"又谓"染韦为韍，天子与其臣及诸侯与其臣有异"，"天子纯朱，诸侯与其臣黄朱"云。本《诗》"朱芾斯黄"，笺又引《易·乾凿度》云："天子三公诸侯同色。"

	祭	朝日听朔	视朝及食	燕 居
天 子	龙 衮	玄 端	皮 弁	玄 端
诸 侯	玄 端	皮 弁	朝 服	深 衣
大 夫	冕而祭于公，弁而祭于己			
士	弁而祭于公，冠而祭于己			

以上诸服，皆殊衣裳，其裳皆有襞积，所谓帏裳也。朝祭服皆帏

裳。帏裳之制，经无考。《丧服》郑注云："前三幅，后四幅，襞积无数，皆以正裁。"《王制》疏："衣服之制，历代不同。按《易·系辞》云：黄帝、尧、舜垂衣裳而天下治。盖取诸乾坤，玄衣法天，黄裳法地，故《易·坤》六五，黄裳元吉。虞氏以来，其裳用纁。""郑注《易》下《系辞》云：土配位南方，南方色赤黄而兼赤，故为纁也。""凡衣服著其身，有章采文物，黄色太质，故用纁也。""天色昼则苍，夜则玄。衣不用苍，亦以其太质故也。""妇人之服，不殊衣裳，上下同色。"见《绿衣》郑笺。疏曰："言不殊裳者，谓衣裳连，连则色同。""故云上下同色也。""《丧服》云：女子子在室，为父布总箭笄髽，衰三年。直言衰，不言裳，则裳与衰连，知非吉凶异者。"《士昏礼》云："女次纯衣。及《礼记》子羔之袭褖衣纁袡为一，称讥袭妇服，皆不言裳，是吉服亦不殊裳也。若男子朝服，则缁衣素裳，丧则斩衰素裳，吉凶皆殊衣裳也。"惟深衣则否。深衣者，古上下之通服也，其制见于《礼记》之《玉藻》、《深衣》两篇。其领两襟相交而方，即后世之方领深衣，所谓"曲袷如矩以应方"也。《深衣》注云："袷，交领也。"《曲礼》："天子视不上于袷。"《玉藻》："视带以及袷。"注皆同。《释名》："直领斜直而交下。"交领以外右襟内左襟相交，交处象矩，故曰方领。袷与襟同体，襟交则袷交矣。与对襟异。《深衣》注又曰："古者方领如今小儿衣领。"《后汉书·儒林传》："习方领，能矩步。"《马援传》："朱勃衣方领，能矩步。"则汉时犹有其制。《左》昭十一年："衣有襘。"襘即袷也。"袷三寸"见《玉藻》。衣袂当掖之缝曰袼，为"二尺二寸之节"。郑注。袂二尺二寸，肘尺二寸。故《玉藻》曰："袂可回肘。"《深衣》曰："袼之高下，可以运肘"也。《诗·遵大路》疏："袂是袪之本，袪为袂之末。"人从脊至肩尺一寸，从肩至手二尺四寸，布幅二尺二寸，衣幅之覆臂者尺一寸。袂属于衣，长二尺二寸，并缘寸半，二尺三寸半，除缝之所杀，各一寸，余二尺一寸。故《深衣》曰"袂之长短，反诎之及肘"也。据《深衣》疏。《管子·弟子职》："凡拚之道，实水于盘，攘臂袂及肘。"注："恐湿其袂，且不便于事也。""袂圜以应规。"《深衣》文。袂口曰袪，"袪尺二寸"。《玉藻》文。裳前后各六幅，《深衣》所谓"制十有二幅，以应十有二月"也。其幅皆以二尺二寸之布，破为二中四幅正裁。"上下皆广一尺一寸，各边去一寸为缝。上下皆九寸。八幅七尺二寸。又以布二幅，斜裁为幅，狭头二寸，宽头二尺，各去一寸为缝。狭头成角。宽头一尺八寸，皆以成角者向上，广一尺八寸者向下。四幅下广，亦得七尺二寸。"江永《深衣刊误》。《玉藻》所谓"深衣三袪，缝齐倍要"也。疏："齐谓裳之下畔，要谓裳之上畔。"斜裁之"四幅，连属于裳之两旁，名衽"，《深衣刊误》。《深衣》所谓"衽当旁"也。其左连之，是为深衣，所谓"续衽"。其右"别用一幅布，上狭下阔，缀于后内衽，使钩曲而前，以掩裳际"，则其所谓"钩边"也。《礼记·儒行》：孔子曰："丘少居鲁，衣逢掖之衣。"注："逢，犹大也。大掖之衣，大袂禅衣也。此君子有道艺者所衣也。""庶人禅衣，袂二尺二寸，袪尺二寸。"疏："礼大夫以上，其服侈袂。郑注《司服》云：侈之者半而益一，一袂三尺三寸，袪尺八寸。"《杂记》："凡弁绖，其衰侈袂。"注："侈，犹大也。弁绖服者，吊服也。其衰锡也，缌也，疑也。袂之小者，二尺二寸，大者半而益之，则侈袂三尺三寸。"疏："若士，则其衰不侈也。故《周礼·司服》有玄端素端，注云变素服，言素端者，明异制。大夫以上侈之，明士不侈，故称端。"案，逢掖之衣，即深衣，特侈其袂耳。"短毋见肤，长毋被土。""负绳及踝以应直。谓裂与后幅相当之缝也。下齐如权衡以应平。""带，下毋厌髀，上毋厌胁，当无骨者。"皆《深衣》文。"以白布十五升为之。"《诗·蜉蝣》笺。"缘广寸半。"《玉藻》文。"具父母，大父母，衣纯以缋。具父母，衣纯以青。如孤子，衣纯以素。"《深衣》文。"可苦衣疏："苦事衣著以完牢。"而易有。"《深衣》注。士以上别有朝祭之服，庶人即以此为吉服，故曰"完且弗费，善衣之次"也。深衣为吉凶上下男女之通服。《礼记集说》："吕氏曰：深衣之用，上下不嫌同名，吉凶不嫌同制，男女不嫌同服。诸侯朝朝服，夕深衣。大夫朝玄端，夕深衣。庶人吉服深衣而已。此上下之同也。有虞氏深衣而养老。诸侯、大夫夕深衣。将军文子除丧而受越人吊，练冠深衣。亲迎，女在涂，婿之父母死，深衣缟总以趋丧。此吉凶男女之同也。盖深衣者，简便之服，虽不经见，推其义类，则非朝祭皆可服之。故曰可以为文，可以为武，可以摈相，可以治军旅也。"其为用甚广，详见任大椿《深衣释例》。故曰"可以为文，可以为武，可以摈相，可以治军旅"也。《深衣》疏引郑《目录》云："深衣连衣裳，而纯之以采者。素纯曰长衣,有表则谓之中衣。大夫以上祭服之中衣用素。《诗》云:素衣朱襮。《玉藻》曰:以帛里布,非礼也。士祭以朝服,中衣以布,明矣。"疏曰:"长衣、中衣及深衣,其制度同。中衣在朝服、祭服、丧服之下,知丧服亦有中衣者。《檀弓》云:练衣黄里。注云:练中衣以黄为内是也。吉服中衣,亦以采缘。其诸侯得绡黼为领,丹朱为缘。《郊特牲》云:绡黼丹朱中衣,大夫之僭礼。则知大夫士不用绡黼丹朱,但用采纯而已矣。其长衣以素缘,知者若以采缘,则与吉服中衣同,故知以素缘也。若以布缘,则曰麻衣。知用布缘者,以其称麻衣故知也。其丧服之中衣,其纯用布,视冠布之粗细,至葬可以用素缘也。练则用纁也。称深衣者,以余服则上衣下裳不相连。此深衣衣裳相连,被体深邃,故谓之深衣。"

古人衣裘之等,见于《玉藻》。《玉藻》曰:"君衣狐白裘,锦衣以裼之。君之右虎裘,厥左狼裘。士不衣狐白。君子狐青裘豹褎,玄绡衣以裼之。麛裘青豻褎,绞衣苍黄之色。以裼之。羔裘豹饰,饰,犹褎也。缁衣以裼之。狐裘,黄衣以裼之。"注以君子为大夫,正义因以君为天子,与下云"锦衣狐裘,诸侯之服"不合。《秦风·终南》:"君子至止,锦衣狐裘。"亦必非指天子。《白虎通义》曰:"天子狐白,诸侯狐黄,大夫狐苍,士羔。"岂诸侯在其国得衣狐白,对天子则狐黄与?《玉藻》又云:"犬羊之裘不裼。"注:"质略,亦庶人无文饰。"则庶人衣犬羊之裘也。

《玉藻》又云:"惟君有黼裘以誓省,大裘非古也。"注:"僭天子也。大裘,羔裘也。黼裘以羔与狐白杂为黼文也。"《周官·司裘》:"掌为大裘,以共王祀天之服。中秋,献良裘,王乃行羽物。季秋,献功裘,以待颁赐。"郑司农云:"大裘,黑羔裘服,以祀天示质。良裘,王所服也。功裘,卿大夫所服。"后郑云:良裘,《玉藻》所谓黼裘。功裘,人功微粗,谓狐青麛裘之属。

古人衣裘,皆如今之反著。故曰:"虞人反裘而负薪,彼知惜其毛,不知皮尽而毛无所附也。"裘之上更有裼衣,露其裘曰裼,掩之曰袭。故曰:"裘之裼也,见美也。服之袭也,充美也。"《玉藻》文。注:"充,犹覆也。""裼以尽饰为义,故曰不文饰也不裼。吊则袭不尽饰也。君在则裼尽饰也。所敬不主于君则袭,是故尸袭。尸尊,无敬于下也。执玉龟,袭,重宝瑞也。无事则裼,弗敢充也。"案,无事谓已致龟玉也。《聘礼》注:"凡当盛礼者,以充美为敬。非盛礼者,以见美为敬。礼尚相变也。"《表记》:"裼袭之不相因也,欲民之无相渎也。"注:"不相因者,以其或以裼为敬,或以袭为敬。"**若裘上无衣,则为表裘,则为不敬。故曰:"表裘不入公门。"**《玉藻》文。**夏日缔绤上必加衣,与裘同。故曰:"振缔绤不入公门。"**《玉藻》文。注:"振读为袗。袗,襌也。"又曰:"当暑袗缔绤,必表而出之。"《乡党》文。言必加表衣。**凡裼衣象裘色,故《论语》亦曰:"缁衣羔裘,素衣麑裘,黄衣狐裘"也。**《玉藻》:"君衣狐白裘,锦衣以裼之。"注曰:"以素锦为衣,覆之,使可裼也。袒而有衣曰裼。必覆之者,裘亵也。《诗》云:衣锦絅衣,裳锦绢裳。然则锦衣复有上衣,明矣。"《聘礼》:"公侧授宰玉,裼降立。"注曰:"裼者,免上衣,见裼衣。"贾疏曰:"凡服四时不同,假令冬有裘,俪身襌衫,又有襦袴,襦袴之上有裘,裘上有裼衣,裼衣之上又有上服、皮弁、祭服之等。若夏以缔绤,缔绤之上则有中衣,中衣之上复有上服、皮弁、祭服之等。若春秋二时,则衣袷褶,袷褶之上加以中衣,中衣之上加以上服也。言见裼衣者,谓袒袗前上服见裼衣也。"《诗·羔裘》正义曰:"崔灵恩等以天子诸侯朝祭之服,先着明衣,又加中衣,又加裘,裘外又加裼衣,裼衣之上乃加朝祭之服。其二刘等则以《玉藻》云:君衣狐白裘,锦衣以裼之。又云:以帛里布,非礼也。郑注云:冕服中衣用素,朝服中衣用布。若皮弁服之下,即以锦衣为裼,便是以帛里布,故知中衣在裼衣之上,明矣。"《终南》正义主崔说。《曲礼》正义曰:"凡衣近体,有袍泽之属,其外有裘。夏日则衣葛,其上有裼衣,裼衣上有袭衣,袭衣之上有常着之服,则皮弁之属也。掩而不开,则谓之为袭。若开此皮弁及中衣,左袒出其裼衣,谓之为裼。"则二刘之说也。《玉藻》正义:"皇氏云:凡六冕及爵弁无裘,先加明衣,次加中衣。冬则次加袍茧。夏则不袍茧,用葛也。次加祭服。若朝服布衣,亦先以明衣亲身,次加中衣。冬则次加裘,裘上加裼衣,裼衣之上加朝服。夏则中衣之上不用裘而加葛,上加朝服。"《乡党》邢疏用之。宋绵初谓:《玉藻》言裼即锦衣等，锦衣之上更有衣覆，无正文，郑乃以诗为证。其实衣锦褧衣，一见《卫·硕人》篇，一见《郑·丰》篇，皆嫁子之服，上加襌衣，蔽御风尘，以释袭则可，以释裼则非。郑注谓以锦为衣，乃使可裼，实误。祭无裼袭，故《玉藻》曰：大裘不裼，谓祭服在裼衣之上，尤非也。明衣者，齐时亲体之衣也。《论语·乡党》曰："齐必有明衣布。"《士丧礼》："明衣用幕布，袂属幅，长下膝。"注："帷幕之布，升数未闻。长下膝，又有裳以蔽下体深。"《诗·无衣》："与子同泽。"笺："襌亵衣受污垢。"《广雅》："襌，长襦也。"《说文》："襌，袴也。"正义从之。盖衣袴皆可言襌。《诗》先言同袍，后言同襌。《周官·春官》注："巾絮寝衣，袍襌之属。"亦以袍襌连言。盖即《广雅》所谓长襦也。《既夕礼》："设明衣，妇人则设中带。"注："中带，若今之襌袗。"

以上所言，为朝祭之服。若私家之居，则《论语·乡党》曰："亵裘长，短右袂。"盖其制较朝祭之服为长。又曰："狐貉之厚以居。"貉裘他处不见，盖亦燕居之服也。《左》定九年："皙帻而衣狸制。"狸与貉皆狐类，岂皆该于狐裘之中与？

妇女之服，见于《天官·内司服》。《内司服》曰："掌王后之六服，袆衣，揄狄，阙狄，鞠衣，展衣，缘衣，素沙。辨外内命妇之服，鞠衣，展衣，缘衣，素沙。"郑司农云："袆衣，画衣也。""揄狄、阙狄，画羽饰。""展衣，白衣也。""鞠衣，黄衣也。素沙，赤衣也。"后郑曰："狄当为翟。翟，雉名。伊雒而南，素质，五色皆备成章，曰翚。江淮而南，青质，五色皆备成章，曰摇。王后之服，刻缯为之形而采画之，缀于衣以为文章。袆衣画翚者，揄翟画摇者，阙翟刻而不画，此三者皆祭服。从王祭先王则服袆衣，祭先公则服揄翟，祭群小祀则服阙翟。""鞠衣，黄桑服也。色如鞠尘，疏："鞠、麹，古通用。"象桑叶始生。""展衣，以礼见王及宾客之服。字当为襢，襢之言亶。亶，诚也。""缘衣，御于王之服，亦以燕居。男子之褖衣黑，则是亦黑色也。六服备于此矣。以下推次其色，则阙狄赤，揄狄青，袆衣玄。妇人尚专一德，无所兼连，衣裳不异其色。素纱者，今之白缚也。缚声类，谓即绢字。六服皆袍制,以白縛为里,使之张显。""内命妇之服:鞠衣,九嫔也。展衣,世妇也。缘衣,女御也。外命妇者,其夫孤也,则服鞠衣。其夫卿大夫也,则服展衣。其夫士也,则服缘衣。三夫人及公之妻,其阙狄以下乎?侯伯之夫人揄狄,子男之夫人亦阙狄,惟二王后袆衣。"《玉藻》:"王后袆衣,夫人揄狄。""君命屈狄,再命袆衣,一命襢衣。士缘衣。"注:"夫人,三夫人,亦侯伯之夫人也。王者之后,夫人亦袆衣。""君,女君也。屈,《周礼》作阙。""此子男之夫人,及其卿、大夫、士之妻命服也。袆当为鞠字之误也。礼,天子、诸侯命其臣后夫人,亦命其妻以衣服,所谓夫尊于朝,妻荣于室也。子男之卿再命而妻鞠衣,则鞠衣、襢衣、缘衣者,诸侯之臣皆分为三等,其妻以次受此服也。公之臣,孤为上,卿、大夫次之,士次之。侯伯子男之臣,卿为上,大夫次之,士次之。""凡世妇以下,蚕事毕,献茧,乃命之以其服。天子之后、夫人、九嫔,及诸侯之夫人,夫在其位,则妻得服其服矣。"疏云:"世妇及卿大夫之妻并卑,虽已被命,犹不得即服命服,必又须经入助蚕,蚕毕献茧,茧多功大,更须君亲命之着服,乃得服耳。"《明堂位》:"君卷冕立于阼,夫人副袆立于房中。"注:"《周礼》追师掌王后之首服为副袆,王后之上服,惟鲁及王者之后夫人服之。诸侯夫人则自揄翟而下。"康成好以他经牵合《周官》,其然否亦无以言之耳。

《周官·追师》:"掌王后之首服,为副、编、次、追、衡、笄,为九嫔及外内命妇之首服,以待祭祀宾客。"注曰:"副之言覆。""其遗象若今步繇矣。服之以从王祭祀。疏:"汉之步繇,谓在首之时,行步繇动。此据时目验以晓。古至今去汉久远,亦无以知之矣。案,《诗》有副笄六珈,谓以六物加于副上,未知用何物。故郑注《诗》云:副既笄而加饰,古之制所有,未闻是也。"编,编列发为之。其遗象若今假紒矣。服之以桑也。次,次第发长短为之,所谓髲髢。疏:"谓剪鬄,取贱者刑者之发而为髢。"服之以见王。王后之燕居,亦纚笄总而已。疏:"《士冠礼》:纚长六尺以韬发,笄者所以安发。总者既系其本,又总其末。"追,犹治也。王后之衡笄,皆以玉为之。惟祭服有衡,垂于副之两旁当耳,其下以紞县瑱。《诗》云:玼兮玼兮,其之翟也。鬒发如云,不屑髢也。玉之瑱也,是之谓也。疏:"鞠衣已下虽无衡,亦应有紞以县瑱,是以著。《诗》云,充耳以素、以青、以黄,是臣之紞以悬瑱,则知妇人亦有紞以悬瑱也。云垂于副之两旁当耳,其下以紞县瑱者。《传》云:衡紞纮綖,与衡连明,言紞为衡设矣。笄既横施,则衡垂可知。若然衡训为横,既垂之而又得为横者,其笄言横,据在头上,横贯为横,此衡在副旁当耳。据人身竖为从,此衡则为横。其衡下,乃以紞县瑱也。"外内命妇,衣鞠衣襢衣者服,褗衣褖衣者服次。非王祭祀宾客佐后,自于其家,则亦降焉,少牢馈食。《礼》曰:主妇髲鬄,衣移袂,特牲馈食。《礼》曰:主妇纚笄宵衣是也。昏礼女次纯衣,即褖衣。摄盛服耳。凡诸侯夫人于其国,衣服与王后同。"

裳"前三幅,后四幅"。《丧服》郑注。疏:"前为阳,后为阴,故前三后四,各象阴阳也。""祭服朝服辟积无数。"《丧服》郑注。丧服则三襞积。《丧服》:"凡衰外削幅,裳内削幅,幅三袧。"注:"削,犹杀也。太古冠布衣布,先知为上,外杀其幅,以便体也。后知为下,内杀其幅,稍有饰也。后世圣人易之,以此为丧服。袧者,谓襞两侧空中央也。"疏曰:"衰外削幅者,谓缝之边幅向外。裳内削幅者,谓缝之边幅向内。云幅三袧者,据裳而言。为裳之法,前三幅,后四幅。幅皆三襞摄之。以其七幅布,幅二尺二寸,幅皆两畔各去一寸,为削幅则二七十四尺。若不襞积,其腰中则束身不得。腰中广狭,在人粗细。故袧之襞摄,亦不言寸数多少,但幅则以三为限耳。"凡祭服玄衣纁裳,裳之外为韨,韨为古蔽前之遗制,已见前。故《诗·采菽》笺曰:"芾,太古蔽膝之象也。"笺又曰:"冕服谓之芾,其他服谓之韠。"《玉藻》曰:"韠,君朱,大夫素,士爵韦。注:"此玄端服之韠也。凡韠以韦为之,必象裳色,则天子诸侯玄端朱裳,大夫素裳,惟士玄裳、黄裳、杂裳也。皮弁服皆素韠。"《毛传》:"天子纯朱,诸侯黄朱。"圜、杀、直。天子直。注:"四角直,无圜杀。"公侯前后方。注:"杀四角使之方,变于天子也。所杀去者,上下各五寸。"大夫前方，后挫角。注："圜其上角，变于君也。韠以下为前，以上为后。"士前后正。注："士贱，与君同，不嫌也。天子之士则直，诸侯之士则方。"韠，下广二尺，上广一尺，长三尺。其颈五寸。肩革带，博二寸。"注："颈五寸，亦谓广也。颈中央，肩两角，皆上接革带以系之，肩与革带广同。凡佩，系于革带。"疏："颈长五寸，则肩亦长五寸，肩博二寸，则颈亦博二寸。《杂记》："韠长三尺，下广二尺，上广一尺。会去上五寸。纰以爵韦六寸，不至下五寸，纯以素，紃以五采。"注："会，谓领上缝也。领之所用，盖与纰同。在旁曰纰，在下曰纯。素，生帛也。纰六寸者，中执之表里各三寸也。纯纰所不至者五寸，与会去上同。紃，施诸缝中，若今时绦也。"又曰："一命缊韍幽衡，缊，赤黄之间色，所谓韎也。幽读为黝，黑谓之黝。衡，佩玉之衡也。再命赤韍幽衡，三命赤韍葱衡。"青谓之葱。注："此玄冕爵弁服之，韠尊祭服异其名耳。"此三语，《候人》毛传同。《明堂位》曰："有虞氏服韍，夏后氏山，殷火，周龙章。"注："后王弥饰也。天子备焉。诸侯火，而下卿大夫山，士韎韐而已。"《左》桓二年疏："《玉藻》说玄端服之，韠云，韠君朱，大夫素，士爵韦。发首言韠句，末言韦，明皆以韦为之。凡韠，皆象裳色。言君朱，大夫素，则尊卑之，韠直色别而已，无他饰也。其黻则有文饰焉。"下引《明堂位》云。又曰："徐广《车服仪制》曰：古者韍如今蔽膝。战国连兵，以韍非兵饰，去之。汉明帝复制韍，天子赤皮蔽膝。然则汉世蔽膝，犹用赤皮。魏晋以来，以绛纱为之。"

带有大带，有革带。《白虎通》："男子有鞶革者，示有金革之事。"《内则》："男鞶革，女鞶丝。"大带以素丝为之，亦曰鞶。革带，在大带之上，韠黻杂珮之所系也。带之制，亦详于《玉藻》。《玉藻》曰："天子素带朱里，终辟。"注："辟读如裨冕之裨。裨谓以采绘饰其制。""而素带，终辟。疏："终辟者，谓诸侯也。以素为带，不以朱为里，终竟带身在要，及垂皆裨。"大夫素带，辟垂。疏："但以玄华裨其身之两旁及屈垂者。"士练带，率下辟。疏："两边缏而已。缏，谓缝缉也。唯辟向下垂者。"居士锦带。注："居士，道艺处士也。"弟子缟带。""凡带，有率，无箴功。"疏："凡带，有司之带也。无箴功，则不裨之下士也。""并纽带交结之处。约谓以物穿纽约结其带。用组。""三寸绅带之垂者。长，制士三尺，有司二尺有五寸。"注："有司，府史之属也。""大夫大带四寸。广四寸。杂带，杂，犹饰也。君朱绿，注："君裨带上以朱，下以绿终之。"大夫玄华，注："外以玄，内以华。华，黄色也。"士缁辟。注："士裨垂之下，外内皆以缁，是谓缁带。"绅縪结三齐。"带之交处曰纽，合其纽穿以组曰结。

《曲礼》："凡奉者当心，提者当带。"疏曰："带有二处。朝服之属，其带则高于心。深衣之类，其带则下于胁。何以知然？《玉藻》说大带云三分带下，绅居二焉。绅长三尺，而居带之下三分之二，则带之下去地四尺五寸矣。人长八尺为限，若带下四尺五寸，则带上所余，正三尺五寸。故知朝服等带则高也。而深衣云带下毋厌髀，上毋厌胁，当无骨者。故知深衣之带则下也。今云提者当带，谓深衣之带。"《左》桓二年："鞶厉游缨。"注："鞶，绅带也，一名大带。"疏："以带束腰，垂其余以为饰，谓之绅。上带为革带，故云鞶。绅带所以别上带也。"又云："贾、服等说鞶厉皆与杜同，惟郑玄独异。《礼记·内则》注以鞶为小囊，读厉，如裂繻之裂，言鞶囊必裂缯缘之以为饰。案《礼记》称男鞶革，女鞶丝。鞶是带之别称，遂以鞶为带名，言其带革带丝耳。鞶非囊之号也。《礼记》又云：妇事舅姑，施鞶帙，帙是囊之别名。今人谓裹书之物为帙，言其施带施囊耳。其縶亦非囊也。若以縶为小囊，则帙是何器，若帙亦是囊，则不应带二囊矣。以此知縶即是绅带，为得其实。"

布衣之士，则惟有韦带，故古恒以韦布并言。《淮南子·修务训》："布衣韦带之人。"《说苑》："大王常闻布衣韦带之士乎？"阮嗣宗《诣蒋公奏记》："夫布衣韦带穷居之士。"《汉书·贾山传》注："韦带以革韦为带，无饰也。"《后汉书·周磐传》："尝诵《诗》至《汝坟》之卒章，慨然而叹，乃解韦带，就孝廉之举。"注："以韦皮为带，未仕之服也。"马缟《古今注》："古革带自三代以来，降至秦、汉，皆庶人服之。"《宋书·舆服志》："今单衣裁制与深衣同，惟绢带为异。"则古深衣之带，不用绢也。

佩有德佩、事佩。德佩者，玉也。《玉藻》曰："古之君子必佩玉，注："君子，士已上。"右徵角，左宫羽，注："玉声所中也。"趋以《采齐》，行以《肆夏》，周还中规，折还中矩，进则揖之，退则扬之，然后玉锵鸣也。故君子在车则闻鸾和之声，行则鸣佩玉，是以非辟之心，无自入也。""凡带必有佩玉，唯丧否。"《论语》："去丧，无所不佩。""君子无故，玉不去身。注："故，谓丧与灾眚。"君子于玉比德焉。天子佩白玉而玄组绶，公侯佩山玄玉而朱组绶，大夫佩水苍玉而纯组绶，世子佩瑜玉而綦组绶，士佩瓀玫而缊组绶。注："绶者，所以贯佩玉相承受者也。纯当为缁。綦，文杂色也。缊，赤黄。"孔子佩象环五寸而綦组绶。"疏："尊者玉色纯，公侯以下玉色渐杂，世子及士惟论玉质，不明玉色也，则玉色不定也。""君在不佩玉，左结佩，右设佩，注："谓世子也。出所处而君在焉，则去德佩，而设事佩，辟德而示即事也。结其左者，若于事有未能也。结者，结其绶，不使鸣也。"居则设佩，注："谓所处而君不在焉。"朝则结佩，注："朝于君亦结左。"齐则綪结佩，而爵韠。"注："綪，屈也。结又屈之，思神灵不在事也。"疏："此谓总包凡应佩玉之人，非唯世子。"

事佩者，所以备劳役。《内则》："左右佩用，左佩纷帨、拭物之巾。刀、小刀。砺、耆。小觿、解小结。觿貌如锥，以象骨为之。金燧，可取火于日。右佩玦、捍、捍，拾也，可以捍弦。管、笔彄。遰、刀鞞。大觿、木燧"是也。

插于带间者为笏，所以书思对命。《玉藻》曰："凡有指画于君前，用笏。造受命于君前，则书于笏。笏，毕用也。因饰焉。"又曰："见于天子，与射，无说笏。入大庙说笏，非古也。注："言凡吉事，无所说笏也。太庙之中，唯君当事说笏也。"小功不说笏，当事免则说之。既搢必盥，虽有执于朝，弗有盥矣。"其物，《玉藻》曰："天子以球玉，诸侯以象，大夫以鱼须文竹，士竹本，象可也。"注："球，美玉也。"疏："庾氏云：以鲛鱼须饰竹以成文，士以竹为本质，以象牙饰其边缘。卢云：以鱼须及文竹为笏，非郑义也。"又曰："笏度，二尺有六寸。其中博三寸，其杀六分而去一。"注："杀，犹杼也。天子杼上终葵首，诸侯不终葵首，大夫、士又杼其下首，广二寸半。"疏："其中博三寸者天子，诸侯上首广二寸半，其天子椎头不杀也。大夫、士下首又广二寸半，惟笏之中央同博三寸，故云其中博三寸也。其杀六分而去一者，天子、诸侯从中以上，稍稍渐杀，至上首六分三寸，而去其一分，余有二寸半在。大夫、士又从中以下，渐渐杀至下首，亦六分而去一。""天子搢珽，方正于天下也。注："此亦笏也。谓之珽，珽之言，挺然无所屈也。或谓之大圭，长三尺，杼上终葵首。终葵首者，于杼上又广其首，方如椎头，是谓无所屈，后则恒直。"诸侯荼，前诎后直，让于天子也。注："荼，读为舒迟之舒。舒懦者，所畏在前也。诎谓圜杀其首，不为椎头。"大夫前诎后诎，无所不让也。"注："又杀其下而圜。"《士丧礼》疏曰："虽不言士，士与大夫同。"江永《乡党图考》曰："珽与大圭不同。天子冕弁诸服，皆搢珽，惟朝日搢大圭，故《典瑞》特言之。若大圭即珽，不必于《典瑞》见之矣。考《玉人》文言，大圭长三尺，杼上终葵首，谓圭上杀又别为椎头，若珽则无终葵首之制。且《玉藻》下文言笏度二尺有六寸，尊卑皆然，亦不长三尺也。"宋绵初《释服》曰："其中博三寸，此上下之通制也。其杀六分而去一。有不杀者，天子之珽不杀而无所诎，故曰方正。其杀者，诸侯圜杀而诎曲。其前言后直，不言后直方，后亦杀也。大夫则前后皆圜杀而又屈曲之也。"案，笏后世不插而执之于手，故有持簿、执手版之说。

古服下体亲身者为裈。《史记·司马相如传》："身自着犊鼻裈，与保庸杂作，涤器于市中。"集解："韦昭曰：今三尺布作形如犊鼻矣。"《三国·魏志·韩宣传》："宣以当受杖，预脱袴裈。及见原，裈要不下，乃释而去。"《东观记》："黄香家贫，经冬无袴。"《魏略》：贾逵"冬常无袴，过其妻兄柳孚宿，其明无何，着孚袴去"。并可见袴在裈外，去袴所以就劳役。故《淮南子·原道训》谓"短绻不袴，以便涉游"也。《方言》："无裥之袴谓之襣。"其实袴为胫衣，无裥则不可谓之袴矣。《事物纪原》："裈，汉、晋名犊鼻，北齐则与袴长短相似。"裈袴之无别，盖自北齐始也。姚令威曰："医书膝上二寸为犊鼻，盖裈之长及此。"据任大椿《深衣释例》。

袴，《说文》作绔，云"胫衣也"。《释名》：袴，"跨也，两股各跨别也"。《广雅》："襱谓之绔。"《说文》亦曰："襄，绔也。"又曰："襱，绔踦也。"此即俗所谓袴裆。《方言》曰："袴，齐鲁之间谓之襱，或谓之襱。"郭注："今俗呼袴踦为襱，音铜鱼。"案，今音犹然，惟袴有襱，故以襱名袴，非谓袴止有襱也。䙱读若冥。部："鬣，羽猎韦绔。"王氏筠曰："此或即今之套袴，有衩无要者也。音而陇切，与襱音文冢切相近。"《说文释例》卷十五。恐非。

袴之制，原于裳，主为蔽胫，故不缝其裆。马缟《古今注》曰："袴，盖古之裳也。周武王以布为之，名曰褶。敬王以缯为之，名曰袴，但不缝口而已。至汉章帝时，以绫为之，加下缘，名曰口。"《汉书·外戚传》："光欲皇后擅宠有子，帝时体不安，左右及医皆阿意，言宜禁内。虽宫人使令皆为穷绔，多其带，后宫莫有进者。"服虔曰："穷绔有前后当，不得交通也。师古曰：穷绔，即今之绲裆袴也。"《集韵》：绲，缝也。《朱博传》："又敕功曹、官属，多襃衣大袑，不中节度。"师古曰："袑，谓大袴也。"案，《说文》："袑，绔上也。"《广雅》："襱谓之袴，其裆谓之袑。"惟不缝故大也。前汉时袑尚不缝，马缟之言自有所本。

《诗·采菽》："赤芾在股，邪幅在下。"毛传："幅，逼也，所以自逼束也。"笺曰："邪幅如今行縢也，逼束其胫，自足至膝，故曰在下。"则幅为盛服矣。然其始则所以便行走，故《战国策》谓苏秦羸縢，负书担囊也。"《吴志》：吕蒙为兵作绛衣行縢。《旧唐书》：德宗入骆谷，值霖雨，道涂险滑，卫士多亡归朱泚。东川节度使李叔明之子昇及郭子仪之子曙、令狐彰之子建等六人，恐有奸人危乘舆，相与齧臂为盟，着行縢钉鞵，更鞚上马，以至梁州，它人皆不得近。及还京师，上皆以为禁卫将军，宠遇甚厚。"《日知录》"行縢"条。案此物今犹有之，所以用之不如古之广者,以今多缚袴也,见下。

"古人席地而坐,故登席必脱其履,《礼记》所谓户外有二履是也。然臣见君,则不惟脱履,兼脱其韈。《诗》:赤芾在股,邪幅在下。邪幅,行縢也。韈去,故行縢见也。《左传》:卫出公辄为灵台,与诸大夫饮酒。褚师声子韈而登席。公怒。对曰:臣有疾,若见之,君将殼之。是不敢。公愈怒,欲断其足。杜注:谓有足疾也。殼,呕也。《注》又云:古者臣见君解韈。然则古人以跣足为至敬也。汉制,脱韈虽无明文,然优礼萧何,特命剑履上殿,则群臣上殿犹皆脱韈可知。卫宏《汉官旧仪》:掾吏见丞相脱履,丞相立席后答拜。《魏志》曹操令曰:祠庙上殿当解履。吾受命剑履上殿。今有事于庙而解履,是尊先公而替王命也。故吾不敢解履。可见是时祭先祖,见长官,尚皆脱履。三国时,吴贺邵美容止,坐常着韈,则是时家居亦多有不韈者。宋改诸王国制度,内有'藩国官正冬不得跣登国殿'一条。是时藩国朝贺,其王尚皆跣,故诏改之,以叙其礼。梁天监中,尚书议云:礼,跣韈登席,事由燕坐。阎若璩据此语,谓古惟燕饮,始跣而为欢,祭则不跣也。按《韩诗》:不脱履而即席谓之礼,跣而上坐谓之燕。则古人行礼尚着履,燕乃跣韈,阎说盖本此。今则极敬之所,莫不皆跣。清庙崇严,既绝恒礼,凡履行者,应皆跣韈。盖是时庙祭有不跣韈者,故申禁之。曰极敬之所,莫不皆跣,则是时朝会祭祀,犹皆跣韈。陈祥道《礼书》所谓汉魏以后,朝祭皆跣也。《唐书》:刘知几以释奠皆衣冠乘马,奏言冠履只可配车,今韈而鞾,跣而鞍,实不合于古。是唐时祭祀,亦尚有跣韈之制。至寻常入朝,则已有着履者。《唐书》:棣王琰有二妾争宠,求巫者密置符琰履中。或告琰厌魅,帝伺其朝,使人取其履,验之果然是也。盖古者本以脱韈为至敬,其次则脱履,至唐则祭祀外,无脱履之制,然朝会亦尚着履,此唐初之制也。"《陔余丛考》"脱韈登席"条。《释服》曰:"凡自外入内者,必解履然后升堂。既解履,则践地者韈也。久立地,或渍污,故有解韈就席之礼,失之亦为不敬。解韈见逼,《诗》曰邪幅在下,正燕饮而跣,以为欢之时也。其仪制汉时已亡。"《日知录》"行縢"条曰:"古人之袜,大抵以皮为之。今之村民,往往行縢而不袜者,古人之遗制也。吴贺邵为人美容止,坐常着袜,希见其足。则汉魏之世,不袜而见足者多矣。"案原注谓贺邵坐常着袜之袜,"始从衣字"。

　　古之屦有复有单,其材则有皮有葛,其饰则有絇、有繶、有纯,又有綦以系之。《周官·屦人》注:"复下曰舄,禅下曰屦。疏:"下谓底。"古人言屦以通于复,今世言屦以通于禅,俗易语反与?"疑古多用禅,汉世多用复也。《士冠礼》:"屦夏用葛,冬皮屦可也。"疏:"春宜从夏,秋宜从冬。《诗·葛屦》:"纠纠葛屦,可以履霜。"毛传曰:"夏葛屦,冬皮屦,葛屦非所以履霜。"疏曰:"凡屦,冬皮夏葛,则无用丝之时,而《少仪》云'国家靡敝,君子不履丝屦'者,谓皮屦以丝为饰也。《天官·屦人》说屦舄之饰,有絇繶纯,是屦用丝为饰也。夏日之有葛屦,犹缔绤所以当暑,特为便于时耳,非行礼之服。若行礼之服,虽夏犹当用皮。郑于《周礼》注及《志》言朝祭屦舄,各从其裳之色,明其不用葛也。"又曰:"素积白屦,以魁柎之。"注:"蜃蛤柎注也。"疏曰:"柎注者,以蛤灰涂注于上,使色白也。"故《士丧礼》又言"夏葛屦,冬白屦"也。注:"冬皮屦变言白者,明夏时用葛亦白也。"絇,《士冠礼》注曰:"絇之言拘也,以为行戒。状如刀鼻,在屦头。"《丧服》注:"旧说小功以下吉,屦无絇也。"疏:"吉时有行戒,故有絇;丧中无行戒,故无絇。以其小功轻,故从吉,屦为其大饰,故无絇也。"又曰:"繶,缝中紃也。"疏:"牙底相接之缝,中有绦紃也。"又曰:"纯,缘也。"疏:"谓绕口缘边也。"经文:"纯博寸。"《周官·屦人》注曰:"有絇有繶有纯者,饰也。"綦,《士冠礼》注曰:"屦系也,所以拘止屦也。"《士丧礼》:"夏葛屦,冬白屦,皆繶缁絇纯,组綦系于踵。"疏:"经云系于踵,则綦当属于跟后,以两端向前,与絇相连于脚跗踵足之上,合结,名为系于踵也。"案屦又有用草者,《孟子》:"犹弃敝蹝。"注云:"草履。"《左氏》:"资粮屝屦。"注云:"草屦"是也。疏引《方言》:"丝作者谓之履,麻作者谓之屝。"

　　《周官·屦人》:"掌王及后之服屦,为赤舄、黑舄、赤繶。注:"王黑舄之饰。"黄繶,注:"王后玄舄之饰。"青句,注:"王白舄之饰。"素屦、注:"非纯吉,有凶去饰者。"下注曰:"素屦散屦者惟大祥时。"疏曰:"无絇繶纯。"**葛屦**。注:"言葛屦,明有用皮时。"注曰:"凡舄之饰,如缋之次。"又曰:"絇纯繶者同色,今云赤繶、黄繶、青句,杂互言之,明舄屦众多,反复以见之。"**辨内外命夫命妇之命屦**、注:"命夫之命屦、纁屦,命妇之命屦、黄屦以下。"疏:"不得服舄,皆自鞠衣以下。"**功屦**、注:"于孤卿大夫则白屦、黑屦,九嫔内子亦然。世妇、命妇以黑屦为功屦。女御、士妻命屦而已。"**散屦**。"注:"亦谓去饰。"注曰:"屦自明矣,必连言服者,着服各有屦也。"凡屦舄,各象其裳之色。"王吉服有九,舄有三等,赤舄为上,冕服之舄,《诗》云:王锡韩侯,玄衮赤舄。则诸侯与王同。疏:"司服六冕。"下有白舄、疏:"韦弁、皮弁。"黑舄。疏:"冠弁。"王后吉服六,惟祭服有舄,玄舄为上,袆衣之舄也。下有青舄、疏:"配摇翟。"赤舄,疏:"配阙翟。"鞠衣以下皆屦耳。""天子诸侯吉事皆舄,其余惟服冕衣翟着舄耳。"

《史记·货殖列传》:"女子则鼓鸣瑟,跕屣。"臣瓒曰:"蹑跟为跕。"案,此即《说文》所谓"躧,舞履也"。

古朝祭之服皆上衣,而下裳深衣,则连衣裳而一之。在内则长者曰袍,短者曰襦,下体亲身者为裈,其外为袴。去衣裳而以袍襦为外衣,即成后世之服。不着长衣而着短衣,则为戎服,所谓袴褶也。袴褶,魏、晋以来为车驾亲军中外戒严之服,唐时以为朝见之服,盖亦自古有之。王静庵以为全出胡服,似非也。录旧作《胡服考书后》一篇如次。

《胡服考书后》曰:古服上衣下裳,连衣裳而一之,则曰深衣,无以袴为外服者。此篇因谓袴褶之制,始于赵武灵王,其原出于胡服,似未必然也。康成说韨之缘起曰:"古者田渔而食,因衣其皮,先知蔽前,后知蔽后。后王易之以布帛,而独存其蔽前者,不忘本也。"夫但知蔽前为韨,兼知蔽后,则为裳矣。朝祭之必裳,犹其存韨,皆不轻变古之意也。谓古人凡事因仍,不知改变,亦可。至就劳役,则有裈而不袴者,《淮南·原道》:"短绻不袴,以便涉游。"司马相如"着犊鼻裈,与庸保杂作"是也。有袴而不裳者,《礼记》"童子不衣裘裳"是也。劳役有之,戎事亦宜。然王氏谓:"《周礼·司服》郑注云:今伍伯缇衣。崔豹《古今注》云:今户伯绛帻繡衣。伍伯者,车前导引之卒。见《释名》、《续汉志》、《古今注》。今传世汉画像车前之卒,皆短衣着袴,由伍伯之绛帻繡衣为袴褶之服,知光武之绛衣赤帻及赤帻大冠,不独冠胡服之冠,亦服胡服之服矣。"又曰:"《汉书·匈奴传》:中行说曰:其得汉絮缯,以驰草棘中,衣袴皆裂弊,以视不如旃裘坚善也。案中国古服如端衣深衣,袴皆在内,驰草棘中,不得裂弊。袴而裂弊,是匈奴之服,袴外无表,即同于袴褶服也。"案,《司服》郑注兼引《左氏》成公十六年"有韎韦之跗注",杜注曰:"跗注,戎服,若袴而属于跗。"郑引此,盖仅证其衣裳之同色。疏谓郑以跗当为幅者,非若袴而属于跗,则与衣不连,其制盖亦有踦。杜云:若袴而不径云袴者,以袴不皆属于跗也。此古戎服着袴之征,不待胡也。《曲礼》:"童子不衣裘裳。"《玉藻》:"童子不裘不帛。"《内则》:"十年,衣不帛襦袴。""衣不帛"句,即《曲礼》所谓"童子不裘",《玉藻》所谓"不裘不帛"也。不言裳者,与下文"二十而冠,可以衣裘帛"互相备也。"襦袴",则《曲礼》所谓"童子不衣裘裳"也。所以"不裳"者,《曲礼》郑注曰"裳太温,消阴气,使不堪苦,正义:"使不堪苦者,热消阴气,则不堪苦使。"不衣裘裳便易"。疏曰:"给役,着裳则不便,故童子并缁布襦袴也。"说初不误。《内则》注云:"不用帛为襦袴,为太温,伤阴气也。"正以"不用帛"句,绝恐人不知古人言语互相足之例,故备言之。疏云:"衣不帛襦袴者,谓不以帛为襦袴。"则误矣。童子之不裘不帛,固以太温,亦以不堪苦使,不裳则专为便易,可见服劳者之必去裳矣。戴德《丧服变除》:"童子当室,谓十五至十九,为父后,持宗庙之重者,其服深衣不裳。"《玉藻》:童子"无缌服,听事不麻"。注:"虽不服缌,犹免,深衣,无麻,往给事也。"盖丧祭不可以襦袴,故加之深衣。《曲礼》疏曰："童子不衣裘裳，二十则可。故《内则》云：二十可以衣裘帛。"二十而后裘帛，则亦二十而后裳，不言者，与上文互相备故。《大戴》言：童子不裳，以十九为限也。然则裳冠之服也，冠而不裳者，将责成人之礼焉。然则裳礼服也，服劳役者，非童子则贱者，礼不下庶人，其不必裳明矣。故庶人但以深衣为吉服，同于襦袴之童子也。《左氏》昭公二十五年：师己称童谣曰："鸜鹆跦跦，公在乾侯，征褰与襦。"《说文》："褰，袴也。"《方言》："袴，齐鲁之间谓之襱。"褰之言"袪也"，《曲礼》："暑无褰裳。"见注。举也。褰裳，则利遄举也。故《诗》曰："子惠思我，褰裳涉溱。"然则欲远行者，亦必袴而不裳矣。《说文》："襦，短衣也。"《方言》："复襦，江、湘之间谓之襢。"襢从竖，竖者，童竖。《广雅》："儒，短也。"故短人称侏儒。古有恒言："寒者利短褐。"短褐者，襦之以褐为之者也。然则古之贱贫人，殆无袴而不裳也。《玉藻》曰："纩为茧，缊为袍，襌为絅，帛为襺。"《诗》："岂曰无衣，与子同袍。"传："袍，襺也。"正义："袍，襺，《释言》文。《玉藻》云：纩为襺，缊为袍。注云：衣有著之异名也。缊谓今纩及旧絮也。然则纯著新绵名为襺，杂用旧絮名为袍，虽著有异名，其制度是一，故云袍襺也。"《释名》："袍，丈夫着下至跗者也。袍，苞也，苞内衣也。"《周官·内司服注》谓王后六服，皆袍制，然则古惟贱贫人但有短褐，贵人衣裳之内，固有长袍，特外必加以衣裳，若深衣耳。去之则贵者长袍，贱者短褐，与今同矣，岂待胡服哉？《丧大记》："袍必有表。"《士丧礼》疏："褖衣，连衣裳者，用以表袍。"王君此篇，考索之功深，而于事理未尝深思也。以上《胡服考书后》原文。

任大椿《深衣释例》曰："古以殊衣裳者为礼服，祭服及朝朔之服是也；不殊衣裳者为燕服，深衣是也。后世自冕服外，以不殊衣裳者为礼服，以殊衣裳者为燕服，此古今之异制也。《续汉志》云：若冠通天冠，服衣深衣制，有袍，随五时色。梁刘昭注曰：今下至贱吏、小吏，皆通制袍、襌衣、皂缘领袖为朝服云。盖古者天子以白布衣、素裳为朝服,诸侯以缁布衣、素裳为朝服,皆衣裳殊,后汉始以袍为朝服,不殊衣裳,故司马彪谓袍为古之深衣。晋、宋以后,以绛纱袍、皂纱袍、五色纱袍、纱朱衣、绛单衣、绛皂褠衣为朝服。具服从省服,《隋志》亦云制本深衣。然则不殊衣裳,古以为便服,汉、晋以为礼服矣。《隋志》:乘舆鹿皮弁服,绯大襦,白罗裙,在宫听政则服之。"又云:"今复制白纱高屋帽,其服练裙襦,宴接宾客则服之。《北史·柳世隆传》:令王着白纱高顶帽,侯从皆裙襦袴褶。《长孙俭传》曰:晚着裙襦纱帽,引客宴于别斋。上襦而下裙,即殊衣裳之遗制也。然则六朝时转以殊衣裳者为便服矣。"

又曰:"妇人以深衣之制为礼服,不殊衣裳。故《内司服》注:妇人尚专一,德无所兼,连衣裳不异其色。则《周礼》王后六服,制度皆本深衣。《通典》载:宋制,太后、皇后入庙,服袿襡大衣,谓之袆衣。公、特进、列侯夫人,卿、校世妇,二千石命妇年长者,入庙佐祭,皂绢上下;助蚕则青绢上下。自皇后至命妇二千石,皆以蚕衣为朝服。齐、梁以后并同。即《续汉志》所云深衣制,徐广所云单衣也。其不殊衣裳,古今无异。然《古乐府·陌上桑》曰:缃绮为下裳,紫绮为上襦。襦与裳不相连者也。繁钦《定情诗》曰:何以合欢欣?纨素三条裾。《西河记》:西河无蚕桑,妇女着碧缬裙,加细布裳。《东观记》:鲍宣之妻,悉归侍御,更着短布裳。又云:王良为司徒,妻布裙徒跣。此皆别言裙裳,可知衣裳之殊矣。然则汉时妇人朝祭之服,制同深衣,燕闲之服,衣裳自殊,亦犹丈夫以袍、单衣为礼服,而其便服雅尚裙襦。《通典》载后周命妇服制云:诸命秩之服曰公服,盖即制本深衣,不殊衣裳者也。又云:其余裳服曰私。衣,盖即衣裙异着者也。"

如任氏说,可见后世服制之所由来。案《士丧礼》正义:"上下通直,不别衣裳者曰通裁。"此深衣改为长袍之始。《方言》注:"今或呼衫为襌襦。"《急就篇》注:"长衣曰袍,下至足跗。短衣曰襦,自膝以上。"《释名》:"衫,芟也,末无袖端也。"此衫之本制。《新唐书·车服志》:"中书令马周上议:礼无服衫之文。三代之制有深衣,请加襕袖褾襈,《类篇》:"衣与裳连曰襕。褾,袖端也。襈,缘也。"为士人上服。开胯者名曰缺胯衫,庶人服之。"《事物纪原》曰:"马周以三代之制有深衣,请于其下着襕及裾,名襕衫,其开袴者名缺袴衫,即今四胯衫也。"即前后左右俱开胯者。此衫变为外服之由来也。六朝以后,将士多服袄。唐将帅之服多曰袍,军士之服多曰袄,袄亦有缺胯者,可见亦为袍衫之类,非胡服也。

《急就篇》注:"褶谓重衣之最在上者也。其形若袍,短身而广袖,一曰左衽之袍也。"案被发左衽皆北俗。《日知录》"左衽"条曰:"宋周必大《二老堂诗话》云:陈益为奉使金国属官,过滹沱光武庙,见塑像左衽。岳珂《桯史》云:至涟水宣圣殿,像左衽。泗州塔院,设五百应真像,或塑或刻,皆左衽。此制盖金人为之,迄于明初而未尽除。其见于《实录》者,永乐八年,抚安山东给事中王铎之奏,宣德七年,河南彰德府林县训导杜本之奏,正统十三年,山西绛县训导张幹之奏,屡奉明旨,而未即改正。"又曰:"《丧大记》:小敛大敛,祭服不倒,皆左衽。注:左衽,衽乡左,反生时也。正义曰:衽,衣襟也,生乡右,左手解,抽带便也。死则襟乡左,示不复解也。"然则左衽中原惟用诸死者,北狄则自古皆然。褶之左衽者胡服,其不然者,自中原之戎服也。

《陔余丛考》"马褂缺襟袍战裙"条曰:"凡扈从及出使,皆服短褂、缺襟袍及战裙。短褂亦曰马褂,马上所服也,疑即古半臂之制。《说文》:无袂衣谓之裪。赵宦光以为即半臂,其小者谓之背子,此说非也。既曰半臂,则其袖必及臂之半,正如今之马褂,其无袖者,乃谓之背子耳。原注:"背子即古裲裆之制。《南史·柳元景传》:薛安都着绛衲裲裆衫,驰入贼阵。《玉篇》云:裲裆其一当背,其一当胸。朱谋㙔《骈雅》:

裲裆,胸背衣也。"刘孝孙《事原》:隋大业中,内官多服半除,即今之长袖也。唐高祖减其袖,谓之半臂,则唐初已有其制。《唐书》:韦坚为租庸使,聚江、淮运船于广运潭,令陕尉崔成甫着锦半臂缺胯绿衫而褐之,唱《得宝歌》,请明皇临观。又曾三异《同话录》有'貉袖'一条云:近岁衣制,有一种长不过腰,两袖仅掩肘,以帛为之,仍用夹里,名曰貉袖。起于御马院圉人。短前后襟者,坐鞍上不妨脱着,以其便于控驭也。此又宋人短褂之制。然短袖之服,又不仅起于唐、宋。按《魏志·杨阜传》:阜尝见明帝着帽披缥绫半袖,问帝曰:此于礼何法服也?则短袖由来久矣。《北史》:周武帝着短衣,享二十四军督。马缟《中华古今注》:隋文帝征辽,诏武官服缺胯袄子,三品以上皆紫。《唐书》:高祖武德元年,诏诸卫将军每至十月一日,皆服缺胯袄子。是缺襟之制,亦起于隋、唐时。至战裙之始,按《国语》:鄢之战,郤至以韎韦之跗注,三逐楚平王。注:跗注者,兵服自腰以下注于跗。则今之战裙,盖本此也。邲之战,屈荡逐赵旃,得其甲裳,又裙之有甲者耳。"《深衣释例》曰:"案裲裆甲,一名裲裆衫,《宋书》:薛安都惟着绛衲裲裆衫,《隋书·舆服志》:正直绛衫,从则裲裆衫是也。考《宋史·舆服志》曰:太祖建隆四年,范质议云:《开元礼》:武官陪立大仗,加螣蛇裲裆,如袖,无身,以覆其髆胳。从肩领覆髆胳,共二尺二寸。《释文》:《玉篇》相传曰:其一当胸,其一当背,谓之两当。请兼存两说,择而用之。今剧演将帅所被金银甲,即所谓其一当胸,其一当背者也。裲裆甲古既称裲裆衫,安有无身之衫乎?刘孝标《乐府》:裲裆双心共一抹,袙腹两边作一襵。盖一当胸,一当背,故曰双心。属合两边,以固前后。又曰袙腹,则《广雅》所谓裲裆谓之袙腹也。"又曰:"又案《隋书·舆服志》:诸将军侍从之服,一曰紫衫金玳瑁装裲裆甲,一曰紫衫金装裲裆甲,一曰绛衫银装裲裆甲,盖外着裲裆甲,内衷紫绛衫,衫制短小,为裲裆之衬服,尤便捷也。《南史·齐崔慧景传》：恭祖秃马绛衫，手刺倒敬则，直以衫代裲裆矣。古之甲，自身至腰，自腰至胫，分而为三，以组属之，故曰三属之甲。裲裆不殊上下，自肩直垂，此深衣之制，便于军旅者也，故曰可以武也。"石林叶氏《燕语》曰："余见大父时，家居及燕见宾客，率多顶帽而系勒帛，犹未其服背子。帽下戴小冠簪。以帛作横幅约发，号额子。处室中则去帽见冠簪，或用头巾也。古者士皆有冠，帽乃冠之遗制，头巾贱者不冠之服耳。勒帛亦垂绅之意，虽施之外不为简，背子本半臂，武士服，何取于礼乎？或云：勒帛不便于揩笏，故稍用背子。然须用上襟，腋下与背子垂带。余大观间见宰执接堂吏，押文书，犹冠帽用背子，今亦废矣。而背子又引为长袖，与半臂制亦不同。裹贱者巾，衣武士服，而习俗之久不以为异，古礼之废，大抵类此也。"据《文献通考》卷百三十。此可见今日马褂及坎肩之所由来也。

《日知录》"冠服"条引《太康县志》："弘治间，妇女衣衫，仅掩裙腰，富者用罗缎纱绢织金彩，通袖裙，用金彩膝襕，髻高寸余。""正德间，衣衫渐大，裙褶渐多，补惟用金彩补子，髻渐高。正德初，衣衫大至膝，裙短褶少，髻高如官帽，皆铁丝胎，高六七寸，口周回尺二三寸余。"此皆殊衣裳之服。又引《内丘县志》曰："先年，妇人非受封不敢戴梁冠，披红袍，系拖带，今富者皆服之。又或着百花袍，不知创自何人。"此则不殊衣裳之服也。清世女子嫁及死后，画像犹用之。又丧服亦沿古制，故有"男降女不降"，"生降死不降"之谚。

《南史·宋袁淑传》：劭就主衣取锦，裁三尺为一段，又中裂之，分斌与淑及左右，使以缚袴褶。隋服制定后，百官俱服袴褶，车驾亲军则缚袴，此戎服之袴，异于常时者。

《梁书·陈伯之传》："褚緭在魏，魏人欲擢用之。緭戏为诗曰：帽上着笼冠，袴上着朱衣，不知是今是？不知是昔非？魏人怒，出为始平太守。"盖尔时中原之俗，袴褶别为一服，不与他服相溷也。

诸服之中，惟靴确为胡制，盖以北地苦寒故也。《陔余丛考》"着靴"条曰："朝会着靴，盖起于唐中叶以后。《唐书》：皇甫镈以故缯给边兵，军士焚之。裴度奏其事。镈在宪宗前引其足曰：此靴亦内府物，坚韧可用。韦斌每朝会，不敢离立，尝大雪立庭中，不徙足，雪几没靴。崔戎为华州刺史，徙兖海，民遮留不得行，抱持取其靴。戎单骑遁去。温造节度兴元，杀倡乱者八百人，监军杨叔元拥造靴祈哀，乃免之。是唐时已多着靴。欧阳公《归田录》：和凝以二千钱买靴，问冯道靴价若干。道举左足曰：一千。凝遂嗔其仆。道徐举其右足曰：此亦一千。是又五代着靴之证。宋以后则朝靴且形之歌咏，而《朱文公家礼》内'冠仪'一条，并有襕衫带靴之制，则靴固久为公服矣。按靴本北俗，自赵武灵王始用之，然秦、汉、魏、晋尚罕有着靴者。《晋书·儒林刘兆传》：有人着靴骑驴，至门外问刘延世。又《毛宝传》：宝与祖焕战，血流满靴，此盖骑者用之。靴字从革，盖皆皮为之，便于骑也。惟齐豫章王嶷不乐闻人过，有告讦者，辄置靴中不视。梁王俭宴客乐游苑，萧琛着虎皮靴，直造其坐。陈徐陵为吏部，陈暄袍拂髁，靴至膝，亦直上其坐。南朝之着靴，见于史者，止此数事而已。其时多着履，齐明帝辅政时，百官皆脱履到席，蔡约独蹑履不改。则其时见尊长，尚以脱履为敬，固无论于着靴也。而是时北朝则靴已盛行。《北史》：慕容永被擒入长安，夫妻常卖靴自给。北齐娄太后病，童谣有紫綎靴之语。徐之才曰：紫者此下丝，綎者熟，当在四月中。太后果崩。高澄被刺时，杨愔逃出，遗一靴。《任城王湝传》：有妇人浣衣，一乘马者以旧靴换其新靴而去。又乐陵王百年被害，后有人于其处掘得一足有靴。琅琊王俨被害，亦不脱靴而埋之。及北齐亡后，嫔妃入周，亦以卖靴为业。是北朝着靴，累代盛行。盖自刘、石之乱，继以燕、秦、元魏、齐、周各从其本俗，故中土久以着靴为常服,沿及于唐,遂浸寻为朝制耳。风会所趋,随时而变,古以脱袜为敬,其后不脱袜而但脱履,又其后则不脱履,最后则靴为朝服,而履反为亵服,设有着履入朝会及见长官者,反为大不敬,更无论于跣而见也。或疑古人脱袜而登,近于裸亵,然常见暹罗国人入朝拜舞,以行縢裹足,颇斑烂(斓)可爱,想古人邪幅在下,亦复如是,则亦未为污渎也。按《明史》:洪武初,定制朝服祭服,皆白袜黑履,惟公服则用皂靴,故有赐状元朝靴之制。洪武二十五年,令文武官父兄子弟及婿皆许穿靴,校尉力士上直穿靴,出外不许,庶人不许穿靴,止许穿皮扎䩯,北地苦寒,许穿牛皮直缝靴。"《胡服考》引《说文》曰:"鞾,革履也,胡人履连胫,谓之络鞮。"九字今本无,《韵会》引有。《广韵》八戈引《释名》:"靴本胡服,赵武灵王所服。"《御览》六百九十八引《释名》:"靴本胡名也,赵武灵王始服之。"《隋书·礼仪志》:"履则诸服皆服,惟褶服以靴。靴,胡履也,取便于事,施于戎服。"《旧唐书·舆服志》:"常服六合靴,起自魏、周。"以上皆王氏《胡服考》所引。皆靴出于胡之证也。

钉鞾见《旧唐书》,已见前。《陔馀丛考》"钉鞾"条曰:"《明史·礼志》:百官入朝,遇雨皆蹑钉靴,声彻殿陛。太祖曰:古者入朝有履,唐始用靴,其令朝官为软底皮鞾,冒于靴外,出朝则释之。此又钉靴之见于记载者也。"赵氏又曰:"古人雨行,多用木屐。"

《吕览·上农》曰:"古者庶人不冠弁。"《仪礼·丧服》注曰:"庶人不冠爵弁,则冠素委貌。"委貌,即玄冠。庶人吊服深衣素冠,吉服则深衣玄冠也。《都人士》正义曰:"庶人冠缁布冠或玄冠。"盖惟行礼时或用之,平时则否。《释名》曰:"二十成人,士冠庶人巾。"巾以覆髻,则曰帻。《说文》:"发有巾曰帻。"《广雅》:"帻巾,覆结也。"是也。《后汉书·刘盆子传》注:"帻巾,所以覆髻也。"其制齐眉而折其后,亦所以覆发,使头严整。《释名》曰:"帻,迹也,下齐眉迹然也。或曰䫡,䫡折其后也。"《续汉书·舆服志》："帻者,赜也,头首严帻也。"是也。《独断》曰："帻者,古之卑贱执事不冠者之所服也,或以巾。"《宋书·舆服志》："居士野人皆服巾焉。"《文选·秋胡诗》注："巾,处士所服。"《北山移文》注："巾,隐者之饰。"《三国志·魏文帝纪》注引《魏书》："杨彪着布单衣皮弁以见。"则虽着单衣,亦不用巾。《后汉书·蔡义传》："诏事逼切,不得已解巾之郡。"《韩康传》："及见康柴车幅巾,以为田叟也。"此居士野人服巾之证也。《郭泰传》注引周迁《舆服杂事》："巾以葛为之,形如帕,本居士野人所服。"《玉篇》："帕,帽也,绢帻也。"《隋书·舆服志》："帽,古野人之服。"则巾近于帽也。《说文》："帽,小儿蛮夷头衣也。"《书大传》："古之人,衣上有冒而句领者。"注："冒,覆也。"冒而句领,《淮南》以为太古之俗,已见前。盖冠弁等皆稍进化时所制,特用为饰,帽则诚所以覆首无饰者,犹沿服之也。《日知录》"冠服"条引《豫章漫钞》曰："今人所戴小帽,以六瓣合缝,下缀以檐如筒。阁宪副闳谓予言:亦太祖所制,若曰六合一统云尔。杨维桢廉夫以方巾见,太祖问其制,对曰:四方平定巾。上喜,令士人皆得戴之。商文毅用自编民,亦以此巾见。"案六合帽,今上下通服,而明时起自编民者用巾,可见巾与帽为平民通服,今古皆然矣。《日知录》"冠服"条又引《内丘县志》曰:"万历初,童子发长犹总角,年二十余始戴网,天启间,则十五六便戴网,不使有总角之仪矣。万历初,庶民穿膝靴,儒生穿双脸鞋,非乡先生,首戴忠靖冠者,不得穿厢边云头履。至近日,而门快舆皂,无非云履,医卜星相,莫不方巾。又有晋巾、唐巾、乐天巾、东坡巾者。"

《陔余丛考》"帽顶"条曰:"《辍耕录》记元大德间,有回回臣商,卖红刺石一块于官,重一两三钱,直中统钞十四万锭。用嵌帽顶上,累朝皇帝正旦及天寿节大朝贺则服用之。又河南王卜怜吉歹尝郊行,天暖欲易凉帽,左右捧笠侍,风吹堕石上,跌碎御赐玉顶,王不嗔责。又有猴盗者,使所畜猴入人家窃物。在韶州旅邸服绣衣,琢玉为帽顶。又《元史》:仁宗为皇太子时,淮东宣慰使撒都献七宝帽顶,却之。据此,则帽之有顶,元制已然。《辽史·重元传》:兴宗赐重元四顶帽二色袍,则帽顶之制,并始于辽也。"

《陔余丛考》"木棉布行于宋末元初"条又曰:"古时未有棉布,凡布皆麻为之。记曰:治其麻丝,以为布帛是也。木棉作布,邱文庄谓元时始入中国。而张七泽《浔梧杂佩》,引《通鉴》梁武帝送木棉皂帐事,据史炤《释文》,木棉以二三月下种,至夏生黄花结实,及熟时,其皮四裂,中绽出如绵,土人以铁铤碾去其核取棉,以小竹弓弹之,细卷为筒,就车纺之,自然抽绪,织以为布,谓即此物也。按史炤《释文》所云,正是今棉花所织之布。则梁武时已有此布矣。说者谓《汉书》注孟康曰:闽人以棉花为吉贝,而《正字通》及《通雅》俱云:吉贝,木棉树也。《南史·林邑传》亦云:吉贝者,树名也,其花如鹅毳,抽其绪,纺之作布,与纻布不殊。是六朝以前,木棉布乃吉贝树之花所成,系木本而非草本。今粤中木棉树,其花正红,及落时,则白如鹅毳,正《南史》所云吉贝树也。但其花只可絮茵褥,而不可织布。按《南史·林邑传》,以吉贝为树。《旧唐书·南蛮传》则云:吉贝草缉花作布,名曰白氎。《新唐书·林邑传》并不曰吉贝,而曰古贝,谓古贝者草也。然则《南史》所谓吉贝之树,即《唐书》所谓古贝之草。其初谓之木棉者,盖以别于蚕茧之绵。而其时棉花未入中土,不知其为木本草本,以南方有木棉树,遂意其即此树之花所织。迨宋子京修《唐书》时,已知为草本,故不曰木而曰草耳。史炤,北宋人,原注:"见《文彦博传》。"又在子京之后,并习知其碾弹、纺织之技,故注解益详。以此推之,则梁武木棉皂帐,即是草本之棉所成,而非木棉树也。更进而推之,《禹贡》:厥篚织贝。蔡九峰注:今南夷木棉之精好者,谓之吉贝。则夏之织贝,亦即今草棉布,是三代时已有之矣。其见于记传者,《南史》:姚察有门生送南布一端,察曰:吾所衣者止是麻布,此物吾无所用。白乐天《布裘诗》云:桂布白似雪。又以布裘赠萧、殷二协律诗云：吴绵细软桂布白。曰桂布者，盖桂管所出也。孙光宪《南越诗》：晓厨烹淡菜，春杼织橦花。原注："草棉亦名橦花。"李琮诗：腥味鱼吞墨，衣裁木上棉。东坡诗：东来贾客木棉裘。以及《五代史》：马希范作地衣，春夏用角簟，秋冬用木棉。《宋史·崔与之传》：琼州以吉贝织为衣衾，工作出自妇人。皆此物也。然则棉花布自古有之，何以邱文庄谓元初始入中国？盖昔时棉花布，惟交、广有之，其种其法，俱未入中土。观姚察门生所送只一端，白乐天以此送人，并形之歌咏，则其为罕而珍重可知。迨宋末元初，其种传入江南，而布之利，遂衣被天下耳。谢枋得有《谢刘纯父惠木棉》诗云：嘉树种木棉，天何厚八闽。厥土不宜桑，蚕事殊艰辛。木棉收千株，八口不忧贫。江东易此种，亦可致富殷。奈何来瘴疠，或者畏苍旻。吾知饶信间，蚕月如岐邠。儿童皆衣帛，岂但奉老亲。妇女贱罗绮，卖丝买金银。角齿不兼与，天道斯平均。所以木棉利，不畀江东人。据此，则宋末棉花之利，尚在闽中，而江南无此种也。元人陈高有《橦花诗》云：炎方有橦树，衣被代蚕桑。舍西得闲园，种之漫成行。苗生初夏时，料理晨夕忙。挥锄向烈日，洒汗成流浆。培根浇灌频，高者三尺强。鲜鲜绿叶茂，灿灿金英黄。结实吐秋茧，皎洁如雪霜。及时以收敛，采采动盈筐。缉治入机杼，裁剪为衣裳。御寒类挟纩，老稚免凄凉。陈高，元末人，而隙地初学种之，则其来未久可知。陶九成《辍耕录》，记松江乌泥泾土田硗瘠，谋食不给，乃觅木棉种于闽、广，初无踏车椎弓之制，率用手去其子，线弦竹弧，按掉而成，其功甚艰。有黄道婆自崖州来，教以纺织，人遂大获其利。未几，道婆卒，乃立祠祀之。三十年祠毁，乡人赵愚轩重立云。九成，元末人，当时所记立祠始末如此，盖可见黄道婆之事未远。而松江之有木棉布，实自元始也。《琅琊代醉编》又谓棉花乃番使黄始所传，今广东人立祠祀之。合诸说观之，盖其种本来自外番，先传于粤,继及于闽,元初始至江南,而江南又始于松江耳。《元世祖本纪》:至元二十六年,置浙东、江东、江西、湖广、福建木棉提举司,责民岁输木棉布十万匹。程钜夫《雪楼集》有送人赴浙东木棉提举诗,钜夫仕元初,而其时木棉特设专官,则其初为民利可知。邱文庄所谓元时始入中国,非无稽也。《明史·食货志》:明太祖立国初,即下令民田五亩至十亩者,栽桑、麻、木棉各半亩,十亩以上倍之,又税粮亦准以棉布折米。"

《玉藻》:"纩为茧,缊为袍,襌为絅,帛为褶。"注:"纩谓今新绵也,缊谓今纩及旧絮也。"《周官·玉府》注:"燕衣服者,巾絮、寝衣、袍襗之属。"此皆今之丝绵,《说文》曰:"絮,敝绵也。"而《公羊》昭二十年《解诂》谓:"絮谓新绵。"盖初以纩为新,絮为旧,后亦以良楛言之,故《玉藻》注于絮上特加旧字,疏顺注意,谓"好者为绵,恶者为絮"也。惟贵富者用之,贱贫者则衣褐。《诗》:"无衣无褐,何以卒岁?"笺:"褐,毛布也。"《孟子》:"许子衣褐。"注:"褐以毳织之,若今马衣。"此其本义。注又曰:"或曰褐编,枲衣也。一曰粗布衣。"则非本义也。

染色亦自古有之。《月令》:季夏,"命妇官染采"。《周官·地官·掌染草》:"掌以春秋敛染草之物。"《天官·染人》:"掌染丝帛,掌凡染事。"《考工记》:"钟氏染羽。"注曰:"羽所以饰旌旗及王后之车。"疏曰:"《夏采》注云:夏采夏翟羽色。《禹贡》:徐州贡夏翟之羽,有虞氏以为緌,后世或无,故染鸟羽,像而用之,谓之夏采。此是钟氏所染者也。"此并古代掌染色之官也。

《尔雅》:"一染谓之縓,《既夕礼》注:"一染谓之縓,今红也。"《论语》:"君子不以绀緅饰。"孔曰:"一入为緅。"疏曰:"未知出何书。"案,此殆字误也。再染谓之竀,《士冠礼》注:"再入谓之赪。三染谓之纁。"《钟氏》:"三入为纁。"《士冠礼》疏:"一染至三染,同名浅绛。"《钟氏》疏:"此三者皆以丹秫染之。"《士冠礼》注曰:"朱则四入与?"《考工记·钟氏》曰:"五入为緅,七入为缁。"注:"凡玄色者,在緅缁之间,其六入者与?"疏曰:"绀入黑则为緅,此五入为緅是也。更以此玄入黑汁,则名七入为缁矣。"《士冠礼》疏:"以纁入黑则为绀,以绀入黑则为緅。"《钟氏》疏云:"纁若入赤汁,则为朱;若不入赤而入黑汁,则为绀矣。"又云:"缁与云相类,故礼家每以缁布衣为玄端也。"《染人》:"夏纁玄。"注:"玄纁者,天地之色,以为祭服。《考工记·钟氏》则染纁术也。染玄则史传阙矣。"《士冠礼》注:"爵弁者,冕之次,其色赤而微黑,如爵头然,或谓之緅。"《巾车》注:"雀黑多赤少之色也。"疏:"以緅再入黑汁,与爵同。"《染人》:"秋染夏。"注:"染夏者,染五色,谓之夏者,其色以夏翟为饰。《禹贡》曰:羽畎《夏翟,是其总名。其类有六:曰翚,曰摇,曰𪃮,曰甾,曰希,曰蹲。其毛羽五色皆备成章,染者拟以为深浅之度,是以放而取名焉。"《天官·缝人》注:"柳之言聚诸饰之所聚。"疏:"柳者,诸色所聚。日将没,赤色兼有余色。"此古者染色之法。

《月令》:仲夏,"令民毋艾蓝以染"。注引《夏小正》曰:"五月,启灌蓝蓼。"疏:"熊氏云:灌谓丛生也。言开辟此丛生蓝蓼分移,使之稀散。"《周官·地官·掌染草》注:"染草,蓝、染青。茜、染赤,即秦靪。《士冠礼》注:"秦靪、缊韨也。士缊韨而幽衡,合韦为之,士染以茅蒐,因以名焉。今齐人名茜为秦靪。"疏曰:"案《尔雅》云:茹藘茅蒐。孙氏注:一名茜,可以染绛,若然则一草有此三名矣。"象斗染黑。之属。"又,《掌染草》注:"染草,茅蒐、橐芦、疏:"《尔雅》无文。"豕首、疏云:"郭注不言可染何色。则此橐芦、豕首,未知郑之所据也。"紫茢染紫。之属。"钟氏染羽,"以朱湛丹秫,三月而炽之,淳而渍之"。郑司农云:"湛,渍也。丹秫,赤粟。"后郑曰:"湛读如渐,车帷裳之渐炽炊也。淳,沃也,以炊下汤沃,其炽蒸之以渍羽。渍,犹染也。"《淮南子》:"以涅染绀,则黑于涅。"此古之染料也。

《考工记》:"画缋之事杂五色:东方谓之青,南方谓之赤,西方谓之白,北方谓之黑,天谓之玄,地谓之黄。青与白相次也,赤与黑相次也,玄与黄相次也。注:"此言画缋六色所象及布采之第次,缋以为衣。"疏:"天玄与北方黑二者,大同小异。何者?玄黑虽是其一,言天止得谓之玄天,不得言黑天。若据北方而言,玄黑俱得称之。是以北方云玄武宿也。青与白相次以下,论缋于衣为对方之法也。"《染人》注:"玄纁者,天地之色。"疏:

第五章 衣　服　191

"土无正位,托南方火火赤与黄共为纁也。"青与赤谓之文,赤与白谓之章,白与黑谓之黼,黑与青谓之黻,五采备谓之绣。注:"此言刺绣采所用,绣以为裳。"土以黄,其象方,天时变,注:"古人之象,无天地也。为此记者,见时有之耳。""郑司农云:天时变,谓画天随四时色。"疏:"此乃六色之外,别增此天地二物于衣。郑云:古人之象,无天地也者,此据《虞书》日月以下,不言天地。天无形体,当画四时之色,以象天也。若然画土当以象地色也。"火以圜,注:"郑司农云:为圜形似火也。玄谓形如半环然,在裳。"疏曰:"此亦与先郑不别,增成之耳。孔安国以为火字也。"山以章,注:"章读为獐。獐,山物也,在衣。"水以龙,注:"龙,水物,在衣。"疏:"马氏以为画山者,并画獐。画水者,并画龙。郑即以獐表山,以龙见水。"鸟兽蛇,注:"所谓华虫也,在衣,虫之毛鳞有文采者。"疏:"《虞书》有十二章,于此惟言四章,又兼言天地而不云日月星藻与宗彝者,记人之言略说之耳。"杂四时五色之位以章之,谓之巧。注:"章,明也。缋绣皆用五采鲜明之。"疏:"上有六色,此言五者,下别言素功。或可玄黑共说也。"凡画缋之事,后素功。"注:"素,白采也。后布之,为其易渍污也。"《聘礼记》:"公侯伯缫藉三采,朱、白、苍。聘臣缫皆二采,朱、绿。"《弁师》注:"三采,朱、白、苍也。"《左》桓二年疏:"凡言五采者,皆谓玄、黄、朱、白、苍,三采朱、白、苍,二采朱、绿。"《玉藻》:"衣正色,裳间色。"注:"谓冕服玄上纁下。"疏:"皇氏云:正谓青赤黄白黑,五方正色也。不正谓五方间色也,绿红碧紫駵黄是也。青是东方正,绿是东方间。东为木,木色青,木刻土,土黄,并以所刻为间,或绿色青黄也。朱是南方正,红是南方间。南为火,火赤,刻金,金白,故红色赤白也。白是西方正,碧是西方间。西为金,金白,刻木,故碧色青白也。黑是北方正,紫是北方间。北方水,水色黑,水刻火,火赤,故紫色赤黑也。黄是中央正,駵黄是中央间。中央为土,土刻水,水黑,故駵黄之色黄黑也。"《左》桓二年:"五色比象,昭其物也。"疏:"《考工记》云:画缋之事杂五色:东青,南赤,西白,北黑,天玄,地黄,是其比象天地四方也。比象有六,而言五者,玄在赤黑之间,非别色也。昭二十五年《传》云:九文六采,言采色有六,故注以天地四方六事当之。五行之色为五色，加天色则为六，故五色六采，互相见也。"《月令》正义："春云载青旂，衣青衣，服苍玉。青深而苍浅，旂与衣人功所为，不可浅深异色，故同用青也。玉是自然之色，不可纯青，故用苍之浅色。夏云载赤旂，衣朱衣，服赤玉。与春不类者，亦以朱深而赤浅，旂可用浅，衣必用深，故衣旂异色。赤玉与苍玉同，俱是其色浅也。冬云载玄旂，衣黑衣，服玄玉者，亦以黑深而玄浅，旂用浅色，故其色玄，衣用深色，故其色黑，与夏同也。"义疏家言此等处，极穿凿可笑。

《书》曰："予欲观古人之象。"疏曰："《易辞》云：黄帝、尧、舜垂衣裳而天下治，象物制服。盖因黄帝以还，未知何代而具采章。舜言已欲观古，知在舜之前耳。"案，染色之起原必甚古，特古人用之，不如后世之多，故三代时所存古制，多是白色也。贵正色，贱间色，正见其染术之未精。后世染术之精，则正是间色益多耳。

《日知录》"白衣"条曰："白衣者，庶人之服，然有以处士而称之者。《风俗通》：舜、禹本以白衣，砥行显名，升为天子。《史记·儒林传》：公孙弘以《春秋》，白衣为天子三公。《后汉书·崔骃传》：宪谏，以为不宜与白衣会。《孔融传》：与白衣祢衡，跌荡放言。《晋书·阎缵传》：荐白衣南安朱冲，可为太孙师傅。《胡奋传》：宣帝之伐辽东，以白衣侍从左右是也。有以庶人在官而称之者，《汉书·两龚传》：闻之白衣。师古曰：白衣，给官府趋走贱人，若今诸司亭长掌固之属。苏伯玉妻《盘中诗》：吏人妇，会夫希。出门望，见白衣。谓当是，而更非。《续晋阳秋》：陶潜九月九日无酒，于宅边菊丛中坐，望见白衣人，乃王宏送酒是也。人主左右，亦有白衣。《南史·恩幸传》：宋孝武选白衣左右百八十人。《魏书·恩幸传》：赵修给事东宫，为白衣左右。茹皓充高祖白衣左右。"又曰："唐李泌在肃宗时，不受官。帝每与泌出，军人环指之曰：衣黄者，圣人也。衣白者，山人也。则天子前不禁白。《清波杂志》言：前此仕族子弟，未受官者，皆衣白。今非跨马及吊慰，不敢用。"又曰："白衣但官府之役耳，若侍卫则不然。《史记·赵世家》：愿得补黑衣之缺，以卫王宫。《汉书·谷永传》：擢之皁衣之吏。"又曰："《诗》：麻衣如雪。郑氏曰：麻衣，深衣也，古时未有棉布，凡布皆麻为之。《记》曰：治其麻丝，以为布帛是也。原注："杜子美诗：麻鞋见天子。"然则深衣亦用白。"案《宋书·舆服志》：国子太学生服单衣以为朝服。《唐书·车服志》：国子太学四门生俊士参见，服白纱单衣。《隋书·舆服志》：隐居道素之士被召，入谒见者，白单衣，五品以上通着紫，六品以下兼用绯绿，胥吏以青，庶人以白，商以皁，士卒以黄。《通考》：太平兴国七年，李昉奏：唐天成三年诏："今后庶人工商，只着白衣。"盖染色初起，非人人所能为，故为侈靡之事，惟王公贵人用之，后遂沿以分别等级也。

程大昌《演繁露》曰："隋制，宋、齐之间，天子宴私着白高帽，士庶以乌，太子在上省，则帽以乌纱，在永福省则白纱。隋时以白帢通为庆吊之服，国子生亦服白纱巾也。晋着白接䍦。窦苹《酒谱》曰：接䍦，巾也。南齐桓崇祖守寿春，着白纱帽，肩舆上城。今人必以为怪，古未有以白色为忌也。郭林宗遇雨垫巾，李贤注云：周迁《舆服杂事》曰：巾以葛为之，形如帢，本居士野人所服。魏武造帢，其巾乃废。今国子学生服焉，以白纱为之，是其制皆不忌白也。《乐府·白纻歌》曰：质如轻云色如银，制以为袍余作巾，袍以先驱巾拂尘。吴兢《乐府要解》：按旧史，白纻，吴地所出，则诚今之白纻。《列子》所谓阿锡，而西子之舞所谓白纻纷纷鹤翎乱者是也。今世人丽妆，必不肯以白纻为衣，古今之变，不同如此。《唐六典》：天子服有白纱帽，其下服如裙襦袜，皆以白，视朝听讼，燕见宾客，皆以进御，则犹存古制也。然其下注云：亦用乌纱，则知古制虽存，未必肯用，多以乌纱代之，则习见忌白久矣。世传《明皇幸蜀图》，山谷间老叟出望驾，有着白巾者。释者曰：服诸葛武侯也。此不知古人不忌白也。"读此，可知厌白色，尚采色，起于唐宋之间。《清波杂志》：宋乾道中，内相王日严谓一堂环坐，皆成素，极可憎，乞仍存紫衫。唐制，新进士皆白袍，故有"袍似烂银"之句。又，薛仁贵着白衣自标显，帝望见，问先锋：白衣者谁？则戎服亦白也。王士禛《香祖笔记》谓秦俗尚白，民间遇元旦贺寿吉庆事，辄麻巾素衣以往，余所经历西安、凤翔、汉中诸府皆然。则近代亦有之，但罕耳。

古人通服白色之衣，丧服则以精粗为序，不以色也，惟素服色白。《左》昭十七年疏曰："古之素服，礼无明文，盖像朝服而用素为之，如今之单衣也。"《诗·素冠》："庶见素冠兮。"毛传："素冠，练冠也。"笺曰："丧礼既祥，祭而缟冠素纰。"疏曰："郑以练冠者，练布为之，而经传之言素者，皆谓白绢，未有以布为素者，则知素冠非练也。"《东山》疏曰："素服于凶事为吉，于吉事为凶，非丧服也。"案《玉藻》："年不顺成，则天子素服。"《曲礼》："大夫、士去国，素衣、素冠、素裳。"《郊特牲》曰："皮弁素服而祭。素服，以送终也。"《周官·司服》："大札、大荒、大灾素服。"孟明丧师，荆轲入秦，古人皆素服送迎，盖王公大人服有章采，故服白色即为素也。《玉藻》之"天子素服"，疏谓与下"君衣布"为互文，则亦未尝不可用布，特与丧服是两事耳。《士冠礼》："将冠者采衣。"注："采衣，未冠者所服。《玉藻》曰：童子之节也，缁布衣，锦缘，锦绅并纽，锦束发，皆朱锦也。"则古童子特尚华饰，亦与后世同。

《陔余丛考》"眼镜"条曰："古未有眼镜，至有明始有之，本来自西域。张靖之《方州杂录》云：向在京师，于指挥胡豅寓，见其父宗伯公所得宣庙赐物，如钱大者二，形色绝似云母石，而质甚薄，以金相轮廓而纽之，合则为一，歧则为二，如市中等子匣。老人目昏不辨细书，张此物加于双目，字明大加倍。近又于孙景章参政处，见一具，试之复然。景章云：以良马易于西域贾胡，其名曰僾逮。又郎瑛云：少尝闻贵人有眼镜，老年人可用以观书，予疑即《文选》中玉珧之类。及霍子麒送一枚来，质如白琉璃，大如钱，红骨镶，二片可开合而折叠之。问所从来,则曰:甘肃番人贡至而得者。丰南禺曰:乃活车渠之珠,须养之怀中,勿令干,然后可。予得之二十年无用云。瑛,嘉靖时人,是知嘉靖时尚罕见也。吴瓠庵集中,有《谢屠公馈眼镜诗》。吕蓝衍亦记明提学潮阳林某始得一具,每目力倦,以之掩目,能辨细书。其来自番舶满加剌国贾胡,名曰叆叇云。则此物在前明极为贵重,或颁自内府,或购之贾胡,非有力者不能得,今则遍天下矣。盖本来自外洋,皆玻璃所制,后广东人仿其式,以水精制成,乃更出其上也。刘跂《暇日记》:史沆断狱,取水精十数种以入,初不喻,既而知案牍故暗者,以水晶承日照之则见。是宋时已知水晶能照物,但未知作镜耳。"眼镜虽非衣服,然殊切于用,故附于此。又折扇亦始宋,盖自日本输入,亦见《陔余丛考》。

第六章　宫　室

宫室之作，其在五帝之世乎？《尔雅·释宫》疏："《白虎通》云：黄帝作宫室。《世本》曰：禹作宫室。"《礼运》曰："昔者先王未有宫室，冬则居营窟，夏则居橧巢。"注："寒则累土，暑则聚柴薪居其上。"阮氏校勘记云："考文引古本足利本，橧作橹。洪颐煊《九经古义补》云：按《太平御览》五十五引作橹。《家语·问礼篇》亦作橹。刘熙《释名》云：橹，露也。露上无屋覆也。《左传》：楚子登巢车以望晋军。杜注云：巢车车上加橹。孔氏正义引《说文》云：䡈，兵高车加巢以望敌也。橹，泽中守草楼也。巢与橹皆楼之别名。今本作橧，传写之误。"案，《经典释文》释居橧云"本又作增"，则由来已久。郑注"累土"正增字之义，似未必今本误也。《易·系辞传》曰："上古穴居而野处，后世圣人易之以宫室，上栋下宇，以待风雨。"《诗》曰："古公亶父陶复陶穴。"传："陶其土而复之，陶其壤而穴之。"笺："复者，复于土上凿地曰穴，皆如陶然。"《月令》："其祀中霤。"注："中霤，犹中室也。土主中央而神在室。古者复穴，是以名室为霤云。"疏："复穴者，谓窟居也。古者窟居，随地而造，若平地则不凿，但累土为之。谓之为复，言于地上重复为之也。若高地则凿为坎，谓之为穴。其形皆如陶灶，故《诗》云陶复陶穴是也，故毛云陶其土而复之，陶其壤而穴之。郑云：复者，复于土上凿地曰穴，皆如陶然。故庚蔚云：复谓地上累土为之，穴则穿地也，复穴皆开其上取明，故雨霤之，是以后因名室为中霤也。"案，《诗》疏不甚清晰，故今引《礼》疏似明之。《孟子》曰："下者为巢，上者为营窟。"《墨子》曰："古者人之始生，未有宫室之时，因陵丘堀穴而处焉。圣王虑之,以为堀穴,曰冬可以辟风寒,逮夏下润湿,上熏烝,恐伤民之气,于是作为宫室而利。"《节用中》。又《辞过》:"子墨子曰:古之民未知为宫室时,就陵阜而居,穴而处,下润湿伤民,故圣王作为宫室。"案,"穴而处",疑当作堀穴而处。《吕览》引"子华子曰:丘陵成而穴者安矣"。先已注"穴而居之"。《淮南·本经》曰:"昔容成氏之时,道路雁行列处,托婴儿于巢上,置余粮于亩首。舜之时,共工振滔水以薄空桑,龙门未开,吕梁未凿,江淮流通,四海溟涬,民皆上丘陵,赴树木。"又曰:"逮至衰世,构木为台,积壤而丘处。"《氾论》曰:"古者民泽处复穴,注:"复穴,重窟也。一说穴毁堤防,崖岸之中,以为窟室。"冬日则不胜霜雪雾露,夏日则不胜暑蛰蚊虻。圣人作,为之筑土构木,以为宫室,上栋下宇,以蔽风雨,以避寒暑,而百姓安之。"《修务》云:"舜作室,筑墙茨屋,辟地树谷,令民皆知去岩穴,各有家室。"所述皆最古之情形也。观此知未有宫室之先,古人居处凡有三法:构木为巢一也,掘地成穴二也,复土使高三也。构木之先,盖猱升树木之顶。陶复陶穴之先,则因乎自然之丘陵。窟穴聚柴薪而居其上,所以避下湿。此筑土为坛之基,《管子·五辅》:"辟田畴,利坛宅。"注:"坛,堂基。"复穴皆开其上以取明,则窗之所自始也。茨屋者,法树之枝叶覆蔽也。栋梁,法树之枝干交互也。筑墙,取法乎崖岸之壁立也。《左》襄三十年:"郑伯有耆酒,为窟室注:"窟室,地室。"而夜饮酒击钟焉。朝至未已。朝者曰:公焉在?其人曰:吾公在壑谷。"吴公子光之弑王僚也,"伏甲于堀室而享王",注:"堀地为室。"又"伪足疾入于堀室"。《左》昭二十七年。则陶穴之制,春秋时犹有存者矣。窨地藏粟,亦穴居之遗制。《吕览·召类》曰:"明堂茅茨蒿柱,土阶三等,以见节俭。"注曰:"茅可覆屋,蒿非柱任也,虽云节俭,实所未闻。"不知此因树为屋,实巢居之遗制也。此不仅开其上以取明,故堂以明称矣。《考工记·匠人》疏引《孝经纬》援《神契》曰:"得阳气明朗,谓之明堂。"《左》桓二年,臧僖伯曰:"清庙茅屋,昭其俭也。"《大戴记》曰:"周时德泽洽和,蒿茂大,以为宫柱,名蒿宫。"亦以后世事疑古制而强为之说也。见《盛德篇》。

近人有神权时代天子居山说,案丘,《说文》古文作𠂆,说解曰:"一曰四方高中央下为丘,象形。"又曰:"虚,大丘也。"古四邑为虚。《易·升》九三:"升虚邑。"《诗·鄘风》:"升彼虚矣。"即所谓某某氏之墟,亦即所谓某某氏之丘耳。后世建国,必因山险,盖其遗制。然予谓此制尚稍在后,其初盖居沼泽之中央,藉水以为固,故州洲同字,明堂亦四面环水也。后世筑邑平地,四面为沟以绕之,盖亦其遗制。至能居于平野,则必在不畏毒虫猛兽之时,必又在其后矣。

古代地广人稀,立国之始,皆不啻于旷野之中择地而处之,故其规画易有法度。《王制》曰:"司空执度度地,注:"度,丈尺也。"居民山川沮泽,时四时,注:"观寒煖燥湿。"量地远近,注:"制邑井之处。"兴事任力。"注:"事谓筑邑庐宿市也。"《管子·乘马》云:"凡立国都,非于大山之下,必于广川之上。高毋近旱,而水用足,下毋近水,而沟防省。因天材,就地利,故城郭不必中规矩,道路不必中准绳。"《管子·八观》又曰:"凡田野万家之众,可食之地,方五十里,可以为足矣。万家以下,则就山泽可矣。万家以上,则去山泽可矣。彼野悉辟而民无积者,国地小而食地浅也。田半垦而民有余食而粟米多者,国地大而食地博也。""国城大而田野浅狭者,其野不足以养其民。城域大而人民寡者,其民不足以守其城。宫营大而室屋寡者,其室不足以实其宫。室屋众而人徒寡者,其人不足以处其室。"《周官》:量人"掌建国之法,以分国为九州,营国城郭,营后宫,量市朝道巷门渠,造都邑亦如之"。案,此所谓"分国为九州"者,谓分一国之内为九州也。《考工记·匠人》云:"九分其国,以为九分,九卿治之。"亦指一国之内。郑注云:"分国,定天下之国分也。"其注《匠人》则云:"九分其国,分国之职也。"俱非。皆其事也。

"《书传》云:古者百里之国,九里之城;七十里之国,五里之城;

五十里之国,三里之城。注云:玄或疑焉。《周礼》匠人营国,方九里,谓天子之城。今大国九里,则与之同。然则大国七里之城,次国五里之城,小国三里之城为近耳。或者天子实十二里之城,诸侯大国九里,次国七里,小国五里。"《诗·文王有声》疏。郑《异义驳》主前说,其注《诗》、《礼·坊记》、《周官·典命》则主后说。焦氏循曰:"《周书·作雒篇》作大邑成周于土中,城方千六百二十丈,计每五步得三丈,每百八十丈得一里,以九乘之,千六百二十丈,与《考工记》九里正合,则谓天子之城九里者是也。《左氏》祭仲谏郑庄公云:都城过百雉,国之害也。大都不过参国之一,中五之一,小九之一。百雉方一里三分里之二,三乘之,为方五里。在郑言郑侯伯之城方五里也。中五之一,方一里。小九之一,方百六十六步有奇。"《群经宫室图》。

城之墙曰墉,《尔雅·释宫》:"墙谓之墉。"疏:"亦为城。《王制》注云:小城曰附庸。《大雅·皇矣》云:以伐崇墉,义得两通也。"又于**城上为垣,于其中睥睨非常,是曰陴,亦曰堞,亦曰女墙**。《说文》:"陴,城上女墙,俾倪也。"又曰:"堞,女墙也。"《释名》:"城上垣曰睥睨,言于其中睥睨非常也。亦曰陴。陴,俾也,言俾助城之高也。亦曰女墙,言卑小比之于城,若女子之于丈夫也。"**门外有曲城,谓之闉**。《诗·郑风》:"出其闉闍。"毛传:"闉,曲城也。"《说文》:"闉,城内重门也。"《诗》疏云:"闉是门外之城,即今之门外曲城是也。"**其上有台曰闍**。《诗·郑风》:"出其闉闍。"毛传:"闍,城台也。"《尔雅·释宫》:"闍谓之台。"**四角为屏以障城,是曰城隅**。《考工记》:"王宫门阿之制五雉,宫隅之制七雉,城隅之制九雉。门阿之制,以为都城之制。宫隅之制,以为诸侯之城制。"注:"阿,栋也。宫隅城隅,谓角浮思也。雉长三丈,高一丈,度高以高,度广以广。都四百里,外距五百里,王子弟所封。其城隅高五丈,宫隅门阿皆三丈。诸侯,畿以外也,其城隅制高七丈,宫隅门阿皆五丈。"疏:"汉时云:东阙浮思灾。言灾,则浮思者,小楼也。按《明堂位》云,疏屏注亦云,今浮思也,刻之为云气虫兽,如今阙上为之矣。则门屏亦有屋覆之,与城隅及阙皆有浮思,刻画为云气并虫兽者也。""按《异义·古周礼说》云：天子城高七雉，隅高九雉。公之城高五雉，隅高七雉。侯伯之城高二雉，隅高五雉，都城之高，皆如子男之城高。"焦氏曰："浮思，《广雅》、《释名》、《古今注》皆训为门外之屏。城之四角，为屏以障城。城角隐僻，恐奸宄逾越，故加高耳。《诗·邶风·静女》：俟我于城隅。传云：城隅以言高不可逾。笺云：自防如城隅。皆明白可证。疏据汉时浮思灾，以城隅为小楼，非也。《古今注》谓罘罳合板为之，则屏自可灾。"《公羊》定公十二年《解诂》曰："天子周城，诸侯轩城。轩城者，缺南面以受过也。"《说文》𦣞部："𩫨，古者城阙其南方。"焦氏曰："此盖王宫之制，天子周城，故有皋门。诸侯外朝南无门，即无垣墉，故曰阙其南方也。"

《诗·鸿雁》："之子于垣，百堵皆作。"毛传："一丈为版，五版为堵。"郑笺："《春秋传》曰：五版为堵，五堵为雉，雉长三丈，则版六尺。"疏："板堵之数，经无其事。五板为堵，五堵为雉，定十二年《公羊传》文也。雉长三丈，经亦无文。《古周礼》说雉高一丈，长三丈。《韩诗》说八尺为板，五板为堵，五堵为雉。何休注《公羊》取《韩诗传》云：堵四十尺，雉二百尺，以板长八尺，接五板而为堵，接五堵而为雉也。二说不同，故郑《驳异义》辨之云：《左氏传》说郑庄公弟段居京城，祭仲曰：都城过百雉，国之害也。先王之制，大都不过三国之一，中五之一，小九之一，今京不度，非制也。古之雉制，书传各不得其详。今以《左氏》说郑伯之城方五里，积千五百步也。大都三国之一，则五百步也。五百步为百雉，则知雉五步。五步于度长三丈，则雉长三丈也。雉之度量，于是定可知矣。是郑计雉所据之文也。王愆期注《公羊》云：诸儒皆以为雉长三丈，堵长一丈，疑五误，当为三。如是大通诸儒惟与郑版六尺不合耳。"《左》隐元年疏："许慎《五经异义》：《戴礼》及《韩诗》说八尺为板，五板为堵，五堵为雉。板广二尺，积高五板为一丈。五堵为雉，雉长四丈。《古周礼》及《左氏》说一丈为板，板广二尺。五板为堵，一堵之墙，长丈高丈。三堵为雉，一雉之墙，长三丈，高一丈。以度其长者用其长，以度其高者用其高也。""贾逵、马融、郑玄、王肃之徒为古学者，皆云雉长三丈，故杜依用之。"《书传》云："雉长三丈，度高以高，度长以长。"见《匠人》疏。焦氏云："何休以累八尺者五之，故以堵为四丈。又，累四丈者五之而为雉，故雉长二十丈。百雉长二千丈，二千丈得十一里三分里之二，制且大于王城。"

《考工记·匠人》云："左祖右社，面朝后市。"注："王宫所居也。"则皆在宫中也。又，"内有九室，九嫔居之；外有九室，九卿朝焉。"外九室当在治朝，内九室在内宫之朝也。天子诸侯皆三朝。天子宫之南曰皋门，诸侯曰库门。库门之内为外朝，九棘三槐在焉。其地为万民所可至，故《周官·朝士》曰："凡得获货贿人民六畜者，委于朝，告于士，旬而举之。"《晋语》曰"绛之富商韦藩木楗而过于朝"也。其内为应门，诸侯曰雉门，雉门之内为治朝，"群臣治事之朝"也。《周官·大宰》注。"其位司士掌焉，宰夫察其不如仪。"《周官·宰夫》注。又其内为路门，路门之内曰燕朝，燕朝之后为六寝，六寝之后为六宫，六寝之后六宫之前为内宫之朝，内九室在焉。《周官·天官》：宫人"掌王之六寝之修。"注云："路寝一，小寝五。"《内宰》："以阴礼教六宫。"郑司农云："后五前一。"后郑云："妇人称寝曰宫，宫隐蔽之，言后象王立六宫居之。亦正寝一，燕寝五。"其外则为官府次舍。《周官·宫正》："以时比宫中之官府，次舍之众寡。"注："官府之在宫中者，若膳夫、玉府、内宰、内史之属，次诸史直宿，若今部署诸庐者，舍其所居寺。"《宫伯》："授八次八舍之职。"注："卫王宫者，必居四角四中，干徼候便也。次谓宿卫所在，舍休沐之处。"《周官·阍人》注："郑司农云：王有五门，外曰皋门，二曰雉门，三曰库门，四曰应门，五曰路门。路门一曰毕门，玄谓雉门三门也。"《礼记·明堂位》："库门，天子皋门；雉门，天子应门。"注："言庙及门如天子之制也。天子五门，皋、库、雉、应、路。鲁有库、雉、路，则诸侯三门与。"清戴震谓天子亦三门，焦循《群经宫室图》从之。

阙在应门之两旁，即观也。亦曰象魏，为悬法之地。《天官冢宰》："正月之吉，县治象之法于象魏。"郑司农云："象魏，阙也。"《左》哀三年，司铎火，季桓子御公立于象魏之外。命藏象魏,曰:"旧章不可亡也。"《公羊》昭二十五年:"子家驹曰:设两观,乘大路,天子之礼也。"《解诂》:"礼,天子诸侯台门,天子外阙两观,诸侯内阙一观。"《礼记·礼器》曰:"天子诸侯台门。"注:"阇者谓之台。"疏:"两边筑阇为基,上起屋曰台门。"《郊特牲》:"台门而旅树,大夫之僭礼也。"疏:"两边起土为台,台上架屋曰台门。"故乘之可以眺远。《礼运》:"昔者仲尼与于蜡宾,事毕,出游于观之上。"《左》定三年:"邾子在门台,临庭。""家不台门",《礼器》。而城亦有之。《诗·郑风》:"佻兮达兮,在城阙兮。"正义:"《释宫》云:观谓之阙。孙炎曰:宫门双阙,旧章悬焉。使民观之,因谓之观。如《尔雅》之文,则阙是人君宫门,非城之所有。且官门观阙,不宜乘之候望。此言在城阙焉,谓城之上别有阙,非宫阙也。"塾在路门之侧,即门闱之学。《尔雅》:"门侧之堂谓之塾。"《考工记》:"门堂三之二。"注:"门堂,门侧之堂。"《学记》:"古之教者,家有塾。"正义:"《周礼》百里之内,二十五家为闾,同共一巷。巷首有门,门边有塾,谓民在家之时,朝夕出入,恒就教于塾。"按秦有闾左之戍。《后汉书·齐王缜传》:"使长安中官署及天下乡亭,皆画伯升象于塾,旦起射之。"则其制至秦汉时犹然矣。

《内则》正义曰:"宫室之制,前有路寝,次有君燕寝,次夫人正寝。卿大夫以下,前有适室,次有燕寝,次有适妻之寝。"《公羊》庄三十二年《解诂》曰:"天子诸侯,皆有三寝,一曰高寝,二曰路寝,三曰小寝。父居高寝,子居路寝,孙从王父母,妻从夫寝,夫人居小寝。"僖二十年,"五月乙巳,西宫灾。西宫者何?小寝也。小寝则曷为谓之西宫?有西宫则有东宫矣。鲁子曰:以有西宫,亦知诸侯之有三

市	市	市
社	六宫 六寝 燕朝 治朝 外朝	祖

宫也。"《解诂》:"礼,夫人居中宫,少在前,右媵居西宫,左媵居东宫,少在后。"此并与《周官》六宫六寝之说异,不可牵合也。《周官·宫人》注:"《玉藻》曰:朝,辨色始入,君日出而视朝,退适路寝听政,使人视大夫,大夫退,然后适小寝释服。是路寝以治事,小寝以时燕息焉。《春秋》书鲁庄公薨于路寝,僖公薨于小寝,是则人君非一寝明矣。"疏:"言此者时有不信《周礼》,故引诸文以证之。若然所引者,皆诸侯法。天子六寝,则诸侯当三寝,亦路寝一,燕寝一,侧室一。《内则》所引者是也。"《内则》:"妻将生子及月辰,居侧室。"注:"侧室谓夹之室,次燕寝也。"疏:"夫正寝之室在前,燕寝在后,侧室又次燕寝。"《左氏》:"卫庄公取于齐东宫得臣之妹,曰庄姜。"注:"得臣,齐太子也。太子不敢居上位,故常处东宫。"疏:"四时东为春,万物生长在东;西为秋,万物成就在西,以此君在西宫,太子常处东宫也。或可据《易》象西北为乾,乾为君父,故君在西;东方震,震为长男,故太子在东也。"路寝之制,前为堂,后为室,堂之左右为两夹,亦曰厢。东厢之东曰东堂,西曰西堂。室之左右为房,其北为北堂。《尔雅·释宫》曰:"牖户之间谓之扆,其内谓之家,东西墙谓之序,西南隅谓之奥,疏:"古者为室,户不当中而近东,则西南隅最为深隐,故谓之奥,而祭祀及尊者常处焉。"西北隅谓之屋漏,疏:"孙炎云:当室之白日光所漏入。"东北隅谓之宦,疏:"李巡云:东北者阳,始起育养万物,故曰宦。宦,养也。"东南隅谓之窔。"注:"亦隐暗。""室有东西厢曰庙,无东西厢有室曰寝。"则不独宗庙可称庙,故《月令》青阳、明堂、总章、玄堂,皆有太庙之称。《公食大夫礼》:"宰夫筵出自东房。"注:"天子、诸侯左右房。"疏:"若大夫、士直有东房而已。"《诗·斯干》:"筑室百堵,西南其户。"笺云:"此筑室者,谓筑燕寝也。""天子之寝,有左右房,西其户者,异于一房者之室户也。"疏曰:"天子之燕寝,即诸侯之路寝。""既有左右,则室在当中,故西其户者,异于一房者之室户也。大夫以下无西房,惟有一东房,故室户偏东,与房相近,此户正中,比之为西其户矣。知大夫以下止一房者,以《乡饮酒义》云:尊于房户之间,宾主共之。由无西房故,以房与室户之间为中也。"又《伯兮》:"焉得谖草,言树之背。"传曰:"背,北堂也。"疏:"《士昏礼》云:妇洗在北堂,《有司彻》云:致爵于主妇,主妇北堂。注皆云:北堂,房半以北为北堂。堂者,房室所居之地,总谓之堂。房半以北为北堂,房半以南为南堂也。"《士昏礼》疏曰:"房与室相连为之,房无北壁,故得北堂之名。"

```
            北 阶              北 阶
        ┌──────────────────────────────┐
        │         北  庿              │
        │  北堂  ┌──────┐  北堂        │
        │       │ 中   │              │
        │  西房 │ 霤 室 │  东房        │
        │       │ 庿 户 │              │
        │       └──────┘              │
        │   ┌─┬─┬房┬──────┬房┬─┬─┐   │
        │西│西│西│户│ 中  │户│东│东│   │
        │堂│夹│   │楹 楹│   │夹│堂│   │
        │   │   │   │  堂 │   │   │   │
        │   │   │   │    │   │   │   │
        │   └───┴───┴────┴───┴───┘   │
        │     西 序            东 序    │
        └──────────────────────────────┘
            宾 阶              阼 阶
```

《尔雅·释宫》曰:"两阶间谓之乡,注:"人君南乡当阶间。"中庭之左右谓之位,注:"群臣之侧位也。"门屏之间谓之宁,注:"人君视朝所宁立处。"屏谓之树。注:"小墙当门中。"《礼纬》曰:"天子外屏,诸侯内屏,大夫以帘,士以帷。"《郊特牲》疏引,亦见《荀子大略》。《曲礼》:"帷薄之外不趋。"《释文》:"帷,幔也。薄,帘也。"《尔雅·释宫》疏曰:"《郊特牲》云旅树,郑注云:旅,道也。屏谓之树,树所以蔽行道。以此推之,则诸侯内屏在路门之内,天子外屏在路门之外,而近应门者矣。"

《聘礼》:"公揖,入每门,每曲揖。"疏曰:"诸侯三门:皋、应、路。则应门为中门,左宗庙,右社稷,入大门东行,即至庙门,其间得有每门者。诸侯有五庙,太祖之庙居中,二昭居东,二穆居西。庙皆别门。门外两边,皆有南北隔墙,隔墙中夹通门。若然祖庙已西,隔墙有三,则阁门亦有三。

王考庙	显考庙	祖考庙	皇考庙	考庙

东行经三门，乃至太祖庙门，中则相逼，入门则相远。是以每门皆有曲，有曲即相揖，故每曲揖也。"《匠人》疏："按《祭义》注云：周尚左。桓二年，取郜大鼎，纳于大庙。何休云：质家右宗庙，尚亲亲，文家左宗庙，尚尊尊，义与此合。按刘向《别录》云：路寝在北堂之西，社稷宗庙在路寝之西。又云：左明堂辟雍，右宗庙社稷，皆不与礼合，郑皆不从之矣。"

《尔雅·释宫》曰："阇谓之台，注："积土四方。"疏："即下云四方而高者也。"有木者谓之榭。"注："台上起屋。"又曰："室有东西厢曰庙，无东西厢有室曰寝，无室曰榭。注："榭，今之堂埠。"疏：《春秋》宣十六年夏，成周宣榭火。杜预云：宣榭，讲武屋。引此文，无室曰榭，谓屋歇前，然则榭有二义，一者台上构木曰榭，上云有木曰榭，及《月令》云可以处台榭是也。二屋歇前无壁者名榭，其制如今厅事也。""堂埠即今殿也，殿亦无室。"《左》疏："歇前者，无壁也，如今厅是也。"四方而高曰台，陕而修曲曰楼。"疏："凡台上有屋狭长而屈曲者曰楼。"按室所以居，台"所以观望"，《尔雅》疏引李巡之言。榭所以讲武。《楚语》："榭不过讲军实，台不过望氛祥。"当时建筑，大率有此三种。《孟子·尽心》："孟子之滕，馆于上宫。"注："上宫，楼也。孟子舍止宾客所馆之楼上也。"则即以为今之楼，似非。《汉书·郊祀志》："济南人公玉带上黄帝时明堂图。明堂中有一殿，四面无壁，以茅盖，通水，水圜宫垣。为复道，上有楼，从西南入，名曰昆仑。"此即《尔雅》所谓榭及楼也。

城之外为郭，亦曰郛。郛以内为郊，郊称国中。其外则为鄙，亦曰野。《齐语》："参其国而伍其鄙。"韦昭注："国，郊以内也。鄙，郊以外也。"《孟子》："请野九一而助，国中十一使自赋。"《乡大夫》："国中自七尺以及六十，野自六尺以及六十有五，皆征之。"注："国中，城郭中也。"《遂人》："掌邦之野。"注："郊外曰野。"以为甸稍县都。然则近郊远郊为国中，甸稍县都为野。遗人掌郊里之委积，野鄙之委积，县都之委积，则野者亦遂之名也。《公羊》桓公十一年："古者郑国处于留，先郑伯有善于邻公者，通乎夫人，以取其国而迁郑焉，而野留。"《解诂》："野，鄙也。"郑注《周官·大司徒》引此作："迁郑焉而野留。"则野鄙一义也。《小司徒》："稽国中及四郊都鄙之夫家。"《载师》："以塵里任国中之地。"《质人》:"国中一旬,郊二旬,野三旬。"此城中曰国,城外曰郊。《左》襄二十六年:"卫人侵戚东鄙,晋戍茅氏。"是大夫采地有鄙也。襄十五年:"齐侯围成,于是乎城成郛。"昭二十五年,楚子"使熊相禖郭巢,季然郭卷"。定八年:"公侵齐,攻廪丘之郛。"哀三年:"赵鞅围朝歌,荀寅伐其郛。"四年:"城西郛。"十年,晋伐齐,"取犁及辕,毁高唐之郛。"此皆野鄙中采邑之郭也。郭门即郊门。《费誓序》:"东郊不开。"疏:"诸侯之制于郊有门。"《孟子》:"臣闻郊关之内。"赵注:"齐四境之郊皆有关。"疏:"盖四郊之门也。"郑注《月令》:九门:路门也,应门也,雉门也,库门也,皋门也,城门也,近郊门也,远郊门也,关门也。言郊门而不言郭门,则郑固以郊门为郭门,但谓郊门有二。《左》庄二十八年:"子元以车六百乘伐郑,入于桔柣之门。众车入自纯门,及逵市。县门不发,楚言而出。"杜注:"桔柣,郑远郊之门也。纯门,郑外郭门也。"盖以近郊门为郭门,实则郊之名分远近,而郭处其中,谓之郊门,郊非别有门也。纯门、桔柣之门,皆郑南郭门,于楚为近,故楚之伐郑,或入纯门,或入桔柣之门耳。郊门为郭,郭外为鄙,春秋之例,曰侵某鄙、伐某鄙者,皆未入郭也。入郭则曰入某郭,入城则直曰入,不闻有入远郊门之例也。更其外则有关。《地官·司关》:"每关下十二人。"注:"关,界上之门。"《仪礼·聘礼》:"宾及竟,乃谒关入。"郭依山川为之,非如城四面有垣,《周书·作雒解》:"作大邑成周于土中,城方千六百二十丈,郛方七十二里,南系于雒水,北因于郏山,以为天下之大凑。"孔晁注:"郛,郭也。系、因,皆连接也。"关亦然,故其所在不必真为两国之界。《左》昭二十二年:"王师败绩于前城。"服虔云:"即泉戎,地在伊阙南。"定六年,郑伐阙外。杜预注:阙外,周邑,蓄伊阙外之邑。然则周以伊阙险隘设关,谓之阙塞。阙塞之外,未尝无邑也。成二年,齐侯入徐关。十七年,高弱叛卢,庆克围之。国佐杀克,以穀叛。齐侯与之盟于徐关。是齐关外尚有卢、穀等邑。昭五年,孟仲之子杀竖牛于塞关之外。此齐鲁分界之关,关外即齐。若襄十七年:"齐侯伐我北鄙,围桃。高厚围臧纥于防。师自阳关逆臧孙,至于旅松。"则桃与防皆在阳关外也。秦始皇筑长城,盖郭制,故其功易成,关则设险之始也。此节据《群经宫室图》。

一 古今聚讼纷如者,莫如明堂。而近代王静庵因此而发明古代宫

室之通制,此实今人明于进化之理,故其所见能突过古人也。今节录王氏所撰《明堂庙寝通考》如下:

宫室恶乎始乎?《易传》曰:上古穴居而野处,后世圣人易之以宫室。穴居者,穿土而居其中,野处则复土于地而居之,《诗》所谓"陶复陶穴"者是也。《说文》:窠,地室也。常是之时,唯有室而已,而堂与房无有也。初为宫室时亦然。故室者,宫室之始也。后世弥文而扩其外而为堂,扩其旁而为房,或更扩堂之左右而为箱、为夹、为个,三者异名同实。然堂后及左右房间之正室,必名之曰室。此名之不可易者也。故通言之,则宫谓之室,室谓之宫;析言之,则所谓室者,必指堂后之正室,而堂也、房也、箱也,均不得蒙此名也。

我国家族之制古矣,一家之中,有父子,有兄弟,而父子兄弟又各有其匹偶焉。即就一男子言,而其贵者,有一妻焉,有若干妾焉。一家之人,断非一室所能容,而堂与房又非可居之地也。故穴居野处时,其情状余不敢知。其既为宫室也,必使一家之人,所居之室,相距至近,而后情足以相亲焉,功足以相助焉。然欲诸室相接,非四阿之屋不可。四阿者,四栋也。为四栋之屋,使其堂各向东西南北于外,则四堂后之四室,亦自向东西南北而凑于中庭矣。此置室最近之法,最利于用,而亦足以为观美。明堂、辟雍、宗庙、大小寝之制,皆不外由此而扩大之、缘饰之者也。

明堂之制,本有四屋、四堂相背于外,其左右各有个,故亦可谓之十二堂。堂后四室相对于内,中央有太室,是为五室。太室之上为圆屋以覆之,而出于四屋之上,是为重屋。其中除太室为明堂、宗庙特制外,余皆与寻常宫室无异。其五室四堂,四旁两夹,四阿重屋,皆出于其制度之自然。不然则虽使巧匠为之，或烦碎而失宜，或宏侈而无当，而其堂与室终不免穷于位置矣。

四堂四室，两两对峙，则其中有广庭焉。庭之形正方，其广袤实与一堂之广相等。《左氏传》所谓埋璧于太室之庭，《史记·封禅书》载申公之言曰：黄帝接万灵明庭，盖均谓此庭也。此庭之上，有圆屋以覆之，故谓之太室。太室者，以居四室之中，又比四室绝大，故得此名。太者，大也。其在《月令》则谓之太庙太室。此太庙者，非中央别有一庙，即青阳、明堂、总章、玄堂之四太庙也。太庙之太，对左右个而言；太室之太，对四室而言。太室居四堂四室之中，故他物之在中央者，或用以为名。嵩高在五岳之中，故古谓之太室，即以明堂太室之名名之也。

古之燕寝，有东宫，有西宫，有南宫，有北宫。其南宫之室谓之適室，士以下无正寝，即以燕寝之南宫为正寝。北宫之室谓之下室，东西宫之室则谓之侧室。四宫相背于外，四室相对于内，与明堂、宗庙同制，其所异者，唯无太室耳。何以言之？《公羊》僖二十年传：西宫灾。西宫者，小寝也。小寝则曷谓之西宫？有西宫则有东宫矣。鲁子曰：以有西宫，亦知诸侯之有三宫也。何休注：礼，夫人居中宫，少在前，右媵居西宫，左媵居东宫，少在后。然《丧服传》言：大夫、士、庶人之通制，乃有四宫。《传》曰：昆弟之义无分，故有东宫，有西宫，有南宫，有北宫，异居而同财。诸侯三宫，每宫当有相对之四屋。至士、庶人四宫，当即此相对之四屋之名。《内则》所谓自命士以上，父子皆异宫，殆谓是也。《士丧礼》云：死于適室。又云：朔月若荐新，则不馈于下室。《丧大记》：大夫世妇卒于適寝，内子未命，则死于下室，迁尸于寝。此適室、下室两两对举，则適室、下室为南北相对之室矣。適室、下室苟为南北相对之室,则侧室当为东西相对之室。《内则》:妻将生子及月辰,居侧室是也。又云:庶人无侧室者,及月辰,夫出居群室,群室,当谓门塾之室。则或以东西宫之室,为昆弟所居,或以仅有南乡一屋而已。

然则燕寝南北东西四宫,何以知其非各为一宫,而必为相对之四屋乎?曰以古宫室之中霤知之也。中霤一语,自来注家皆失其解。《释名》:室中央曰中霤。古者窬穴后室之霤,当今之栋下直室之中。郑注《月令》亦曰:中霤,犹中室也。古者复穴,是以名室为霤云。正义引庾蔚之云:复穴皆开其上取明,故雨霤之,是以后因名室为中霤。郑又云:祀中霤之礼,主设于牖下。正义以此为郑引《逸中霤礼》文。正义申之曰:开牖象霤,故设主于牖下也。余谓复穴雨霤,其理难通,开牖象霤,义尤迂曲。其实中霤者,对东西南北四霤言之,而非四屋相对之宫室,不能兼有东西南北四霤及中霤也。案《燕礼》:设洗当东霤。郑注:当东霤者,人君为殿屋也。正义云:汉时殿屋四向注水,故引汉以况周。《乡饮酒礼》:磬阶间缩霤,北面鼓之,此南霤也。凡四注屋有东西南北四霤,两下屋有南北二霤,而皆不能有中霤。今若四屋相对,如明堂之制,则无论其为四注屋或两下屋,凡在东者皆可谓之东霤,在西者均可谓之西霤,南北放此。若夫南屋之北霤,北屋之南霤,东屋之西霤,西屋之东霤,将何以名之哉?虽欲不谓之中霤,不可得也。其地在宫室之中,为一家之要地,故曰家主中霤而国主社。然则此说于古有征乎?曰有。《檀弓》曰:掘中霤而浴,毁灶以缀足,殷道也,学者行之。案《士丧礼》,浴时甸人掘坎于阶间,少西,巾柶鬠蚤埋于坎。周人所掘既在阶间,则殷人所掘之中霤必在室外,而不在室内矣。《说文·广部》:廎,中庭也。按古文但有廷字,后世加广作庭,义则无异。

明 堂 图

	室玄堂	
右个房太庙	房室	左个房太庙
	太室	
右个房太庙章	房室	左个房青阳
	室明堂	

（图示：明堂图，中央为太室，四方分列玄堂、青阳、明堂、总章，各有左个、右个及房室。）

古书所言宫室之制，皆前堂而后室，与今人屋室不同。《汉书·晁错传》言："臣闻古之徙远方以实广虚也，先为筑室，家有一堂二内，门户之闭。"张晏曰："二内，二房也。"此则与今人之居室同。《史记·孔子世家》："故所居堂弟子内，后世因庙藏孔子衣冠琴车书。"盖改一堂二内之室为庙寝之制也，疑古平民之居皆如是。

《儒行》曰："儒有一亩之宫，环堵之室，筚门圭窬，蓬户瓮牖。"注："五版为堵，五堵为雉。筚门，荆竹织门也。圭窬，门旁窬也，穿墙为之如圭矣。"疏："一亩，谓径一步长百步为亩。若折而方之，则东西南北各十步为宅也。墙方六丈，故曰一亩之宫。宫谓墙垣也。环堵之室者，环谓周回也，东西南北惟一堵。""蓬户，谓编蓬为户，又以蓬塞门，谓之蓬户。瓮牖者，谓牖窗圆如瓮口也。又云：以败瓮口为牖。"《释文》："方丈为堵。筚门，杜预云：柴门也。圭窬，杜预云：小户也，上锐下方，状如圭形也。"《左》襄十七年：宋子罕曰："吾侪小人，皆有阖庐，以辟燥湿寒暑。"注："阖谓门户闭塞。"疏："《月令》：仲春修阖扇。郑玄云：用木曰阖，用竹苇曰扇，是阖为门扇，所以闭塞庐舍之门户也。"观此可略知古代平民居室之情形。

《月令》：季秋，"乃命有司曰：寒气总至，民力不堪，其皆入室"。《诗·七月》："十月蟋蟀入我床下，穹窒熏鼠，塞向墐户。嗟我妇子，曰为改岁，入此室处。"毛传："穹，穷；窒，塞也，向北出牖也。墐，涂也，庶人筚户。"疏："《月令》孟冬命有司闭塞而成冬。此经穹窒墐户文在十月之下，亦当以十月塞涂之矣。"《公羊》宣十五年《解诂》："在田曰庐，在邑曰里。""吏民春夏出田，秋冬入保城郭。""五谷毕入，民皆居宅，里正趋缉绩。""作从十月，尽正月止。"《尧典》春言"厥民析"，冬言"厥民隩"。古人除风雨寒暑，蛰处室中之时甚少也。

《周官·天官·掌舍》："掌王之会同之舍，设梐枑再重，注："杜子春云：梐枑为行马。"按，谓交互设木，以资守卫也。设车宫、辕门，注："谓王行止宿阻险之处，备非常。次车以为藩，则仰车以其辕表门。"为坛壝宫，棘门，注："谓王行止宿平地，筑坛，又委壝土起堳埒以为宫。郑司农云：棘门，以戟为门。杜子春云：棘门，或为材门。"疏："闵二年，卫文公居楚丘。国家新立，齐桓公共门材，先令竖立门户，故知棘门亦得为材门，即是以材木为门也。"为帷宫，设旌门。注："谓王行昼止，有所展肆，若食息，张帷为宫，则树旌以表门。"无宫，则共人门。"注："谓王行有所逢遇，若住游观，陈列周卫，则立长大之人以表门。"此古人行道止舍之法也。

《考工记》："匠人建国，水地以县。注："于四角立植，而县以水，望其高下。高下既定，乃为位而平地。"疏："此经说欲置国城，先当以水平地，欲高下四方皆平，乃始营造城郭也。云于四角立植而县者，植即柱也。于造城之处，四角立四柱而县，谓于柱四畔县绳以正柱。柱正，然后去柱，远以水平之法，遥望柱高下定，即知地之高下。然后平高就下，地乃平也。"置槷以县，眡以景。注："于所平之地中央，树八尺之臬以县正之。眡之以其景，将以正四方也。"疏："置槷者，槷亦谓柱也。云以县者，欲取柱之景，先须柱正。欲须柱正，当以绳县而垂之，于柱之四角四中，以八绳县之。其绳皆附柱，则其柱正矣。然后眡柱之景，故曰眡以景也。"为规，识日出之景，与日入之景。注："日出日入之景，其端则东西正也。又为规以识之者，为其难审也。自日出而画其景端,以至日入,既则为规,测景两端之内规之规,交之乃审也。度两交之间,中屈之以指桌,则南北正。"昼参诸日中之景,夜考之极星,以正朝夕。"笃公刘之诗曰:"陟则在巘,复降在原。"笺云:"公刘之相此原地也,由原而升巘,复下而在原,言反复之,重居民也。"又曰:"逝彼百泉,瞻彼溥原。乃陟南冈,乃觏于京。"笺云:"往之彼百泉之间,视其广原可居之处,乃升其南山之脊,乃见其可居者于京,谓可营立都邑之处。"又曰:"既溥既长,既景乃冈,相其阴阳,观其流泉。度其夕阳,幽居允荒。"笺云:"既广其地之东西,又长其南北,既以日景定其经界于山之脊,观相其阴阳寒暖所宜,流泉浸润所及,皆为利民富国。"可以见古人建筑之术。

《淮南子·本经训》云:"古者明堂之制,下之润湿弗能及,上之雾露弗能入,四方之风弗能袭,土事不文,木工不斫。""堂大足以周旋理文,静洁足以享上帝,礼鬼神,以示民知俭节。"又谓:"凡乱之所由生者,皆在流遁。"流遁之所生者五。一曰遁于木,二曰遁于水,三曰遁于土,皆言宫室之日侈。四曰遁于金,五曰遁于火,则言饮食器用之日侈,亦与宫室之侈骈进者也。观此可知建筑之日精,亦可知侈欲之日甚。按,古称尧茅茨土阶,禹卑宫室。春秋时晋文无观台榭。《左》襄三十一年。宋向戌见孟献子之室,美而尤之。《左》襄十五年:"宋向戌来聘,且寻盟。见孟献子,尤其室,曰:子有令闻,而美其室,非所望也! 对曰:我在晋,吾兄为之,毁之重劳,且不敢间。"齐景公欲更晏子之室,而晏子不可。《左》昭三年:"景公欲更晏子之宅,曰:子之宅近市,湫隘嚣尘,不可以居,谓更诸爽垲者。辞曰:君之先臣容焉,臣不足以嗣之,于臣侈矣。且小人近市,朝夕得所求,小人之利也。敢烦里旅?""及晏子如晋,公更其宅,反则成矣。既拜,乃毁之而为里室,皆如其旧。则使宅人反之。且谚曰:非宅是卜,惟邻是卜。二三子先卜邻矣,违卜不祥。君子不犯非礼,小人不犯不祥,古之制也。吾敢违诸乎?卒复其旧宅。公弗许。因陈桓子以请,乃许之。""而为里室,皆如其旧。"注:"本坏里室以大晏子之宅,故复之。""子谓卫公子荆:善居室。始有，曰：苟合矣。少有，曰：苟完矣。富有，曰：苟美矣。"《论语·子路》。此等美德，犹有存者。然以大概言之，则好奢侈者为多。其见于故记者，桀、纣有璇室瑶台，象廊玉床，肉圃酒池，此或传言之过。然晋"铜鞮之宫数里，而诸侯舍于隶人"。《左》襄三十一年。齐"高台深池，宫室日更"。《左》昭二十年。吴夫差"次有台榭陂池"。《左》哀元年楚子西之言。子西又云："昔阖庐食不二味，居不重席，室不崇坛，器不彤镂，宫室不观，舟车不饰，衣服财用，择不取费。"则皆事实矣。其宫室之名可考者，齐宣王有大室，《吕览·骄恣》。又有雪宫，《孟子·梁惠王》。威王有瑶台；《说苑》。晋有虒祁之宫；《左》昭八年。梁惠王有范台；《战国策》。燕昭王有黄金台；楚有章华之台，《国语》。又灵王作乾谿之台，三年不成；《公羊》昭十三年。襄王有兰台、阳台，见宋玉赋。吴有姑苏之台。甚者如梁伯好土功而亡其国，其风气亦可见矣。

古人最好作台，盖时无楼，台所乘者高，所望者远也。然其劳民力尤甚。《公羊》庄三十一年："春，筑台于郎。何以书？讥。何讥尔？临民之所漱浣也。""筑台于薛。何以书？讥。何讥尔？远也。""秋，筑台于秦。何以书？讥。何讥尔？临国也。"《解诂》曰："礼，天子外屏，诸侯内屏，大夫帷，士帘，所以防泄慢之渐也。礼，天子有灵台，以候天地，诸侯有时台，以候四时。登高远望，人情所乐，动而无益于民者，虽乐不为也。"疏云："皆《礼说》文也。"又曰："礼，诸侯之观不过郊。"盖能守是制者，鲜矣！文十六年："毁泉台。泉台者何？郎台也。郎台则曷为谓之泉台？未成为郎台，既成为泉台。毁泉台何以书？讥。何讥尔？筑之讥，毁之讥。先祖为之，已毁之，不如勿居而已矣。"《解诂》曰："但当勿居，令自毁坏。"盖毁之则重劳，故与筑皆讥也。

苑囿盖就天然景物，施以厉禁，犹美之黄石公园也。何君云：

"天子囿方百里，公侯十里，伯七里，子男五里，皆取一也。"《公羊》成十八年《解诂》。疏：《孟子》文、《司马法》亦云也。徐邈说同，见《穀梁》范注。《白虎通》云："天子百里，大国四十里，次国三十里，小国二十里。"《诗·灵台》毛传云："天子百里，诸侯三十里。"《孟子》："齐宣王问曰：文王之囿方七十里，有诸？孟子对曰：于传有之。曰：若是其大乎？曰：民犹以为小也。曰：寡人之囿方四十里，民犹以为大，何也？曰：文王之囿方七十里，刍荛者往焉，雉兔者往焉，与民同之。民以为小，不亦宜乎？臣始至于境，问国之大禁，然后敢入。臣闻郊关之内有囿方四十里，杀其麋鹿者如杀人之罪，则是方四十里为阱于国中。民以为大，不亦宜乎？"《孟子·梁惠王下》。又言："尧舜既没，圣人之道衰，暴君代作，坏宫室以为污池，民无所安息。弃田以为园囿，使民不得衣食。"《孟子·滕文公下》。知以此厉民者颇多。《天官·叙官·阍人》："王宫每门四人，囿游亦如之。"注："囿，御苑也。游，离宫也。"疏："此离宫即囿游之兽禁，故彼郑云：谓囿之离宫小苑观处也。"《诗序》："驷驖，美襄公也，始命有田狩之事，园囿之乐焉。"疏："有蕃曰园，有墙有囿，园囿大同，蕃墙异耳。囿者，域养禽兽之处。其制诸侯四十里，处在于郊。《灵台》云：王在灵囿。郑《驳异义》引之云：三灵辟雍，在郊明矣。孟子对齐宣王云：臣闻郊阙之内有囿焉，方四十里，是在郊也。园者，种菜殖果之处，因在其内，调习车马，言游于北园，盖近在国北。《地官·载师》云：以场圃任园地，明其去国近也。"

古代田里，皆掌于官。故《王制》曰："田里不粥，墓地不请。"《孟子·滕文公上》："有为神农之言者许行，自楚之滕，踵门而告文公曰：远方之人，闻君行仁政，愿受一廛而为氓。文公与之处。"《檀弓》："季子皋葬其妻，犯人之禾。申祥以告，曰：请庚之。子皋曰：以吾为邑长于斯也。买道而葬，后难继也。"《管子·问》篇："问死事之孤，其未有田宅者有乎？士之有田而不使者几何人？吏恶何事？士之有田而不耕者几何人？身何事？君臣有位而未有田者几何人？

外人之来从而未有田宅者几何家？官承吏之无田饩而徒理事者几何人？问士之有田宅身在陈列者几何人？"《孟子》赵注说五亩之宅云："庐井邑居各二亩半以为宅。"即《公羊》宣十五年《解诂》所谓一夫一妇，受田百亩，公田二亩，庐舍二亩半，秋冬入保城郭，"一里八十户，八家共一巷"者也。贫无立锥之地，盖古所无有矣。《礼记·檀弓》："曾子与客立于门侧。其徒趋而出，曾子曰：尔将何之？曰：吾父死，将出哭于巷。曰：反哭于尔次。"注："次，舍也。礼，馆人使专之，若其自有然。"

古代营建，皆役人民，故最谨于其时。《月令》仲秋曰："凡举大事，毋逆大数，必顺其时，慎因其类。"注："事谓兴土功，合诸侯，举兵众也。"《左》庄二十九年："凡土功，龙见而毕务，戒事也。注："谓今九月，周十一月。"火见而致用，注："致，筑作之物。"疏："十月之初。"水昏正而栽，注："谓今十月。"日至而毕。"注："日南至，微阳始动，故土功息。"僖二十年："凡启塞从时。"注："门户道桥谓之启，城郭墙堑谓之塞，皆官民之开闭，不可一日而阙，故特随坏时而治之。"《月令》季春曰："是月也，命司空曰：时雨将降，下水上腾，循行国邑，周视原野，修利堤防，道达沟渎，开通道路，毋有障塞。"季夏曰："不可以兴土功，不可以合诸侯，不可以起兵动众。毋举大事，以摇养气。注："大事,兴徭役以有为。"毋发令而待，以妨神农之事也。注："发令而待，谓出徭役之令，以预惊民也。"水潦盛昌，神农将持功。举大事则有天殃。"孟秋曰："命百官始收敛。完堤坊，谨壅塞，以备水潦。修宫室，坏墙垣，补城郭。"仲秋曰："是月也，可以筑城郭，建都邑，穿窦窖，修囷仓。"注："为民将入，物当藏也。穿窦窖者，入地。隋曰窦，方曰窖。《王居明堂礼》曰：仲秋命庶民毕入于室，曰：时杀将至，毋罹其灾。"孟冬曰："命有司曰：天气上腾，地气下降，天地不通，闭塞而成冬。注："使有司助闭藏之气，门户可闭闭之，窗牖可塞塞之。"命百官谨盖藏。命司徒循行积聚，无有不敛。坏城郭，戒门闾，修键闭，慎管籥，固封疆，备边竟，完要塞，谨关梁，塞徯径。"仲冬曰："是月也，命奄尹，申宫令，审门闾，谨房室，必重闭。""命有司曰：土事毋作,慎毋发盖,毋发室屋,及起大众,以固而闭,地气沮泄,是谓发天地之房。诸蛰则死,民必疾疫,又随以丧,命之曰畅月。""涂阙廷门闾,筑囷囹,此所以助天地之闭藏也。"皆可见古人用民力之法也。《公羊》庄二十九年:"春,新延厩。新延厩者何?修旧也。修旧不书,此何以书?讥。何讥尔?凶年不修。"

《左》宣十一年:"令尹蒍艾猎城沂,使封人虑事,注:"封人,其时主筑城者。"正义:"《周礼·封人》:凡封国封其四疆,造都邑之封域者亦如之。《大司马》:大役与虑事,受其要,以待考而赏诛。郑玄曰:虑事者,封人也,于有役,司马与之。属赋丈尺,与其用人数也。是封人主造城邑,计度人数。"以授司徒。注:"司徒掌役。"量功命日,分财用,注:"财用,筑作具。"平板干,注:"干,桢也。"正义:"《释诂》云:桢,榦干也。《舍人》曰:桢,正也,筑墙所立两木也。榦所以当墙两边障土者也。彼桢为干,故谓干为桢,谓墙之两头立木也。板在两旁卧障土者,即彼文干也。平板干者,等其高下使城齐也。"称畚筑,注:"量轻重。"程土物,注:"为作程限。"正义:"畚者,盛土之器。筑者,筑土之杵。《司马法》辇车所载二筑是也。称畚筑者,量其轻重,均负土与筑者之力也。程土物,谓锹钁畚舆之属,为作程限备豫也。"议远迩,略基趾,具糇粮,度有司,注:"谋监主。"事三旬而成,不愆于素。"昭三十二年:"士弥牟营成周,计丈数,揣高卑,度厚薄,仞沟洫,注:"度深曰仞。"物土方,注:"物,相也。相取土之方面远近之宜。"议远迩,量事期,计徒庸,虑财用,书糇粮,以令役于诸侯,属役赋丈,注:"付所当城丈尺。"书以授师,注:"师,诸侯之大夫。"而效诸刘子。韩简子临之,以为成命。"此两事可见古代属役之法也。

古代用民,能守定法者盖寡,虽周公作洛,犹不依常时,见《诗·定之方中》疏,《周官》"惟王建国,辨方正位"注。且有期之甚促者。韩氏城新城,期十五日而成,见《吕览·开春》。故虽以华元为植,犹为城者所讴,《左》宣二年注:"植,将主也。"正义:"《周礼》大司马'大役属其植'。郑司农云:植谓部曲将吏。"甚有如梁伯之好土功以亡其国者。《左》僖十八年:"梁伯益其国而不能实也,命曰新里,秦取之。""十九年春,遂城而居之。""初,梁伯好土功,亟城而弗处,民罢而弗堪。则曰:某寇将至。乃沟公宫,曰:秦将袭我。民惧而溃,秦遂取梁。"故《公羊》谓"城当稍稍修葺,大崩大城",《穀梁》且有"凡城皆讥"之说。楚子囊遗言"城郢君子称其患",《左》襄十四年注曰:"楚徙都郢,未有城郭。公子燮、公子仪因筑城为乱,事未得讫。子囊欲讫而未暇,故遗言见意。"而子常城郢,遂招沈尹戌之诮。《左》昭二十三年。《穀梁》亦讥畏三家而城中城为外民,《穀梁》定六年:"冬,城中城。城中城者,三家张也。或曰:非外民也。"注:"三家侈张,故公惧而修内城。讥公不务德政,恃城以自固。"岂谓城不足恃哉?城成而民叛,则将委而去之,是以君子重惜民力耳。

《日知录》曰:"读孙樵《书褒城驿壁》,乃知其有沼、有鱼、有舟。读杜子美《秦州杂诗》,又知其驿之有池、有林、有竹。今之驿舍,殆于隶人之垣矣。予见天下州之为唐旧治者,其城郭必皆宽广,街道必皆正直;廨舍之为唐旧创者,其基址必皆宏敞。宋以下所置,时弥近者制弥陋。此又樵记中所谓州县皆驿,而人情之苟且十百于前代矣。前明所以百事皆废者,正缘国家取州县之财,纤毫尽归之于上,而吏与民交困,遂无以为修举之资。延陵季子游于晋,曰:'吾入其都,新室恶而故室美,新墙卑而故墙高,吾是以知其民力之屈也,又不独人情之苟且也。'汉制,官寺、乡亭漏败,墙垣陁坏不治者,不胜任,先自劾。古人所以百废俱举者,以此。"此言自有至理。予谓自役法坏,一切皆须出于和雇,亦财力所由诎也。古之役法,自不可复,然地方公共建设等,亦不妨借民力为之,人民有时出财难,出力易,赋税固当多其途以征之也。或谓古分工不精,故人民皆能从事于木工,今即不然,役民安能集事乎?不知工程有凡人所能为者,有不然者,非凡人所能为者,自无从役民为之,而不然者,固无妨借用其力也。《论衡·量知》曰:"能斫削柱梁谓之木匠,能穿凿穴培谓之土匠。"则汉世土木,各有专工,然如筑长安城等,亦未尝不役民为之也。

古代各国宫室,盖大同而小异。所以大同者,以古代诸国多汉族所分封,其文明之原同也。然不能无少异。故鲁襄归自楚而作楚宫,秦破六国,亦写放其宫室作之关中也。秦汉而后,合神州为一大国,生计技巧,自当日有进步。建筑之闳大奇丽者甚多,举其最著者,如秦有阿房,汉初有未央,武帝有建章之宫、柏梁之台。是时外戚邸第尤侈。参看《汉书·元后传》、《后汉书·梁冀传》。王莽信方士起八风台,台成万金。见《汉书·郊祀志》。文帝欲作露台,惜百金为中人之家之产而不为,莽一台费中人千家之产矣。后世侈君暴主,竭民力以筑城郭者,如赫连勃勃之于统万;营宫室者,如陈后主之临春、结绮、望春三阁,隋炀帝之西苑,宋徽宗之艮岳,清代之圆明、颐和两园,皆朘万民之膏血为之,而大都付之兵火,亦可哀已。

我国自古以卑宫室为美谈,事土木为大戒,汰侈已甚,虽帝王亦有所顾忌,况平民乎?以故崇闳壮丽之建筑,较他国为少。私家之有园林者,征诸书史,一若其数甚多,实则以中国之广土众民,有此数殊不足为多也。其稍近华侈者,厥惟二氏之居,以神教致人之力甚大,虽迷信不深究,犹取精而用弘也。大抵道家之建筑名曰观,佛家之建筑名曰寺,多在名山绝壑,风景胜处,其点缀美景,实不少也。且以其不在城市之中,形要之地,故其毁于兵火转较帝王之宫殿、人间之园林稍难。佛教东来印度,建筑之法,亦有随之输入者,塔其一也。今未能一一详考。古代建筑之高者曰华表,特取其为表识而已。《古今注》谓华表之设,原于尧设诽谤之木,可以想见其体制。

我国建筑所以不能持久者,有一大原因焉,曰用木材多,用石材少也。盖木屋易火,毛奇龄《杭州治火议》曰:杭州多火灾,岁必数发,发必延数里,且有蹈火以死者。予儌杭之前一年,相传自盐桥至羊市,纵横十余里,其为家约六万有余,死者若干人。予虽未亲见,顾燋烂犹在目也。乃不数年,而自孩儿巷至菜市东街,与前略相等。

予所僦住房已亲见入烟焰中,其他则时发时熄,不可胜计。以询居人,即中年者,亦必答曰:予生若干次矣。其最徼幸可喜,亦必树一指曰:惭愧,已一次矣。从未有云无有者。顷者,黄中堂门楼偶不戒,而五人齐死一楼,不得下。逾日而藩司东街又复延爇里许,焚烧数百家。又逾日而太平门外忽燻焰蔽天,不知所究竟,今则褚堂上下复炎炎矣。何以致此?或曰此天象也,或曰此地理也,或曰曩时每街必有火巷间截之,今多为民间侵佃,以致堙塞也,或曰六井不开,无以厌火也。数说予皆然。夫火不自致,必有所以致之者。尝疑失火塘报,各省无有,独杭城则屡见报文,下此惟湖之汉口,偶有报延烧至数千家者,则必杭之房与汉口之屋,有异于他。而备查两地,则汉口专用竹而杭则兼用竹木,自基殿以至梁欐栋柱榍樆,无非木也。而且以木为墙障,以竹为瓦荐壁夹,凡户牖之间,牖用櫺槅,而半墉承牖,又复以板与竹夹为之,间或护牖以笆,护墉以篱,层层裹饰,非竹则木。然且单房少而重屋多,两重架格,犹复接木楹于轩宇之上,名曰晒台。计一室所用,其为塼埴之工者,只瓦棱数片耳。又且市廛阛阓,多接飞檐,桥梁巷门,每通复阁,鳞排栉比,了无罅隙。夫以满城灯火,百万家烟爨,原足比沃焦之山,象郁收之穴。而且上下四旁,无非竹木,既已埋身在烈坑中矣。加之侩贩营业,多以炊煮蒸熬燻焙烧炙为生计,而贫民昼苦趁逐,往多夜作,诸凡治机丝煅金锡,皆通夕不寐。又且俗尚苟偷,大抵箕笼厝火,竹檠点灯。暑则燃蚊烟,寒则烘草荐,无非硝炭。而况俗尚释老,合乡礼斗,联棚诵经,焚香烧烛,沿宵累旦,又何一非致火者云云。案杭垣火灾今日澹于昔,而汉口大火,则余生以来,亦屡闻之矣。历代建筑崇弘伟丽者亦不乏,然皆不传于今,比之欧洲,十不逮一,实由建筑之材专恃土木,土易圮而木易焚故也。康南海《欧洲十一国游记》尝极言之,近人中国建筑材料发展史言之尤悉。木屋易火,易之以砖则不火,此非理之至明,而事之易晓者乎?然而习俗相沿,其来已久,庸人狃于故常,而惮于更革。即一二有识者,或痛思改作,稍知求一劳永逸之计,而寡不敌众。一室之砖,不能抗万间之木,是必藉当事大力,留心民瘼,以一切之法严行之。其已成者勿论,已但新被灾之地,则必大张示谕,并敕该图里总勒买砖块,且立唤绍兴工匠,使另为制造,不得因仍旧习,私用竹木。违者以非法处之,并拆其所造屋。则以渐移易,庶几有济。乃阻之者有二说。一曰砖贵而竹木贱也。夫杭屋外垣,纯用土筑,而舂基埋石,畚土盖瓦,材费不赀,所绝无者独砖耳。然且日聚多人,一唱三叹,邪许声连连。计物值工价,每纵横寻丈,约不下十金有余。若丈墙之砖,则空斗复上,丈砖三百块,不彀一金。而且土工一工,可筑数丈墙,其工价裁数分耳。以十金之墙,而以一金零数分当之,孰贵孰贱。若夫壁则单砖侧叠,寻丈之砖,必不敌寻丈之板之值。而苟舍板而用竹,则竹水土灰,四者齐用。杭州土皆贵卖,而削筑圬墁,诸工并进,恐物值工价,未必有歉于砖也。夫以一焚而家赀千百,尽付烬炭,则虽十倍之费,犹当痛自袯濯,改柯易叶,为百年不拔之良策。而况工值计较,为墙固甚省,而为壁亦不费。即曰创始实难,采办未给,或不能顿集诸物,而商估趋利如鹜。稍有微赢,则其物无胫而至,况砖埴瓦片,多出之过江之湘湖。而嘉湖二府,亦有陶窑,苟能用之,则纂纂四来,将见草桥螺蛳太平艮山四门外,堆垛如丘山。物盈则贱,岂止易办而已乎。一曰阛阓稠密,竹木占地少,而砖则占地多也。是又不然。土墙高大者,约址占三四尺,否亦一二尺。砖墙则高大者四五寸,否即三四寸也。板壁砖壁,各以寸为度,相去不远。竹壁则用木杙,而编竹夹以墁之,合须一寸土灰,两面合一寸,共二寸。砖则以寸厚之块,侧累而上,但得寸而无加矣。然则不占地亦莫砖若也。见《经世文编》卷九十五。读此可知建筑之材,不能改善,多由积习相沿,不尽物力所限也。耐火建筑之术,固今日所不容不讲矣。

世之言美术者,必曰建筑,曰雕刻,曰绘画,而隆古之世,雕刻、绘画多附丽于建筑以传,则建筑尤美术之渊薮也。初民雕刻绘画,非附丽于建筑,难于保存。我国以节俭为训,故丹楹刻桷,为《春秋》所讥。《穀梁》庄二十四年:"礼,天子之桷,斫之砻之,加密石焉。诸侯之桷,斫之砻之。大夫斫之。士斫本。刻桷,非正也。"《公羊》庄二十三年《解诂》略同,疏云:"皆《外传》。《晋语》:张志谓赵文子椽之制。"然如山节藻棁等,亦足见古代雕刻之技,《礼记·礼器》:"管仲镂簋朱纮,山节藻棁,君子以为滥矣。"注:"栭谓之节,梁上楹谓之棁。官室之饰,士首本,大夫达棱,诸侯斫而砻之,天子加密石焉,无画山藻之礼也。"正义:"《礼纬·含文嘉》云:大夫达棱,谓斫为四棱,以达两端。士首本者,士斫去木之首本,令细与尾头相应。《晋语》及《含文嘉》并《穀梁传》虽其文小异,大意略同也。"《明堂位》:"山节藻棁,复庙重檐,刮楹达乡,反坫出尊,崇坫康圭,疏屏,天子之庙饰也。"注:"山节,刻欂栌为山也。藻棁,画侏儒柱为藻文也。复庙,重屋也。重檐,重承壁材也。刮,刮摩也。乡,牖属,谓夹户窗也。每室八窗为四达。反坫,反爵之坫也。出尊,当尊南也。惟两君为好,既献,反爵于其上。礼,君尊于两楹之间。崇,高也。康,读为亢龙之亢。又为高坫,亢所受圭奠于上焉。屏谓之树,今浮思也,刻之为云气虫兽,如今阙上为之矣。"正义:"皇氏云:郑云:重檐,重承壁材也,谓就外檐下壁,复安板檐,以辟风雨之洒壁,故云重檐,重承壁材。刮楹者,刮摩也。楹,柱也。以密石摩柱。""《匠人》注云:城隅,谓角浮思也。汉时东阙浮思灾,以此诸文参之,则浮思,小楼也。故城隅阙上皆有之。然则屏上亦为屋,以覆屏墙,故称屏曰浮思,或解屏则阙也。古诗云:双阙百余尺。则阙于两旁,不得当道,与屏别也。阙虽在两旁,相对近道,大略言之,亦谓之当道。故《谶》云:代汉者当涂高,谓巍阙也。云刻之为云气虫兽,如今阙上为之矣者,言古之疏屏,似今阙上画云气虫兽,如郑此言,似屏与阙异也。"壁画尤足见当时之绘画也。至如屋翼飞鱼等制,今日尚有之,尤足见建筑者之美术矣。《士冠礼》注:"荣,屋翼也。"正义:"即今之博风,云荣者,与屋为荣饰,言翼者,与屋为翅翼也。"《墨客挥犀》:汉以宫殿多灾,术者言天上有鱼尾星,宜为其象,冠于屋以禳之。自唐以来,寺观殿宇,尚有为飞鱼形尾上指者,今则易为鸱吻。

古人席地而坐,尊者则用几。阮谌《礼图》云:"几长五尺,高尺二寸，广二尺。"《礼记·曾子问》疏。其高尚不如今之椅也，其坐则略如今之跪。《陔余丛考》"古人跪坐相类"条云："朱子作《跪坐拜说》，寄白鹿洞诸生，谓古者坐与跪相类，汉文帝不觉膝之前于席，管宁坐不箕股，榻当膝处皆穿，诸所谓坐皆跪也。盖以膝隐地，伸腰及股，危而不安者，跪也。以膝隐地，以尻着蹠，而体便安者，坐也。今成都学所存文翁礼殿刻石诸像，皆膝地危坐，两蹠隐然，见于坐后帷裳之下，尤足证云。又《后汉书》：向栩坐板床，积久板乃有膝踝足指之处。据此则古人之坐与跪，皆是以膝着地，但分尻着蹠与不着蹠耳。其有偃蹇伸脚而坐者，则谓之箕踞。《汉书·陆贾传》：尉佗箕踞。颜师古注：伸其两脚如箕形。佛家盘膝而坐，则谓之趺坐，皆非古人常坐之法也。然则古人何以不以尻着地，而为此危坐哉？盖童而习惯，遂以固然。犹今南人皆垂脚而坐，使之盘膝则不惯；北人多盘膝而坐，使之垂脚亦不惯也。"寝则有床，《诗》所谓"载寝之床"者也。《左》襄二十七年："床第之言不逾阃。"注："第，箦也。"正义："《释器》云：箦谓之第。孙炎曰：床也。郭璞曰：床版也。然则床是大名，箦是床版。《檀弓》云：大夫之箦与？箦名亦得统床，故孙炎以为床也。"《陔余丛考》"高坐缘起"条曰："应邵《风俗通》：赵武灵王好胡服，作胡床，此为后世高坐之始。然汉时犹皆席地，文帝听贾谊语，不觉膝之前于席。暴胜之登堂坐定，隽不疑据地以示尊敬是也。至东汉末，始斫木为坐具，其名仍谓之床，又谓之榻，如向栩、管宁所坐可见。又《三国·魏志·苏则传》：文帝据床拔刀。《晋书》：桓伊据胡床，取笛作三弄。《南史》：纪僧真诣江斆登榻坐，斆令左右移吾床让客。狄当、周赳诣张敷就席，敷亦令左右移床远客。此皆高坐之证。然侯景升殿踞胡床，垂脚而坐，《梁书》特记之，以为殊俗骇观，则其时坐床榻，大概皆盘膝无垂脚者。至唐又改木榻，而穿以绳，名曰绳床。程大昌《演繁露》云：穆宗长庆二年十二月，见群臣于紫宸殿御大绳床是也。而尚无椅子之名，其名之曰椅子，则自宋初始。丁晋公《谈录》：窦仪雕起花椅子二，以备右丞及太夫人同坐。王铚《默记》：李后主人宋后，徐铉往见李，卒取椅子相待。铉曰：但正衙一椅足矣。李后主出，具宾主礼。铉辞，引椅偏乃坐。张端义《贵耳录》：交椅即胡床也。向来只有栲栳样，秦太师偶仰背坠巾，吴渊乃制荷叶托首以媚之，遂号曰太师样，此又近日太师椅之所由起也。然诸书椅子犹或作倚字，近乃改从椅，盖取桐椅字假借用之。至机子、墩子之名，亦起于宋，见《宋史·丁谓传》及周益公《玉堂杂记》。"

室中用火有二，一以取暖，一以取明。《汉书·食货志》："冬，民既入，妇人同巷，相从夜绩。必相从者，所以省费燎火。"师古曰："燎所以为明，火所以为温也。"古无蜡烛，所谓大烛庭燎者，以苇为中心，以布缠之，饴蜜灌之，树于门外曰大烛，于门内曰庭燎。平时用荆燋为火炬，使人执之，所谓"执烛抱燋"，所谓"烛不见跋"皆指此。蜡烛灯檠，皆后起之物也。上海之有煤气灯，在清同治四年；电灯在光绪中叶。《日知录》"土炕"条曰："北人以土为床，而空其下以发火，谓之炕，古书不载。《左传》：宋寺人柳炽炭于位，将至则去之。《新序》：宛春谓卫灵公曰：君衣狐裘，坐熊席，陬隅有灶。《汉书·苏武传》：凿地为坎，置煴火。是盖近之，而非炕也。《旧唐书·东夷高丽传》：冬月皆作长坑，下燃煴火以取暖。此即今之土炕也，但作坑字。《水经注》：土垠县有观鸡寺，寺内有大堂甚高，广可容千僧。下悉结石为之，上加涂塈。基内疏通，枝经脉散，基侧室外，四出爨火，炎势内流，一堂尽温。此今人煖房之制，形容尽之矣。"案，《左》定三年：邾子"自投于床，废于炉炭，烂，遂卒"。合诸宛春之言，则古人室内，亦有炉火。宛春之言，亦见《吕览·分职》。炽炭于位，盖惟佞谀者为之。至土炕，则北狄之俗也。《诗·庭燎》传："庭燎，大烛。"正义："古制未得而闻，今则用松苇竹，灌以脂膏也。"《秋官·司烜氏》："掌以夫遂取明火于日，以共祭祀之明烛。凡邦之大事，共坟烛庭燎。"注："夫遂，阳遂也。故书坟为蕡。郑司农云：蕡烛，麻烛也。玄谓坟，大也，树于门外曰大烛，于门内曰庭燎，皆所以照众为明。"正义："先郑从故书蕡为麻烛者，以其古者未有麻烛，故不从。《燕礼》云：甸人执大烛于庭。不言树者，彼诸侯燕礼，不树于地，使人执。庭燎所作，依慕容所为，以苇为中心，依布缠之，饴蜜灌之，若今蜡烛。若人所执者，用荆燋为之，执烛抱燋，《曲礼》云烛不见跋是也。"《礼记·郊特牲》："庭燎之百，由齐桓公始也。"注："庭燎之差，公盖五十，侯、伯、子、男皆三十。"正义："此数出《大戴礼》，皇氏云：作百炬列于庭也，或云百炬共一束也。"又："乡为田烛。"注："田首为烛也。"《曲礼》："烛不见跋。"注："跋，本也。烛尽，则去，嫌若烬多，有厌倦。"正义："本，抱处也。古者未有蜡烛，惟呼火炬为烛也。火炬照夜易尽，尽则藏所然残本。所以尔者，若积聚残本，客见之，则知夜深，虑主人厌倦，或欲辞退也。"《檀弓》："童子隅坐而执烛。"《少仪》："其未有烛而后至者，则以在者告，道瞽亦然。凡饮酒，为献主者，执烛抱燋，客作而辞，然后以授人。"注："未爇曰燋。"正义："又取未然之炬抱之也。"《管子·弟子职》："昏将举火，执烛隅坐。错总之法，横于坐所。栉之远近，乃承厥火。居句如矩，蒸间容蒸。然者处下，奉碗以为绪。右手执烛，左手正栉。有堕代烛，交坐毋倍尊者。乃取厥栉，遂出是去。"注："总，设烛之束也。栉，谓烛尽，察其将尽之远近，乃更以烛承取火也。绪，然烛烬也。碗所以贮绪也。"

　　论宫室既竟，请再略言丧葬。古人分形与神为二，故曰："体魄则降知气在上。"《礼记·礼运》。又曰："众生必死，死必归土。骨肉毙于下，阴为野土。其气发扬于上为昭明。焄蒿悽怆，此百物之精也，神之著也。"《礼记·祭义》。延陵季子适齐，比其反也，其长子死，葬于嬴、博之间。既封，左袒，右还其封，且号者三，曰："骨肉归复于土，命也。若魂气，则无不之也！"皆其证也。故其视形，初不甚重。楚之亡郢也，申包胥以秦师至，败吴师。"吴师居麇，子期将焚之。子西曰：父兄亲暴骨焉，不能收，又焚之，不可。子期曰：国亡矣，死者若有知也，可以歆旧祀，岂惮焚之？"《左》定五年。尤其重神不重形之明证也。故其葬也，"送形而往，迎精而返"，而无墓祭之事。葬之厚也，盖自不知礼义之王公贵人始，而豪富之民从而效之；墓之祭也，则秦人杂戎狄之俗为之也。古疑于墓祭者惟孟子，所谓东郭墦间之祭。齐近东夷，或亦杂异俗。伊川之民，被发而祭于野，则辛有固以为异俗矣。武王观兵,上祭于毕,司马贞、林有望以为祭毕星,固近曲解,周是时亦犹秦之始起耳。《周官·小宗伯》:"成葬而祭墓为位。"注:"先祖形体托于此地,祀其神以安之。"正义:"祭后土之神,使安祐之。"《冢人》:"大丧既有日,请度甫竁,遂为之尸。"郑司农云:"始竁时,祭以告后土,冢人为之尸。"后郑云:"成葬为祭墓地之尸也。"后郑即据《小宗伯》文也。至《小宗伯》云:"诏相丧祭之礼。"则注云:"丧祭,虞祔也。"皆非今之墓祭也。顾亭林曰:古之有事于墓者,奔丧者不及殡先之墓,哭尽哀。除丧而后归,之墓哭成踊。去国则哭于墓而后行。皆有哀伤哭泣之事。宗子去在他国,庶子无爵而居者,望墓为坛,以时祭,亦非常礼也。孔子之丧,门人不得奉庙,故庐于墓,亦非后世之庐墓也。详见《日知录》。

《孟子·滕文公上》曰:"盖上世尝有不葬其亲者矣,其亲死,则举而委之于壑。他日过之,狐狸食之,蝇蚋姑嘬之。""盖归反虆梩而掩之。"《易·系辞传》:"古之葬者,厚衣之以薪,葬之中野,不封不树。后世圣人,易之以棺椁。"此葬之缘起也。夏禹之时,死陵者葬陵,死泽者葬泽。墨子法之,是以有《节葬》之篇曰:"桐棺三寸,足以朽体,衣衾三领,足以覆恶。以及其葬也,下毋及泉,上毋通臭,垄若参耕之亩,则止矣。""中古棺七寸,椁称之。"盖人民生计渐优,故送终稍厚。然曰:"衣周于身,棺周于衣,椁周于棺。"曰:"且比化者,毋使土亲肤。"则亦取足以朽体而已。宋"桓司马自为石椁,三年而不成。夫子曰:若是其靡也,死不如速朽之愈也"。《礼记·檀弓》。"颜渊死,颜路请子之车以为之椁。子曰:鲤也死,有棺而无椁。吾不徒行以为之椁。""门人欲厚葬之。子曰:不可。门人厚葬之。子曰:回也视予犹父也,予不得视犹子也。非我也,夫二三子也。"《论语·先进》。华元、乐举厚葬其君,君子以为不臣。《左》成二年。儒家之宗旨可见矣。厚葬之生,盖自逾侈之贵族始也。观《墨子·节葬》、《吕览·节丧》、《安死》两篇所论可知。顾亭林曰:"古王者之墓,称墓而已。《左传》曰:殽有二陵,其南陵,夏后皋之墓也。《书传》亦言:桐宫,汤墓。《周官·冢人》:掌公墓之地。并言墓不言陵。及春秋以降,乃有称丘者,楚昭王墓谓之昭丘,赵武灵王墓谓之灵丘,而吴王阖闾之墓,亦名虎丘。盖必其因山而高大者,故二三君之外无闻焉。《史记·赵世家》:肃侯十五年起寿陵。《秦本纪》:惠文王葬公陵,悼武王葬永陵,孝文王葬寿陵,始有称陵者。至汉则无帝不称陵矣。《日知录》"陵"条。可见厚葬之所由来矣,然无不为人所发掘者。刘子政《谏起昌陵疏》,所言亦可鉴矣。

因厚葬必遭发掘,乃有保护前代帝王陵寝之事;并当代士大夫丘墓,亦为封禁焉。为置守陵及冢,免其赋役,则国家之财政受损矣。必距墓若干步乃得樵苏,而人民之生计受损矣。《檀弓》曰:"成子高曰:吾闻之也,生有益于人,死不害于人。吾纵生无益于人,吾可以死害于人乎哉?我死,则择不食之地而葬我焉。"今也荒数顷之田,以保一棺之土,而棺仍不可得保。有如宋会稽诸陵及大臣冢墓为杨琏真伽所发掘者,至百有一所。且以过求死者之安,而有风水之说。风水之始,避风及水而已。《吕览·节丧》篇曰:"葬浅则狐狸抇之,深则及于水泉,故凡葬必于高陵之上,以避狐狸之患,水泉之湿。"此风水之说之起原也。又以葬侈而力有不逮,并有停丧不葬者,则并入土之安而不可得矣。

上陵之礼,盖始后汉之明帝,见《后汉书·礼仪志》注引谢承书。然其制实本于秦。《后汉书·祭祀志》曰:"古不墓祭,汉诸陵皆有园寝,承秦所为也。说者以为古宗庙前制庙,后制寝,以象人之居前有朝,后有寝也。《月令》有先荐寝庙,《诗》称寝庙奕奕,言相通也。庙以藏主,以四时祭。寝有衣冠几杖象生之具,以荐新物。秦始出寝,起于墓侧,汉因而弗改,故陵上称寝殿,起居衣服象生人之具,古寝之意也。"可以知其所由来矣。自先汉时,人臣已有告事于墓,人主亦有临其臣之墓者,又有告祭古贤人之墓者。《吴越春秋》谓夏少康恐禹墓之绝祀,乃封其庶子于越,春秋祠禹墓于会稽。此以秦汉时礼度古人也。至唐执阿史那贺鲁等献于昭陵,则献俘于墓矣。开元十年,敕寒食上墓,编入五礼,永为定式。元和元年,诏常参官寒食拜墓,在畿内者听假日往还,他州府奏取进止。盖自人主有上陵之礼,士大夫亦立祠堂于墓,人民不能立祠,则相率而为墓祭,礼亦从而著之,而不知其背于义也。参看《日知录》十五卷、《陔余丛考》三十二卷"墓祭"条。

《周官·冢人》:"掌公墓之地,辨其兆域而为之图,先王之葬居中,以昭穆为左右。注:"公,君也。先王,造茔者。"正义:"王者之都,有迁徙之法,若文王居丰,武王居镐,平王居于洛邑,所都而葬,即是造茔者也。子孙皆就而葬之。"凡诸侯居左右以前,卿大夫士居后,各以其族。"注:"子孙各就其所出,王以尊卑处其前后,而亦并昭穆。"正义:"出封畿外为诸侯卿大夫士者,因彼国葬而为造茔之主。今谓上文先王子孙,为畿内诸侯王朝卿大夫士。"《墓大夫》:"掌凡邦墓之地域,为之图,令国民族葬,注:"各从其亲。"而掌其禁令。正其位,掌其度数,使皆有私地域。注:"古者万民墓地同处,分其地使各有区域,得以族葬,使相容。"凡争墓地者,听其狱讼,帅其属而巡墓厉,居其中之室以守之。"《檀弓》注:"晋卿大夫之墓地在九原。"则我国古者本行公墓之制。佛教东来,火葬亦盛。《宋史》:"绍兴二十七年,监登闻鼓院范同言:今民俗有所谓火化者,生则奉养之具,惟恐不至,死则燔爇而捐弃之。国朝著令,贫无葬地者,许以官地安葬。河东地狭人众,虽至亲之丧,悉皆焚弃。韩琦镇并州,以官钱市田数顷,给民安葬,至今为美谈。然则承流宣化,使民不畔于礼法,正守臣之职也。事关风化,理宜禁止,仍饬守臣,措置荒闲之地,使贫民得以收葬。从之。景定二年,黄震为吴县尉,乞免再起化人亭,状曰:照对本司久例,有行香寺曰通济,在城外西南一里,本寺久为焚人空亭,约十间以罔利。合城愚民,悉为所诱,亲死即举而付之烈焰。余骸不化,则又举而投之深渊。"《日知录》"火葬"条。《宋史·徽宗纪》:"崇宁二年,置漏泽园。"《夷坚志》云:"以瘗死者。"顾亭林谓:"漏泽园之设,起于蔡京,不可以其人而废其法。"《日知录》"火葬"条。赵氏《陔余丛考》曰:"《后汉书·桓帝纪》:诏京师死者相枕,若无亲属者,可于官墙地葬之,表识姓名,为设祠祭。案,建和三年。宋天禧中,于京城外四禅院买地瘗无主骸骨,每具官给六百文,幼者半之,见韩魏公《君臣相遇传》。又《仁宗纪》:嘉祐七年,诏开封府市地于四郊,给钱瘗贫民之不能葬者。《神宗纪》:元丰二年,诏给地葬畿内寄菆之丧无所归者,官瘗之。韩魏公镇并州日,亦以官钱市田数顷,给民安葬。是义冢之法,蔡京前已有之。"惜乎惟施诸贫者,而富者则仍以大作封域为孝耳。

《墨子·节葬》曰:"秦之西有仪渠之国者,其亲戚死,聚柴薪而焚之,燻上谓之登遐,然后成为孝子。"《吕览·义赏》曰:"氐羌之民,其虏也不忧其系累,而忧其死不焚也。"《荀子·大略》同。《后汉书·东夷传》:东沃沮,其葬作大木椁,长十余丈,开一头为户。新死者先假埋之,令皮肉尽,乃取骨置椁中。家人皆共一椁,刻木如主,随死者为数焉。《陔余丛考》"洗骨葬"条曰:"时俗愚民,有火化其先人之骨者,谓之火葬,顾宁人已详言其凶惨。然又有洗骨葬者,江西广信府一带风俗,既葬二三年后,辄启棺洗骨使净,别贮瓦瓶内埋之。是以争风水者,往往多盗骨之弊。余友沈倬其宰上饶,见库中有骨数十具,皆盗葬成讼贮库者。按《南史·顾宪之传》:宪之为衡阳内史,其土俗人有病,辄云先亡为祸,乃开冢剖棺,水洗枯骨,名为除祟,则此俗由来久矣。"此则异俗也。

第七章　婚　姻

《易》曰:"有天地,然后有万物。有万物,然后有男女。有男女,然后有夫妇。有夫妇,然后有父子。有父子,然后有君臣。"若是乎,人类社会之形形色色,千变万化,无一不自男女之媾合来也。故言社会组织者,必始男女。

男女之关系为夫妇,其谁不知之? 虽然,非其朔也。《白虎通》曰:"古之时,未有三纲六纪。人民但知其母,不知其父。"夫但知其母,不知其父,即莫知谁妻,莫知谁夫之谓也。后人推测社会之始,多谓由于一夫一妇之胖合。如《创世记》亚当、夏娃之说是也。其实人类之初,究系何种情形,实属无从想像。所能勉强想像者,则榛榛狉狉,群居袭处;既无一切名目,亦无何等组织,一浑然之群而已。

迨其稍进,而婚姻乃论行辈。予昔撰经义,于此颇有发挥。今录其说如下。原文曰:社会学家言:浅演之世,无所谓夫妇。男女妃耦,惟论行辈。同辈之男,皆其女之夫;同辈之女,皆其男之妻。我国古代似亦如此。《大传》:"同姓从宗合族属,异姓主名治际会。名著而男女有别。其夫属乎父道者,妻皆母道也。其夫属乎子道者,妻皆妇道也。谓弟之妻妇者,是嫂亦可谓之母乎? 名者,人治之大者也。可无慎乎?"曰"男女有别",曰"人治之大",而所致谨者不过辈行,注:"异姓,谓来嫁者也。主于母与妇之名耳。"可见古者无后世所谓夫妇矣。盖一夫一妻,恒久不变,起于人类妒忌专有之私。人之性,固有爱一人而终身不变者,亦有不必然者。故以一男而拘多女,以一女而畜众男,己不能笞,而又禁其更求匹耦,则害于义。若其随遇而合,不专于一;于甲固爱矣,于乙亦无恶,则亦犹友朋之好,并时可有多人耳;古未为恶德也。职是故,古人于男女配合,最致谨于其年。《礼运》曰:"合男女,颁爵位,必当年德。"《荀子》曰:"妇人莫不愿得以为夫,处女莫不愿得以为士。"《非相》。"老妇士夫","老夫女妻",则《易》譬诸"枯杨生华","枯杨生稊",言其鲜也。夫合男女而惟致谨于其年,而不必严一夫一妻妃合之制,则同辈皆可为婚矣。《释亲》:"长妇谓稚妇为娣妇,娣妇谓长妇为姒妇。"此兄弟之妻相谓之辞也。又云:"女子同出,谓先生为姒,后生为娣。"孙炎云:"同出,谓俱嫁事一夫者也。同适一夫之妇,其相谓乃与昆弟之妻之相谓同。"可见古者无后世所谓夫妇矣。娣姒之称,或谓据夫年长幼,或谓据身年长幼,迄无定论。实缘两义各有所主。据夫年长幼者,昆弟之妻相谓之辞也。据身年长幼者,同出者相谓之辞也。古无后世所谓夫妇,则亦无昆弟之妻相谓之辞矣。古之淫于亲属者,曰烝,曰报,《汉律》:淫季父之妻曰报,见《诗·雄雉序》疏。皆辈行不合之称。其辈行相合者,则无专名,曰淫,曰通而已。淫者,放滥之词。好色而过其节,虽于妻妾亦曰淫,不必他人之妻妾也。通者,《曲礼》曰:"嫂叔不通问。"又曰:"内言不出于梱,外言不入于梱。"内言而出焉,外言而入焉,则所谓通也。《内则》曰:"礼始于谨夫妇。为宫室,辨内外,深宫固门,阍寺守之。男不入,女不出。"自为宫室辨内外以来,乃有所谓通,前此无有也。《匈奴列传》曰:"父死,妻其后母;兄弟死,皆取其妻妻之。"父死妻其后母,不知中国古俗亦然否。妾皆幼小,见后。则父之妾,或与子之行辈相当也。兄弟死,皆取其妻妻之,则亦必如是矣。象以舜为已死,而曰:"二嫂使治朕栖。"是也。父子聚麀,《礼记》所戒。新台有泚,诗人刺焉。至卫君之弟,欲与宣夫人同庖,则齐兄弟皆欲与之,《柏舟》之诗是也。然则上淫下淫,古人所深疾;旁淫则不如是之甚。所以者何? 一当其年,一不当其年也。夫妇之制既立矣,而其刺旁淫,犹不如上下淫之甚,则古无后世所谓夫妇,男女耦合,但论行辈之征也。今贵州仲家苗,女有淫者,父母伯叔皆不问;惟昆弟见之,非殴则杀;故仲家女最畏其昆弟云。亦婚姻但论行辈之遗俗也。

合男女贵当其年乎? 不贵当其年乎? 则必曰贵当其年矣。自夫妇之制立,而后男女妃合,有不当其年者,此则后人之罪也。俞理初有《释小篇》,论妾之名义,皆取于幼小。其说甚博。犹有未备者。《易·说卦》:兑为少女,为妾。《内则》:"妾将御者,齐漱浣,慎衣服。栉縰,笄总,拂髦。"髦者,事父母之饰,惟小时有之,亦妾年小之征。《曲礼》:诸侯之妻曰"夫人",大夫曰"孺人"。郑注:孺,属也,《书·梓材》"至于属妇",伪孔训为妾妇,盖本下妻之称。故韩非以贵夫人与爱孺子对举也。《韩非子·八奸》。古者诸侯娶,二国往媵,皆有侄娣。侄者何? 兄之子也。娣者何? 弟也。待年父母国,不与嫡俱行,明其年小于嫡。诸侯正妻之外,又有孺子。大夫则无有,故径号其妻曰孺人。诸侯妻之外又有妾,而大夫亦得以孺人为妻,皆由其据高位,故得恣意渔少艾也。诗曰:"婉兮娈兮,季女斯饥。"言季不言孟;妙之本字为眇,由眇小引申为美妙;皆古人好少女之证。男子之性,盖无不好少女者。率其意而莫之制,而世之以老夫拘女妻者多矣。以上录旧作《合男女颁爵位必当年德义》。《祭统》曰:"祭有昭穆。""凡赐爵,昭为一,穆为一。昭与昭齿,穆与穆齿。"此亦古人重行辈之征。《公羊》僖二十五年《解诂》曰:"齐鲁之间,名结婚姻为兄弟。"《曾子问》"婿之伯父致命女氏曰:某之子有父母之丧,不得嗣为兄弟"是也。结婚姻称兄弟,亦其行辈相当之征。

由此更进一步,则有今所谓夫妇者。今所谓夫妇,盖起于掠夺,后乃变为卖买。行辈为昏,盖行诸同族;掠夺卖买,则行诸异族者也。同族婚姻,所以变为异族者,盖恐同族以争色致斗乱;亦由世运日进,各部落之交接日多,故获取妻于外也。昔撰经说,亦曾详斯义。今更录其说如下。原文曰:《郊特牲》曰:"娶于异姓,所以附远厚别也。"此古同姓之所以不昏也。《左氏》载郑叔詹之言曰:"男女同姓,其生不蕃。"僖二十三年。子产之言曰:"内官不及同姓。美先尽矣,则相生疾。"后人恒以是为同姓不昏之由。然据今之治遗传学者言,则谓近亲婚姻,初不能致子孙于不肖。所虑者,男女体质相类,苟有不善之质,亦必彼此相同,子姓兼受父母之性,其不善之质,益易显耳。若其男女二者,本无不善之质,则亦初无可虑。其同有善质者,子姓之善性,亦将因之而益显也。至于致疾之说,则犹待研究,医学家未有言之者也。然则古人之言,何自来邪?其出于迷信邪?抑亦有事实为据邪?谓其出于迷信。其言固以子姓蕃殖与否及疾病为据,拟有事实可征也。谓有事实为征,则"晋公子,姬出也,而至于今"一语,已足破叔詹之说矣。然则古人之言,果何自来邪?同姓为昏之禁,何由持之甚严邪?予谓古者同姓不昏,实如《郊特牲》所言,以附远厚别为义;而其生不蕃,则相生疾诸说,则后来所附益也。何则?群之患莫大乎争,争则乱。妃色,人之所欲也。争色,致乱之由也。同姓为昏则必争,争则戈矛起于骨肉间矣。《晋语》:"同姓则同德,同德则同心,同心则同志,同志虽远,男女不相及;畏黩故也。黩则生怨,怨乱毓灾,灾毓灭姓。是故娶妻避同姓,畏乱灾也。"此为同姓不昏最重之义。古人所以谨男女之别于家庭之中者以此。《坊记》:"孔子曰:男女授受不亲。御妇人则进左手。姑、姊、妹,女子子,已嫁而反,男子不与同席而坐。寡妇不夜哭。妇人疾,问之,不问其疾。以此坊民,民犹淫佚而乱于族。"乱于族,则《晋语》所谓黩也。古者防范甚严,淫于他族本不易。有之,虽国君往往见杀。如陈佗、齐庄是也。邓扈乐淫于鲁宫中,则以其为力人也。又曰:"礼,非祭,男女不交爵。以此坊民,阳侯犹杀缪侯而窃其夫人。"阳侯、缪侯,固同姓也,此乱于族之祸也。盖同姓之争色致乱如此。大为之坊犹然,而况于黩乎?此古人所以严同姓为昏之禁也。同姓不昏,则必昏于异姓。昏于异姓,既可坊同姓之黩,又可收亲附异姓之功,此则一举而两得矣。此附远厚别,所以为同姓不昏之真实义也。然则其生不蕃,则相生疾之说,果何自来哉?曰:子孙之盛昌,人之所欲也。凋落,人之所恶也。身,人之所爱也。疾,人之所惧也。以其所甚恶,甚惧,夺其所甚欲,此主同姓不昏之说者之苦心。抑同姓为昏之禁,传之既久,求其说而不得,乃附会之于此,亦未可知也。《月令》:仲春之月,"先雷三日,奋木铎以令兆民,曰:雷将发声,有不戒其容止者,生子不备,必有凶灾"。生子不备,犹云其生不蕃;必有凶灾,犹云则相生疾;皆以是恐其民也。楚子反欲取夏姬。巫臣曰:"是不祥人也。是夭子蛮,杀御叔,弑灵侯,戮夏南,出孔、仪,丧陈国,何不祥如是?人生实难,其有不获死乎?"子反乃止。《左》成二年。盖爱身之情,足以夺其好色之心如此。"叔向之母妒叔虎之母美而不使。其子皆谏其母。其母曰:深山大泽,实生龙蛇。彼美,余惧其生龙蛇以祸汝。汝,敝族也。国多大宠,不仁人间之,不亦难乎?余何爱焉?"《左》襄二十一年。盖古人惧遗传之不善,足以为祸又如此。此其生不蕃,则相生疾诸说,所以能夺人好色之心,而禁其乱于族也邪?抑子孙之蕃衍,恃乎宗族之盛昌。宗族之盛昌,恃乎族人之辑睦。因争致乱,夫固足以召亡。又娶于异姓,则一人不能致多女。古惟诸侯娶一国,二国往媵。纳女于天子,乃曰备百姓。管氏有三归,则孔子讥其不俭矣。淫于同族,则可致多女。致多女,固可以致疾,晋平公其一也。其致疾之由在淫,不在所淫者之为同姓也。然两事既相附,因误以由于此者为由于彼,亦事所恒有也。以上录旧作《娶于异姓所以附远厚别义》。

掠女为昏,野蛮人盖习为常事。会战而俘多女,乘隙以篡一人,皆是也。昏礼必行之昏时者?郑《目录》云:"取阳往阴来之义。"《昏义》疏。此后来之曲说,其初盖以便劫掠也。掠夺之初,诚为掠夺,然及其后,往往徒存其貌,而意则全非。《易》屡言"匪寇昏媾",盖寇与昏媾,形同而实异也。至此,则渐进于卖买之昏矣。卖买昏之所由起,盖因战争非恒事;掠夺不能行之亲和之部落,且惧婴祸患,见报复,则娶其人而给以价焉。初盖无所谓妻妾。及其后,则渐分聘者为妻,奔者为妾。说者曰:"聘者价贵,奔者礼不备,则价贱,此妻妾之所由分也。"予谓不仅此。聘之原,固出于卖买。然后则浸失卖买之意。《曲礼》曰:"买妾不知其姓则卜之。"《檀弓》曰:"子柳之母死,子硕请具。子柳曰:何以哉?子硕曰:请粥庶弟之母。"曰买,曰粥,视妾与物无异,而未有施之于妻者。则买之与聘,源同流异。盖古有阶级之分,聘行之于贵家,买施之于贱族也。卖买之礼意渐变,则成古所谓昏礼。昏礼有六:曰纳采,亦曰下达,男氏求婚之使也。曰问名。问名者,女氏既许昏,乃曰:"敢请女为谁氏?"谦,不必其为主人之女也。纳采、问名共一使。曰纳吉。纳吉者,既问名,归卜之于庙也。得吉,乃使往告女氏,时曰纳征。纳征即纳币也。《仪礼》作纳征,《春秋》作纳币。《春秋》变周之文,从殷之质也。所纳者为玄纁束帛俪皮。纳征之后,婿或女死,相为服丧,既葬而除之。故夫妇之关系,实自纳征始。曰请期,定吉日也。吉日男氏定之,然必三请于女氏;女氏三辞,而后告之,示不敢专也。曰亲迎。婿父醮子而命之迎。女父筵几于庙,而拜迎于门外。婿执雁入,揖让升堂,再拜奠雁。降出,妇从。御妇车,而婿授绥。御轮三周,御者代婿乘其车。婿先俟于门外。妇至,婿揖妇以入。此与適子之冠礼同,亦谓之授室。共牢而食。合卺而酳,所以合体,同尊卑,以亲之也。质明,赞妇见于舅姑。厥明,舅姑共飨妇。以一献之礼,奠酬。舅姑先降自西阶,妇降自阼阶,以著代也。妇入三月而祭行。舅姑不在,则三月而庙见。未庙见而死,归葬于女氏之党,示未成妇也。六礼为为妻之征。故六礼不备,贞女守义不往,以嫌于为妾也。六礼之中,亲迎最重。《五经异义》:《公羊》说:自天子至庶人皆亲迎。《左氏》说:天子至尊,无亲迎之礼,诸侯有故,使上卿逆,上公临之。哀公问:"冕而亲迎,不已重乎?"孔子愀然作色而对曰:"合二姓之好,以继先圣之后,以为天地宗庙社稷之主,君何谓已重乎?"儒家之主亲迎,颇得男女平等之义。墨家讥其尊妻伴于父兄;崇家督之权,而轻妃耦之本,义不如儒家也。许慎案:"高祖时,叔孙通制礼,以为天子无亲迎,从《左氏》。"叔孙鄙儒,媚世谐俗,许君从之,非也。

娶妻之礼如此。若言离婚,则妇人有七弃,五不娶,三不去,说见《公羊解诂》。《公羊传》庄二十七年。其说曰:"尝更三年丧不去,不忘恩也。贱取贵不去,不背德也。有所受无所归不去,不穷穷也。丧妇长女不娶,无教戒也。世有恶疾不娶,弃于天也。世有刑人不娶,弃于人也。乱家女不娶,类不正也。逆家女不娶,废人伦也。无子弃,绝世也。淫佚弃,乱类也。不事舅姑弃,悖德也。口舌弃,离亲也。盗窃弃,反义也。嫉妒弃,乱家也。恶疾弃,不可奉宗庙也。"《大戴礼记·本命篇》略同。古人重家族;昏姻之意,为治家传统计者多,为夫妇二人计者少;见后。其离昏亦然。然古人之离昏却较后人为易。《曾子问》:"昏礼,既纳币,有吉日,女之父母死,则如之何?孔子曰:婿使人吊。如婿之父母死,则女之家亦使人吊。""婿已葬,婿之伯父,致命女氏,曰:某之子有父母之丧。不得嗣为兄弟,使某致命。女氏许诺,而弗敢嫁。礼也。婿免丧,女之父母使人请。婿弗取,而后嫁之,礼也。女之父母死,婿亦如之。"则吉日已定,有大故者,其昏约仍可作废。又女未庙见而死,不迁于祖,不祔于皇姑;婿不杖,不菲,不次;归葬于女氏之党;示未成妇也。何君《解诂》曰:"诸侯既娶三月,然后夫人见宗庙。见宗庙,然后成妇礼。"《公羊传》庄二十四年。成九年,季孙行父如宋致女。《解诂》曰:"古者妇人三月而后庙见称妇,择日而祭于祢,成妇之义也。父母使大夫操礼而致之。必三月者，取一时，足以别贞信。贞信著，然后成妇礼。"《士昏礼》："若不亲迎，则妇入三月，然后婿见。"然则三月成妃耦，无贵贱男女一也。古人之结昏，重慎既非后世比；而又试之以一时；而其离昏，又较后世为易；此其夫妇之祸，所以视后世为少与？

男子可以出妻，而女子不闻出夫，此由财产为男子所有。若财产为女子所有，自亦可以出夫。《秦策》谓"太公望，齐之逐夫"，《说苑》谓"太公望，故老妇之出夫"是也。《尊贤》。但其事绝少耳。

夫妇之制，究始于何时邪？《昏义》疏谓始于燧人时，其说附会不足据。疏云："遂皇之时，则有夫妇。《通卦验》云：遂皇始出握机矩，是法北斗七星而立七政。《礼纬·斗威仪》，七政，则君臣、父子、夫妇等也。"案伏羲制以俪皮为嫁娶之礼，见《世本·作篇》。谯周亦云。《昏义》疏。《郊特牲》曰："器用陶匏，尚礼然也。谓太古之礼器也。三王作牢，用陶匏。"注云："大古无共牢之礼，三王之世，作之而用太古之器。"则《士昏礼》所著，起于伏羲之世，定于三王之时矣。婚制演进之时代，于此可以征窥。

嫁娶之年，亦礼家所聚讼。予昔撰《昏年考》，尝折衷之。今亦录如下。《昏年考》曰：古书言昏年者：《书传》、《礼记》、《公羊》、《穀梁》、《周官》，皆以男三十而娶，女二十而嫁。《墨子》、《节用》。《韩非》《外储说右下》。则谓丈夫二十，妇人十五。《大戴》又谓太古男五十而室，女三十而嫁。中古男三十而娶，女二十而嫁。《本命》。《异义》：《大戴礼》说，三十而室，二十而嫁，天子庶人同礼。《左氏》说，天子十五而生子；三十而娶，庶人礼也。案国君十五而生子，见《左》襄九年。诸说纷纷者何？曰：女子十四五可嫁，男子十五六可娶，生理然也。果何时娶，何时嫁，则随时代而不同。大率古人晚，后世较早？则生计之舒蹙为之也。《家语》："哀公曰：男子十六精通，女子十四而化，则可以生民矣。而礼男必三十而有室，女必二十而有夫也，岂不晚哉？孔子曰：夫礼言其极，不是过也。男子二十而冠，有为人父之端；女子十五许嫁，有适人之道。于此而往，则自昏矣。"《本命解》。男子十六精通，女子十四而化，说与《素问》合。《上古天真论》。何君《公羊解诂》曰："妇人八岁备数，十五从嫡，二十承事君子。"隐七年。八岁者，龀之翌年。十五者，化之明岁。准是以言，则二十当云二十二。而云二十者，举成数也。许慎曰："侄娣年十五以上，能共事君子，可以往。二十而御。"《穀梁》隐七年注。说亦与何君同。王肃述《毛》，谓男自二十以及三十，女自十五以至二十，皆得嫁娶，《摽有梅》疏。其说是也。王肃又谓"男年二十以后，女年十五以后，随任所当，嘉好则成。不必以十五六女，妃二十一二男。虽二十女配二十男，三十男妃十五女，亦可。"亦通论也。王肃又引《礼》子不殇父，而男子长殇，止于十九，女子十五许嫁不为殇，证亦极确。《毛》谓："三十之男，二十之女，礼未备则不待礼，会而行之，所以蕃育人民也。"亦以三十、二十为极。王肃述《毛》，得《毛》意也。然则古者以蕃育人民为急；越王句践，栖于会稽，而谋生聚，至令男二十不娶，女十七不嫁，罪其父母。而其著为礼，不以精通能化之年；顾曰二十、三十，大古且至三十、五十者，何也？曰：蕃民，古人之所愿也。然精通而取，始化而嫁，为古人财力所不逮，是以民间恒缓其年。此为法令所无如何。然曰二十、三十，曰三十、五十，则固已为之极矣。为之极，则不可过，犹蕃民之意也。何以知其然也？《说苑》曰："桓公之平陵，见年老而自养者，问其故。对曰：吾有子九人，家贫，无以妻之，吾使佣而未返也。桓公取外御者五人妻之。管仲入见，曰：公之施惠，不亦小矣？公曰：何也？对曰：公待所见而施惠焉，则齐国之有妻者少矣。公曰：若何？管仲曰：令国丈夫三十而室，女子十五而嫁。"《贵德》。盖古者嫁取以俪皮为礼。俪皮者两麛鹿皮也。《聘礼》注。汉武帝时，尝以白鹿皮为币，直四十万。白鹿皮固非凡鹿皮比；古时鹿皮，亦不必如汉代之贵。又汉武之为皮币，使王侯宗室，朝觐聘享，必以荐璧乃得行，则亦强名其直，犹今纸币之署若干万耳；尤非民间用之比。又用俪皮为士礼，未知庶人以下亦然否？然古皮币亦诸侯聘享所用，价不能甚贱。假不用之者，《曲礼》言取妻者"为酒食以召乡党僚友"，亦民间所不可少矣。"古者庶人粝食藜藿，非乡饮酒䐅腊祭祀无酒肉。宾婚相召，则豆羹白饭，綦脍熟肉"，《盐铁论·散不足篇》。已不易办矣。管仲非桓公以御女赐平陵之民，而谓施惠当限嫁取之年，岂有是一令，民间即饶于财哉？有是令，则不可过，不可过，则虽杀礼而莫之非也。《周官·媒氏》："仲春之月，令会男女。于是时也，奔者不禁。若无故而不用令者罪之。"仲春则奔者不禁者，古以九月至正月为婚期；仲春而犹不克昏，则其乏于财可知；乏于财，故许其杀礼。奔者，对聘而言。不聘即许其杀礼，非谓淫奔也。无故而不用令者，谓非无财，亦奔而不聘也。所谓聘者，则下文云"入币纯帛无过五两"是也。《大司徒》荒政十有二，十曰多昏，《注》："不备礼。"亦此意也。贾生曰："秦人家贫子壮则出赘。"诸书或言贫不能嫁。皆嫁娶不易之征。大古男三十而娶，女二十而嫁。中古则三十、二十。《论衡》曰："男三十而娶，女二十而嫁，法制虽设，未必奉行。何以效之？以令不奉行也。"《齐世篇》。曹大家十四而适人，则汉世嫁取，早于古人矣。故惠帝令女子十五不嫁五算也。然则世愈降，则昏年愈早。盖民生降而益舒，故礼易行也。然墨子谓圣王之法，丈夫年二十毋敢不处家，女子年十五，毋敢不事人。圣王既殁，民欲蚤处家者，有所二十处家；其欲晚处家者，有所四十处家。以其早与晚相践，后圣王之法十年。此为三十有室，二十而嫁，知古人制礼，必因习俗，非苟为也。则后世嫁娶，反视古人为晚。岂古者质朴，礼简，嫁取易；后世迎妇送女愈侈，故难办邪？非也。墨子背周道，用夏政；其所述者，盖亦蕃育人民之法，禹遭洪水行之。犹句践栖于会稽，而谋生聚耳，非经制也。若其述当时之俗，民之蚤晚处家者，有二十年之差。民之贫富固不齐，就其晚者，固犹视三十有室之年为迟矣。国君十五而生子，亦以饶于财，得蚤娶也。故曰：婚年之蚤晚，以民之财力而异也。《汉书·王吉传》："以为世俗聘妻送女无节，则贫人不及，故不举子。"则后世昏年之早，亦竭蹶赴之，不必其财力果视古代为饶也。但以大体言之，则后人生计程度，总视古人为高耳。

蚤昏善邪？晚昏善邪？《尚书大传》谓"男三十而取，女二十而嫁，通于织纴纺绩之事，黼黻文章之美。不若是，则上无以孝于舅姑，而下无以事夫养子。"王吉亦谓"世俗嫁取大早，未知为人父母之道而有子，是以教化不明，而民多夭"。今学术日进，人之毕业大学者，非二十四五不可；教子养子之道，亦愈难明；则是嫁取愈当晚也。然人之知妃色，亦在二七二八之年。强之晚昏。或至伤身而败行。若谓不知为父母之道，则将来儿童，必归公育。今人一闻儿童公育之论，无不色然骇者。以为"爱他人之子，必不如其爱己之子；而父母爱子之心，出于自然；母尤甚；强使不得养其子，是使为父母者无所用其爱也"。是亦不然。今者教育之责，父母多不自尸而委诸师，岂师之爱其弟子，逾于父母之爱其子？而为父母者，欲其子之善，不若欲其子之壮佼之切乎？教育亦专门之学，非尽人所能通；又繁琐之事，非尽人所克任故也。然则育子亦专门之业，亦繁琐之事，其非尽人所能通，所克任，而当委诸专司其事之人，将毋同？父母之爱其子，与凡仁爱之心，非有异也，视所直而异其施耳。今之世，委赤子于途，则莫或字之，或且戕贼之，父母之卵翼之，宜也。世界大同，人人不独子其子。今日为父母之爱，安知不可移诸他途？岂虑其无所用而戕其身邪？

嫁娶之时：《繁露》云："霜降逆女，冰泮杀内。"《循天之道篇》。《荀子》同。《大略篇》。王肃谓自九月至正月，引《绸缪》三星之象为证，见疏。其说是也。所以然者，"霜降而妇功成，冰泮而农业起"。亦王肃说。古人冬则居邑，春即居野，秋冬嫁取，于事最便，所谓循天之道也。《周官》仲春"奔者不禁",乃贫不能具礼者,许其杀礼。王肃以为蕃育法,亦是也。《毛传》于《东门之杨》,言"男女失时,不逮秋冬",则其意亦同董、荀。王肃述《毛》,得《毛》意也。郑玄好主《周官》而不谛,误其失时杀礼之法为正法,并《邶》诗"士如归妻,迨冰未泮"语意明白者,而亦曲释之,非也。

　　以上为《昏年考》原文。读此文,可知嫁取之不易,不独今世为然矣。抑犹不止此。畜妾之习,亦起于人类权力之不平等、财力之不平等也。今更录旧作《原妾》一篇如下。《原妾》曰:妾之制何自起乎?曰:起于人类之逸则思淫,古无有也。生物学家言:家禽一雄而众雌,若鸡是已。野禽一雄而一雌,若雁是已。一饶于食,一不足于食也。《盐铁论・散不足篇》曰:"古者夫妇之好,一男一女,而成家室之道。及后世,士一妾,大夫二,诸侯有侄娣,九女而已。"然则诸侯、大夫、士之有妾,亦后世之事。并耕而食,饔飧而治之世,君与民固不相远也。妾非邃古所有,见于书传者,惟此而已。后世则不然。《曲礼》曰:"天子有后,有夫人,有世妇,有嫔,有妻,有妾。公侯有夫人,有世妇,有妻,有妾。"《昏义》曰:"古者天子后立六宫、三夫人、九嫔、二十七世妇、八十一御妻。"《周官》无三夫人,有世妇女御而不言其数。然内司服有女御二人。注曰:"有女御者,以衣服进,或当于王,广其礼,使无色过。"缝人有女御四人,疏云:"义同于上。"则凡当于王者,皆可从而广其礼,而妾媵之数,斯无极矣。《孟子》谓当时大人,侍妾数百;《尽心》。《管子》谓齐襄公陈妾数千,《小匡》。《墨子》谓当今之世,大国拘女累千,小国累百,《辞过》。由此也。然考之书传,犹有可见其为后起者。《礼记》冠、昏、乡、射、燕、聘诸义,皆《仪礼》之传也。传之文皆以释经。惟《昏义》末节,与经不涉,文亦不类;而姬妾之数,百二十人,适与王莽之制相合;《汉书・王莽传》:莽进史氏女为皇后。备和嫔,美御,和人三,位视公。嫔人九,视卿。美人二十七,视大夫。御人八十一,视元士。凡百二十人。即《昏义》末节之说。《繁露・

爵国篇》，亦有三公，九卿，二十七大夫，八十一元士。然云：王后，置一太傅，太母，三伯，三丞。二十夫人，四姬，三良人，各有师傅。不云三夫人，九嫔，二十七世妇，八十一御妻也。二十夫人之二十，凌氏云：当作世。其为古文家窜入无疑。如今文家言，则天子取十二女，《公羊》成十年《解诂》。疏谓出《保乾图》。又云："孔子为后王，非古礼也。"其说当有所本。益见贵者畜妾，亦后世事也。《繁露·爵国篇》："天子立一后，一世夫人，中左右夫人，四姬，三良人。"亦十二女。**诸侯取九女耳**。《公羊》庄十八年。《丧服》大夫有贵妾，恐是周制，殷则无之。何者？《士冠礼》曰："无大夫冠礼而有其昏礼。古者五十而后爵，何大夫冠礼之有？"五十而犹取，其必为继取无疑矣。《家语·本命》有大古五十而室之说，然非为大夫言，见予所撰《昏年考》。**诸侯壹聘九女，诸侯不再取**，《公羊》庄十九年。所以"节人情，开媵路"也。《解诂》。**诸侯有媵，犹不得再取，况大夫乎**？《易·同人》六二郑注：谓天子诸侯后夫人，无子不出。《鼎》初六注：谓失礼无出道，废远而已。以其有妾媵，不待再取也。然则凡出妻者，皆本无妾媵可知。郑说见《诗·河广》，《士昏礼》，《内则》疏。《左》隐元年，"惠公元妃孟子。孟子卒，继室以声子。"文十二年，"杞桓公来朝，请绝叔姬而无绝昏。公许之。"注："立其娣为夫人。"皆诸侯不再取之证。故知《丧服传》所言为周制也。今文家多传口说，古文家则以古书为据。变周之文，从殷之质，大义通贯六经，不独《春秋》然也。古今文家言，多存殷制。古书存者不多，有之率出周代，故古文家言，多周制也。殷制妾少，周制妾多，则畜妾之制，后世益汏之征也。《曲礼》曰："国君不名卿老世妇，大夫不名世臣侄娣，士不名家相长妾。"《内则》曰："国君世子生，卜士之妻，大夫之妾，使食子。"又云："大夫之子有食母。士之妻自养世子。"《丧服小记》曰："士妾有子而为之总，无子则已。"《管子·大匡》："诸侯毋专立妾以为妻，士庶人毋专弃妻。"或言士有妾，或云无之。《白虎通义》曰："庶人称匹夫者，匹，偶也。与其妻偶，阴阳相戒之义也。"《板》笺疏曰："庶人无妾媵，唯夫妇相匹，故称匹也。"然则匹夫匹妇，即一夫一妇之称。而

《礼器》:"君子大牢而祭谓之礼,匹士大牢而祭谓之攘。"士亦言匹,则其无妾可知。《毛传》云:"大夫一妻二妾。"《绸缪》。熊氏云:"士有一妻二妾。"《曲礼下》疏。得毋后世逾侈,以古大夫之礼行之士邪。此亦后世畜妾愈盛之征也。郑玄《檀弓》注云:"帝喾而立四妃矣,象后妃四星。其一明者为正妃。余三小者为次妃。帝尧因焉。至舜,不告而取,不立正妃,但三妃而已,谓之三夫人。""夏后氏增以三三而九,合十二人。《春秋说》云:天子取十二,即夏制也。《公羊》疏谓非古礼,必有所本,可知郑氏此语之妄。以虞、夏及周制差之,则殷人又增以三九二十七,合三十九人。周人上法帝喾,立正妃。又三二十七为八十一人以增之,合百二十一人。其位:后也,夫人也,嫔也,世妇也,女御也,五者相参,以定尊卑。"郑氏好"据数差次"以言礼。骤读之,一似确知其事者。然读义疏云:"知帝喾立四妃者,《大戴礼·帝系篇》云:帝喾卜四妃之子,皆有天下。长妃有邰氏之女曰姜嫄,生稷。次妃有娀氏之女曰简狄,生契。次妃陈丰氏之女曰庆都,生尧。次妃陬訾氏之女曰常宜,生帝挚。《祭法》云:帝喾能序星长以著众,明象星立妃也。"《大戴》谓帝喾卜四妃之子,不谓帝喾只有四妃。郑因谓帝喾立四妃,殊为附会。以《祭法》"序星辰"一语,遂谓喾立四妃以象四星,则尤无据矣。凡郑氏之言,固多如此。其实东汉古文家之言,无不如此。特书阙有间,无从尽发其覆耳。予所以宁信今文传讹之口说也。然郑氏虽好附会,而其注《周官·世妇》云:"不言数者,君子不苟于色,有妇德者充之,无则阙。"则亦知百二十之数不易盈矣。此亦见侍妾数百,拘女累千,乃后世之事,非古所有也。《春秋》云:"诸侯取一国,则二国往媵。以侄娣从。"古者女为媵,男亦为媵。伊尹之于有莘是也。《士昏礼》有"媵御"。郑注曰:"媵,送也,谓女从者也。御当为讶;讶,迎也,谓婿从者也。夫妇始接,情有廉耻,媵御交道其志。"然则媵御者,犹今人行昏礼时男女之傧相耳。女媵者可为妾,男之为媵者,亦可姣乎? 女之媵当为婿之妾,婿之御,亦当为女之面首乎？若夫以侄娣从者，何君云："欲使一人有子，二人喜也。"庄十九年。《穀梁》亦云："一人有子，二人缓带。"见文十八年。此所以重继嗣，惟诸侯有之，非人人可备此礼。况"侄者何？兄之子也。娣者何？弟也"。古人昏姻，最重行辈。见《合男女颁爵位必当年德义》。不论行辈，而下渔及其兄之子，非有权势者不能。亦非一男一女而成家室之道，如《盐铁论》所称质朴之世所宜有也。故知媵与侄娣，亦后起之制也。

社会学家言畜妾之由：曰女多男少也。曰男子好色之性，不以一女子为已足也。曰男子之性，好多渔妇女也。曰女子姿色易衰，其闭房亦较男子为早也。曰求子姓之众多也。曰女子可从事操作，利其力也。曰野蛮之世，以致多女为荣也。征诸我国书传，亦多可见之。《周官·职方氏》：扬州，其民二男五女。荆州，一男二女。豫州，二男三女。青州，二男二女。兖州，二男三女。雍州，三男二女。幽州，一男三女。冀州，五男三女。并州，二男三女。其数未必可信。然据生物学家言，民之生，本男多于女。而其死者亦众。故逮其成立，则女多于男。脱有战争，则男女之相差尤甚。吾谓战争而外，力役甚者，亦足杀人。又女子恒处家，希触法网。刑戮所及，亦恒少于男。天灾流行，捍之者多死，亦战争类也。古代女子皆能劳作，非若后世待豢于人。溺女等风，古必无有。试观古书多言生子不举，未尝偏在于女，可知也。然则男少女多，古代亦必不免矣。惟男女虽有多少，初不得谓当藉畜妾以调剂之。古代人畜妾，亦未必有调剂男女多少之意，只是以快淫欲耳。《墨子》谓"当今之君，大国拘女累千，小国累百，是以天下之男，多寡无妻，女多拘无夫。"齐宣王曰："寡人有疾，寡人好色。"孟子告以"大王好色"，"内无怨女，外无旷夫"。皆以怨旷并言。则当时之民，怨女固多，旷夫亦不少矣。拿破仑曰："一男子但有一女子则不足，以其有姅乳时也。"《内则》：妻将生子，及月辰，居侧室。三月之末，见子于父，乃后適寝。妾亦三月见子，而后入御。《汉律》：姅变者不得侍祠。《说文》。即拿破仑之说也。班氏《女诫》谓："阳以博施为贵，阴以不专为美。"此男权盛时，好渔色之男子所创之义也。《素问》谓女子二七而天癸至，七七而天癸竭。丈夫二八天癸至，七八天癸竭。《上古天真论》。则女子闭房之岁，早于丈夫者殆十年。《韩非》曰："丈夫年五十，而好色未解也；妇人年三十，而美色衰矣。以衰美之妇人，事好色之丈夫，则身死，见疏贱，而子疑不为后。此后妃夫人，所以冀其君之死者也。"《备内》。古制三十而娶，二十而嫁，女小于男者十年，殆以此欤？然三十而美色衰，五十好色未解，虽小十年，终不相副。况三十二十，特辜较言之，课其实，男女之年，未必相差至是。此亦男子之所以好广渔色邪？若夫求子姓之多，则诗人以"则百斯男"颂文王其事也。古重传统，统系在男，则无子者不得不许畜妾。不许畜妾，则不得不许其弃妻更取，而无子为七出之一矣。《诗》又曰："掺掺女手，可以缝裳。"毛《传》曰："妇人三月庙见，然后执妇功。"《笺》曰："未三月，未成为妇。裳，男子之下服。贱，又未可使缝。魏俗使未三月妇缝裳，利其事也。"然则坐男立女之风，正不待盛唐诗人而后兴叹矣。多妻淫佚，义士所羞。此非流俗所知。流俗方以是为美谈耳。西南之夷，有八百媳妇者，传言其酋有妻八百，与《周官》之侈言女御，何以异邪？然则社会学家所言畜妾之由，征诸吾国，靡不具之。人类之所为，何其异时异地而同揆也？以上录《原妾》原文。

　　嫡庶之别，周代颇严。"毋以妾为妻"，见诸葵丘之命。《穀梁传》僖九年。《左》哀二十四年："公子荆之母嬖，将以为夫人。使宗人衅夏献其礼。对曰：无之。公怒曰：女为宗司，立夫人，国之大礼也，何故无之？对曰：周公及武公取于薛，孝、惠取于商，自桓以下取于齐，此礼也则有。若以妾为夫人，则固无其礼也。公卒立之，而以荆为太子。国人始恶之。"立一妾也，臣子以之抗争，国人因而非议，亦可见其限界之严矣。又《左》成十一年："声伯之母不聘。穆姜曰：吾不以妾为姒。生声伯而出之。"则家人之间，限界亦甚严。然以妾为妻，仍所时有。鲁僖公胁于齐媵女之先至者，立为夫人，其一事也。《公羊》僖八年。《左》僖二十三年："狄人伐廧咎如，获其二女叔隗、季隗，纳诸公子。公子取季隗，以叔隗妻赵衰，生盾。"二十四年，"文公妻赵衰，生原同、屏括、楼婴。赵姬请逆盾与其母。子余辞。姬曰：得宠而忘旧，何以使人？必逆之。固请，许之。来，以盾为才，固请于公，以为嫡子，而使其三子下之。以叔隗为内子，而己下之"。虽出于让，亦妻妾易位也。又文六年，赵孟谓"杜祁以君故，让偪姞而上之。以狄故，让季隗而己次之，故班在四"。则妾之贵贱，亦可易位。又有所谓"并后"者，《左》桓十八年，辛有之言。则正妻与妾，礼秩如一。齐桓公内嬖如夫人者六人；《左》桓十七年。卫孔文子妻太叔疾，疾嬖其初妻之娣，使如二妻《左》哀十一年。是也。案嫡庶之别，各国似不一律。《公羊》文十四年，晋郤缺纳捷菑于邾娄。邾娄人曰："子以其指，则接菑也四，貜且也六。子以大国压之，则未知齐、晋孰有之也？贵则皆贵矣。"《解诂》："时邾娄再娶，二子母尊同体敌。"疏云："盖皆是右媵之子，或是左媵之子。"案公羊家言：右媵贵于左媵，则二媵之子，不得尊同体敌。疏似失注意。邾娄盖亦所谓并后者也？窃疑妻妾之别，初亦视女家之贵贱。取于贵家者皆为妻，取于贱族者皆为妾。诸侯取一国，二国往媵，为媵者，其母家未尝不贵也。故《左》昭八年，陈哀公有元妃、二妃、下妃，虽别之曰元，曰二，曰下，而仍皆以妃称。僖二十二年，郑文夫人芈氏、姜氏劳楚子于柯泽，亦俱称夫人。《公羊》僖二十年："西宫灾。西宫者何？小寝也。……有西宫则有东宫矣。鲁子曰：以有西宫，亦知诸侯之有三宫也。"古以三为多数。窃疑其初诸侯一取三女，并无嫡庶之别。故管氏有三归，孔子讥其不俭，谓其僭人君礼也。夫人与二媵，亦分贵贱，盖系后起之制。《尔雅》曰："女子同出，谓先生为姒，后生为娣。"孙炎曰："同出，谓俱嫁事一夫者也。"其称谓亦甚平等。盖妻妾之别，自以其母家贵贱分之，不系一人只有一妻，其余则皆为妾也。嫡庶之别，盖至周代而始严,而后人因之。

《丧服传》:媵与夫人之娣为贵妾,得为继室。余五人为贱。《繁露·三代改制质文篇》:"主天法商而王。其道佚阳,亲亲而多仁朴。故立嗣予子,笃母弟。妾以子贵。主地法夏而王。其道近阴,尊尊而多义节。故立嗣予孙,笃世子。妾不以子称贵号。"《春秋》变周之文,从殷之质,故"母以子贵"。《公羊》隐元年。然"妾为夫人,特庙祭之,子死则废"。隐五年《解诂》。与《丧服》之慈母同,犹与正夫人有别也。

夫妇之间,初本平等。予旧撰《释夫妇》一篇,可以见之。其言曰:夫妇二字,习用之。诂曰:"夫,扶也。""妇,服也。"其义甚不平等。然非夫妇二字之初诂也。夫妇之本义,盖为抱负。其后引伸为伴侣。何以言之?《史》、《汉·高帝纪》有武负,《陈丞相世家》有张负。如淳曰:"俗谓老大母为阿负。"司马贞曰:"负是妇人老宿之称。"然《高帝纪》以王媪、武负并言,则负必小于媪。师古曰:"刘向《列女传》云:魏曲沃负者,魏大夫如耳之母也。此则古语谓老母为负耳。王媪,王家之媪也。武负,武家之母也。"予谓媪为老妇之称;母不必老,凡主妇皆可称之,犹男子之称父也。然则王媪为老妇;武负、张负,特其家之主妇耳。正妇字之转音也。今用婆字,亦具二义。俗称老妇为老太婆,即如淳所谓老大母。吴俗称妻曰家主婆,则古书皆作家主妇也。《尔雅·释鱼》:"鱛鲂,鳜妇。"王氏筠曰:"今称为鳜婆。"知二字之相淆久矣。古以南为阳,北为阴。亦以人身之胸腹为阳,背为阴。故南乡而立,则曰"左圣,乡仁,右义,背藏"。《礼记·乡饮酒义》。南训任,男亦训任。北训背,负亦训背。《秦策》注。可知妇背本一字。《方言》:"抱,耦也。"则抱有夫义。抱负双声,《淮南·说林》注:"背,抱也。"夫妇亦双声,夫妇抱负,正一语也。《老子》:"万物负阴而抱阳,冲气以为和。"负阴而抱阳,犹言妇阴而夫阳。冲气以为和,则夫妇合而生一子矣。古言抱负,犹今言正负。正负各得其体之半,故孳乳为半字。

《仪礼》："夫妻牉合。"正言其为一体也。物之正负,不能相离,故又孳乳为伴字。《说文》："犮,并行也。读若伴侣之伴。"《说文》无侣字,伴训大,"读若"当出后人沾注。然其语自有所本。犮盖伴侣之伴之正字也。《汉书·天文志》："晷:长为潦,短为旱,奢为扶。"注:"郑氏曰:扶当为蟠,齐鲁之间声如酺。晋灼曰:扶,附也。小人佞媚,附近君子之侧也。"《通卦验》:"晷:进为赢,退为缩,稽为扶。扶者,谀臣进,忠臣退。"郑注:"扶亦作犮。"《集韵》亦云:"古扶字作犮。"并文音义,多同本文,可知夫犮实一字。故训夫之言扶,犹曰夫之言犮耳。诸侯之妻曰夫人,亦此义。不然,岂凡妇皆待其夫扶之,独诸侯则当待其妇扶之乎?物之正负面,既不可离,即恒相依附。故负训恃,亦训依。夫训附,亦训傅。《诗》:"夫也不良。"毛传:"夫,傅相也。"《郊特牲》:"夫也者,夫也。"注:"夫或为傅。"《方言》:"北燕朝鲜洌水之间,谓伏鸡曰抱。"皆附着之意也。以上《释夫妇》原文。

夫妇之间,所以渐趋不平等者,其故有三:(一)由权力。社会进化,阶级寖分。操大权,居高位者,多属男子。故可任意畜妾弃妻。读《原妾》一篇可见。(二)由族制。古代婚姻,为治家传统计者多,为夫妇二人计者少。家为男子所有,统系亦属诸男,则男权日张矣。(三)由生计。古代男女,生利之力,财产之权,无甚差别,据社会学家言,农业且权舆于妇人。然及后世,财权悉操诸男子,妇女遂待豢于人。既待豢于人,则其权不得不小矣。此女权之所由坠也。今更略举事实以明之。

古代昏礼,于男女两家,礼意本极平等。《公羊》曰:"天子嫁女于诸侯,必使诸侯同姓者主之。诸侯嫁女于大夫,必使大夫同姓者主之。"《解诂》曰:"尊卑不敌,行昏姻之礼,则伤君臣之义;行君臣之礼,则伤昏姻之好。"庄元年。"礼,不臣妻之父母。"故宋三世内取,《春秋》讥其无臣。文七年,僖二十三年、二十五年。以后夫人言,亦尊不加于父母。桓九年曰:"父母之于子,虽为天王后,犹曰吾季姜。"是也。天子得娶庶人女,以其得专封。诸侯不得专封,则不取大夫以下。《公羊》桓二年《解诂》疏。又文四年:"逆妇姜于齐。其谓之逆妇姜于齐何?略之也。高子曰:取乎大夫者,略之也。"《解诂》曰:"贱,非所以奉宗庙,故略之。"此看似不平等,正所以求婚姻之平等也。然既有阶级之分,终必有取于不同阶级之事,则不能平等矣。妾是已。后世阶级之差益甚,则并本来平等之意而忘之。《荀子》谓"天子无妻,告人无匹"是也。《大略》篇。古文家所以不主亲迎者以此。

昏意之偏重治家传世,古书中尤多见之。《士昏礼》:父亲醮子而命之迎,其辞曰:"往迎尔相,承我宗事。"《曾子问》曰:"嫁女之家,三夜不息烛,思相离也。取妇之家,三日不举乐,思嗣亲也。"《郊特牲》曰:"昏礼不贺,人之序也。"皆其重传世之征。《昏义》曰:"成妇礼,明妇顺,又申之以著代,所以重责妇顺焉也。妇顺者,顺于舅姑,和于室人,而后当于夫;以成丝麻布帛之事,以审守委积盖藏。是故妇顺备而后内和理,内和理而后家可长久也,故圣王重之。"则其重治家之征也。夫如是,其视夫妇之关系,自不得不较轻。《内则》曰:"子甚宜其妻,父母不悦,出。子不宜其妻,父母曰:是善事我。子行夫妇之礼焉,没身不衰。"其忽视夫妇之好,可谓甚矣。何君曰:"妻事夫有四义:鸡鸣继笄而朝,君臣之礼也。三年恻隐,父子之恩也。图安危可否,兄弟之义。枢机之内,纴席之上,朋友之道。"《公羊解诂》庄二十四年。四义中惟第一义不平等,正以男子为家长故也。

农业始于妇人,古书亦有可征者。《昏义》曰:"古者妇人先嫁三月,祖庙未毁,教于公宫;祖庙既毁,教于宗室,教以妇德、妇言、妇容、妇功。教成,祭之。牲用鱼,芼之以蘋藻。"毛《传》谓《采蘋》之诗,即此教成之祭。又谓公侯夫人,执蘩菜以助祭;王后则荇菜。《左》哀七年,陈乞曰:"常之母有鱼菽之祭。"则妇人所持以祭者,鱼类外皆植物也。男子之挚,卿羔,大夫雁,士雉,而妇人之挚为枣栗。《曲礼下》。宗庙之事,君亲割,夫人亲舂。《穀梁》文十三年。《周官·司厉》:"其奴,男子入于罪隶,女子入于舂、槀。"《舂人》有女舂,《槀人》有女槀,《酒人》有女酒。《墨子·天志下》:"妇人以为舂酋。"酋即酒也。《天官·内宰》:"上春,诏后帅六宫之人,而生穜稑之种。"又王立朝,后立市,则虽工商业亦操诸妇人之手矣。

妇人权利既丧失,遂附属于男子。《郊特牲》曰:"妇人无爵,从夫之爵,坐以夫之齿。"又曰:"妇人,从人者也,幼从父兄,嫁从夫,夫死从子。"注:"从谓顺其教令。"《穀梁》隐二年,"夫死从长子"。皆不切其独立与人格者也。《公羊》曰:"妇人谓嫁曰归。"隐二年。《昏义》曰:"婿执雁入,揖让升堂,再拜奠雁,盖亲受之于父母也。"《檀弓》曰:"姑姊妹之远也,盖有受我而厚之者也。"此所谓受,皆出于此属于彼之谓。故妇人不贰斩。《仪礼·丧服传》:"为父何以期也?妇人不贰斩也。""妇人有三从之义,无专用之道。故未嫁从父,既嫁从夫,夫死从子。故父者,子之天也;夫者,妻之天也。妇人不贰斩者,犹曰不贰天也。"《杂记》:"姑姊妹,其夫死,而夫党无兄弟,使夫之族人主丧。妻之党,虽亲弗主。夫若无族矣,则前后家,东西家,无有,则里尹主之。"妻之党,所以斤斤焉不敢为之主者,即以其既出此而属彼之故也。

既属于人,则无人格。无人格,则与物等。《左》襄二十八年,齐庆封以其内实迁于卢蒲嫳氏,易内而饮酒。注:"内实,宝物妻妾也。"以宝物与妻妾并举,无怪妻帑之帑,可引申为帑藏之帑矣。其教育,除今所谓贤母良妻外,亦无所有。所谓妇德、妇言、妇容、妇功是也。《内则》:"女子十年不出。姆教婉娩听从。执麻枲,治丝茧。织纴组紃。学女事,以共衣服。观于祭祀,纳酒浆,笾豆,菹醢,礼相助奠。"亦不外乎家族之奴隶而已。

夫妇之制既立,所以防淫者乃甚严。昏礼之精意,在于"男不亲求,女不亲许"。故"昏礼不称主人"。如季姬之使鄫子请己者,则以为大非。《公羊》隐二年、僖十四年。此犹可说也。乃至诸侯夫人,既嫁则禁其归宁。《公羊》庄二十七年《解诂》。郑玄谓父母在有归宁,没则使大夫宁。杜预同。见《诗·泉水》笺。《左氏》庄十五年注。案《战国策》触詟说赵太后,谓其于燕后,"饮食必祝之,祝曰必勿使反"。是时太后故在,何说是也。妇人夜出,必待傅姆。至宋伯姬逮火而死。《公羊》襄三十年。亦可谓酷矣。又不独贵族,即平民,所以防其淫者亦甚至。《癸巳存稿》云:"《周礼》野庐氏,比道路宿息并树。《周语》单襄公谓列树表道。《管子·轻重丁》、《轻重戊》并云:沐涂树之枝,无使男女相睹,树下谈语超距。《八观》云:食谷水,巷凿井;场圃接,树木茂;宫墙毁坏,门户不闭;外内交通,则男女之别,无自而正矣。则树之沐枝宜知也。子产治郑,桃李垂街,亦因郑俗淫。"云云。予案《汉志》言郑山居谷汲,男女亟聚会,故其俗淫。则古民间,男女聚会,亦罕有之事也。然淫风终不绝。就其见于书传者:若陈佗以外淫而见杀。《公羊》桓六年。若邾娄颜淫九公子于宫中。《公羊》昭三十一年。若单伯送子叔姬,而道与之淫。《公羊》文十四年。若祁胜与邬臧通室。《左》昭二十八年。若吴人郯,"君舍于君室,大夫舍于大夫室"。《公羊》定四年。皆后世所无也。盖古代男女际会,本极自由。虽以礼法束缚之,终非旦夕所能变也。

《日知录》盛称秦始皇《会稽刻石》。其辞曰:"饰省宣义,有子而嫁,倍死不贞。防隔内外,禁止淫佚,男女絜诚。夫为寄豭,杀之无罪,男秉义程。妻为逃嫁,子不得母,咸化廉清。"繁而不杀,坊民正俗之意,未始异于三王。又巴寡妇清,能以财自卫,始皇为筑女怀清台。《史记·货殖列传》。始皇之死,二世曰:"先帝后宫有子者,出焉不宜。"皆令从死。《史记·秦始皇本纪》。论者因谓尚贞操始于秦。予谓不然。贞操之原,起于人之妒忌。《螽斯》笺:"凡物有阴阳情欲者,无不妒忌,惟蚣蝑不耳。"古人早知之矣。贞妇之名,昉见《丧服四制》。就行事言之:伯姬以待姆而死,而《穀梁》称其能尽妇道。怀嬴再事晋文,而赵孟讥为二嬖。《左》文六年。征舒病似女亦似君之语，而至于弑君。《左》宣十年。蒯聩耻娄猪艾豭之歌，而欲弑其母。《左》定十四年。以至《芣苢》、《柏舟》、《大车》之序于《诗》，皆见《列女传》。所以奖励贞节者亦至矣。始皇独言之于越者，越俗淫，男女同川而浴；九真之知有妃偶，乃自任延为守始。《后汉书·循吏传》。始皇治越，盖以是为要政之一。其在他处，初不必然也。其奖巴寡妇清，则以古代妇女，多为强暴所侵陵，《行露》之诗是也，嘉其能屹然独立，非奖其贞节也。至二世之杀宫人，则只可谓之好杀耳。故谓秦人崇奖节妇，不如谓儒家提倡贞操之为得也。然儒家之视贞操，亦决不如后世鄙儒之重。《郊特牲》曰："一与之齐，终身不改，故夫死不嫁。"今之好言礼教者，于斯语颇乐道之。案《郊特牲》多《冠昏义》错简，此语亦《昏礼》之传也。"一与之齐，终身不改。"乃谓不得以妻为妾，非谓不嫁。注："齐，谓共牢而食，同尊卑也。"亦不及不嫁义。故《丧服》有继父。此语为后人窜入甚明。子叔姬道淫于单伯，致为齐人所弃，《春秋》犹闵之。《公羊》文十五年。卫有七子之母，不能安其室，而孟子以为小过。与今世俗之见，迥不侔矣。行经义最力者，莫如汉人。《汉书·文帝纪》：遗诏"归夫人以下至少使"。应劭曰："夫人以下，有美人、良人、八子、七子、长使、少使。皆遣归家，重人类。"荀悦《汉纪》作"所幸慎夫人以下至少使，得令嫁"。慎夫人为文帝所最幸，犹令其嫁，宜景帝美其"重绝人之世"也。景纪元年。景帝之崩，亦出宫人归其家。至武、昭，乃有奉陵之制。平帝崩，王莽复出媵妾，皆归家。莽亦能行经义者也。"非礼之礼，非义之义，大人弗为。"流俗鄙儒之见，亦适自成其为流俗鄙儒耳。

贞操之重，由于妇人权利丧失，社会事务，一无所预，徒以匹合之故，为男子所豢养。则其对于男子，守贞操自不得不严。西人某谓"妇人以一事而易得毕生之安"是也。职是故，遂以贞操为女子最要之道德。《穀梁》曰："妇人以贞为行者也。"襄三十年。《氓》之诗曰："士之耽兮，犹可说也。女之耽兮，不可说也。"笺曰："士有百行，可以功过相除。至于妇人，无外事，惟以贞信为节。"此语后人多称引之，足以见社会之思想矣。

浅演之群，其于贞操也，往往责妇严而责女宽。中国则不然。宋伯姬以待姆而死，《左氏》谓其"女而不妇"是也。此盖男权益张，压制女子益甚，故其于贞操，不徒责之为妇时，而并责之于为女时耳。

以上所论，皆古事也。吾国社会，根柢实定于古代。至后世，则但奉行古义，无大改变矣。此由所接之民族，程度皆低于我。又数千年来，处境未尝大变故也。然社会情势，今古究有不同，故有名存实亡者，亦有变本加厉者，亦不容不一考也。

劫掠之昏，稍进化时，即已无有。然昏姻之间，亦间有以强力行之者。《左》昭元年，"徐吾犯之妹美，公孙楚聘之矣，公子黑又使强委禽焉"是也。又《左》隐二年，"莒子取于向。向姜不安莒而归。夏，莒人入向，以姜氏还"。则施之已娶之妻。后世则多施之已字之女。《陔余丛考》"劫婚"条曰："村俗有以婚姻议财不谐，而纠众劫女成婚者，谓之抢亲。《北史·高昂传》：昂兄乾求博陵崔圣念女为婚。崔不许。昂与兄往劫之。置女村外。谓兄曰：何不行礼？于是野合而归。是劫婚之事，古亦有之。然今俗劫婚，皆已经许字者，昂所劫则未字，固不同也。"予案《清律》："凡豪势之人，强夺良家妻女，奸占为妻妾者，绞。配与子孙、弟侄、家人者，罪亦如之。"男女不坐。此未经许字之女。又"应为婚者，虽已纳聘财，期未至，而男家强娶者，笞五十"。指主婚人。"女家悔盟，男家不告官司强抢者，照强娶律减二等。"则如世俗所为，亦未尝无罪矣。至于迫嫁孀妇，则尤乖人道。其事亦古已有之。《潜夫论·断讼》云："贞洁寡妇，遭直不仁世叔，无义兄弟，或利其娉币，或贪其财贿，或私其儿子，则强中欺嫁，迫胁遣送，人有自缢房中，饮药车上，绝命丧躯，孤捐童孩者。"又有"后夫多设人客。威力胁载"者。此等事，今世亦所不免，实法律所当禁也。

又有虽无劫略之形，而有威迫之实者。此法律无可治，然论人道，固不应尔，亦社会所应加以制裁也。《三国志·吴志》："孙破虏吴夫人，本吴人，徙钱塘。早失父母，与弟景居。孙坚闻其才貌，欲娶之。吴氏亲戚，嫌坚轻狡，将拒焉。坚甚以惭恨。夫人谓亲戚曰：何爱一女，以取祸乎？如有不遇，命也。于是遂许为婚。"夫求女不许，而至以取祸为虑，则坚之权势可知。《吴志》谓："坚少为县吏。年十七，与父共载船至钱塘。会海贼胡玉等，从匏里上掠取贾人财物，方于岸上分之。""坚操刀上岸，以手东西指麾，若分部人兵，以罗遮贼状。贼望见，以为官兵捕之。即委财物散走。坚追，斩得一级而还。""由是显闻。府召署假尉。"《吴书》谓"坚世仕吴，家富春"。注引。盖今所谓土豪劣绅也。吴夫人早失父母，兄弟幼弱，故谓所胁耳。凡今之挟势以求，而所求不敢不许者，皆此类也。

卖买之事，尤数见不鲜。可谓人类一切罪恶，皆自贪财利来；亦可谓人类一切罪恶，皆因迫于生计，不得已而为之也。汉时以一女许数家者甚多。《断讼篇》又曰："诸一女许数家，虽生十子，更百赦，勿令得蒙一还私家，则此奸绝矣。不则髡其夫妻，徙千里外剧县，乃可以毒其心而绝其后。"其深恶之至于如此。可见其时此等风气之甚。《抱朴子·弭讼篇》述其姑子刘士由之论，谓末世"举不修义，许而弗与。讼阋秽辱，烦塞官曹。今可使诸争婚者，未及同牢，皆听义绝，而倍还酒礼，归其币帛。其尝已再离者，一倍裨娉。其三绝者，再倍裨娉。如此，离者不生讼心，贪者无利重受"。又载已答辞曰："责裨娉倍，贫者所惮也。丰于财者，则适其愿矣。后所许者，或能富殖，助其裨娉，必所甘心。然则先家拱默，不得有言。原情论之,能无怨叹乎?"又曰:"傥令女有国色,倾城绝伦。而值豪右权臣之徒,目玩冶容,心忘礼度。资累千金,情无所吝。十倍还娉,犹所不惮,况但一乎?"可见不但女家贪利而数许,即男家亦有明知而故为之者。卖买之风,几于明目张胆矣。葛氏之意,欲使"女氏受聘,礼无丰约,皆以即日报板。后皆使时人署姓名于别板。必十人已上,以备退行及死亡。又令女之父兄若伯叔,答婿家书,必手书一纸。若有变悔,而证据明者,女氏父母兄弟,皆加刑罚罪"。亦可见其时此等风气之盛也。

今社会颇重信约,视昏姻之约尤重。一女数许之事,可谓极少。嫁女而争较财礼者,亦多仍以为遣嫁之资,非利其财以入己。此则由昏礼所费,与人民生计程度不相副,故有此弊耳,不得谓之卖买也。惟娶妾者,仍多出于价买。案卖买人口,本为法律所不许,则买妾自亦事同一律。《后汉书·光武纪》:建武七年,"诏吏人遭饥乱,及为青、徐贼所略,为奴婢下妻,欲去留者,恣听之。敢拘制不还,以卖人法从事"。十三年,"诏益州民自八年以来,被略为奴婢者,皆一切免为庶民。或依托人为下妻,欲去者,恣听之。敢拘留者,比青、徐二州,以略人法从事"。中国历代多有以法律强制释放奴婢者,此两诏则并及下妻也。略,谓以力劫取;依托,则亦利其衣食而从之。然法律同许其去。今之价买,亦古依托之类也。若仿东汉之法,明诏天下,恣其去留,而严拘制之罪,则善矣。俗又有将妻妾典雇与人为妻妾者。《清律》杖八十,典雇女者杖六十,妇女不坐。知而典雇者,各与同罪,并离异。

昏礼至后世渐简。此由后世之社会,繁文缛节,不如古代之甚也。《通典》云:"东汉、魏、晋以来,时或艰虞,岁遇良吉,急于嫁娶,六礼俱废。"似仅得其一端。即逢清宴之时,亦未必古代繁缛之礼,能永行弗替耳。然古代重礼,所谓礼者,虽原出习俗,而屡经改定,颇有文明之意。后世则各率其俗而行之,颇有极野蛮之习遗留其间，是亦文明之累也。

自由结昏之风，古代尚间有之。如前所举鄎季姬，其最著者也。后世视廉耻愈重，婚姻之权，遂全操诸父母。今之论者，谓结昏当本男女相爱之情，因以自由结昏为尚。谓今之夫妇仳离者，皆昏姻不自由为之。予谓昏姻诚当重自由。然使社会之视离昏，仍如今日之重；夫妇之离昏，仍如今日之难；则结昏纵极自由，亦未必遂有救于夫妇之道之苦。何则？天下无一成不变之人情，况于男女之爱之不暇深虑其后者乎？作事无一着手即不许改易之理，况于夫妇之和好与否，系于人之苦乐尤大者乎？一为昏姻，终身不改，如此而求选择之无憾，恐圣人有所不能也。夫父母之为子女择妃，与听子女自行择妃，诚亦各有短长。今世之父母，为其子女择妃不当者，非不爱其子女，智识不足，则以不善为善，以善为不善耳。下焉者，则眩于势，惑于利耳。然自行择妃。智识遂皆足乎？遂能无眩于势，惑于利乎？恐未必然也。盖人之举事而无悔，必在其血气略定之时；然待至血气定而结昏，恐人之生理，终不能尔也。

父母许婚之最不善者，则如指腹为婚等是。此几于全不顾其子女之利害矣。《南史·韦放传》：放与张率皆有侧室怀孕，因指腹为婚姻。其后各产男女，而率亡。放乃以子娶率女，以女适率子。《北史》：崔浩女为尚书卢遐妻。浩弟恬女，为王慧龙妻。二女俱有孕。浩谓曰：汝等将来所生，皆我之自出，可指腹为亲。盖此等事，皆出于姻娅朋友，欲结两家之好，遂不计其子女之妃合是否相宜也？司马温公《家范》议其弊云："及其既长，或不肖无赖，或身有恶疾，或家贫冻馁，或丧服相仍，或仕宦远方，遂至弃信负约，速狱致讼。"则其弊已著矣，故法律禁之。《清律》云"男女昏姻，各有其时。或有指腹，割衫襟为亲者，并行禁止"是也。惜乎此等法律，多成具文耳。

离昏之律，后世略与古同。《清律》云："凡妻无应出及义绝之状而出之者,杖八十。虽犯七出,有三不去,而出之者,减二等,追还完聚。若犯义绝,应离而不离者,亦杖八十。若夫妻不相和谐,而两愿离者,不坐。"七出三不去,沿袭古礼,于现在情形,已不甚切。故律所强其出之者,惟在义绝。七出则但可出耳,出不出仍听之。而何谓义绝,律无明文。盖难言之,故浑涵其词也。不相和谐,即可离异,似极自由。然必限之以两愿则甚难。何则?妻易为夫所虐待,不和谐即不得求去;而夫不易为妻所虐待,且可虐待其妻以求利。如迫使为娼,或苦役使。则妻愿离者,夫往往不愿。而律定妻背夫在逃者,罪又甚重。杖一百,从夫嫁卖。因逃而改嫁者绞。则两愿离昏,徒便于夫耳。钱辛楣云:"夫妇之义,非徒以全丈夫,亦所以保匹妇。后世间里之妇,失欢于舅姑,谗间于叔妹,抑郁而死者有之。或其夫淫酗凶悍,宠溺嬖媵,陵迫而死者有之。准之古礼,固有可去之义。亦何必束缚之,禁锢之,置之必死之地而后快乎?"其说善矣。然今之妇女,所以重离昏者,皆以生计不能自立,既无归宗之义,俗又贱再醮妇,不愿取,则既去即无所归,终必寒饿死耳。故欲求昏姻真自由,必女子生计能独立也。近人或云:"离昏之律,当定由妻提出者无不许。"其意与旧律恰反。然实扶持女权,保护弱者之良法也。

《杂记》:诸侯出夫人,"有司官陈器皿,主人有司亦官受之"。注:"器皿,本所赍物也。《律》:弃妻畀所赍。《韩非子·外储说》:吴起出妻,"使之衣而归"。此或大归时亦事容饰。然亦可见出妻者不利所赍矣。世衰俗薄,贪鄙者或弃其妻而利其所赍,律当禁之。如能明定妻所赍皆为其私财,虽不离异,不得其允许者,夫亦不能擅用;离异之际,夫曾耗其妻之所赍者,当赔偿,则亦辅助妇人生计,使能独立之一法也。

贞操至后世而愈重。观《廿二史札记》"汉诸王荒乱"、"汉公主不讳私夫"等条,可见汉时之视贞操尚轻。自此愈至后世则愈重,而多偏责诸女。此无足异,义务固多偏责之于弱者耳。然为妇为女,虽重贞专。而改嫁尚非所讳。自宋学盛行,而士大夫之家,女子之改嫁者,乃几于绝迹矣。《程氏外书》:"问孀妇于理似不可取,如何?曰:然。凡妻,以配身也。若娶失节者以配身,是已失节也。又问或有孤孀贫穷无托者,可再嫁否?曰:只是后世怕寒饿死,故有此说。然饿死事极小,失节事极大。"斯言也,世多以为诟病,以为宋以后之重改嫁,此言为之也。然程子之意,自极言律己之当严,不重在责妇人之守节。况《外书》本不如《遗书》之可信;而小程在宋儒中,议论又多有病。后人不采他家之说,而独诵小程之言;又泥其言而失其意之所重。此自后来治宋学者之无识,亦未可全咎程子也。《清律》:"凡居父母丧及夫丧,而身自嫁娶者,杖一百。命妇夫亡再嫁者,罪亦如之。"则以法律禁止再嫁矣。

因崇尚守节之极,乃有许嫁婿死,亦为之守志,甚或从死者。归熙甫比之淫奔,说固小激。汪容甫讥其不合古礼,谓"昏姻之礼,成于亲迎,后世不知,乃重受聘"。谓为好仁不好学,其蔽也愚,则虽笃信旧礼教者,亦无辞以自解矣。予谓流俗所称崇,大抵偏激之行,罕知中和之德,亦不独此一端也。

同姓为昏之禁,后世守之愈严。然其实则与古异。古之姓为母系,后世之姓为父系,一也。古者近亲,多为同族。如予说,同姓不昏,原于同族不昏,前所引《取于异姓所以附远厚别义》。则诚得近亲不昏之意。后世则但求不同父系,姑之子,从母之子,无不可昏者。姑无论近亲不昏,当理与否未可定,即为当理,而后世之所谓同姓不昏者,亦全失近亲不昏之意矣,二也。《大传》:"四世而缌,服之穷也。五世祖免,杀同姓也。六世亲属竭矣。其庶姓别于上,而戚单于下,昏姻可以通乎?系之以姓而弗别,缀之以食而弗殊,虽百世而昏姻不通者,周道然也。"注:"姓,正姓也。始祖为正姓,高祖为庶姓。"疏:"正姓,若周姓姬,齐姓姜,宋姓子;庶姓,若鲁之三桓,郑之七穆。"可见今之所谓同姓不昏者,乃周代之制也。《左》襄二十五年,"东郭偃臣崔武子,棠公死,偃御武子以吊焉。见棠姜而美之,使偃取之。偃曰:男女辨姓,今君出自丁,臣出自桓,不可"。其所谓姓者,即《大传》注所谓正姓之姓也。然后世有姓虽同而实非同祖,姓不同而实出一祖者。以周制论,则姓虽同而实非同祖者可昏,姓不同而实出一祖者不可昏。此即庶姓别而正姓不别也,但亡其正姓耳。然世俗多反是。则以姓之同异易辨,而得姓之由,则大抵无可稽考也。《汉书》:王莽以姚、妫、陈、田,皆黄、虞后,与己同姓,令元城王氏,勿得与四姓相嫁娶。然《王诉传》:诉孙咸,有女为王莽妻,号宜春氏。师古曰:莽以己与咸得姓不同,祖宗各别,故娶之。《晋书·刘颂传》:颂嫁女陈峤。峤本刘氏子,与颂近亲,出养于姑而姓陈。其友尝讯之。颂曰:舜后姚、虞、陈、田,本同根叶,而世皆为婚,律不禁也。

《清律》:"娶己之姑舅、两姨姊妹者,杖八十,并离异。"此等法律,久成具文。世俗好言"亲上加亲"。又如南北朝时,崇尚门第,所谓大姓,往往数家自为昏姻。此等昏姻,必不能避亲族。古说近亲为婚"其生不蕃",或"相生疾",应本科学多加研究也。

古代有妾无妾,视其人之贵贱而分。后世则以贫富而异。然法令仍有以贵贱立别者。如唐制:亲王,孺人二人,媵十人;二品,媵八人;国公及三品,媵六人;四品,媵四人;五品,媵三人是也。见《唐书·百官志》。《元史·刑法志》:"有妻妾复娶妻妾者,笞四十七,离之。在官者解职记过,不追聘财。"则妾以一人为限。《明律》:"民年四十以上无子者,方听娶妾。违者笞四十。"是平民娶妾,非尽自由也。《清律》删此条,实非是,末年定民律,于许置妾与否,颇有争辩。卒以达官贵人多有妾,不便禁止,仍许之。民国时,《大理院判决例》,解释妾之身份云:"凡以永续同居,为家族一员之意思,与其家长发生夫妇类同之关系者,均可成立。法律不限何种方式。"上字一千二百零五号。则娶妾愈自由矣。近日上海临时法院判决九江路钱祥荣与其妾毛氏本姓华氏。讼案,乃谓国民党党纲,不许有妾,判令离异。其意诚善。然党纲是否可据以决狱,则疑问也。民国十六年九、十月间事。

妾之地位,后世较古代略高。此由古代社会有贵贱阶级,为妾者多出贱族,至后世则无此阶级也。古之臣妾,犹今之仆婢,故二者恒并举。如《丧服》之贵臣贵妾是也。《曾子问》曰:"古者男子,外有傅,内有慈母,君命所使教子也。"《公羊》襄三十年《解诂》云:"礼,后夫人必有傅母。选老大夫为傅,选老大夫妻为母。"则男子固可以女为妾,女子亦可以男为臣。犹今男得役婢,女亦得庸仆耳,非与之发生夫妇类同之关系也。其后男遂与妾发生夫妇类同之关系,而女不与臣发生夫妇类同之关系者,则由男权张而女权削,犹媵遂为男子之妾,而御不为女子之面首也。《曾子问》疏云:"诸侯之子,適庶皆三母。故《内则》云:必求其宽裕慈惠,温良恭敬,慎而寡言者为子师。其次为慈母。其次为保母。其大夫及公子適子亦三母。"案《内则》又云:"国君世子生,卜士之妻,大夫之妾,使食子。"又云:"大夫之子有食母。"夫慈母亦食母类也。而据《丧服》,则慈母遂为与男子发生夫妇类同之关系之妾。则男子之外傅,亦可与其母发生夫妇类同之关系乎?此亦吾妾为后起,非古所有之说之一证也。《诗·南山》疏驳何君之说云:"以男子为傅,书传未尝闻焉。"盖此等皆古制,见于书籍者绝少,故古文家不之知也。非今文家亲承孔子之口说,孰从而闻之哉?《丧服》注:"妾谓夫为君,不得名婿为夫。"又女君死,妾服丧三年。皆臣对君之礼,不以亲族关系论也。后世虽犹存此制,特其形式而已,其意则久视为家属之一员矣。《颜氏家训》云:"江左不讳庶孽。丧室之后,多以妾媵终家事。河北鄙于侧出,不预人流。是以必须重娶,至于三四。身没之后,辞讼盈公门,谤辱彰道路。子诬母为妾,弟黜兄为佣。播扬先人之辞迹,暴露祖考之长短,以求直己者,往往而有。"盖江左犹存有妾不再娶之意,是汉族旧风。河北则渐染胡俗也。胡俗贱妾甚于汉族者,以其社会亦有阶级,种姓之别是也。不如汉族之平等也。

取妾之人,多藉口子嗣,其实则为淫欲者多。颜氏又云:"今人多不举女。吾有疏亲,家饶妓媵。诞育将及,便遣阍竖守之。体有不安，窥窗倚户。若生女者，辄持将去。母随号泣，莫敢救之。"此等亦得谓非为淫欲乎？或谓富贵之人，必饶智力。听其多置妾媵，优种可以广传。此尤荒谬之论。人之富贵，或由生而即然，或则遭遇时会，岂其智力，皆异恒人？彼野变之世，多畜妻妇，犹或利其力，或涎其色。至于专为纵欲，则必徒取轻盈，不好壮佼。而轻盈之女，多系劣弱之躯。又畜妾徒以多财，则得妾必由价买。而彼鬻女之人，亦多愚弱之辈。然则畜妾之男，种未必优；为妾之女，其种先劣矣。以此而言善种，不亦南辕北辙乎？

妾之地位，后世虽视古为高。然嫡庶之别，则大抵颇严。二妻尤为大禁。世俗间有行之者，如所谓"兼祧双娶"是也。《大理院解释》以后娶者为妾。统字第四百二十八号。

畜妾既由地位而然，则女子地位，设或特异，自亦可畜男妾。如宋废帝为其姊山阴公主置面首左右三十人。齐文帝王皇后，当郁林王时，尊为皇太后，称宣德宫。郁林为置男左右三十人是也。但此等事，公然行之者，究甚少耳。

妇女沦落之极，则为倡伎。管子女闾三百；句践以寡妇淫佚过犯，皆输山上；士有忧思者，令游山上，以喜其意；世多以为倡伎之原。予谓古代男女，本有会计；又昏妃之事，官司亦加管理；《周官》："媒氏，掌万民之判。凡男女自成名以上，皆书年月日名焉。令男三十而娶，女二十而嫁。凡娶判妻入子者皆书之。中春之月，令会男女。于是时也，奔者不禁。若无故而不用令者罚之。司男女之无夫家者而会之。"又《管子·幼官》，春秋皆云："始卯合男女。"民之廛里，率由官授，则此二事，实不能指为倡伎。且倡伎者，俗所称为卖淫者也。必卖淫乃可称为倡伎，则即官以政令，使妇女与男子乱，亦与所谓倡伎者无涉。倡伎既为卖淫之谓，则何时有所谓卖；又女子之淫，何时可卖；是即倡伎之始耳。倡伎字本皆从人，可见为之者不专于女。女之为倡伎者，遂为卖淫之妇，男之为倡伎者，不为卖淫之男，则犹媵遂为妾，而御不为面首耳。

故倡伎本非卖淫之谓。特因伎亦卖淫，后世遂以官伎隶教坊。然教坊之伎，法律究许其卖淫，抑仅许其以伎娱人，如日本之所谓艺伎？尚难质言。且如清制，无教坊，只有乐籍。然《律》："官吏娶乐人为妻妾者，杖六十，并离异。官员子孙娶者，罪亦如之。"举人、贡、监、生员宿娼者，皆斥革。惟于庶民不言。岂独许庶民宿娼乎？故律意究许娼伎卖淫与否，尚待法学专家加以研究也。

后世男女之间，亦有渐趋平等者。古为父斩衰三年，父在为母齐衰期。唐高宗时，始以武后请，父在为母齐衰三年。明太祖使宋濂定《孝慈录》，子为父母，庶子为其母，皆斩衰三年。太祖此举，本出私意，然后遂相沿无改，则以其得人心之同然耳。古之所以尊父于母者，以其时重家族，而父为家主；而后世则视家族渐轻；故父母之尊，遂平等也。

女权之盛衰，于学说颇有关系。学说固不能不随社会情况而变迁，然其深入乎人人之心者，则亦足以左右习俗。吾国学说，影响于男女之尊卑者，盖尝经一大变。其前一期，遗说仅存于《老子》。《老子》书中，无男女字，只有雌雄牝牡字，足征其时代之古。五千言之义，女权皆优于男权。可见邃古女权之盛。《殷易》首坤，盖犹其遗迹也。至于《周易》，则先乾于坤，而"天尊地卑"、"地道无成"、"扶阳抑阴"诸说，遂相次而起矣。然我国古代哲学，最尊万有之原。而其说万物之原，则一切以生物之挚乳相比拟。夫以生物之挚乳相比拟，则"孤阳不生，独阴不长"，男女固有不得不并重者。故古代哲学，虽因男权盛张，而有"天尊地卑"等说，而阴阳并重之义，亦卒不能泯。故虽重男而抑女亦不甚。此固吾国民尚中庸、好调和之性然也。又古代政治，家国无殊。一家之中，男女固并有治家之责。推此义以言国政，则后妃夫人，亦当辅佐其君子以理国。《诗》首《关雎》，《书》美厘降，《礼》重冠昏，《易》基乾坤，皆是义也。故以吾国之女子而要求参政权,实最与古义相合。夫思想历时久则入人深。古代之思想,在今日虽为少年所排斥。然其义既深入于人人之心,则虽排斥之之人,亦有阴受其陶铸而不自知者。故欲牖民易俗,植基于古代之成说,实最易为力也。吾国学说,男尊女卑,及男女并重之义,可谓同时并存。苟能善用后一义而发扬之,女权之盛昌,固计日可待矣。

第八章　宗　族

　　世人有恒言曰：集人而成家，集家而成国，集国而成天下。斯言也，谓就今日之家国天下，析而观之，而见其为如此则可。因谓家国天下之成，由集小而为大，则误矣。此无征不信之言也。

　　然则生民之初，果若何情状乎？曰：此非今日所能知也。勉强推度，则曰：无人我，无群己，浑然集若干人于一处而已。迨其小进，乃从浑然一大群中，分为若干小群，演进愈深，分析愈细。最后乃知有个人。故法律重视个人之权利，必在稍进化之世。而个人主义之大昌，则近世之事也。

　　浑然一大群，何由分为若干小群乎？曰：自知血统始。人之相仁偶也，他种关系，皆较后起，惟母之鞠育其子，则必最初即然。不然，人无由生存；且此固禽兽之所知也。特禽兽动作，纯任本能。长能自立，则忘其母。母亦不复顾其子。人则知识较高，记忆之力较强；长大之后，慈孝之心仍在耳。故人之相仁偶也，始于知生我之母。知有母，则知有与我同母之人焉。由此而推之，则又知有母之母焉；又知有与母同母之人焉。亲族之关系，盖由此而昉也。《礼记》曰："大上贵德，其次务施报。"《曲礼上》。此言始不知有人我，而后知之也。《左氏》曰："大上以德抚民，其次亲亲,以相及也。"僖二十四年富辰之言。此言始不知别亲疏,而后知之也。

人类之知有统系,率先母而后父。以知父必待夫妇之制既立以后;又古者同族不昏,子女必属一族;饮食保抱之责,既由母任之,子女自属母族也。迨男权日张,妇属于夫,子女亦为父所有,乃由母系易为父系。

母系时代,人之聚居,率依其母。男子与异姓匹合,则入居其妻之族,而其身仍属其母之族。生有子女,亦属其妻之族。斯时甥舅同族,父子则否。犹后世世叔父同居,而母族为外家也。浅演之群,财产或传诸甥,盖由于此?斯时统系,盖如下图。

```
        女              女
        姓姜            姓姬
      ┌──┴──┐        ┌──┴──┐
      子    女        子    女
      姓姜  姓姜      姓姬  姓姬
         └─────┬─────┘
            ┌──┴──┐
            子    女
            姓姜  姓姜
```

女权与女系异义。女系时代,事权不必皆在女子手中。特是时女子之权利,总较后世为优耳。大抵渔猎之世,人恒聚族而居。生事简单,男权不显。迨乎游牧须逐水草,农耕须服田畴,则人类由合而分,而女子遂为男子之私属。向者一族之中,以女为主,而男子附之者,今则以男为主,以女附之。于是系统亦主于男,而所谓氏者兴矣。夫生计渐裕,则私产渐多。人之情,莫不私其子。父有财产,恒思传之于其子。于是欲知财产之谁属,必先知其父为何人。又古代职业,恒父子相继,而其贵贱即因之。酋长之子,所以继为酋长者,以其为酋长之子也。奴隶之子，所以仍为奴隶者，以其为奴隶之子也。然则欲知其人之贵贱，亦必知其父为何人矣。于是表明父为何人之名兴，而氏立矣。故姓之兴，所以表血统。氏之兴，则所以表地位、财产等系统者也。

《日知录》曰："《左传》成十六年，潘尪之党，潘尪之子名党也。襄二十三年，申鲜虞之传挚，申鲜虞之子名传挚也。按《仪礼·特牲馈食礼》：筮某之某为尸。注曰：某之某者，字尸父而名尸也。原注："《少牢馈食礼》同。"亦此类也。"原注："《史记·太史公自序》：维仲之省，厥濞王吴。濞乃刘仲之子，称为厥濞。"此以父名子者也。案《左》隐六年，顷父之子嘉父。疏曰：顷父旧居职位，名号章显。嘉父新为大夫，未甚著见，故系之于父。诸系父为文者，义皆同此也。又曰："《左传》昭元年，当武王邑姜，方震大叔。《汉书·杜钦传》：皇太后女弟司马君力。原注："苏林曰：字君力，为司马氏妇。"《南齐书》：周盘龙爱妾杜氏，上送金钗镊二十枚，手敕曰：饷周公阿杜。"此以夫名妻者也。要之表明其有所系属而已。此氏之所由兴也。

女系时代，聚族而居，盖全依乎母？其制已不可考。惟今文家说九族，尚兼男女系言之耳。今文家说九族曰："父族四：五属之内为一族。父女昆弟适人者，与其子为一族。己女昆弟适人者，与其子为一族。己之子适人者，与其子为一族。母族三：母之父姓为一族。母之母姓为一族。母女昆弟适人者为一族。妻族二：妻之父姓为一族。妻之母姓为一族。"此今《戴礼》、《欧阳尚书》说。见《诗·葛藟》正义引《五经异义》。古文家以"上自高祖，下至玄孙为九族"。见《书·尧典》释文。此乃九世也，误矣。俞氏樾说。《白虎通》曰："族者，凑也，聚也。谓恩爱相依凑也。生相亲爱，死相哀痛，有会聚之道，故谓之族。"盖人群古代之组织，恒因乎亲属也。

宗与族异。族但举血统有关系之人，统称为族耳。其中无主从之别也。宗则于亲族之中。奉一人焉以为主。主者死,则奉其继世之人。夫于亲族中奉一人以为主,则男女必择其一。斯时族中之权,既在男而不在女,所奉者自必为男。此即所谓始祖。继其后者,则宗子也。《白虎通义》曰:"宗者,尊也。为先祖主者,宗人之所尊也。"是其义也。

宗又有大小之分。宗法之传于今者,惟周为详。盖其制实至周而备也。今略说之。周代宗法,见于《礼记大传》。《丧服小记》略同。《大传》曰:"别子为祖,继别为宗,继祢者为小宗。有百世不迁之宗,有五世则迁之宗。宗其继别子者,百世不迁者也。宗其继高祖者,五世则迁者也。"注曰:别子为祖,"谓公子,若始来在此国者,后世奉以为祖"。继别为宗,"别子之世適也。族人尊之,以为大宗"。继祢者为小宗,"父之適也。兄弟尊之,谓小宗"。又曰:"小宗四,与大宗凡五。"盖古者"诸侯不敢祖天子,大夫不敢祖诸侯"。故诸侯之子,惟適长继世为君。其弟二子以下,则悉不敢祢先君,其后世遂奉以为祖,是为别子。别子之世適,谓之大宗。百世不迁。别子弟二子以下,是为小宗。其子继之,时曰继祢小宗。其孙继之,时曰继祖小宗。其曾孙继之,时曰继曾祖小宗。其玄孙继之,时曰继高祖小宗。继祢者,亲兄弟宗之。继祖者,同堂兄弟宗之。继曾祖者,再从兄弟宗之。继高祖者,三从兄弟宗之。至于四从兄弟,则不复宗事其六世祖之宗子。所谓五世则迁也。所以五世则迁者,以"亲亲以三为五,以五为九,上杀,下杀,旁杀而亲毕"也。以三为五,以五为九,谓上亲父,下亲子;以父亲祖,以子亲孙;以祖亲曾、高,以孙亲曾、玄。然则一人之身,当宗与我同高、曾、祖、父四代之正適,及大宗之宗子。故曰:小宗四,与大宗凡五也。夫但论亲族之远近,则自六世而往,皆为路人矣。惟共宗一别子之正適,则虽百世而其抟结不散。此宗法之组织,所以为大而且久也。

宗法图

```
国君─嗣君適长子─嗣君─嗣君─嗣君─嗣君─嗣君
    └别子大
      宗之祖─大宗宗子─大宗宗子─大宗宗子─大宗宗子─大宗宗子
            └小宗宗子─继祢小宗─继祖小宗─继曾祖小宗─继高祖小宗
                    └小宗宗子─继祢小宗─继祖小宗─继曾祖小宗
                            └小宗宗子─继祢小宗─继祖小宗
                                    └小宗宗子─继祢小宗
                                            └小宗宗子
```

公子不得祢先君，因而别为一宗，为宗法之一义。始来在此国者，后世奉以为祖，为宗法之又一义。两义之中，后义实为尤要。此实与封建之制，相辅而行者也。盖使同出一祖之人，永聚居于一地，则但奉一始祖之正適可矣。惟其有迁居他处者，为始祖之正嫡治理所不及，乃不得不别立一人以长之。一群治理之权，既不能一日无所寄。则此分司治理之人，其统绪亦不容绝。于是五世则迁之小宗，不足以当之，而不得不别立一大宗矣。此诸侯初受封，卿大夫初至一国，所以恒为其国之大宗也。然其于故国旧家，大小宗之关系仍不绝。"笃公刘"之诗曰："君之宗之。"毛传曰："为之君者，为之大宗也。"《板》之诗曰："大宗维翰。"传曰："王者天下之大宗。"此言天子之于诸侯，诸侯之于大夫，犹大宗之于小宗也。如周公在鲁为大宗，在周为小宗。三桓在其族为大宗，在鲁为小宗。当时诸侯称周为宗周，此诸侯之宗天子也。《左》哀八年，公山不狃谓叔孙辄曰："今子以小恶而欲覆宗国，不亦难乎？"此大夫之宗诸侯也。又诸侯与诸侯亦相宗。《孟子》：滕文公欲行三年之丧，父兄百官皆不欲，曰："吾宗国鲁先君莫之行。"《左》僖五年，虞公曰："晋吾宗也。"是也。**此古代修身、齐家、治国、平天下，所以一以贯之也。**古代天子诸侯间之关系，实多宗族之关系。天子之抚诸侯，宗子之收恤其族人也。诸侯之尊天子，族人之祗事其宗子也。讲信修睦，同族之相亲也。兴灭继绝，同族不相羁也。盖一族之人，聚居一处，久则不足以容，势不得不分殖于外，此封建之所由兴。而分殖于外者，仍不可不思所以联结之，此宗法之所由立。

《传》曰："有分土，无分民。"有分土，则封建之谓。无分民者，同出一始祖之后者，无不当受治于大宗之宗子也。夫封建云者，一族之人，据一隅之地，役其民以自养：所据之地日扩，一人之力，治理有所不给，则分遣同族中之一支，前往治之云尔。所分出之一支而所据之地又大，亦用此法。此天子与诸侯，诸侯与大夫之关系，所以其名虽异，其实则同也。然则当时之宗子，必皆有土之君，故能收恤其族人。所谓族人，实与宗子同生息于此封地之上，欲图自存，即不得不翊卫其宗子。而宗子之所以为族人所尊，则以其为先祖主故也。此古代举一孝字，所以其义蟠天际地。盖古之抟结惟宗族，而一言孝，则全族自卫之道，靡不该焉。夫力恶其分而不合，亦恶其合而不分。分则力薄，合则力厚，此恶其分而不合之说。分则占地广而多助，合则占地狭而寡助，此恶其合而不分之说也。封建之行也，得一地，则分同族之人处之，同族之人多，则又辟新地，灭人国以处之。所分出之同族，又复如是，如干生枝，枝又生叶，而其一族之人，遂遍布于天下。夫欲灭聚居之一族，苟乘其散，聚而歼旃可耳。一族之人，而遍布于天下，则虽有强者，亦未如之何也已。此炎黄之裔，所以传世长久也。然则何以卒至于灭亡也？曰：行封建之制者虽强，有自亡之道焉。盖既知宗族，即有亲疏，此无可如何之事也。亲亲以三为五，以五为九，至矣，无可复加矣。而立宗法者，必欲以百世不迁之大宗抟结之，使虽远而不散。其所抟结者，亦其名焉而已，其实则为路人矣，路人安能无相攻？况乎封建之始，地广人希，诸侯壤地，各不相接，其后则犬牙相错矣。封建之始，种族错杂，所与竞者，率多异族，其后则皆伯叔甥舅矣。国与家，大利之所在也。以大利之所在，徒临之以宗子之空名，而望其不争，岂不难哉？此诸侯卿大夫之间，所以日寻干戈也。天下无不坏之物，至坚而莫之能坏者，即含自坏之道。古一姓之人，藉封建之制，遍布其种于天下，似无可亡之道也。当时之平民，亦断无亡之之力也。乃正以其分布之广也，而开自相攻击之端。见吞并者日多，即其族之存者益少。至于最后，则此族之存者惟一人；欲覆此一族者，覆此一人可矣，秦之亡是也。祸福倚伏之理，岂不诡哉？

古未有今所谓国家。抟结之最大者，即为宗族。故治理之权，咸在于族。族人于小宗宗子，仅以本服服之。于大宗宗子，则五世而外，悉为之齐衰三月。于其母妻亦然。此庶人为君之服也。古之所以特重正嫡者亦此义。盖但论亲情，则众子相等。若欲传治理之权，则众子之中，不得不择其一矣。所谓继承者，即继承治理之权之谓也。继承之法，随时随地而异。周代则特重嫡长。正而不体，適孙。体而不正，庶子。正体不传重，適子有废疾。传重非正体，庶孙为后。皆不为之服三年之丧。其正体传重者，则父为之斩衰三年，母为之齐衰三年。盖兼重亲情与传统也。天子诸侯，以尊绝旁亲之服。大夫降一等。惟于妻长子之妻皆不降，亦重其传统也。

古代最重祭祀。故支子不祭，祭必告于宗子。《曲礼下》。曾子问曰：宗子为士，庶子为大夫，其祭也如之何？孔子曰：以上牲祭于宗子之家。祝曰：孝子某，为介子某，荐其常事。若宗子有罪，居于他国，庶子为大夫。其祭也，祝曰：孝子某，使介子某，执其常事。摄主不厌祭，不旅，不假，不绥祭，不配。布奠于宾，宾奠而不举；不归肉。其辞于宾曰：宗兄、宗弟、宗子在他国，使某辞。曾子问曰：宗子去在他国，庶子无爵而居者，可以祭乎？孔子曰：祭哉。请问其祭如之何？孔子曰：望墓为坛，以时祭。若宗子死，告于墓，而后祭于家。宗子死，称名不言孝。身没而已。《曾子问》。《内则》曰："適子庶子，祇事宗子宗妇。虽贵富，不敢以贵富入宗子之家。虽众车徒，舍于外，以寡约入。子弟犹归器。衣服、裘衾、车马，则必献其上，而后敢服用其次也。若非所献，则不敢以入于宗子之门，不敢以贵富加于父兄宗族。若富，则具二牲，献其贤者于宗子，夫妇皆齐而宗敬焉。终事，然后敢私祭。"可见是时宗子之尊矣。

《丧服传》曰："昆弟之义无分。然而有分者，则辟子之私也。子不私其父，则不成为子。故有东宫，有南宫，有北宫。异居而同财。有余则归之宗，不足则资之宗。"案"继父同居"，《传》曰："夫死妻稚子幼，子无大功之亲，与之适人。"注："子无大功之亲，谓同财者也。"又云："小功已下为兄弟。"《既夕礼》云："兄弟赗奠可也。"则此所谓同财者，以大功为限。然收恤所及，初不止此。故晏子父之党无不乘车者,母之党无不足于衣食者,妻之党无冻馁者。宋公孙寿辞司城,使其子意诸为之。曰:"去官则族无所庇。虽亡子,犹不亡族。"可见是时宗族之间,财产之相通。盖古者一人本无私财,财皆其族之财。同财而限于大功,其去古已远矣。《管子·小匡》篇:"公曰:爱民之道奈何?管子对曰:公修公族,家修家族,使相连以事,相及以禄,则民相亲矣。放旧罪,修旧宗,立无后,则民殖矣。"《问》篇:"问国之弃人,何族之子弟也?""问乡之贫人,何族之别也?"皆若能修其族,则民不患其无养者。《周官》所谓"宗以族得民",《太宰》。盖谓此也。

宗法盖仅贵族有之,以贵族食于人,可以聚族而居。平民食人,必逐田亩散处。贵族治人,其抟结不容涣散。平民治于人,于统系无所知。《丧服传》曰:"禽兽知母而不知父。野人曰:父母何算焉?都邑之士,则知尊祢矣。大夫及学士,则知尊祖矣。诸侯及其太祖,天子及其始祖之所自出。"其位愈尊,所追愈远,即可见平民于统系不甚了了。于统系不甚了了,自无所谓宗法矣。《孟子》曰:"死徙无出乡,乡田同井,出入相友,守望相助,疾病相扶持,则百姓亲睦。"平民之抟结,如是而已。

古无所谓国与家也,人类之抟结,族而已矣。族之大小不一。今古文家所说之九族,皆族之一种也。今文家兼女系言之,时代较早。古文家专就男系言之,盖在宗法既完备之后也。合族而居,治理之权,必有所寄。所寄者亦不一。周之宗法,亦治理之一法也。古家字有二义:一卿大夫之家,一即今所谓家。《诗序》:"国异政,家殊俗。"正义:"此家谓天下民家。《孝经》云:非家至而日见之也,亦谓天下民家,非大夫称家也。"今所谓家,其职有四:(一)为夫妇同居之所。(二)上事父母。(三)下育子女。(四)则一家之率同财,有无相通。此所以相生相养也。家之制亦不一。中国普通之家,则系如此。自古迄今,无甚大变。此即古所谓五口八口之家,一夫上父母,下妻子者也。今人多诋中国为大家族,其实西人之家,较之中国,亦仅少上事父母一端耳。数世同居,宗族百口,在中国亦非恒有之事也。国则操治理之权,谋公益,禁强暴,所以维持现状,更求进步者也。二者不可缺一,在古代皆宗族职之。其后则相生相养之道归诸家,治理之权操诸国,而所谓宗与族者,遂有其名而亡其实焉。此其故何哉？曰：社会之变迁为之也。古代亲爱之情,限于同族。《左》僖十年,狐突曰："神不歆非类,民不祀非族。"成四年,季文子引《史佚之志》曰："非我族类,其心必异。"皆古人歧视异族之征也。后世则扩而渐广。泛爱之情既进,偏私之念自袪,一也。古代分工未密,交易未开。生事所资,率有自造。既非独力所及,自不得不合亲族为之。后世则一人之身,而百工之所为备。所待以生者,实非亲族,而为林林总总,不知谁何之人。生事既不复相资,何必合亲尽情疏之人以共处？二也。古者生利之法甚粗,欲利之心亦淡。胼手胝足,皆为族谋。后世则智巧日开,愿望日富。族中有私财之人遂日多。有私财之人多,则如大功以下同财等小团体,潜滋暗长于大族之中矣,三也。聚居之制,必与营生之道不悖,而后可以持久。然如耕农,一夫百亩,方里仅容九夫,其必不能合族而处明矣,四也。凡此皆家之所由兴,而族之所由散也。至于国之所以立,则由族长所治,非复一族之人,遂渐变而为君主。其所遣分治之子弟,亦渐变而为官吏矣。两族相遇,不能无争。亦或以治化之优,酋豪才德之异,此族自为彼族所归向。皆血统不同之族,所以渐合为一,而国之所由立也。夫使人类之组织,无大于族,则两族相遇,苟有龃龉,即须决之以兵争,此殊为人情所不便。故诸族之中,苟有一族,能平他族之争者,他族自乐归之。虞、芮质成是也。联众族以奉一尊,虽不必出于要束,然能持久而不涣,亦必为众之所利,而后能然。故民约之义,不能执史无其事以为难也。

邃古之民,必笃于教。族各有其所尊祀之神,未必肯舍之而从他族。然各族联合之际,亦自有其调融之道焉。合诸族以尊一族之神,一也。诸侯助祭于天子,盖源于此？此非以诸侯与天子同族。"殷士肤敏,祼将于京",是其验也。不则以此族之神,加于彼族所奉之神之上。如周人谓"姬姓日,异姓月"是也。《左》成十六年。又不然,则两族之神,各有所司,亦有更王之道。如通三统及五德迭王之说是也。

人类既知有统系,必有所以表之。时曰姓、氏。姓所以表女系,氏所以表男系也。然及后来,男子之权力既增,言统系者专以男为主,姓亦遂改而从男。特始祖之姓,则仍从其母耳。周制,始祖之姓杜预《释例》曰:"别而称之谓之氏,合而言之则曰族。"案,别而称之,谓此族之人,以氏与他族别也。合而言之,谓同族之人,皆同此一氏也。曰正姓,百世不改。正姓而外,别有所以表其支派者,时曰庶姓。庶姓即氏也。亦曰族,《论衡·诘术篇》:"古者有本姓,有氏姓。"本姓即正姓,氏姓即庶姓也。随时可改。《大传》曰:"四世而缌,服之穷也。五世祖免,杀同姓也。六世亲属竭矣。其庶姓别于上,而戚单于下,昏姻可以通乎? 系之以姓而弗别,缀之以食而弗殊,虽百世而昏姻不通者,周道然也。"注:"姓,正姓也。始姐为正姓,高祖为庶姓。"疏曰:"正姓,若周姓姬,齐姓姜,宋姓子。庶姓,若鲁之三桓,郑之七穆。"盖正姓所以表大宗,庶姓所以表小宗也。

命氏之法:诸侯即以国为氏,若践土之载书,晋重、鲁申、卫武、蔡甲午、郑捷、齐潘、宋王臣、莒期是也。诸侯之子曰公子,公子之子曰公孙。公孙之子,不得上系于诸侯,则别立氏。立氏则追溯其祖,故以王父字为氏。其中又分为二:適夫人之子,以五十字伯仲为氏,若鲁之仲孙、季孙是也。庶子以二十字为氏,如展氏、臧氏是也。此外得氏之道甚多。郑氏《通志》列举之,凡三十二。予更分之为七类。

  第一类 (一)姓 古代表女系之姓,周世所谓正姓也。
  第二类 (一)国 包天子诸侯言之,如周、鲁是。
      (二)邑 卿大夫。
      (三)乡

第八章 宗　　族

　　　　　（四）亭

　　　　　（五）国系　如唐叔、滕叔。

　　　　　（六）国爵　如夏侯、息夫。息夫者，息公子为大
　　　　　　　　　　夫也。

　　　　　（七）邑系　如原伯、申叔。

　　　　　（八）邑谥　如苦成。

第三类　（一）地　　谓居地也。如东门襄仲、东里子产。《潜夫
　　　　　　　　　　论·志氏姓》：东门、西门、东郭、北郭，所谓
　　　　　　　　　　居也。

第四类　（一）字

　　　　　（二）名

　　　　　（三）次

　　　　　（四）族　　以谥为族，亦有非谥者。

　　　　　（五）谥

　　　　　（六）族系　如叔孙、季孙。

　　　　　（七）名氏　如士季、伍参。

　　　　　（八）谥氏　如楚僖子之后为僖子氏。

第五类　（一）官

　　　　　（二）爵

　　　　　（三）技　　如巫、卜。

　　　　　（四）官名　如师延、史晁。

　　　　　（五）爵系　如王叔。

　　　　　（六）爵谥　如卫成公之后为成公氏。

第六类　（一）吉德

　　　　　（二）凶德　如黥布。

　　　　　（三）事　　如汉丞相田千秋，以年老，许乘小车入

朝,时人称车丞相,其后人以车为氏。

第七类　（一）代北复姓

（二）关西复姓

（三）诸方复姓

（四）代北三字姓

（五）代北四字姓

此外又有生而有文一种。如武则天之先,为周平王之后,生而手有文曰武,遂以武为氏是也。郑氏别附之于后,盖不信之。

顾亭林《原姓篇》曰:"男子称氏。女子称姓。氏一再传而可变,姓千万年而不变。……考之于传,二百五十五年之间,有男子而称姓者乎?无有也。女子则称姓。古者男女异长。在室也,称姓,冠之以序,叔隗、季隗之类是也。已嫁也,于国君则称姓,冠之以国,江芈、息妫之类是也。于大夫则称姓,冠之以大夫之氏,赵姬、卢蒲姜之类是也。在彼国之人称之,或冠以所自出之国若氏,骊姬、梁嬴之于晋,颜懿姬、鬷声姬之于齐是也。……既卒也,称姓冠之以谥,成风、敬嬴之类是也。亦有无谥而仍其在室之称,仲子、少姜之类是也。是古氏焉者,所以为男别也。姓焉者,所以为女坊也。自秦以后之人以氏为姓,以姓称男,而周制亡,而族类乱。"案春秋时之男子,所以不称姓者,非不重姓也,言氏则姓可知耳。盖女无外事,但于昏姻时考其姓,以免取同姓之讥,可矣。男子与人交接孔多,必先知其祖父为何人,不能但知其始祖之姓而止,故必有氏以表之。夫姓不足以表男子者,以其始祖去之久远,其关系已亡也。然则得氏之祖,去其人久远者,仍不足以表明其人为何如人,此氏之所以必时变也。如鲁之叔孙氏,所以表明其为叔牙之后也。然使凡叔牙之后,皆以叔孙为氏,则但知其为叔牙之后耳,不知其在叔牙之后中,支分派别为何如矣。故必别立氏,以表之,如叔仲氏是也。《后汉书·羌传》曰:"氏族无定。"案羌爱剑之后,五世至研。研豪健,羌中号其后为研种。十三世之烧当,复豪健。其子孙更以烧当为种号。所以必更者,以研去其时已远,怀研德者,不如其怀烧当;畏研威者,亦不如其畏烧当也。中国氏之数改,亦同此理。然则非男子不重姓也,男子于姓之外又须有氏,女子则但有姓而已足耳。至秦以后人,所以以氏为姓者,则因谱牒亡而姓不可知,乃无可如何之事,非其欲如此也。汉人欲求正姓,乃有吹律定姓之法。其理略见《潜夫论·卜列篇》。说甚怪迂,不足信也。

谱牒之原甚古。《周官·小史》:掌邦国之志。尊系世,辨昭穆。若有事,则诏王之忌讳。大祭祀,读礼法。史以书叙昭穆之俎簋。注:"郑司农云:系世,谓帝系、世本之属。疏:"天子谓之帝系,诸侯谓之世本。"先王死日为忌,名为讳。"又《瞽矇》:"讽诵诗,世奠系。""杜子春云:世奠系,谓帝系、诸侯、卿大夫世本之属是也。小史主次序先王之世,昭穆之系,述其德行。瞽矇主诵诗,并诵世系,以戒劝人君也。故《国语》曰:教之世,而为之昭明德而废幽昏焉,以休惧其动。"案古代事迹,率由十口相传,久之乃著竹帛。瞽矇之职,盖尚在小史之前。小史能知先世名讳忌日,则于世次之外,必能略记其生卒年月等。瞽矇所讽,可以昭明德而废幽昏,则并能略知其行事矣。此后世家谱家传之先河也。此等记载,列国盖多有之。故《史记·三代世表》,谓"自殷以前,诸侯不可得而谱,周以来乃颇可著"也。《十二诸侯年表》云:"谱牒独记世谥。"《南史》:王僧孺被命撰谱,不知谱所自起,以问刘杳。杳曰:桓谭《新论》云:太史公《三代世表》,旁行邪上,并效《周谱》。案此语《史通》亦引之。则其既著竹帛之后,体例尚可微窥也。《世本》虽出后人纂辑,所据当系此等谱牒。今其书已亡。窃谓《大戴记·帝系姓》一篇,实其仅存者。特累经传写,遂失旁行斜上之旧式。而《五帝德》一篇,则瞽矇之所讽诵也。《后汉书·卢植传》:窦武援立灵帝,朝议欲加封爵。植献书规之曰:"今同宗相后,披图案牒,以次建之,何勋之有?"则其制至汉尚存。故史公得放效之,而桓谭能知其所取法也。

古代谱牒，后世私家亦多有之。其仅存者，散见《世说新语》注中。注所引皆称谱，惟王浑一条称家谱。《隋》、《唐志》所著录，则皆称家谱。其目存于《隋》、《唐志》，《隋志》著录，家传、家谱，分隶两门。家传入传记，家谱入谱系。《旧唐志》乃并为一，实非是也。自魏以来，选举重世族，其学乃大盛。《新唐书·柳冲传》记其始末曰："晋太元中，散骑常侍河东贾弼撰《姓氏簿状》，十八州，百十六郡，合七百一十二篇，甄析士庶无所遗。宋王弘、刘湛好其书。弘每日对千客，可不犯一人讳。湛为选曹，撰《百家谱》，以助铨序。文伤寡省，王俭又广之。王僧孺演益，为十八篇。东南诸族，自为一篇，不入百家数。弼传子匪之。匪之传子希镜。希镜撰《姓氏要状》十五篇，尤所谙究。希镜传子执。执更作《姓氏英贤》一百篇。又著《百家谱》，广两王所记。执传其孙冠。冠撰《梁国亲王太子序亲簿》四篇。王氏之学，本于贾氏。唐兴，言谱者以路敬淳为宗，柳冲、韦述次之。李守素亦明姓氏。时谓肉谱者。后有李公淹、萧颖士、殷寅、孔至，为世所称。初汉有《邓氏官谱》。应劭有《氏族》一篇。王符《潜夫论》，亦有《姓氏》一篇。宋何承天有《姓苑》二篇。谱学大抵具此。"又曰："初太宗命诸儒撰《氏族志》，甄差群姓。其后门胄兴替不常，冲请改修其书。帝诏魏元忠、张锡、萧至忠、岑羲、崔湜、徐坚、刘宪、吴兢及冲，共取德功时望国籍之家，等而次之。夷蕃酋长，袭冠带者，析著别品。会元忠等相继物故，至先天时，复诏冲及坚、兢与魏知古、陆象先、刘子玄等讨缀，书乃成。号《姓系录》。开元初，诏冲与薛南金复加刊窜，乃定。"此唐以前谱学之大略也。谱系本私家之事。然朝廷以阀阅用人，社会以门第相尚，则其关系甚大，非复一家所得自私。故记载职以官司，私谱不容紊乱。郑樵所谓"隋、唐而上，官有簿状，家有谱系；私书滥，纠以官籍；官籍缺，考以私书"者也。当时重之如此。研核其事者，自可成为学问。至五代而后，"取士不论家世，昏姻不问阀阅",亦郑樵语。而其法大坏矣。唐人姓氏之书,存于今者,惟一《元和姓纂》。《通志·氏族略》多与之同,盖即其所本,此外则皆亡矣。亦可见谱学之衰矣。世皆谓门阀之盛,由于九品中正之制。实则社会故有此阶级,而九品中正之制,乃缘之而兴;而两汉选举之不论门阀,特其偶然伏流耳。

《柳冲传》又载柳芳论氏族之语,颇可见崇重门第之由来,及谱学所由盛衰。今节录之。其言曰:"氏族者,古史官所记也。昔周小史定系世,辩昭穆,故古有《世本》,录黄帝以来至春秋时诸侯卿大夫名号继统。……秦既灭学,公侯子孙,失其本系。汉兴,司马迁父子乃约《世本》,修《史记》,因周谱,明世家,乃知姓氏之所由出。虞、夏、商、周、昆吾、大彭、豕韦、齐桓、晋文,皆同祖也。更王迭霸,多者千祀,少者数十代。先王之封既绝,后嗣蒙其福,犹为强家。汉高帝兴,徒步有天下。命官以贤,诏爵以功;……先王公卿之胄,才则用,不才弃之;不辨士与庶族;然则始尚官矣。然犹徙山东豪杰,以实京师。齐诸田,楚屈、景,皆右姓也。其后进拔豪英,论而录之,盖七相五公之所由兴也。魏氏立九品,置中正;尊世胄,卑寒士,权归右姓已。其州大中正主簿,郡中正功曹,皆取诸姓士族为之,以定门胄,品藻人物。晋、宋因之,始尚姓已。然其别贵贱,分士庶,不可易也。于时有司选举,必稽谱而考其真伪。故官有世胄,谱有世官。贾氏、王氏谱学出焉。由是有谱局,令史职皆具。……夫文之弊,至于尚官。官之弊,至于尚姓。姓之弊,至于尚诈。隋承其弊,不知其所以弊,乃反古道,罢乡举,离地著,尊执事之吏。于是乎士无乡里,里无衣冠,人无廉耻,士族乱而庶人僭矣。故善言谱者,系之地望而不惑,质之姓氏而无疑,缀之婚姻而有别。"云云。观其言,可见谱学之兴,实由社会故有士庶之别也。

谱牒所以明统系,统系明则氏族不淆。然必社会先有重视氏族之心,而后谱牒之法,得以维持。否则非以伪乱真,即阙而不举矣。此晚唐以后,谱系之所由不可复问也。自宋学盛行,人有敦宗收族之心,而谱牒之纂修复盛。至于今日,苟非极僻陋之邦,极衰敝之族,殆无不有谱。然其用意,则与古大异矣。今人谱法,率本欧、苏,而踵事增华,其例实较欧、苏为美备。此篇非讲谱学,故措勿论。然使今后谱学日以昌明,全国谱牒,皆臻完善,则于治化,固大有裨。何者?人口之增减,男女之比率,年寿之修短,智愚贤不肖之相去,一切至繁至琐之事,国家竭力考查,而不得其实者,家谱固无不具之,且无不能得其实。苟使全国人家,皆有美备之谱牒,则国家可省无数考查之力,而其所得,犹较竭力调查者为确实也。惟此事宜以官力辅助之。昔章实斋撰《和州志》,有《氏族表》。撰《永清县志》,有《氏族表》。其序,谓"谱牒之书,藏之于家,易于散乱。尽入国史,又惧繁多。方州之志,考定成编,可以领诸家之总,而备史之要删"。又谓"国史不录,州志不载,谱系之法,不掌于官,则家自为书,人自为说,子孙或过誉其祖父,是非或颇谬于国史。其不肖者流,或谬托贤哲,或私粥宗谱。悠谬恍忽,不可胜言"。"今大江以南,人文称盛,习尚或近浮华。私门谱牒,往往附会名贤,侈陈德业,其失则诬。大河以北,风俗简朴,其人率多椎鲁无文。谱牒之学,阙焉不备。往往子孙不志高曾名字;间有所录,荒略难稽,其失则陋。"又谓和州明季乙亥,图书毁于兵燹,家谱世牒,寥寥无闻;而嘉靖、万历中所修州志具在。是在官易守,私门难保之明征。凡此所言,已足见谱牒之事,不宜专责诸私家,而官司必当相助为理。抑予尤有进焉者,古代系世之所以易奠,实以其人皆聚族而居。后世情势既殊,更欲联散处之分支,以同归于一本,力既薄而弗及,情又涣而不亲,必非私家之力所克举,而欲考世系以明史实,辨遗传以定昏姻,有非合远近以共观,则其事不明者。凡若此者,或则行文询问,或则遣吏考查,亦惟官力为能行之。且私家谱牒，纂修纵极详备，终不免限于偏隅。合全国之谱牒而会其通，亦惟官力为能操其关键也。然则国家厘定谱法，责令私家修纂，总其成而辅其不及，实于民政文化，两有裨益矣。宗法之废，由于时势之自然。后人每欲生今反古，谓足裨益治理，其事皆不可行。如令族长戒敕不肖子弟；两姓有讼，令两族族长先行调处等皆是。惟藉私家之谱牒，以助官力之调查，则其事极易行，而其所裨实大也。私见如此，窃愿承学之士，共究其利害焉。

吾国表女系之姓，与表男系之正姓庶姓并行，及庶姓专行，盖各有其时代。表女系之姓之盛行，盖尚在史记之前。姬、姜、姚、姒，在当时，盖各为一女系之部落。此等部落，同系者昏姻不通，故以姓别之。迨乎女系易为男系，婚姻之可通与不可通，亦由男系之同异而别。则表女系之姓，已无所用之。故其名犹是，其实遂非。姬、姜、姚、姒，始以表女系者，至是乃以表炎、黄、舜、禹之后矣。于是表女系之姓亡。时则主男系之宗法方盛，乃以正姓表始祖，以明一本；以庶姓表支派，以别亲疏。其时此等大姓，大抵聚居一处。有分出者，非为诸侯，即为大夫，谱牒详明。故虽派别支分，而仍不昧其原本。迨封建破坏，诸侯大夫，降为编户，则势散而力薄。遂至但记庶姓，而昧其本姓。封建既废，既无不敢祢先君之别子，又无特起之大夫，无从别立新氏；而一人之后，亦不复如古代之群萃州处，无庸多立新名，以表支派，而所谓庶姓者，遂百世不易。于是正姓亡而庶姓专行矣。自唐以前，辨别姓氏甚严。如"《新唐书》言河南刘氏，本出匈奴之刘库仁；柳城李氏，世为契丹酋长；营州王氏本高丽之类，此同姓而不同族也。又如《魏书·高阳王雍传》，言博陵崔显，世号东崔，地寒望劣，此同族而不同望也"。《日知录》卷二十三《通谱》。凡若此者，无非欲严其区别，以明其系统而已。乃自谱牒既亡，而此等区别，又不可知。则今日所谓姓氏，即古所谓庶姓者，亦徒有其名，而不能藉此以别统系矣。故自唐以前,可谓庶姓盛行之时;自五代以后,可谓庶姓衰敝之时也。大抵姓氏之淆乱,非由误分,即由误合。误分者,如伏、宓本一,因字形之异而分为二;共氏、叔氏、段氏,同出郑共叔段而分为三是也。误合者,则如赐姓,改姓,冒姓,子从母姓,奴从主姓,异姓为后,或因字音字形之淆讹,或则复姓去其一字皆是。古姓之可考见者,远且勿论,即五代时之《百家姓》所载诸姓,今已有不经见者矣。岂亡氏者如此之多邪?其必有与他姓误合者,无足疑矣。若皆能如汉武帝之于金日䃅,取旧姓所无之字,固不虞其混淆。然造姓者又皆不能。于是新造之姓,又与旧有之姓相混。至于今日,殆于纷纭轇轕,不可究诘矣。《日知录》曰:"洪武元年,禁不得胡姓者,禁中国人之更为胡姓,非禁胡人之本姓也。三年四月甲子,诏蒙古诸色人等,入仕之后,或多更姓名。朕虑岁久,其子孙相传,昧其本原,非先王致谨氏族之道。中书省其告谕之。如已更易者,听其改正。可谓正大简要。至九年三月癸未,以火你赤为翰林蒙古编修,更其姓名曰霍庄。盖亦放汉武赐日䃅姓金之意。然汉武取义于休屠王祭天金人,亦以中国本无金姓也。今中国本有霍姓,而赐之霍,则与周霍叔之后无别矣,况其时又多不奉旨而自为姓者。其年闰九月丙午,淮安府海州儒学正曾秉正言:臣见近来,蒙古色目人,多改为汉姓,与华人无异,有求仕入官者,有登显要者,有为富商大贾者。非我族类,其心必异。宜令复姓,庶可辨识。至永乐元年九月庚子,上谓兵部尚书刘儁曰:各卫鞑靼人多同名,宜赐姓以别之。于是兵部请如洪武中故事,编置勘合,给赐姓氏。从之。三年七月,赐把都帖木儿名吴允诚,伦都儿灰名柴秉诚,保住名杨效诚,自此遂以为例。而华宗上姓,与旃裘之种相乱。"云云。案新姓与旧姓之淆混,以此等关系为最多。入民国后之满人,造中国姓名之教士,皆是也。今日更欲追溯正姓,固不可得。即仅就现行之姓,一一追原其始,亦属无从。然此本无谓之事。吾辈之言谱牒,只在借以辅助民政,研究学问。则断自所知,翔实记载焉可矣。其不可知者,不徒不必强溯,彼强为附会者,且宜删削,以昭真实也。

　　合族而居之制,必盛于天造草昧之时。以其时就政治言,就生计言，均无更大之团体，内借此以治理，外资此以自卫；而分工合作之道，亦即寓于其中也。逮乎后世，安内攘外，既有国家；易事通工，胥资社会；则合族而居之利，已自不存；而族长手握大权，或碍国家之政令；如家长有生杀家人之权，即与国家法律有碍。《春秋》之义，斤斤于父杀其子当诛，必当时之俗，实有父杀其子者。"小杖则受，大杖则走"之义，亦因斯而立也。群族互相争斗，尤妨社会之安宁；则破大族而代之以小家，亦势不容已矣。职是故，书契所记，三代之时，平民之家，不过五口八口。卿大夫之家，虽可联之以宗法，然同财者仍不过大功以下；且仍许其异居，则其家，亦与平民之家无异矣。夫既许其异居，而犹必联之以宗法者，则以封建之世，诸侯卿大夫之族，实系高居民上，役人民以自养，不得不谋自卫之道也。后来或无此意，然其制之初立，则确系如此。然则封建废，则宗法亦当随之而废；宗法废，则贵族之家，亦当一如平民之家矣。然后世犹有以宗族百口，累世同居为美谈者，则由未知宗法为与封建相辅而行之制，误以其团结不散，为伦理所当然；且未知古所谓宗，每年仅合食一次，并无同居之事也。累世同居之事，盖起于汉。赵氏翼《陔余丛考》曰："世所传义门，以唐张公艺九世同居为最。然不自张氏始也。《后汉书》：樊重三世共财。缪肜兄弟四人，皆同财业。及各娶妻，诸妇遂求分异。肜乃闭户自挝。诸弟及妇闻之，悉谢罪。蔡邕与叔父从弟同居，三世不分财，乡党高其义。又陶渊明《诫子书》云：颍川韩元长，汉末名士，八十而终。兄弟同居，至于没齿。济北氾幼春，七世同财，家人无怨色。是此风盖起于汉末。"陈氏《礼书》曰："周之盛时，宗族之法行，故得以此系民而民不散。及秦用商君之法，富民有子则分居，贫民有子则出赘。由是其流及上，虽王公大人，亦莫知有敬宗之道。浸淫后世，习以为俗。而时君所以统驭之者，特服纪之律而已。间有纠合宗族，一再传而不散者，则人异之，以为义门。岂非名生于不足欤？"盖封建之世，宗法之行分合之间，自有定则。固不至如后世之宗族不相恤;亦断不得生今反古,而同居者至于千百口也。赵氏综计前史,谓历代义门,见于各史孝义孝友传者,《南史》十三人,《北史》十二人,《唐书》三十八人,《五代》二人,《宋史》五十人,《元史》五人,《明史》二十六人。又有不在孝友孝义传,而杂见于本纪列传者。又有正史不载,杂见他书者。其风可谓盛矣。然顾亭林《日知录》曰:"宋孝建中,中军府录事参军周殷启曰:今士大夫父母在而兄弟异居,计十家而七。庶人父子殊产,八家而五。其甚者,乃危亡不相知,饥寒不相恤。……宜明其禁,以易其风。当日江左之风,便已如此。《魏书·裴植传》云:植虽自州送禄奉母,及赡诸弟,而各别资财,同居异爨,一门数灶。盖亦染江南之俗也。隋卢师道聘陈,嘲南人诗曰:共甑分炊饭,同铛各煮鱼。而《地理志》言蜀人敏慧轻急,尤足意钱之戏,小人薄于情礼,父子率多异居。……《宋史》:太祖开宝元年六月癸亥,诏荆蜀民祖父母、父母在者,子孙不得别财异居。……二年八月丁亥,诏川峡诸州,察民有父母在而别籍异财者,论死。太宗淳化元年九月辛巳,禁川峡民父母在出为赘婿。真宗大中祥符二年正月戊辰,诏诱人子弟析家产者,令所在擒捕流配。其于教民厚俗之意,可谓深且笃矣。原注:"《辽史》:圣宗统和元年十一月,诏民有父母在,别籍异居者,坐罪。"若刘安世劾章惇,父在,别籍异财,绝灭义礼,则史传书之,以为正论。马亮为御史中丞,上言父祖未葬,不得别财异居。原注:"李元纲《厚德录》。"乃今之江南,犹多此俗。人家儿子娶妇,辄求分异。而老成之士,有谓二女同居,易生嫌竞;式好之道,莫如分爨者。岂君子之言与?"观顾氏之言,则知析居之风,由来已久,顾氏又引《抱朴子》:"汉桓帝之世,更相滥举。时人为之语曰:举秀才,不知书。察孝廉,父别居。"则其风之盛,实不待宋孝建中矣。且滔滔者天下皆是。赵氏所辑累世同居之事,虽若甚多,实则九牛之一毛耳。此等累世同居之人,其原因有二:(一)由误谓伦理当然。汉人之行之,盖以其时去封建之世未远,习以惇宗睦族为美谈,而不察其实也。后人遂仍其误,莫之能正。宋儒墨守古人制度,提倡同居尤力。顾氏《华阴王氏宗祠记》曰:"程、朱诸子,卓然有见于遗经。金元之代,有志者多求其说于南方,以授学者。及乎有明之初,风俗淳厚。而爱亲敬长之道,达诸天下,其能以宗法训其家人,或累世同居,称为义门者,往往而有。"可见同居之盛,由于理学家之提倡者不少矣。(二)则随时随地,各有原因,非逐一考证,不能明了。如《日知录》谓"杜氏《通典》言北齐之代,瀛、冀诸刘,清河张、宋,并州王氏,濮阳侯族,诸如此辈,近将万室。《北史·薛胤传》:为河北太守,有韩、马两姓,各二千余家。今日中原北方,虽号甲族,无有至千丁者。户口之寡,族姓之衰,与江南相去复绝"。陈宏谋《与杨朴园书》,谓"今直省惟闽中、江西、湖南,皆聚族而居,族居有祠"。则聚居之风,古代北盛于南,近世南盛于北。盖由北齐之代,丧乱频仍,民多合族以自卫。而南方山岭崎岖之地,进化较迟,流移者须合迁徙之人为一,乃足自安。土著者或与合族而居之时,相距未远故也。苟欲深明其故,则如《陔余丛考》所载历代累世同居之事,非一一按其时地,考厥情形不可,固不容执一端以强断之矣。

此等聚族而居之事,流弊颇多。读清高宗乾隆二十九年江西巡抚辅德一疏可见。疏云:"江西民人,有合族建祠之习。本籍城乡,暨其郡郭,并省会地方,但系同府、同省之同姓,即纠敛金钱,修建祠堂。率皆栋宇辉煌,规模宏敞。其用余银两,置产收租。因而不肖之徒,从中觊觎,每以风影之事,妄启讼端,藉称合族公事,开销祠费。县讼不胜,即赴府诉。府审批结,又赴省控。何处控诉,即住何处祠堂,即用何处祠费。用竣,复按户派出私财,任意侵用。"又云:"所建府省祠堂,大率皆推原远年君王将相一人,共为始祖。如周姓则祖后稷,吴姓则祖泰伯,姜姓则祖太公望,袁姓则祖袁绍。有祠必有谱。其纂辑宗谱,荒唐悖谬,亦复如之。凡属同府、同省者,皆得出费与祠,送其支祖牌位总龛之内,列名于宗谱之册。每祠牌位,动以千百计。源流支派无所择。出钱者联秦越为一家,不出钱者置亲支于局外。原其创建之初,不过一二好事之徒,藉端建议,希图经手侵渔。访其同府、同省同姓,或联络于生童应考之时,或奔走于农民收割之后。百计劝捐,多方耸动。愚民溺于习俗,乐于输助。故其费日集而多,其风日踵而盛。初成广厦,置之空闲。歇讼聚赌,窝匪藏奸,不可究诘。近于省会祠中,复经拿获私铸案犯"云云。《清经世文编》卷五十八。其流弊可谓大矣。先是陈宏谋官江西,令民选举族正族约,官给牌照,令司化导约束之事。其事亦实不可行。乃辅德议废祠宇,宏谋犹寓书杨朴园,谓其"因偶然之弊,而废长久之良法",何其迂而不切于务与!

宗法盛行之时,国家之下,宗亦自为一集体。龚定庵谓"周之盛也,周公、康叔以宗封。其衰也,平王以宗徙。翼顷父、嘉父、戎蛮子皆以宗降。汉之实陵邑,以六国巨宗徙"是也。《农宗篇》。小程谓汉高祖欲下沛,只是以帛书与父老,父兄便能率子弟从之。又如相如使蜀,亦遗书责父老,然后子弟皆听其命。亦由于此。小程谓"必有尊卑上下之分,然后顺从而不乱。若无法以联属之,安可"?因谓"管摄天下人心,收宗族,厚风俗,使人不忘本,须是明谱系,收世族,立宗子法"。殊不知国家之职,正在使人人直属于国。宗法盛行之时,其民诚不如后世之散无友纪。自卫之力既强,卫国之力亦大。然其为政令之梗亦甚。古所以有族诛之刑者,正以其时族之抟结厚,非如此,不足以绝祸根也。若后世,安用此乎?

强宗巨族之害如此,则所谓义门,实不足尚。斯理也,明达事理之士,亦多见及之。其言之最直捷者,无过于李穆堂。穆堂《别籍异财议》曰:"吾江西风俗淳厚。聚族而居,族必有祠,宗必有谱。尊祖敬宗之谊，海内未能或先。至于一家之中，累世同爨，所在多有。若江州陈氏、青田陆氏，并以十世同居，载在史册。今此风亦稍替矣。观朱子晓谕兄弟争财产事，援据礼律，以敦教化。凡祖父母、父母在堂，子孙别籍异财者，并将关约呈首抹毁。不遵者依法断罪。信乎儒者之政，异乎俗吏之为之也。然细思之，尚有未尽善者。盖禁其争财可也，禁其分居，恐未可也。孟子论王政，止称八口之家。朱子释之，以弟为余夫，壮而有室，即别授百亩，是古者未尝禁人之分居也。惟是乡田同井，相友，相助，相扶持，则分而不分耳。迨世既衰，渐失友助扶持之意。于是笃行之士，矫为累世同居之事。姑以劝亲睦而激薄俗耳，非比户所能行也。凡累世同居者，必立之家法，长幼有礼，职事有司，管库司稽，善败惩劝，各有定制。又必代有贤者，主持倡率，而后可行。否则财相竞，事相诿，俭者不复俭，而勤者不复勤，势不能以终日。反不如分居者各惜其财，各勤其事，犹可以相持而不败也。至于祖父母，父母在堂，亦微有辨。如年逾七十，宜传家政；或年虽未衰，别有疾病，而不任综理；则子孙析居，亦无不可。且其家既分析，必其家法未立，又无可兼综之人。今必责已分者使之复合，是强人以所不能，势不行矣。"其说可谓甚通。姚崇遗令，以达官身后，子孙失荫，多至贫寒。斗尺之间，参商是竞。欲预为分定，以绝后争。亭林谓当时老成之士，谓式好之道，莫如分爨。皆与穆堂所见相同者也。

抑民间之分居，尚有出于不得已者。唐玄宗天宝元年，敕："如闻百姓，有户高丁多，苟为规避，父母见在，乃别籍异居。宜令州县勘会。其一家之中，有十丁以上者，放两丁征行赋役。五丁以上放一丁。即令同籍共居，以敦风教。其赋丁孝假，与免差科。"谓应赋之丁，遇父母亡则免差科，谓之孝假。盖古以人丁众寡，定户等高下，析居所以避多丁，免重役也。宋时之民，有自杀以免其子之役者。此岂空言礼教，所能强使同居哉？

五口八口之家，虽非强宗巨族之比，为家长者，亦终必带几分压制，况于累世同居者乎？浦江郑濂，累世同居。明太祖问以其道。对曰："惟不听妇人言耳。"此一语尽之矣。清刘绍攽论之曰："不听妇言，家亦无有不离者。女子之生，惟夫是依。方其待嫁，未尝不厚自期许，曰：异日者，佐吾夫，齐吾家。及其既归，又未尝不深自黾勉，曰：今日者，幸得佐吾夫，庶几齐吾家。而夫乃曰：是离吾家者，言不可听。则其情必睽。夫夫之于妇，其情最笃。笃者睽之，奚论不笃者？吾不知夫之父母、兄弟、姑姊、妯娌之属，又当何如疑虑，何如防闲？为之妇者，行且自计：谓我以夫为家，夫顾外我，家之人从而摈我，然则家非我有，我何幸其齐？又何忧其不齐？适足以毁其家耳。"颇能针砭俗儒之失。然今日之所谓家者而不改，女子终不能自拔。争女权者，亦不必计较于百步五十步之间也。

今日之所谓家者不改，又有一弊。亡清之末，议定民律。某君司起草，尝演说曰："今日政治之不善，中国人重视其家之习，有以为之累也。国家之任官，将使之行国家之意也。而今之官吏，无不为财来。故缺有肥瘠，差有美恶。彼直商贾耳，安暇奉公？其所以如此者，皆家为之累也。今日人人重视其家之习不改，一切皆无可望，亦不独政治也。"其言善矣。然以此偏责中国人，则亦未是。今日欧美人之家，特较中国人之家，大小不同耳。其性质固无以异也。中国人思自利其家，欧美人独不思自利其家乎？且由今之道，无变今之俗，即将所谓家者毁弃，亦人人思自利其身耳。人人思自利其身，其贻害于公，与人人思自利其家，有以异乎？无以异乎？此事症结，自别有在，断非数条民律，所能移也。

古代财产，本为一族所公有。为族长者，持操其管理之权耳。古所以严"父母存不有私财"之禁者，非恶其有财，乃恶其侵家长治理之权也。为家长者，财虽非其私有，然既操管理之权，则其实与私有无异。古代贵族所以争袭者，半亦有此。若平民，则百亩之田，率由公给，转无所谓继嗣之争矣。后世财产私有，而其情形乃一变。

财产为一族所公有之世，为族长者，虽得操其治理之权，然财究非其私有。则所谓继嗣者，亦继嗣其治理之权而已。夫治理之权，固不可分。则于众子之中，不得不择其一。其后财为一族所公有之制既废，而以一子继嗣之习犹存，遂成一子袭产之制。专产业于一人，坐视其余之人无立锥之地，于理殊觉不安。吾国则久行均分之制。《清律》："分析家财田产，不问妻、妾、婢生，但以子数均分。"是也。奸生之子，依子量与半分。无子立继者，与私生子均分。至此，则所谓宗族者，仅存空名。既无权力，又无财产，南方山岭之区，或有设立规条，以治理族众者。然其权力究亦不大。江河流域之平原，则几于无复此事。即有之，亦仅存其名而已。族中公产，如祭扫等费，亦其微已甚。其小有可观者，则为后人放宋范仲淹所置之义田。或由一二人出资，或由合族所醵，用以赡其族之老、幼、孤、寡、贫病者，助其丧葬婚嫁。亦或推广之，设立义塾，津帖应试者之旅费。此诚得互助之道，然必限之以宗族，则仍未免楚弓楚得，失之不广也。义田赡族，创之者意诚甚美。然实惠所及，时或不多。以一姓之人口，必降而愈繁，财产不易与之比例而增也。陈宏谋官江西时，尝劝其民将宗祠经费，举办社仓，立还借之法，以期可久。

立后之法，亦今古不同。古者大宗不绝小宗绝，《仪礼·丧服》："大宗者，尊之统也。大宗者，收族者也。不可以绝，故族人以支子后大宗也。"《公羊》庄二十四年《解诂》："小宗无子则绝。"宗子为殇而死，庶子弗为后，盖后其父也。今则人人皆欲立后。言礼者多深非之。黄宗羲曰："古来宗法，有大宗，有小宗。余子无后者，祔祭于宗子之庙。大宗不可绝，故族人以支子后大宗。非大宗而立后者，古未有也。今一人必求一继者，世俗之瞽说也。"案柳宗元《与许孟容书》，自以得姓来二千五百年，代为冢嗣，故以无后为戚。犹非如世俗之人人皆欲立后也。然主张人皆立后者,亦自有其说。其说曰:"古者行世官世禄之制,不可令小宗旁支杂出干预。后世则惟有世职、世爵,及如明之屯军有句丁、盐丁,工匠有世役者,乃当用此例。此外则入官悉由选举;庶孽崛起,即同别子之尊;正適失官,还同庶人之贱。其贫富亦视其勤惰奢俭以为衡。若必责贵家之正適以收族,非废选举而行世官,夺庶孽之财,以与正適不可。案此乃后世国权扩大,人人直属于国之证。古之臣人者,以其宗,非以其人;任人者,亦任其宗,非任其人也。且古之有家,略同有国,统绪不可沦亡。后世既无世官、世禄,但论亲情,则適庶长幼,同是五世则迁之宗耳。何必夺人之子以为子?亦何必舍其父而谓他人父哉?夫如是,则大宗不可立。大宗不立,则人人各亲其亲,各祢其祢,固其所也。又以祭祀论,古者殇与无后者,祭于宗子之家,从祖袝食。今无宗子,则无祖庙,令其袝食何所乎?且后世田产非由官授,率皆自致,国家亦既许其私之矣,死而收之,谅非人情所愿,而于事亦不甚便。令其亲族分受,纠纷益多,案旧律自无男归女,无女入官之条。无男归女,实为允协。无女入官,于理亦允,而于事不甚便。恐与其人切近者,知其死后产将入官,于其生前设计攘夺,使老而无后者,不得安其生也。转不如立一人焉,令其尽生养死葬祭祀之责,而许其承受之为得也。"凡此,皆主人人可以立后者之说也。并有谓绝父以后大宗,非古人之意者。其说曰:"父而可绝,则適子何以不得后大宗,而必以支子乎?"按此古人语不具耳。"大宗无后,族无庶子,当绝父以后大宗。"明见于石渠之议。又《通典》载田琼之论,亦谓当以"长子后大宗。诸父无后,祭于宗家。后以庶子还承其父"。此事自无疑义也。议论如是,而法律随之。清代之法,无子者许以同宗昭穆相当之侄承继。先尽同父周亲,次及大功、小功、缌麻。如俱无,许择立远房及同姓。此中论序,议论亦不一。如以同父周亲论:有谓长房无子,必以次房次子承继;次房无次子,乃得立三房之次子;不得越次房而及三房,亦不得越次子而及第三子者。有谓除各房之长子,惟其所欲者。有谓宜择最多子之一房,令其承继者。

并有谓亲疏相等,可决之以卜者。于理皆有可通,于礼与律,皆无明据。吾谓以律意推之,自以惟其所欲之说为最当也。然此但就亲族伦序言,而承继之人,实有承受产业之关系。法律既保护私产,不能强人与所不欲与之人。且承继之子,当尽奉养其父母之责,亦不能强立其所不爱。故《例》又云:"继子不得于所后之亲,听其告官别立。其或择立贤能,及所亲爱者,若于昭穆伦序不失,不许宗族以次序告争,并官司受理。"盖专重本人之意思矣。

一族人丁衰少时,往往近亲固无多丁,远房亦无支子。《清律》既禁以异姓为后,又必令昭穆伦序相当,则欲立后者,乃有无后可立之虞。故高宗时,又定兼祧之法,令一子得兼承两房之嗣。大宗子兼祧小宗,小宗子兼祧大宗,皆以大宗为重。为大宗父母服三年,为小宗父母服期。小宗子兼祧小宗,以本生为重。为本生父母服三年,兼祧父母服期。此所谓大宗,指长房而言。小宗,谓次房以下。而人人皆可立后之义,乃几于无憾矣。

近人《立后论》云:"现行律《男女婚姻条例》:招婿养老者,仍立同宗应继者一人,承奉祭祀,家产均分。如未立继身死,从族长依例议立。《立嫡子违法条例》:妇人夫亡无子守志者,合承夫分。须凭族长择昭穆相当之人继嗣。据此两条:无子者须强使立后。无子者之财产,且强使给与嗣子。有亲女者,虽招婿养老,亦仅能与嗣子均分。天下不近人情之事,莫过于此。然考此两条,为清朝后起之《例》。明清两朝《律》文,均无强人立嗣之法。明清《律》但罚异姓乱宗,罚尊卑失序,未尝言不立嗣者处罚也。即清朝旧《例》:无子者许令同宗昭穆相当之侄承继,先尽同父周亲。次立大功、小功、缌麻,如俱无,方许择立远房及同姓为嗣。所谓许令者,本系听人之便,非谓无子者必令同宗昭穆相当之侄承继也。由明清上溯之元。《元史·刑法志》户疏议引《户令》:无子者听养同宗于昭穆相当者。曰听养,亦非强人养。可知古法相传,无强人立嗣之法。宋初新定

《刑统》,《户籍(绝)资产》下引《丧葬令》:诸身丧户绝者,所有部曲、客女、奴婢、店宅、资财,并令近亲转易货卖。将营葬事,及量营功德之外,余财并与女。无女,均入以次近亲。无亲戚者,官为检校。若亡人在日,自有遗属处分,证验分明者,不用此令。此《丧葬令》乃唐令。知唐时所谓户绝,不必无近亲。虽有近亲,为营丧葬,不必立近亲为嗣子。而远亲不能争嗣,更无论矣。虽有近亲为之处分,所余财产,仍传之亲女。而近亲不能争产,更无论矣。此盖先世相传之法,不始于唐。秦汉以前有宗法。秦废封建,宗法与之俱废。萧何定《九章》,乃变为户法。宗法以宗为单位,户法以户为单位。以宗为单位,有小宗可绝,大宗不可绝之说。以户为单位,无某户可绝,某户不可绝之理。故《唐律》禁养异姓男,《户令》听养同宗,乃于可以不绝之时,为之定不绝之法。《丧葬令》使近亲营葬事,亲女受遗产,乃于不能不绝之时,为之定绝法。此户法当然之理也。"

又云:"为人后之说,始见于《仪礼》。然孔子射于矍相之圃,凡贲军之将,亡国之大夫,与为人后者不入。郑康成曲为之解,谓与犹奇也。后人者一人而已,既有为者,而往奇之,是贪财也。观此解,可知东汉时有争继之俗,为人后之弊已见。然与字文义甚明,正不必强训为奇。俞樾《茶香室经说》曰:为人后之礼,当始于周。何以明之?以殷事明之。殷人立弟之法,以次传讫,仍归其兄子。如大丁未立而卒,立其弟外丙、中壬,而复立大丁之子大甲是也。然沃丁崩,立其弟大庚,大庚崩,立其子小甲,不复立沃丁之子。小甲崩,立其弟雍己,雍己崩,立其弟大戊,大戊崩,立其子中丁,不复立小甲之子。盖以沃丁小甲无子故也。无子即无后,可知殷礼不为无子者立后。是以文王有长子伯邑考,不以武王之子为之后,犹用殷礼也。孔子有兄孟皮,不以伯鱼为之后,孔子自言殷人,用殷礼也。上古大同之义,不独亲其亲,不独子其子,人固不必皆有后。故古有无服之丧。而丧之无后者,族人与前后家、东西家及里尹,皆得主之,何以立后为?立后之礼,其起于后世之各亲其亲,各子其子乎?孔子有志于大道之行,故矍相之圃,创立此法。此说足以释为人后者不入之故。读此,亦可知立后之多事矣。"

又其《读律余谈》云:"日本法律有女户主。以女子奉祭祀,而赘婿入女子之家。此为欧西法律所无。然祭祀之俗,既不能废,为无子者计,与其以他人之子承祭祀,固不如以亲女承祭祀。谓祭祀必有男系相承,亦言之不能成理,不过习惯而已。欧西民法,虽无女户主,然各国宪法,每以女子承王位,则亦女户主之理也。《汉书·地理志》载齐襄公时,令国中民家长女不得嫁,名曰巫儿(见),为家主祠,嫁者不利其家。民至今以为俗。是汉时长女主祠,亦名巫儿。巫儿不必齐襄之法。《秦策》曰:太公望齐之逐夫。《说苑》亦言太公望故老妇之出夫。夫而可逐,可出,则与日本之女户主无异。可知齐国早有巫儿之法也。《贾谊传》言秦地子长则出赘,本以避赋役。故秦汉之法,薄待赘婿。或加算,或遣戍。因赘婿无籍,以其妻之籍为籍,此其妻皆巫儿也。观此,知吾国旧法,与日本同。宋程大昌《演繁露》载,元丰六年,提举河北保甲司言:乞义子孙、舍居婿、随母子孙、接脚夫等,见为保甲者,候分居日,比有分亲属给半。诏著为令。此所谓舍居婿,即现行律所谓招婿养老,日本《民法》所谓婿养子缘组。所谓接脚夫,即日本《民法》所谓入夫,乃以男子入寡妇之家。现行律及公文书无接脚夫之说,然乡俗数见不鲜。吾吴谓之填黄泥,或曰爪脚黄泥。爪脚即接脚。接音闭口,例转幽宵,故讹为爪脚。黄泥即巫儿。古音儿本读倪,倪宽即儿宽。巫儿转为黄泥,犹胡瓜转为黄瓜,无是公作亡是公耳。巫儿本义,为长女主祀。巫者,女能事无形,以舞降神者也。《诗》曰:谁其尸之,有斋季女。中华定民法,苟不废祭祀之制,固宜采巫儿之俗,参女户主之法。礼顺人情,可免狱讼之劳,杜觊觎之习矣。"

案此说谓女子亦可承袭为户主,于理甚通。《左》哀六年,陈乞谓诸大夫曰:"常之母有鱼菽之祭,愿诸大夫之化我也。"注云:"齐俗妇人首祭事。"此亦巫儿之类。知《读律余谈》之说,非附会之谈也。惟欲使无子者不立后,则非今日所能。中国人所以必欲立后,盖中于"不孝有三,无后为大"之说。古人所以为此说,则以其谓鬼犹求食之故。今日此等迷信,虽不如古人之深,然亦未尽破除。又人情于其所甚爱者,每不愿其灭绝。中国人上不爱其国,下不爱其群。所毕生尽力经营者,厥惟家室。钟鸣漏尽,犹欲举其所有,传之所爱之人;且立一人以主之,勿使之绝,此亦生于此时此地者之恒情。非社会组织大更,其情不能遽变。人心不变,虽强以法律禁止,亦必不能行。女子不得继嗣,在今日特囿于习俗,而习俗之成,亦有其故。盖在古昔,法律之效未普,强暴之力横行。欲图保家,必资刚劲,女子之力,不若男子之强。独力持门,虑难自守。职是之故,不愿付诸亲生之女,转愿托之入继之男。今后法律,果确能保障人权,弱女持家,不虑亲邻之陵侮。则私其子姓,人有恒情,固不虑女子之不能袭产。若乃由今之道,无变今之俗;强陵弱,众暴寡;官司惟作调停之计,乡里不闻仗义之言。任令群狡之合谋,坐视孤穷之无告,则利害所在,人同趋避之情。虽欹之曰:此为文明,斥之曰:彼为野蛮,又孰愿取虚名而受实祸哉?

异姓为后,古人所非,鄫以外孙为后,而《春秋》书"莒人灭鄫"是也。《公羊》襄五、六年,《榖梁》义同。然其事为世俗所恒有。方氏苞曰:"俗之衰,人多不明于天性,而骨肉之恩薄。谓后其父母者,将各亲其父母;无父母而自知其所出,犹有外心焉;故常舍其兄弟之子与其族子,而求不知谁何之人,取之襁褓之中,以自欺而欺人。"此犹仅得其一端。以予所见,固有恶同族之觊觎,而甘付诸异姓者矣。天下亲爱之情，自近者始。怨毒之结，亦以近者为深。故亲兄弟，同父母，有相疾若仇雠者，路人则反无之。何则？其势不相及也。此自事势当然，徒执亲疏厚薄之说以责人，皆不通世故者也。立后限于同姓与否，各国立法，亦各不同。今日继嗣，究重袭产而不重祭祀。苟非共产，产业固当保护。传诸何人，当一听其人之自愿。禁立异姓为后之律，今后实宜除之。又养子与立后不同。旧律虽不许立异姓为后，未尝不许养异姓为子，且许其分得资产。而世俗遇此等事，必群起而攻之，藉口不许乱宗，实欲把持财产。所谓"其言蔼如，其心不可问"也。《清律例》："乞养异姓为子以乱宗族者，杖六十。以子与异姓人为嗣者，罪同，其子归宗。其遗弃小儿，年在三岁以下，虽异姓，仍听收养，即从其姓，仍酌分给财产。又义男女婿，为所后之亲喜悦者，听其相为依倚。不许继子并本生父母用计驱逐，仍酌分给财产。若无子之人家贫，听其卖产自赡。"除为乱宗一义所牵率外，所以保护本人之财产权者，亦甚周至矣。清张海珊与其外家严姓亲族书曰："情之所极，即礼之所通。昔汉秦嘉早亡，妻徐淑，乞子养之。淑亡，子还所生。朝廷通儒，遣其乡里，录淑所养子，还主秦氏之祀。孙吴周逸，本左氏子，为周所养，周氏又自有子。人咸讥逸。逸敷陈古今，卒不复姓。董江都一代醇儒，朝有疑义，则使者以片言折衷焉。时有疑狱曰：甲无子，拾道旁弃儿为己子。乙长杀人，甲匿乙。甲当何论？董曰：甲无子，振养活乙。虽非所生，谁与易之？《春秋》之义，父为子隐。甲宜匿乙，不当坐。又一事曰：甲有乙，以乞丙。乙后长大，而丙所成育。甲因谓乙曰：汝吾所生。乙怒，杖甲。甲告官。董曰：甲生乙，不能育，义已绝矣。虽杖甲，不应坐。夫藏匿逋逃，断以父子之律。加杖所生，附于不坐之条。其为予夺，不既明乎？"案江都明于《春秋》，而其所言，若与"莒人亡鄫"之义相反者？一以公言，一以私言。彼亦谓有国有家之主，不得私以其位授异姓。犹《孟子》谓"子哙不得与人燕"耳。以私情论，则"子生三年，然后免于父母之怀"，亦以养言，非以生言也。

第九章 阶　级

　　吾国古代之阶级,最严重者,盖为国人及野人。《周官》有询国危、询国迁、询立君之礼,享其权者,皆国人也。见《政体篇》。《孟子》曰:"国人皆曰贤,然后察之。见贤焉,然后用之。国人皆曰不可,然后察之。见不可焉,然后去之。国人皆曰可杀,然后察之,见可杀焉,然后杀之。"《梁惠王下》。《王制》:"爵人于朝,与众共之。刑人于市,与众弃之。"即此数语之注脚。朝与市皆在国中者也。大王之迁岐也,属其耆老而告之。夫岂能尽属其所统属之耆老?则其所属者,皆邑中之耆老而已。民从之者如归市,亦其所属之耆老,率其子弟而从之而已。厉王之监谤也,国人莫敢言,道路以目,三年,乃相与畔,袭王流王于彘,亦国人为之也。古代之国人,所以能享此权利,有此势力者,盖其国家之成立,率由部落相并兼。一部落征服他部落,则择中央山险之地,筑城以居,是之谓国。其四面平夷之地,则所征服之民居之,以从事于耕农,是之谓野。故国人者,征服人之族。野人者,为人所征服之族也。此事最显明之证据,则国人服兵役,而野人则否,参考古代兵制,自能知之。

　　职是故,古代国家之基础,实惟国人;而野人则关系较浅。国以外之土地,可以时有赢缩。但使其国仍在,国人不至尽怨叛以去,如《春秋》所谓"梁亡"者。《公羊》:僖公十九年,"梁亡,此未有伐者。其言梁亡何?自亡也。其自亡奈何,鱼烂而亡也"。注:"梁君隆刑峻法,一家犯罪,四家坐之。一国之中，无不被刑者。百姓一旦相率俱去，状若鱼烂。鱼烂从内发，故云尔。"则苟有贤君，仍有复兴之望。若夫野人，则赋役轻减，即歌颂德惠；苟遇虐政，则"逝将去女，适彼乐土"而已。古代之国家，疆域之胀缩，户口之增减，率由于此。

国以内之人民，亦有阶级否乎？曰：有。此其阶级，盖因职业之不同而生。与国人野人，本为异部落者不同也。古代职业之别，时曰士、农、工、商。此为最普通之区别。《穀梁》成公元年："古者有四民：有士民，有商民，有农民，有工民。"《公羊》成公元年《解诂》："古者有四民。一曰德能居位曰士；二曰辟土殖谷曰农；三曰巧心劳手，以成器物曰工；四曰通财鬻货曰商。"《汉书·食货志》："学以居位曰士，辟土殖谷曰农，作巧成器曰工，通财鬻货曰商。"皆与《管子·小匡篇》同。《周官》太宰："以九职任万民，一曰三农，生九谷。二曰园圃，毓草木。三曰虞衡，作山泽之材。四曰薮牧，养蕃鸟兽。五曰百工，饬化八材。六曰商贾，阜通货贿。七曰嫔妇，化治丝枲（枲）。八曰臣妾，聚敛疏材。九曰闲民，无常职，转移执事。"分别非不细密。然其所举，在士农工商之外者，要不若士农工商之重要也。《史记·货殖列传》："故待农而食之，虞而出之，工而成之，商而通之。《周书》曰农不出则乏其食，工不出则乏其事，商不出则三宝绝，虞不出则匮财少。"此因商贾所贩，率多山泽之材，故特举一虞。《左传》宣公十二年："荆尸而举，商、农、工、贾，不败其业。"则去士但言农工商，而加以贾字以足句耳。《管子·小匡篇》曰："士农工商，四民者，国之石民也。不可使杂处。杂处则其言咙，其事乱。是故圣王之处士，必于闲燕；处农必就田野；处工必就官府；处商必就市井。"使之"群萃而州处"，"不见异物而迁"。则"其父兄之教，不肃而成；其子弟之学，不劳而能"。是故"士之子常为士"，"农之子常为农"，"工之子常为工"，"商之子常为商"。职业之不同，既足使权力之大小，因之而异。而其业又守之以世，则积之久而地位之高低随之，亦其势也。《淮南子·齐俗训》："人不兼官，官不兼事。士农工商，乡别州异。是故，农与农言力，士与士言行，工与工言巧，商与商言数。是以士无遗行，农无废功，工无苦事，商无折货。"说与《管子·小匡篇》同。**此等阶级中，其权力最大，**

地位最高者,厥惟世为官吏之家,时曰百姓。后世百姓与民同义,古代则不然。《书·尧典》:"以亲九族,九族既睦,平章百姓,百姓昭明,协和万邦,黎民于变时雍。"《礼记·大传》:"重社稷,故爱百姓。爱百姓,故刑罚中。刑罚中,故庶民安。"皆以百姓与民分言。间有百姓与民同义者,如《中庸》:"子庶民则百姓劝。"下又云"时使薄敛,所以劝百姓"是也,然不多见。**百姓之未受爵者曰士**。古者五十而后爵,爵则为大夫。《冠义》:"天子之元子,犹士也。天下无生而贵者也。"士非爵,而又与庶人不同。盖有受爵之资格而未爵者也。其所以有受爵之资格,则以生于百姓之家故也。**职卑于士者曰庶人**。庶人亦治公务,然尊卑与士大异。《孟子·万章下篇》:"在国曰市井之臣,在野曰草莽之臣,皆谓庶人。庶人不传质为臣,不敢见于诸侯。"与士之得见于君者大异矣。盖一生于世族之家,一生于民之家也。《孝经·庶人章》疏:"严植之以为士有员位,庶人无限极,故士以下皆为庶人。"**不治公务,但事生业者曰民**。古民与人异义。《论语·宪问》:"子路问君子,子曰:修己以敬。曰:如斯而已乎?曰:修己以安人。曰:如斯而已乎?曰:修己以安百姓。"《集解》:"孔子曰人,谓朋友九族。"朋友,如秦穆之于三良,故与九族同在百姓上。**野人则变民言氓**。《周官·遂人》注:"变民言甿,异内外也。"民、甿亦有通言者。《韩非子·难一》:"四封之内,执会而朝名为臣,臣吏分职受事名曰萌。"此萌字,该内外之民言之。以国人野人,后来别渐氓也。古之言民,颇以远近而异。以其时列国并立,非如后世之一统也。《礼记·祭义》:"百众以畏,万民以服。"疏:"百众,谓百官众庶。万民,谓天下众民。"众庶指本国之民,万民指列国之民也。**盖亦曰黔首**。《礼记·祭义》疏:"凡人以黑巾覆头,故谓之黔首。汉家仆隶谓苍头,以苍巾为饰,异于民也。"《史记·秦始皇本纪》:二十六年"更命民曰黔首"。窃疑古代黔首,惟氓为然。其后民氓不别,则有黔首者,有不然者。如皇欲应水德,乃令凡民皆以黑巾覆头。故当时异军特起,即以苍头为别者。汉时黔首之俗遂不改,乃以苍头施之仆隶也。**大抵有官爵者为君子,无官爵者为小人**。君子小人,后以德言,初当以位言。君子治人,小人治于人。治于人者食人,治人者食于人。此古代社会阶级之大凡也。

此等阶级,盖随世而显。隆古之世,交通阻隔,生事单简。各部落互相吞并之事既少，一部落中，因任职之异，以致地位不同者亦希，则其阶级不甚显著。世运日进，社会之组织，日益复杂，则阶级之差，亦因之而甚。《礼记·祭义》曰："有虞氏贵德而尚齿，夏后氏贵爵而尚齿，殷人贵富而尚齿，周人贵亲而尚齿。"贵德者，纯视其人之德行才能，更无他种差别，可谓最为平夷。贵爵则始以朝廷之尊显为荣矣。贵富者，注曰："臣能世禄曰富。"则始优异及于任职者之子孙矣。贵亲者，亲其本族，异于他族。则亦将亲其本部落，异于他部落。征服者与所征服者之阶级，盖自此而起也。此皆一社会中，组织日益复杂，而各部落又互相吞并为之也。

阶级之别既生，则上等阶级之所以自奉养，及其所以自表异者，自有不同。《史记·货殖列传》曰："昔先王之制，自天子、公侯、卿、大夫、士，至于皂隶、抱关、击柝者，其爵禄奉养，宫室、车服、棺椁、祭祀，死生之制，各有差品。小不得僭大，贱不得逾贵。"此即《左传》所谓"君子小人，物有服章，贵有常尊，贱有等威"者也。《左传》宣公十二年。《荀子》曰："夫贵为天子，富有天下，是人情之所同欲也。然则从人之欲，则势不能容，物不能赡也。故先王案为之制礼义以分之。使有贵贱之等，长幼之差，知愚能不能之分。皆使人载其事，而各得其宜。是夫群居和一之道也。故仁人在上，则农以力尽田；贾以察尽财；百工以巧尽械器；士大夫以上，至于公侯，莫不以仁厚知能尽官职；夫是之谓至平。故或禄天下而不自以为多；或监门、御旅、抱关、击柝，而不自以为寡。故曰：斩而齐，枉而顺，不同而一，夫是之谓至平。"《荀子·荣辱》。此等议论，乃制度既定后生，固不能谓其无理。然追原其朔，则征服之族，役所征服者以自养；居要地者，朘不居要地者以自肥而已。

或谓既有阶级，则一人为刚，万夫为柔；居最高之位者，惟我独尊可也。而何必于我与下民之间，多设阶级？曰：此则贾生言之矣。"人主之尊譬如堂,群臣如陛,众庶如地。陛九级上,廉远地则堂高。陛亡级,廉近地则堂卑。高者难攀,卑者易陵,理势然也。故古者圣王制为等列,内有公卿大夫士,外有公侯伯子男。然后有官师小吏,延及庶人。等级分明,而天子加焉,故其尊不可及也。""今自王侯三公之贵,皆天子之所改容而礼之也。古天子之所谓伯父伯舅也。而令与众庶同黥劓髡刖笞僇弃市之法。然则堂不亡陛乎?被戮辱者不泰迫乎?"《汉书·贾谊传》。天下惟等级多而去人远者为尊。平易近人,未有能自表异者也。君主之尊,原非一蹴而成;其初原与贵族相去不远,其后亦未尝不务铲除贵族之权力;然于其虚文,必务保存之者,夫固有深意存乎其间也。

　　阶级之别,固非美事。然古之所谓君子,其风概亦有足多者。今试举其两端:一曰厉节行,一曰远禄利。贾生曰:"古者礼不及庶人,刑不至大夫。所以厉宠臣之节也。古者大臣,有坐不廉而废者,不曰不廉,曰簠簋不饰。坐污秽淫乱,男女亡别者,不曰污秽,曰帷薄不修。坐罢软不胜任者,不谓罢软,曰下官不职。故贵大臣定有罪矣,犹未斥然正以呼之也,尚迁就而为之讳也。故其在大谴大何之域者,闻谴何,则白冠牦缨,盘水加剑,造请室而请罪耳。上不执缚系引而行也。其有中罪者,闻命而自弛。上不使人颈戾而加也。其有大罪者,闻命则北面再拜,跪而自裁。上不使捽抑而刑之也。曰:子大夫自有过耳;吾遇子有礼矣。遇之有礼,故群臣自喜。婴以廉耻,故人矜节行。上设廉耻礼义以遇其臣,而臣不以节行报其上者,则非人类也。故化成俗定,则为人臣者,主耳忘身,国而(耳)忘家,公耳忘私;利不苟就,害不苟去,惟义则在,上之化也。故父兄之臣,诚死宗庙。法度之臣,诚死社稷。辅翼之臣,诚死君上。守圉捍蔽之臣,诚死城郭封疆。故曰:圣人有金城者,比物此志也。"《汉书·贾谊传》。此厉节行之效也。董子曰:"皇皇求财利,常恐乏匮者,庶人之意也。皇皇求仁义,常恐不能化民者,大夫之意也。"《汉书·董仲舒传》。"公仪子相鲁,之其家,见织帛,怒而出其妻。食于舍而茹葵,愠而拔其葵。曰:吾已食禄,又夺园夫女红利乎?古之贤人君子,在列位者皆如是。是故下高其行而从其教,民化其廉而不贪鄙。"《汉书·董仲舒传》。此远禄利之效也。此外古书所谓君子之行,不胜枚举。其初固由自视与齐民异,有以养成之。然及其既成,则有先忧后乐之心,无胺人自利之念。抑且谦卑自牧,不敢以贤能贵富上人,其风概诚有足多者。在恃一阶级为中坚之世,实国家之桢干,社会之表率也。有一种社会制度,即有一种与之相应之道德。社会制度既变,则此道德亦随之而变。古代之道德,永为后世所矜式者,实以此种君子风概为多。固有更高于此者,然能领受力行者必少矣。后世社会之阶级渐平,阶级时代之道德,亦随之而弛。而新道德迄未成立。至今日,则相需殷而相遇尤疏。此其所以戚然若不可终日也。士之与民,最初盖截然异其阶级。士者战士,民则农民也。《管子·五辅》:"其士民贵武勇而贱得利,其庶人好耕农而恶饮食。"最可见二者之别。近人辑《中国之近士道》一书,其所载,盖皆古所谓士之行也。

古代之阶级,果何自而平乎?曰:随社会之组织而变。国人与士大夫,本系同族,所异者职位耳。职位而可以互易,阶级即可以渐平。古虽行世官之制,然官家之子弟未必皆才;而草野之贤能,时或可以济变。则不得不使"卑逾尊,疏逾戚"《孟子·万章下》。矣。《荀子》曰:"王公士大夫之子孙,不能属于礼义,则归之庶人。庶人之子孙,积文学,正身行,能属于礼义,则归之卿相士大夫。"《荀子·王制》。虽系理想之谈,亦必略有事实为据,不能凭空捏造也。此等情势,盖世变愈亟则愈烈,"栾、郤、胥、原、狐、续、庆、伯,降在皂隶"。《左传》昭公三年。特数十百年间事耳。楚材晋用,春秋时已侈为美谈。降至战国,则朝秦暮楚,更习为常事矣。当时僻陋之国,尤藉他国之贤才。秦用百里、由余,吴用巫臣,燕用乐毅是其事。李斯《谏逐客书》所言,亦多情实,非尽巧辞游说也。秦用商鞅，楚用吴起，皆收富国强兵之效。然二人皆被害，可见贵族与游士之不并立矣。登用贤才，不论阶级，自古即有之。《孟子》曰："舜，发于畎亩之中；傅说，举于版筑之间；胶鬲，举于鱼盐之中；管夷吾，举于士；孙叔敖，举于海；百里奚，举于市。"舜所居一年成聚，二年成邑，三年成都。师锡之举，果系明扬侧陋与否，诚有可疑，然其初尝从事于耕稼、陶、渔，则其起自微贱，似无疑义。此外诸臣，尤无可疑矣。《礼记·杂记下》："孔子曰：管仲遇盗，取二人焉，以为公臣。曰：其所与游者辟也，可人也。"管仲与鲍叔贾，贾亦当时贱业也。此等事不胜枚举。古代学校，盖为贵族所专有。选举则自士以下，大夫以上皆世官。然司徒十有二教，其十有一曰以贤制爵，则平民之能获爵位者，亦必有之。古爵始大夫，士不为爵。又世官之制，与封建相辅而行。封建废则世官亦废。东周而后，封建实已岌岌不能维持。"诸侯不臣寓公"，"寓公不继世"，则亡国以后，犹得保其地位者，惟国君与其夫人二人。仍以及身为限。亲自公子，贵自大夫，皆已降为平民矣。《春秋》之中，弑君三十六；亡国五十二；诸侯奔走，不得保其社稷者，不可胜数。然见于《春秋》者，不过十之一二耳。则当时诸侯、卿、大夫，失其位者多矣。此王官之学，所以散为九流也。又国人与士大夫，本系同族，则婚姻可以互通。其后因职业地位之积重，庸有不通婚姻之事。然界限初不甚严。《左传》定公九年："齐侯伐晋夷仪。敝无存之父将室之，辞，以与其弟。曰：此役也，不死，反必取于高、国。"可见当时平民贵族之通婚，实较晋南北朝时为易。僖二十五年，王与晋阳樊温、原、欑茅之田。阳樊不服，围之，仓（苍）葛呼曰："此谁非王之亲姻，其俘之也？"可见王之亲姻为平民者不少矣。盖贵族平民之更迭既烈，王之亲姻，固难长保其富贵也。此皆由职业而生之阶级，所以渐平。

　　国之与野，其初阶级当较严。然考诸书传，亦无甚严之界画可见，盖其事已属过去也。大抵征服人者，与服于人者，其初不免互相嫉视。阅时渐久，则仇恨之念渐消，和亲之情日炽。此亦人类之恒情。而事势之变迁,尤有使阶级日趋泯灭者。国有限,野无限,国人人口增加,不得不移居于野,则国人变为野人矣。世运日进,卿大夫之家邑,日益盛昌,驯至与国都抗衡。因工商业而起之都会,亦日增月盛,则野人变为国人矣。《王制》:"仕于家者,出乡不与士齿。"《礼运》:"仕于公曰臣,仕于家曰仆。"可见二者区别之严。然及春秋之世,则有以陪臣执国命矣。夫国人与野人,所异者文质耳。国人渐变为野人,野人渐变为国人,则二者之区别渐泯,又古之野人,所以与国人权利不同者,以国人当兵,野人则否。后世战争日烈,数千万人,不足集事,则不得不推及野人,于是野人之强弱,与国人等。其所享之权利,自亦渐相等矣。又文化日盛,则平等之义日昌。孔讥世卿,墨明尚贤,皆是物也。人心所趋,制度自为之丕变。于是国人野人之阶级,亦归于消灭矣。

又有所谓奴婢者。则其贵贱与平民绝殊。奴婢古亦曰臣妾。《左传》僖公十七年:"男为人臣,女为人妾。"奴婢缘起,盖一由罪人,一由俘虏。《周官》司隶有五隶,其罪隶为罪人,蛮隶、闽隶、夷隶、貉隶,则皆异族。古未闻有虐待异族,使为奴婢之事,盖亦俘虏也。《王制》曰:"公家不畜刑人,大夫弗养,士遇之途,弗与言也。屏之四方,不及以政,示弗故生也。"《谷梁》曰:"礼,君不使无耻,不近刑人。不狎敌,不迩怨。贱人非所贵也,贵人非所刑也,刑人非所近也。"《谷梁传》襄公二十九年。此今文家义。《周官》曰:"墨者使守门,劓者使守关,宫者使守内,刖者使守囿。"此古文家义。《诗·正月》:"民之无辜,并其臣仆。"毛传:"古者有罪,不入于刑,则役之圜土,以为臣仆。"今文家所谓奴隶,盖此类也。文王之治岐也,"罪人不孥",《孟子·梁惠王下》。而《书·甘誓》曰:"予则孥戮汝。"说者谓孥当为奴,罚止其身。或曰:《甘誓》所言者,军刑也。《费誓》:"汝则有无余刑,非杀。"《伪孔传》曰:"刑者非一也,然亦非杀汝。"正义:"言刑者非一,谓合家尽刑之。王肃云:汝则有无余刑,父母妻子同产皆坐之,无遗免之者,故为无余之刑。然入于罪隶,示不杀之。郑玄曰:无余刑非杀者,谓尽奴其妻子,不遗其种类。在军使给厮役,反则入于罪隶舂槁,不杀之。"案《费誓》所言,亦军刑也。厮役,盖奴隶给事军中者。《公羊》宣公十二年:"厮役扈养,死者数百人。"《战国策》苏秦说魏襄王,谓魏之卒,有"厮徒十万"。《周官·春官》世妇:"掌女宫之宿戒。"注:"女宫,刑女给宫中事者。"《秋官》司厉:"男子入于罪隶,女子入于舂槁。"盖其身犯罪者也。《左传》襄公二十五年:"晋侯伐齐。齐人请成,男女以班。"说者谓为降礼,以备受俘者之点验。则古战败举族为俘之事盖甚多。春秋时未必如此,特存此礼耳。盖皆使治劳溽之事,然亦有不必然者。如襄十一年,郑人赂晋侯以师悝、师触、师蠲,此皆有才技之人,亦必如蒙古克城,别籍工匠矣。凡奴婢,主人待之,未必皆善,故逃亡之事颇多。《费誓》曰:"马牛其风,臣妾逋逃,勿敢越逐。祗复之。我商赉尔。乃越逐,不复,汝则有常刑。无敢寇攘,逾垣墙,窃马牛,诱臣妾。汝则有常刑。"《左传》昭公七年:"楚子有章华之宫,纳亡人以实之。无宇之阍入焉,无宇执之。有司执而谒诸王,无宇辞曰:周文王之法曰,有亡荒阅。所以得天下也。吾先君文王,作仆区之法曰:盗所隐器,与盗同罪,所以封汝也。若从有司,是无所执逃臣也。逃而舍之,是无陪台也。王事毋乃阙乎?昔武王数纣之罪,以告诸侯,曰:纣为天下逋逃主,萃渊薮,故夫致死焉。"云云。可见逃之多,而容留逃奴者,为社会所疾恶矣。《方言》:"荆、淮、海岱之间,骂奴曰臧,婢曰获。燕、齐,亡奴谓之臧,亡婢谓之获。"

《文选》司马子长《报任安书》李注引韦昭曰:"善人以婢为妻,生子曰获。奴以善人为妻,生子曰臧。齐之北鄙,燕之北郊,凡人男而归婢谓之臧,女而归奴谓之获。"则奴婢之家属,亦不得为良人。然脱奴籍并不甚难。《左传》襄公三十二年:"斐豹,隶也,著于丹书。栾氏之力臣曰督戎,国人惧之。斐豹谓宣子曰:苟焚丹书,我杀督戎。宣子喜曰:而杀之,所不请于君,焚丹书者,有如日。"则纯由君主一人之命令耳。此后世之君，所由屡以诏旨，释放奴婢也。

方氏苞曰："古无奴婢。事父兄者子弟也，事舅姑者子妇也，事长官者属吏也。惟盗贼之子女，乃为罪隶而役于官。战国秦汉以后，平民始得相买为奴。然寒素儒生，必父母笃老，子妇多事，然后佣仆赁妪，以助奉养。金陵之俗，中家以上，妇不主中馈，事舅姑。缝衽补缀，取办于工。仍坐役仆妇及婢女数人，少者亦一二人。"云云。案此风今遍于全国矣。《周官》：内竖"掌内外之通令，凡小事"。注："以其无与为礼，出入便疾。"以童子给使令，盖古之通礼。一以其出入便疾，一亦以幼事长之意也。《曲礼》："长者赐，少者贱者不敢辞。"注："贱者，僮仆之属。"少者则子弟也。《左传》曰："士有隶子弟。"孔子使阙党童子将命。子游曰："子夏之门人小子，洒扫进退则可矣。"皆以少者服劳。《管子·弟子职》所言是其事。《论语》记樊迟御，冉有仆，则虽年长，仍服劳役矣。《左传》所载：晋侯有竖头须，《左传》僖公二十四年。士伯有竖头犒，《左传》僖公二十八年。叔孙有竖牛，《左传》昭公四年。则诸侯大夫，亦不过如此。其奴婢之长大者，皆以任重难之事，所谓"耕当问奴，织当问婢"。非以给使令也，《曲礼》："大夫七十而致仕，行役以妇人。"《王制》："八十者，一子不从政。九十者，其家不从政。废疾非人不养者，一人不从政。"盖皆其家人。惟奴婢仍事耕织，故其数可以甚多。《史记·货殖列传》谓："童手指千，则比千乘之家。"白圭、刁间、蜀卓氏，皆以此起其业，其明验矣。吕不韦家僮百人，嫪毐家僮数千，留侯家僮三百，皆见本传及世家。卓王孙僮客八百，程郑数百人，见《司马相如传》。

古代社会阶级，以予观之，不过如此。《左传》昭公七年，陈无宇曰："天有十日，人有十等。王臣公，公臣大夫，大夫臣士，士臣皂，皂臣舆，舆臣隶，隶臣僚，僚臣仆，仆臣台。"乃其职事相次；非其人分贵贱，如此其繁。《王制》："凡执技以事上者，祝史、射、御、医、卜以百工。凡执技以事上者，不贰事，不移官。出乡不与士齿。"亦职业之关系,非其人有贵贱也。司马迁《报任安书》:"仆之先,非有剖符丹书之功。文史、星历,近乎卜祝之间。固主上所戏弄,倡优畜之,而流俗之所轻也。"

以上所述阶级,盖起于隆古之世。至东周以后,乃逐渐破坏。其所以破坏,一言蔽之,曰:武力衰敝,生计组织变迁而已矣。缅想古代,以一部落征服他部落,则择中央山险之地,筑城居之;而使所征服之民,居于四周,为之耕稼。是生国人野人之别。而国人之中,亦因职业、才智之异,而生君子小人之别焉。是时国人之武力,盖诚非野人所及;国中之富厚,亦非野外可比。则国中之文明,自必较野外为高。国人之性质,亦必较野人为华。君子为战胜之族之领袖,其德智才力,自又非寻常国人所及。此其阶级,所以能持久而不敝也。世运日进,人事推移,所谓君子者,既以养尊处优,日即于骄淫矜夸,而渐丧其美德。下级社会之德智才力,或反驾乎其上。又以人民之移植,都邑之增筑,人类和亲之情之昌盛,而国人野人之阶级,亦渐即于平夷。则隆古以来,因武力不同所造成之阶级破坏矣。然武力不同之阶级虽除,而财力不同之阶级又起。盖在古昔,生事简单,所谓富者,则广有土田之君卿大夫;所谓贫者,则力耕百亩之庶民而已。斯时之贵者必富,贱者必贫,亦固其所。后世井田之制渐坏,封君而外,亦有大有土田之人,而秦汉时之大地主以生,耕地而外,山林川泽,古者皆属公有,后渐为一二人所占,则所谓"擅山泽之利"者以起。古代工皆设官。商人贸迁,大者皆在国外。国内之小商贾,不过博锱铢之利而已。后世则工业皆由私营,贸迁化居之事亦日盛。而豪商及大工业家,复乘时崛起焉。人类之竞争,既依法律而不容专恃武力,则武士无所用其技;而工于心计,暨能勤事生产之民,日益富厚,势固然也。富厚所在,则声势及权力随之。《史记·货殖列传》云:"编户齐民,富相什则卑下之,百则畏惮之,千则役,万则仆。"《汉书·货殖列传》云:"编户齐民,同列而以财力相君;虽为仆隶,犹无愠色。"其情形,与现在之社会,无以异矣。

然古之阶级,亦非经此一破坏,遂消灭无余也。语曰:"百足之虫,死而不僵。"人类习以武力相尚,优于武力者,便把持社会之权利。此等局面,既已相沿数千年。安得一朝而遂尽?故其制虽坏,而其遗孽,留于秦汉之世者,犹有二焉:一曰豪族,一曰游侠。豪族者,盖古君卿大夫之遗。此等本皆有国有家之君,后虽丧败,犹为人民所敬畏。秦始皇灭六国,徙天下豪富于咸阳,十五万户。汉高祖定天下,亦徙齐楚大族于关中。史云所以"强干弱枝"抑亦以便监制也。然秦虽如是,而陈胜一呼,不期年,六国皆立。破釜沉船,摧秦征讨之师者,楚世将家项氏。沛公因之略韩地,入武关,遂屋秦社者,则五世相韩之张良也。亡秦者盖犹豪族矣。汉兴,海内疲于兵革,亟思休养生息。朝廷亦行宽政,以优细民,清静宁一之治,更未必得罪于臣室。此等人无隙可乘,遂以获安。然到处有强宗巨家,或为政令之梗。其势力固未尽消灭也。豪右者,古贵族之遗骸,游侠则其精魂也。古之君卿大夫,盖多能养士。至于后世,或因其武德之堕落,或因其国家之亡灭,不复能然,然所谓武士者,徒能执干戈,事战斗,而不能事家人生产。莫或豢之,则怅怅无所之矣。六国游士之多,亦以是时国家灭亡者众,向之仕于小国,或卿大夫之家者,皆失其职也。于斯时也,草野之士,有具武士之风,君人之德,而能收恤困穷者,士固将奔赴之。《史记·游侠列传》以延陵、孟尝、春申、平原、信陵之徒,与闾巷之侠相提并论,可见其实为同物也。朱家"所藏活豪士以百数。其余庸人,不可胜言。然终不伐其能,歆其德。诸所尝施,惟恐见之。振人不赡,先从贫贱始。家无余财,衣不完采,食不重味,乘不过軥牛。专趋人之急,甚己之私。剧孟死,家无十金之财"。此皆古贤士大夫为人上者之行,亦即君人之德也。《游侠列传》谓游侠:"其言必信,其行必果。已诺必诚,不爱其躯,赴士之厄困。"此皆古交友之道。其借交报仇,则古朋友固有相许以死者也。古者君臣之间,亦重意气,与朋友之交,本有相似处。游侠能尽交友之道,亦即其有君人之德,而士之归者,其实亦即奉以为君也。《游侠列传》谓"古布衣之侠，靡得而闻已"。又谓"儒墨皆排摈不载"。自秦以前，匹夫之侠，湮灭不见。其实侠皆起于封建破坏，士无所养之世，前此固无有也。此等人皆有徒众，其善者，则如墨子之徒百八十人，皆可使之赴汤蹈火，用以行义。古儒墨并称，儒侠亦并称，明墨之行原于侠。史公谓儒墨皆排摈不载，失其本矣。古所谓道德，皆征服阶级之道德，征服阶级中，性情和平者则为儒，激烈者则为墨。儒者君子之行，墨者武士之风也。其不义者，则如汉高能附沛中子弟，彭越能从泽间少年耳。当时揭竿斩木者，盖皆此曹。故汉世务摧锄之也。

四序之运，成功者退。以豪族与游侠较，则豪族借家世之余荫者为旧，而游侠起于闾巷之间者为新。秦汉之际，六国之后，纷纷自立者皆败，而草泽之雄卒成，盖由于此。《廿二史札记》曰："汉初诸臣，惟张良出身最贵，韩相之子也。其次则张苍，秦御史；叔孙通，秦待诏博士。次则萧何，沛主吏掾；曹参，狱掾；任敖，狱吏；周苛，泗水卒史；傅宽，魏骑将；申屠嘉，材官。其余陈平、王陵、陆贾、郦商、郦食其、夏侯婴等皆白徒，樊哙则屠狗者，周勃则织薄曲，吹箫给丧事者；灌婴则贩缯者；娄敬则挽车者。一时人才，皆出其中，致身将相，前此所未有也。盖秦汉间为天地一大变局。自古皆封建，诸侯各君其国，卿大夫亦世其家。成例相沿，视为固然。其后积弊日甚。暴君荒主，既虚用其民，无有底止。强臣大族，又篡弑相仍，祸乱不已。再并而为七国，益务战争，肝脑涂地，其势不得不变。而数千年世侯世卿之局，一时亦难遽变。于是先从在下者起。游说则范雎、蔡泽、苏秦、张仪等，徒步而为相。争战则孙膑、白起、乐毅、廉颇、王翦等，白身而为将。此已开后世布衣将相之例。而兼并之力，尚在有国者。天方借其力以成混一，固不能一旦扫除之，使匹夫而有天下也。于是纵秦皇尽灭六国，以开一统之局。使秦皇当日，发政施仁。与民休息，则祸乱不兴，下虽无世禄之臣，而上犹是继体之主也。惟其威虐毒痛，人人思乱，四海鼎沸，草泽竞奋，于是汉祖以匹夫起事，角群雄而定一尊。其君既起自布衣，其臣亦自多亡命无赖之徒，立功以取将相。此气运使然也。天之变局，至是始定。然楚汉之际，六国各立后，尚有楚怀王心、赵王歇、魏王咎、魏王豹、韩王成、韩王信、齐王田儋、田荣、田广、田安、田市等，即汉所封功臣，亦先裂地以王彭、韩等，继分国以侯绛、灌等。盖人情习见前世封建故事，不得而遽易之也。乃不数年，而六国诸王皆败灭。汉所封异姓王八人，其七人亦皆败灭。则知人情犹狃于故见，而天意已另换新局，故除之易易耳。而是时尚有分封子弟诸国。迨至七国反后，又严诸侯王禁制，除吏皆自天朝，诸侯王惟得食租衣税，又多以事失侯。于是三代世侯世卿之遗法，始荡然净尽，而成后世征辟、选举、科目、杂流之天下矣。岂非天哉？**以游侠与富豪较，则游侠袭封建之遗风者为旧，而富豪凭生计之权借者为新。故游侠经景、武之摧残，遂以澌灭，而富豪则终汉世无如何也。**游侠自武帝以后，日以陵夷。《史记》谓关中长安樊仲子等，"虽为侠，而逡巡有退让君子之风"是也。《汉书·郑当时传》，亦可见其概。今录其文如下："当时以任侠自喜，脱张羽于厄。声闻梁楚间。孝景时，为太子舍人。每五日洗沐，常置驿马长安诸郊，请谢宾客，夜以继日，至明旦，常恐不遍。当时好黄老言。其慕长者，如恐不称。自见年少官薄，然其知友，皆大父行，天下有名之士也。武帝即位，当时稍迁，为鲁中尉、济南太守、江都相，至九卿，为右内史。以武安魏其时议，贬秩为詹事，迁为大司农。当时为大吏，戒门下：客至，亡贵贱，亡留门下者。执宾主之礼，以其贵下人。性廉，又不治产。仰奉赐给诸公。然其馈遗人，不过具器食。每朝，候上间说，未尝不言天下长者。其推毂士及官属丞史，诚有味其言也，尝引以为贤于己。未尝名吏。与官属言，若恐伤之。闻人之善，言进于上，惟恐后。山东诸公，以此翕然称郑庄。使治决河，自请治行五日。上曰：吾闻郑庄行千里不赍粮，治行者何也。然当时在朝，常趋和承意，不敢甚斥臧否。汉征匈奴，招四夷，天下费多，财用益屈。当时为大司农，任人宾客僦。入多逋负，司马安为淮阳太守，发其事。当时以此陷罪，赎为庶人。顷之，守长史。迁汝南太守。数岁，以官卒。昆弟以当时故，至二千石者六七人。当时始与汲黯列为九卿，内行修。两人中废，宾客益落。当时死，家无余财。先是下邽翟公为廷尉，宾客亦填门。及废，门外可设爵罗。后复为廷尉。客欲往，翟公大署其门曰：一死一生，乃知交情。一贫一富，乃知交态。一贵一贱，交情乃见。"又《灌夫传》："夫不好文学，喜任侠，已然诺。诸所与交通，无非豪桀大猾。家累数千万，食客日数十百人。陂池田园，宗族宾客为权利，横颍川。颍川儿歌之曰：'颍水清，灌氏宁。颍水浊，灌氏族。'"田蚡之短魏其、灌夫曰："天下幸而安乐无事，蚡得为肺腑，所好音乐、狗马、田宅，所爱倡优、巧匠之属,不如魏其、灌夫日夜招聚天下豪桀壮士与论议,腹诽而心谤,卬视天,俯画地,辟睨两宫间,幸天下有变,而欲有大功。"亦可见游侠所以见裁抑也。

贫富与贱贵相符之阶级,易而为贫富与贱贵不相符之阶级,实出于事势之自然而无如何。然为人心所不习,故欲恢复旧制者甚多。商君治秦,"明尊卑爵秩等级。各以差次名田宅臣妾。衣服以家次。《索隐》"谓各随其家爵秩之班次"。有功者显荣,无功,虽富,无所芬华"。《史记》本传。即以法令之力,强复旧制。贾生太息于"后之服,众庶得以衣孽妾;天子之服,富人大贾,得以被墙"。晁错谓"今法律贱商人,商人已富贵矣。尊农夫,农夫已贫贱矣"。"俗之所贵,主之所贱,吏之所卑,法之所尊。上下相反,好恶乖迕,而欲国富法立,不可得也"。所疾视者,亦贫富贱贵之不相符也。以理论言,则贫富宜与贱贵符,贵贱宜与才德之大小符。然此事谈何容易。言谈之徒,徒疾贵富之不必有才德,遂欲国家奋然行其予夺之权。殊不知此事非国家所能任;即能行之,亦断无以塞众人之望也。

古代之阶级,尚有遗留于后世者,魏晋以后之门阀是也。赵氏翼《陔余丛考》有一条,述六朝时贵族豪门悬隔之甚,极为该备。今录其说如下:

《陔余丛考》曰:"六朝最重氏族。盖自魏以来,九品中正之法行,选举多用世族。下品无高门,上品无寒士,当其入仕之始,高下已分。《谢宏微传》:晋世名家,身有国封者,起家多拜散骑侍郎。《张缵传》:秘书郎四员,为甲族起家之选,他人不得与。徐坚《初学记》亦谓秘书郎与著作郎,江左以来,多为贵游起家之选。故当时谚曰:上车不落为著作,体中何如则秘书。齐明帝制:寒人不得用四幅伞。《梁武帝纪》:旧制,甲族以二十登朝。后门以通立始试吏。魏孝文光极堂大选,八族以上,士人品第有九。九品之外,小人之官,复有七等。王俭属王琨用东海郡吏。琨曰:三台五省,皆是郎用人。外方小辙,当乞寒贱。省官何为复夺之?此其大较也。是以矜门第者高自标置。崔㥄尝谓卢元明曰:天下盛门,惟我与尔。荀伯子亦为王融曰:天下膏粱,惟使君与下官耳。其视后门寒素,不啻如良贱之不可紊越。赵邕宠贵一时,欲与范阳卢氏为婚。卢氏有女,其父早亡。叔许之,而其母阳氏不肯,携女至母家藏避。崔巨伦妇(姊)眇一目,其家议欲下嫁,巨伦姑悲戚,曰:吾兄盛德,岂可令此女屈事卑族。右军将军王道隆,权重一时。到蔡兴宗前,不敢就席,良久方去,兴宗亦不呼坐。何敬容与到溉不协,谓人曰:到溉尚有余臭,遂学作贵人。以其祖彦之担粪也。间有不恃门第,肯降心俯就卑秩如羊欣、王筠之流,已传为盛德之事。《羊欣传》:不肯为会稽世子元显书扇。元显亦以欣为后军舍人。此职本用寒人,欣不以为意。《王筠传》:王氏过江以来,未有居郎署者。筠初署为尚书郎。或劝不就。筠曰:陆平原、王文度,皆尝为之。吾得此踪昔人,何多所恨。而单门寒士,亦遂自视微陋,不敢与世家相颉颃。如吴逵有至行,郡守王韶之擢补功曹。逵以门寒,固辞不就。宗越本南阳次门,以事黜为役门。后立军功,启宋文帝求复次门。其有发迹致通显,得与世族相攀附,已为荣幸之极。王敬则与王俭同拜开府仪同。徐孝嗣谓俭曰:今日可谓连璧。俭曰:不意老子遂与韩非同传。敬则闻之,曰:我南沙小吏,徼幸遂与王卫军同日拜三公,夫复何恨?会稽郡最重望计及望孝。蔡兴宗为郡守,举孔仲智子为望计,贾原平子为望孝。仲智本高门,而原平一邦至行,遂与相敌。孙搴寒贱,齐神武赐以韦氏为妻。韦氏乃士人女,时人荣之。郭琼以罪死,其子妇,范阳卢道虔女也,没官,神武以赐陈元康。元康地寒,人以为殊赏。可见当时风尚,右豪宗而贱寒畯,南北皆然,牢不可破。高允请各郡立学,取郡中清望,人行修谨者为学生。先尽高门,次及中等。魏孝文帝以贡举猥滥,乃诏州郡慎所举,亦曰:门尽州郡之高,才极乡里之选。杨公则之在湘州也,悉断单门以贿求州职者,所辟皆州郡著姓。梁武至班下诸州以为法。宋弁为本州大中正,世族多所抑降,反为时人所非。张缵、李冲、李彪、乐运、皇甫显宗之徒,欲力矫其弊,终不能挽回万一。缵为吏部,后门寒素,皆见引拔,不为贵门屈意。李冲以魏孝文有高卑出身,各有常分之诏。上疏曰:未审上古以来,置官列位,为欲为膏粱地,为欲赞益时政。李彪疏曰:陛下若专以门第,不审鲁之三卿,孰若四科?显宗曰:陛下不应以贵承贵,以贱承贱。乐运曰:选举当不限资荫,惟在得人。苟得其人,自可起厮养而为卿相。其至习俗所趋,积重难返,虽帝王欲变易之而不能者。宋文帝宠中书舍人宏兴宗,谓曰:卿欲作士人,得就王球坐,乃当判尔。若往诣球,可称旨就席。乃至,宏将坐,球举扇曰:卿不得尔。宏还奏。帝曰:我便无如此何。他日,帝以语球,欲令与之相知。球辞曰:士庶区别,国之常也,臣不敢奉诏。纪僧真自寒官历至尉军府参军主簿。宋孝武帝尝目送之,曰:人生何必计门户,纪僧真,堂堂贵人所不及也。其宠之如此。及僧真启帝曰:臣小人,出自本州武吏。他无所须,惟就陛下乞作士大夫。帝曰:此事由江斅、谢瀹,我不得措意。可自诣之。僧真承旨诣斅,登榻坐定。斅命左右:移吾床让客。僧真丧气而退,告帝曰:士大夫固非天子所命。路太后兄庆之孙琼之诣王僧达,僧达了不与语。去,遂焚琼之所坐床。太后泣告帝。帝曰:琼之年少,无事诣王僧达,见辱乃其宜耳。中书舍人狄当、周赳,并官枢要。欲诣同省张敷,恐其见轻。当曰:吾等并已员外郎,何忧不坐?及二客就席,敷呼左右曰:移吾床远客。赳等失色而去。建元中,欲以江谧掌选。诏曰:江谧寒人,不得等竞华侪。然甚有才干,可迁掌吏部。用一寒人,至特发明诏,似有不得已者。侯景之请婚于王、谢也。梁武帝曰:王、谢门高,可于朱、张以下求之。益州刺史邓元起,功勋甚著,而名地卑琐,愿名挂士流,乞上籍出身州从事。始兴王憺命庾荜用之。荜不可。憺不能折,乃止。后荜子乔为荆州别驾。州人范兴话以寒贱仕叨九流,选为州主簿。梁元帝勒乔听兴话到职。乔曰:乔忝为端右,不能与小人范兴话为雁行。元帝乃停兴话。北齐娄太后为博陵王纳崔悛妹为妃,敕其使曰:好作法,勿使崔家笑人。历观诸史,可见当时衣冠世族积习相仍,其视高资胧仕,本属分所应得,非关国家之简付,毋怪乎易代之际,莫不传舍其朝,而我之门户如故也。甚且以革易为迁阶之地。记传所载,遂无一完节者。而一二捐躯殉国之士,转出于寒人。世风至此,国谁与立?可为浩叹者也。《唐书·高士廉传》:太宗以山东人士,好尚阀阅;诏士廉与韦挺、岑文本、令狐德棻刊正姓氏。普责天下谱牒,参考史传。先宗室,后外戚。抑新门,褒旧望。右膏粱,左寒畯。第为九等,而崔氏犹为第一,太宗列居第三。诏曰:曩时南北分析,故崔、卢、王、谢为重。今天下一家,当朝擢用。古称立德、立功、立言,次即有爵。遂合二百九十三姓,千六百五十一家为《氏族志》,颁行天下。然则此风唐初犹未艾,太宗固尝欲力矫其弊。然观士廉及《李义府传》,谓自魏太和中,定望族七姓,子孙迭为婚姻。唐初作《氏族志》,一切降之。后房玄龄、魏征、李勣等,仍与为婚,故望不减。义府为子求婚不得,乃奏禁焉。其后转益自贵,称禁婚家。凡男女潜相聘娶,天子不能禁云。《杜羔传》:文宗欲以公主降士族,曰:民间婚姻,不计官品,而尚阀阅。我家二百年天子,反不若崔、卢耶?可见唐中叶以后,民间犹仍此风。《五代史·崔居俭传》:崔氏自后魏、隋、唐为甲族。吉凶之事,各著家礼,至其子孙,犹以门望自高。又唐庄宗以卢程不能草文书,乃用冯道为掌书记。程故名族也,乃大恨,曰:用人不以门阀,而先田舍儿耶?则五代时犹有此风矣。《袁朗传》:袁自汉司徒滂至朗,凡十二世,为司徒司空者四世。淑、顗、粲皆死难。朗自以人地。虽琅琊王氏多公卿,特以累朝佐命有功,鄙不为伍。朗孙谊,亦曰:门户者,历世名节,为天下所高,老夫是也。山东人尚婚媾,重利禄,何足重哉?此则以节行为门户,较胜于势位相高者矣。"《陔余丛考》卷十七"六朝重氏族"条。

此事之原因，后人率以归诸九品中正。或谓五胡乱华，衣冠之族，耻血统与异族相混而然，实不尽然。观柳芳论氏族之语，则知"命官以贤，诏爵以功；先王公卿之胄，才则用，不才则弃"。原为汉初特有之事。其后"徙山东豪桀，以实京师，而进拔其中之豪英。七相五公，由斯而起"。则已不能尽守其开国之旧。"魏立九品，置中正，尊世胄，卑寒士。"亦习俗使然。盖自古有士庶之分。士者，所谓先王公卿之胄，庶则故为平民者也。汉初，君相皆起草泽，与世家大族不相中。故其用人不论门第。然一时之政治，不能胜积久之习俗。故阅时久而门阀之焰复张。九品中正之制，正可云习俗战胜政治耳。

一阶级之崩坏，必其阶级之人，自有以致之。《廿二史札记》有"江左世族无功臣"、"南朝多以寒人掌机要"两条，可见当时门阀所以亡灭之故。今录如下：

"江左世族无功臣"条云："六朝最重世族，已见《丛考》前编。其时有所谓旧门、次门、后门、勋门、役门之类。以士庶之别，为贵贱之分。积习相沿，遂成定制。陶侃微时，郎中令杨晫与之同乘。温雅谓晫曰：奈何与小人同载？郗鉴陷陈午贼中。有同邑人张实，先附贼。来见，竟却鉴。鉴曰：相与邦壤，义不及通。何可怙乱至此？实惭而退。杨方在都，缙绅咸厚之。方自以地寒，不愿留京，求补远郡。乃出为高梁太守。王僧虔为吴兴郡守。听民何系先等一百十家为旧门，遂为阮佃夫所劾。张敬儿斩桂阳王休范，以功高，当乞镇襄阳，齐高辅政，以敬儿人位本轻，不欲便处以襄阳重镇。侯景请婚王、谢，梁武曰：王、谢门高，可于朱张以下求之。一时风尚如此。即有出自寒微，奋立功业，官高位重，而其自视，犹不敢与世族较。陈显达既贵，自以人微位重，每迁官，常有愧惧之色，诫诸子曰：我本志不及此，汝等勿以富贵骄人。又谓诸子曰：麈尾是王、谢家物，汝不须捉此。王敬则与王俭同拜开府，褚渊戏俭，以为连璧。俭曰：

老子遂与韩非同传。或以告敬则。敬则欣然曰：我本南沙小吏，今得与王卫军同拜三公，复何恨？《北齐书·敬则传》。王琳为梁元帝所忌，出为广州刺史。琳私谓李膺曰：官正疑琳耳。琳分望有限，岂与官争为帝乎？何不使琳镇雍州？琳自放兵作田，为国捍御外侮也。《北齐书·王琳传》。且不特此也。齐高在宋，以平桂阳之功，加中领军，犹固让，与袁粲、褚渊书，自称下官常人，志不及远。《北齐书·褚渊传》。及即位后，临崩遗诏亦曰：吾本布衣素族，念不到此。可见当时门第之见，习为固然，虽帝王不能改易也。然江左诸帝，乃皆出自素族。宋武本丹徒京口里人，少时伐荻新洲。又尝负刁逵社钱被执。其寒贱可知也。齐高自称素族，则非高门可知也。梁武与齐高同族，亦非高门也。陈武初馆于义兴许氏，始仕为里司，再仕为油库吏，其寒微亦可知也。其他立功立事，为国宣力者，亦皆出于寒人。如顾荣、卞壸、毛宝、朱伺、朱序、刘牢之、刘毅等之于晋。檀道济、朱龄石、沈田子、毛修之、朱修之、刘康祖、到彦之、沈庆之等之于宋。王敬则、张敬儿、陈显达、崔慧景等之于齐。陈伯之、陈庆之、兰钦、曹景宗、张惠绍、昌义之、王琳、杜龛等之于〔梁〕。周文育、侯安都、黄法氍、吴明彻等之于陈。皆御侮戡乱，为国家所倚赖。而所谓高门大族者，不过雍容令仆，裙屐相高，求如王导、谢安，柱石国家者，不一二数也。次则如王宏、王昙首、褚渊、王俭等，与时推迁，为兴朝佐命，以自保其家世。虽朝市革易，而我之门第如故。以是为世家大族，迥异于庶姓而已。此江左风会习尚之极敝也。"

"南朝多以寒人掌机要"条云："魏正始，晋永熙以来，皆大臣当国，晋元帝忌王氏之盛，欲政自己出。用刁协、刘隗等为私人，即召王敦之祸。自后非幼君，即孱主，悉听命于柄臣。八九十年已成故事。至宋、齐、梁、陈诸君，则无论贤否，皆威福自己，不肯假权于大臣，而其时高门大族，门户已成。令仆三司，可安流平进。不屑竭智尽心，以邀恩宠。且风流相尚，罕以物务关怀。人主遂不能借以集事，于是不得不用寒人。人寒则希荣切而宣力勤，便于驱策，不觉倚之为心膂。《南史》谓宋孝武不任大臣，而腹心耳目，不能无所寄，于是戴法兴、巢尚之等，皆委任隆密。齐武帝亦曰：学士辈但读书耳，不堪经国，经国一刘系宗足矣。此当时朝局相沿，位尊望重者，其任转轻，而机要多任用此辈也。然地当清切，手持天宪，口衔诏命，则人虽寒而权自重。权重则势利尽归之，如法兴威行内外，江夏王义恭，虽录尚书事，而积相畏服，犹不能与之抗。阮佃夫、王道隆等，权侔人主。其捉车人官武贲中郎将，傍马者官员外郎。茹法亮当权，太尉王俭尝曰：我虽有人位，权寄岂及茹公。朱异权震内外，归饮私第，虑日晚台门闭，令卤簿自家列至城门，门者遂不敢闭。此可见威势之薰灼也。法亮在中书，尝语人曰：何须觅外禄？此户内岁可办百万。佃夫宅舍园池，胜于诸王邸第。女妓数十，艺貌冠绝当时。出行，遇胜流，便邀与同归。一时珍馐，莫不毕具，凡诸火剂，并皆始熟，至数十种。虽晋之王、石不能过。此可见贿赂之盈溢也。盖出身寒贱，则小器易盈，不知大体。虽一时得其力用，而招权纳贿，不复顾惜名检。其中亦有如法兴，遇废帝无道，颇能禁制。然持正者少，乘势作奸者多。唐寓之反，说者谓始于虞玩之，而成于吕文度，此已见蠹国害民之大概。甚至佃夫弑主而推戴明帝。周石珍当侯景围台城，辄与景相结，遂为景佐命。至陈末，施文庆、沈客卿用事，自取身荣，不存国计。隋军临江，犹曰此常事，边臣足以当之，不复警备，以致亡国。小人而乘君子之器，其害可胜道哉？大臣不能体国，致人主委任下僚；人主不信大臣，而转以群小为心膂，此皆江左之流弊也。"

地位之高，由于权力。权力之大，在能把持。其人虽处高位，见尊重，而实不能任事，则地位权力之失，特时有早暮耳。故斯时为门阀极盛之世，亦即门阀将衰之日也。语其亡灭，事有数端：一由选法之变。隋废九品中正，则尊世胄、卑寒士之制，根本已不复存。然使是时，仍沿汉之州郡察举，则高门大族，犹必多占便宜。而隋又废之而行科举。科举之制，士得投牒自列，而试之以一日之短长。虽其时尚无糊名易书之制，试官亦只得采取誉望，而不敢径贵华族。则寒门清望，进取之路惟钧矣。柳芳谓"隋世士无乡里，里无衣冠"，由其"罢乡举，杂地著"者此也。一由世族利寒门之富，与结婚姻。《廿二史札记》曰："魏齐之时，婚嫁多以财币相尚。盖其始高门与卑族为婚，利其所有，财贿纷遗，其后遂成风俗。凡婚，无不以财币为事。争多竞少，恬不为怪也。魏文成帝尝诏曰：贵族之门，多不奉法。或贪利财贿，无所选择，令贵贱不分，亏损人伦，何以示后？此可见财婚由来久矣。《封述传》：述为子取李士元女，大输财聘，及将成礼，犹竞悬违。述忽取所供像，对士元打碎为誓。士元笑曰：封翁何处常得此应急像？须誓使用。述又为次子娶卢庄女。述诉府云，送骡乃嫌脚跛，评田则云卤薄，铜器又嫌古废。皆为财聘，以致纷纭。可以见是时习尚也。"《廿二史札记》卷十五《财婚》。案齐永明中，王源与满氏联姻，致为沈约所弹，亦以受聘钱五万，则南朝亦有此风矣。弹文见《文选》卷四十，颇可见当时士庶不通婚，及士族利庶姓之富，与结姻好之俗。今录其辞如下，原文曰："臣闻齐大非偶，著乎前诰。辞霍不婚，重称往烈。若乃交二族之和，辨伉合之义，升降窳隆，诚非一揆。固宜本其门素，不相夺伦。使秦晋有匹，泾渭无舛。自宋氏失御，礼教雕衰。衣冠之族，日失其序。姻娅沦杂，罔计厮庶。贩鬻祖曾，以为贾道。明目腆颜，曾无愧畏。若夫盛德之胤，世业可怀。栾、郤之家，前徽未远。既壮而室，窃资莫非皂隶。结褵以行，箕帚咸失其所。志士闻而伤心，旧老为之叹息。自宸历御寓，弘革典宪。虽除旧布新，而斯风未殄。陛下所以负扆兴言，思清弊俗者也。臣实儒品，谬掌天宪，虽埋轮之志，无屈权右，而狐鼠微物，亦蠹大猷。风闻东海王源，嫁女与富阳满氏。源虽人品庸陋，胄实参华。曾祖雅，位登八命。祖少卿，内侍帷幄。父璿,升采储闱,亦居清显。源频叨诸府戎禁,豫班通彻,而托姻结好,惟利是求,玷辱流辈,莫斯为盛。源人身在远,辄摄媒人刘嗣之,到台辩问。嗣之列称:吴郡满璋之,相承云是高平旧族,宠奋胤胄,家计温足,托为息鸾觅婚。王源见告穷尽,即索璋之簿阀,见璋之任王国侍郎,鸾又为王慈吴郡正阁主簿。源父子因共详议,判与为婚。璋之下钱五万,以为聘礼。源先丧妇,又以所聘余直纳妾。如其所列,则与风闻符同,窃璋之姓族,士庶莫辨。满、奋身陨西朝,胤嗣殄灭。武秋之后,无闻东晋。其为虚托,不言自显。王、满连姻,实骇物听。潘、杨之睦,有异于此。且买妾纳媵,因聘为资。施衿之费,化充床第。鄙情贽行,造次以之。纠慝绳违,允兹简裁。源即主。臣谨案南郡丞王源,忝藉世资,得参缨冕。同人者貌,异人者心。以彼行媒,同之抱布。且非我族类,往哲格言。薰莸不杂,闻之前典。岂有六卿之胄,纳女于管库之人?宋子河鲂,同穴于舆台之鬼?高门降衡,虽自己作,蔑祖辱亲,于事为甚。此风勿剪,其源遂开。点世尘家,将被比屋。宜置以明科,黜之流伍。使已污之族,永愧于昔辰,方媾之党,革心于来日。臣等参议,请以见事,免源所居官,禁锢终身。辄下禁止视事如故。"云云。世族之家,必能自相嫁娶,乃得表异于齐民。今以贪财,竞婚卑族。则阅时既久,士庶不分,族望将不可保矣。一则世族贪利,与寒门通谱。《日知录》曰:"同姓通族,见于史者,自晋以前未有。《晋书·石苞传》:曾孙朴没于寇。石勒以与朴同姓,俱出河北,引朴为宗室,特加优宠,位至司徒。《南史·侯瑱传》:侯景以瑱与己同姓,托为宗族,待之甚厚,此以殊族而附中国也。《晋书·孙旂传》:旂子弼及弟子髦、辅、琰四人,并有吏材,称于当世,遂与孙秀合族。《南史·周弘正传》:谄附王伟,与周石珍原注:建康之厮隶也,为梁制局监,降侯景。合族。《旧唐书·李义甫传》:义甫贵之后,自言本出赵郡,始与诸李叙昭穆,而无赖之徒苟合,借其权势,拜伏为兄叔者甚众。《李辅国传》:宰相李揆,山东甲族,见辅国,执子弟之礼,谓之王父。此以名门而附小人也。"又曰:"史言唐梁之际,仕宦遭乱奔亡,而吏部铨文书不完,因缘以为奸利。至有私鬻告敕,乱易昭穆。而季父母舅,反拜侄甥者。"原注:《豆卢革传》。《册府元龟》:"长兴初,鸿胪卿柳膺，将斋郎文书两件，卖与同姓人柳居则，大理寺断罪当大辟，以遇恩赦，减死，夺见任官，罚铜，终身不齿。制曰：一人告身，三代名讳，传于同姓，利以私财，上则欺罔人君，下则货鬻先祖，罪莫大焉。自今以后，如有此弊，传者受者，并当极法。"《册府元龟》卷二十三《通谱》。《通志·氏族略》谓"隋唐而上，官有簿状，家有谱系。私书滥，纠以官籍，官籍缺，考以私书"。自唐末大乱，官私谱籍，并皆亡佚；诈冒鬻卖，无可考校；而士庶之别，荡焉无存矣。《通志》谓"五季取士不问家世，婚姻不问阀阅"。亦势所不得不然也。唐以前氏族之书，今存者惟一《元和姓纂》。而《通志·氏族略》，多与之同。盖郑氏所见，亦仅此矣。今私家谱系，多起自宋。唐以前，非阙佚，即妄溯也。

门阀之制，虽若兴于魏晋，实则自古相沿。两汉时不过暂尔伏流，前既明之。然则古代之阶级，实至晚唐五代之世，乃铲除净尽也。至此，则除官吏地位较尊，富人实有权势外，可谓毫无阶级矣。然本族之阶级虽平，而本族与异族之间，阶级复起，则五代而降，中国兵力之不竞为之也。异族与我族之阶级，五胡乱华时，即已有之。高欢之告鲜卑曰："汉民是汝奴。夫为汝耕，妇为汝织，输汝粟帛，令汝温饱，汝何为陵之？"告华人则曰："鲜卑是汝作客。得汝一斛粟，一匹绢，为汝击贼，令汝安宁。汝何为疾之？"以汉人任耕，鲜卑任战，俨然有一为武士，一为农奴之观焉。魏太武围盱眙，遗臧质书曰："吾今所遣斗兵，尽非我国人。城东北是丁令与胡，南是氐、羌。设使丁令死，正可减常山、赵郡贼。胡死，减并州贼。氐、羌死，减关中贼。卿杀之，无所不利。"此以异族任战者。当时此等事亦多，然所用多非汉人。一以诸胡较汉人强悍，一以汉人能勤生产，为赋税所自出，诸胡皆不能也。鲜卑在五胡中，最能抚效汉人，而犹如此。氐、羌、胡、羯，不言可知。惜史不尽载耳。辽、金、元、清之事，则可考者较多。

辽之建国，合两种人而成，一北方游牧之族，一汉地州县之民也。北方游牧之族，又分两种：一为部族，一为属国。部族者，辽之国民，属国则通朝贡，有事量借兵粮而已。高居于部族之上者，为三耶律、二审密氏。三耶律者，大贺、遥辇、世里，迭居汗位。二审密者，乙室己、拔里，世昏皇室，所谓国舅也。《辽史·刑法志》谓："辽太祖时，治契丹及诸夷，皆用旧法，汉人则断以律令。太宗时，治渤海人亦依汉法。道宗时，始以国法不可异施，命更定律令。其不合者别存之。"则道宗以前，契丹、汉人，实未尝受治于同一法律之下。又辽人设官，财赋之司，遍在南京，亦朘汉人以自肥也。金自世宗后，迁猛安谋克户入中原，所占之地甚广，而税极薄。又多括良田与之。其后卒以此遭杀戮之祸。《廿二史札记》"金末种人被害之惨"云："一代敝政，有不尽载于正史，而散见于他书者。金制，以种人设猛安谋克分领之，使散处中原。世宗虑种人为民害，乃令猛安谋克，自为保聚。其土地与民犬牙相入者互易之，使种人与汉民各有界址，意至深远也。其后蒙古兵起，种人往战辄败。承安中，主兵者谓种人所给田少，不足赡身家，故无斗志。请括民田之冒税者给之。于是武夫悍卒，倚国威以为重。有耕之数世者，亦以冒占夺之。及宣宗贞祐间，南渡，盗贼群起。向之恃势夺田者，人视之为血仇骨怨。一顾盼之顷，皆死于锋镝之下，虽赤子亦不免。事见元遗山所作《张万公碑文》。又《完颜怀德碑》亦云：民间仇拨地之怨，睚眦种人，期必杀而后已。寻踪捕影，不三二日，屠戮净尽。甚至掘坟墓，弃骸骨。惟怀德令临淄，有惠政。民不忍杀，得全其生。可见种人之安插河北诸郡者，尽歼于贞祐时。盖由种人与平民杂处，初则种人倚势虐平民，后则平民报怨杀种人。此亦一代得失之林也。然《金史》绝不载此事，仅于《张万公传》中略见之，则知《金史》之缺漏多矣。"盖辽人未尝与汉杂居，而金人不然，故其虐汉人为甚，而其受报复亦酷也。元代分人为蒙古、色目、汉人、南人四等。蒙古、色目种姓，详见《辍耕录》。汉人为灭金所得。南人则灭宋所得也。一切权利，皆不平等。如官制、学校、选举等。而汉人、南人入奴籍者尤多。《廿二史札记》"元初诸将多掠人为私户"云："元初起兵朔漠，尚以畜牧为业。故诸将多掠人户为奴，课以游牧之事，其本俗然也。及取中原，亦以掠人为事。并有欲空中原之地，以为牧场者。耶律楚材当国时，将相大臣，有所驱获，往往寄留诸郡，楚材因括户口，并令为民,匿占者死。立法未尝不严,然诸将恃功牟利,迄不衰止。而尤莫甚于阿里海涯。《张雄飞传》:阿里海涯行省荆湖,以降民三千八百户没入为家奴,自置吏治之,岁收其租赋,有司莫敢问。雄飞为宣抚使,奏之。乃诏还籍为民。《世祖本纪》:至元十七年,诏核阿里海涯等所俘三万二千余人,并赦为民。十九年,御史台又言:阿里海涯占降民为奴,而以为征讨所得。有旨:降民还之有司,征讨所得,籍其数赐臣下。宋子贞又以阿里海涯所庇逃民千人,清出屯田。可见其所占之户,以千万计。盖自破襄樊后,伯颜领大兵趋杭州,留阿里海涯平湖广之未附者。兵权在握,乘势营私,故恣行俘掠,且庇逃民,占降民,无不据为己有。遂至如此之多也。他如《宋子贞传》:东平将校,占民为部曲户,谓之脚寨。擅其赋役,几四百所。子贞言于严实,乃罢归州县。《张德辉传》:兵后屠民依庇豪右,岁久掩为家奴。德辉为河南宣抚使,悉遣为民。《雷膺传》:江南新附,诸将往往强籍新民为奴隶。膺为湖北提刑按察使,出令,还为民者数千。《王利用传》:都元帅塔儿海,抑巫山民数百口为奴。利用为提刑按察,出之。《袁裕传》:南京总管刘克兴,掠良民为奴。裕出之为民。此皆散见于各传者也。兵火之余,遍地涂炭,民之生于是时者,何以为生邪?"案欲尽杀汉人,以其地为牧地,系太宗近臣别迭之事,后又欲分裂州县,以赐亲王功臣,以耶律楚材力谏而止,见《耶律楚材传》。《太宗本纪》:十二年,籍诸大臣所俘男女为民。则分封之事,虽未果行,而诸王大臣所俘人户,实不少矣。《世祖本纪》:至元二十年,"禁权势没人口为奴,及黥其面者"。《廉希宪传》:至元十二年,行省荆南。令凡俘获之人,敢杀者,以故杀平民论。有立契券质妻子者,重其罪,仍没入其直。则当时之于奴隶,刑杀亦皆任意也。《元史·刑法志》:"诸蒙古人,因争及醉,殴死汉人者,断罚出征,并全征烧埋银。"则当时蒙古人杀汉人,并不论死也。亦可谓不平矣。清入中国,亦圈近畿之地,以给旗民,宗室有庄园,勋戚、世爵、职官、军士有庄田,皆尽免征输。其刑法,则宗室、觉罗及旗人,皆有换刑。宗室者,显祖之后。又有有爵闲散之分,俗所谓黄带子。宗室而降为觉罗,则俗所称红带子也。凡宗室、觉罗,皆有养赡银米,婚丧有恩赏。汉人杀伤之者,罪加一等。惟不系红黄带子,入茶坊酒肆则否。官缺:内官皆满、汉平分。又有若干蒙古、汉军、包衣缺。包衣者，满洲人之奴隶也。清代满汉不杂居，不通婚，故其争阋不如金代之烈。然其意乃欲隔绝满汉，使满人保其强武之风，非为保安汉人起见也。

《廿二史札记》云："前明一代风气，不特地方有司私派横征，民不堪命，而缙绅居乡者，亦多倚势恃强，视细民为弱肉。上下相护，民无所控诉也。今按《杨士奇传》：士奇子稷，居乡，尝侵暴杀人。言官交劾，朝廷不加法，以其章示士奇。又有人发稷横虐数十事，乃下之理。士奇以老病在告，天子不忍伤其意，降诏慰免，士奇感泣，遂不起。是时士奇方为首相，而其子至为言官所劾，平民所控，则其肆虐已极可知也。又《梁储传》：储子次摅，为锦衣百户。居家，与富人杨端争民田。端杀田主，次摅遂灭端家二百余人。武宗以储故，仅发边卫立功。《朝野异闻录》又载：次摅最好束人臂股或阴茎，急迫，而以针刺之，血缕高数尺，则大叫称快。此尤可见其恣虐之大概矣。《焦芳传》：芳治第宏丽，治作劳数郡。是数郡之民，皆为所役。又《姬文允传》：文允宰滕县。白莲贼反，民皆从乱。文允问故。咸曰：祸由董二。董二者，故延绥巡抚董国光子，居乡暴横，民不聊生。故被虐者甘心从贼，则其肆毒更可知也。又《琅琊漫抄》载：松江钱尚书治第，多役乡人，砖甓亦取给于役者。有老佣后至，钱责之。对曰：某担自黄瀚圩，路远，故迟耳。钱益怒，答曰：黄家圩亦吾所筑，其砖亦取自旧家，勿怪也。此又乡官役民故事也。其后昆山顾秉谦附魏忠贤，得入阁。忠贤败，秉谦家居，昆民焚掠其家。秉谦窜渔舟以免。《明史·顾秉谦传》。时秉谦已失势，其受侮或不足为异，至如宜兴周延儒，方为相，陈于泰方为翰林，二家子弟暴邑中，兴民至发延儒祖墓，又焚于泰、于鼎庐。《明史·祁彪佳传》。王应熊方为相，其弟应熙横于乡，乡人诣阙击登闻鼓，列状至四百八十余条，赃一百七十余万。其肆毒积怨于民可知矣。温体仁当国，唐世济为都御史,皆乌程人。其乡人盗太湖者,以两家为奥主,兵备冯元飏捕得其魁,世济族子也。《明史·冯元飏传》。是乡官之族,且庇盗矣。又有投献田产之例。有田产者,为奸民籍而献诸势要,则悉为势家所有。天顺中,曾翚为山东布政使。民垦田无赋者,奸民指为闲田,献诸戚畹,翚断还民。《明史·李棠传》。河南濒黄河淤地,民就垦,奸民指为周王府屯场,献王邀赏,王辄据而有之。原杰请罪献者,并罪受者。《明史·原杰传》。又《戒庵漫笔》:万历中,嘉定、青浦间,有周星卿者,素豪侠。一寡妇薄有资产,子方幼。有侄,阴献其产于势家,势家方坐楼船,鼓吹至阅庄。星卿不平,纠强有力者,突至索斗,乃惧而去。诉于官,会新令韩某,颇以扶抑为己任,遂宜其事。此亦可见当时献产恶习。此一家因周星卿及韩令得直,其他小民被豪占而不得直者,正不知凡几矣。"案如此暴横,唐宋之世,皆所罕闻,盖由元代异族肆虐,民无所控诉,积渐之势,有以致之也。清代于绅士,管束最严,故此风渐戢。然清之严束绅士,亦虑其有故国之思,能用其民,则将不利于己耳,非真为汉人平不平也。顺治三年,四月,尽革前代乡宦、监生等名色。一应地丁、钱粮、杂汛差役,与民一体承当。见《东华录》。自此绅士不能包庇赋税,投献之风绝矣。

奴婢之制,自秦汉迄清皆有之,大抵以罪没入者为官奴婢,以贫穷而卖买者为私奴婢,奴婢以汉代为最盛。以其时去阶级之世未远,又当生计剧变之时也。汉高祖尝令民得卖子。贾谊谓其时之民,岁恶不入,则"请爵卖子"。可见其习为常事。又谓"今之卖僮者,为之绣衣丝履,偏诸缘纳诸闲中"。则几视人如货物矣。其时官奴婢甚众。晁错劝文帝募民以丁奴婢赎罪,及输奴婢以拜爵。武帝募民入奴,得以终身复,为郎增秩。又遗御史廷尉正监分曹,即治郡国缗钱,得民奴婢以千万数。分诸苑养狗马禽兽,及与诸官。徙奴婢众,下河漕,度四百万石,及官自籴乃足。《杜延年传》:坐官奴婢乏衣食免官。元帝时,贡禹言:官奴婢十余万,游戏无事,税良民以给之。马贵与曰:"豪家奴婢,细民为饥寒所驱而卖者也。官奴婢,有罪而没者也。民以饥寒,至于弃良为贱,上之人不能有以振救之,乃复效兼并者所为,令入奴婢以拜爵复役,是令饥寒之民,无辜而与罪隶等也。况在官者十余万人,复税良民以给之,则亦何益于事哉?"以政治论,以理财论,诚可谓两失之矣。私家奴婢,亦多而僭侈,成帝永始四年,诏曰:"公卿列侯,亲属近臣。多畜奴婢,被服绮縠。其申饬有司,以渐禁之。"哀帝即位,议限田。有司条奏所限奴婢之数:诸侯王二百人,列侯公主百人,关内侯吏民三十人。限制之数如此,不限之时可知。后此例亦以亲贵不便,卒未行也。并得专其杀生。《食货志》:董仲舒说武帝,"请去奴婢,除专杀之威"。王莽大更汉法,亦仅改其名为私属,令不得卖买而已,莽更名天下田曰王田,奴婢曰私属,皆不得卖买。此仍视人与物等,不欲兼并者多畜奴婢而已,非知奴婢之有人权也。不能使之为良也。后汉光武一朝,免奴最多。建武二年五月癸未,"诏曰:民有嫁妻卖子,欲归父母者,恣听之。敢拘执,论如律。"六年十一月丁卯,"诏王莽时没入为奴婢,不应旧法者,皆免为庶人"。七年五月甲寅,"诏吏人遭饥乱,及为青、徐贼所略,为奴婢下妻,欲去留者,恣听之。敢拘制不还,以卖人法从事"。十二年三月癸酉,"诏陇蜀民被略为奴婢自讼者,及狱官未报,一切免为庶民"。十三年十二月甲寅,"诏益州民自八年以来,被略为奴婢者,皆一切免为庶民。或依托人为下妻,欲去者,恣听之。敢拘留者,比青、徐二州,以《略人法》从事"。十四年十二月癸卯,"诏益凉二州奴婢,自八年以来,自讼在所官,一切免为庶民。卖者无还值"。又令杀奴婢不得减罪;炙灼奴婢论如律;所炙灼者为庶民。除奴婢射伤人弃市律,十一年。案宋真宗咸平六年,"诏士庶家雇仆,有犯,不得黥其面"。天禧时,大理寺言:"按律,诸奴婢有罪,其主不请官司而杀者,杖一百。无罪而杀者,徒二(一)年。又条诸主殴部曲至死者,徒一年。故杀者加一等。其有愆犯,决罚至死,及过失杀者,勿论。自今人家佣赁,当明设要契。及五年,主因过殴决至死者,欲望加部曲一等。但不以愆犯而杀者,减常人一等。如过失杀者勿论。从之。"则私杀奴婢,后世仍有之。且其论罪,不与凡同,不如汉世之文明多矣。由汉世法律,多用经义也。殆可称中国之林肯。自汉以后,大抵遇丧乱饥馑,人民无以为生,则奴婢之数增多。及承平，则或以命令迫令放免；或官出资为赎；唐昭宗大顺二年，"敕天下州府及在京诸军，或因收掳百姓男女，宜给内库银绢，委两军收赎，归还父母。其诸州府，委本道观察使取上供钱充赎。不得压良为贱"。**或令以卖直为佣资，计数相当则免之**，韩愈《柳子厚墓志铭》："元和中，尝例召至京师。又偕出为刺史，而子厚得柳州。""其俗以男女质钱，约不时赎，子本相侔，则没为奴婢。子厚与设方计，悉代赎归。其尤贫力不能者，令书为佣，相当，则使归其质。观察使下其法于他州，比一岁，免而归者且千人。"**官奴婢则以赦免**；唐制：凡反逆相生，没其家为官奴婢。一免为蕃户，再免为杂户，三免为良人。皆因赦宥所及则免之。**或立年限，及年则免**。汉哀帝议限田及蓄奴婢，有司条奏官奴婢年五十以上，免为庶人。**虽多宽典及优恤之政，要不能摧陷廓清，令其绝迹也**。

《古文苑》有王褒《僮约》，颇可见汉世使役奴婢之状。今录其辞如下。《僮约》曰："蜀郡王子渊，以事列湔，止寡妇杨惠舍。惠有夫时奴，名便了。子渊倩奴行酤酒，便了拽大杖上夫冢巅曰：大夫买便了时，但要守家，不要为他人男子酤酒。子渊大怒曰：奴宁欲卖邪？惠曰：奴大忤人，人无欲者。子渊即决买券云云。奴复曰：欲使皆上券，不上券，便了不能为也。子渊曰：诺。券文曰：'神爵三年正月十五日，资中男子王子渊，从成都安志里女子杨惠，买亡夫时户下髯奴便了。决贾万五千。奴当从百役使，不得有二言。晨起早扫，食了洗涤。居当穿臼缚帚，裁盂凿井，浚渠缚落，锄园斫陌。杜埤地，刻大枷。屈竹作杷，削治鹿卢。出入不得骑马载车，跂坐大呶。下床振头，捶钩刈刍，结苇腊纑。汲水酪，佐鲈酿。织履作粗，黏雀张乌。结网捕鱼，持梢牧猪。种姜养芋，长育豚驹。粪除堂庑，喂食马牛。鼓四起坐，夜半益刍。二月春分，被堤杜疆。落桑皮棕，种瓜作瓠。别茄披葱，焚槎发芋，垄集破封。日中早馈，鸡鸣起舂。调治马户，兼落三重。舍中有客，提壶行酤。汲水作脯，涤杯整桉。园中拔蒜，斫苏切脯。筑肉臛芋，脍鱼炰鳖，烹茶尽具。已而盖藏，关门塞窦。喂猪纵犬,勿与邻里争斗。奴当饭豆饮水,不得嗜酒。欲饮美酒,惟得染唇渍口,不得倾盂覆斗。不得辰出夜入,交关伴偶。舍后有树,当裁作船,上至江州下到湔,主为府掾求用钱。推访垩,贩棕索。县亭买席,往来都落,当为妇女求脂泽。贩于小市,归都担枲。转出旁蹉,牵犬贩鹅。武都买茶,杨氏担荷。往来市聚,慎护奸偷。入市不得夷蹲旁卧,恶言丑骂。多作刀矛,持入益州,货易羊牛。奴自教精慧,不得痴愚。持斧入山,断輮裁辕,若有余残,当作俎豆几、木屐及羲盘。焚薪作炭,礧石薄岸。治舍益屋,削书伐楱,日暮欲归,当送干薪两三束。四月当披,九月当获,十月收豆,抡麦窖芋。南安拾栗采橘,持车载辕。多取薄苎,益作绳索。雨堕无所为,当编蒋织簿。种桃、李、梨、柿、柘、桑,三丈一树,八树为行。果类相从,纵横相当。果熟收敛,不得吮尝,犬吠当起,警告邻里。枨门柱户,上楼击鼓。荷盾曳矛,还落三周。勤心疾作,不得敖游。奴老力索,种莞织席。事讫休息,当舂一石。夜半无事,浣衣当白。若有私钱,主给宾客。奴不得有奸私,事事当关白。奴不听教,当笞一百。'读券文适讫,词穷诈索。仡仡叩头,两手自搏。目泪下落,鼻涕长一尺。审如王大夫所言,不如早归黄土陌,蚯蚓钻额。早知当尔,为王大夫酤酒,真不敢作恶。"此文为游戏之作,当时使用奴婢,未必酷虐至是。然奴婢所作之事,则可想见矣。

晋武平吴之后,王公以下,皆得荫人为衣食客及佃客,东晋犹然。此盖汉世封君食邑户之遗制,与奴婢有别。其数因官品而有差,客皆注家籍。其课:丁男调布绢各二丈,丝三两,绵八两,禄绢八尺,禄棉三两二个;租米五石。丁女并半之。男女十六亦半课,年十八正课,六十六免课。其男丁岁役不过二十日。其田,亩税米二升。又有所谓部曲者,盖战乱之世,吏士夷为将帅之私属,《续书·百官志》:"大将军营五部。部校尉一人,比二千石。军司马一人,比千石。部下有曲,曲有军候一人,比六百石。曲下有屯,屯长一人,比二百石。其不置校尉部,但军司马一人。"此部曲本义。《三国·魏志·李典传》：" 典宗族部曲，三千余家，居乘氏。自请愿徙诣魏郡。太祖笑曰：卿欲慕耿纯耶？典谢曰：典驽怯功微，而爵宠过厚。诚宜举宗陈力，加以征伐未息，宜实郊遂之内，以制四方，非慕纯也。遂徙部曲宗族万三千余口居邺。"《吴志·孙策传》："兴平元年，从袁术，术甚奇之，以坚部曲还策。"此部曲专属将帅之证。其后将帅亦招人民为之。《魏志·卫觊传》："镇关中，时四方大有还民，关中诸将，多引为部曲。觊书与荀彧曰：关中膏腴之地，顷遭荒乱，人民流入荆州者，十余万家。闻本土安宁，皆企望思归。而归者无以自业，诸将各竞招怀，以为部曲。郡县贫弱，不能与争，兵家遂强。一旦变动，必有后忧。"云云。此等本皆良民，然自为部曲，遂不得与平民并。自魏晋至宋皆有之。见前引宋天禧时大理寺之言，又案部曲较平民为贱，而较奴婢为贵。故唐高宗显庆二年，有"放诸奴婢为良及部曲客女者听之"之敕。客女，部曲之妇女也。

以异族为奴婢，中国亦有其事。《史记·西南夷列传》谓："巴蜀民或窃出商贾，取其笮马，僰僮、髦牛，以此巴蜀殷富。"《货殖列传》亦谓巴蜀"南御滇僰"。僰僮，则秦汉之世已有之。《北史·獠传》，谓其"亲戚相卖如猪狗，被卖者号哭不服，逃窜避之。乃将买人捕逐，若亡叛，获便缚之。但被缚，即服为贱隶，不敢称良矣。梁武帝时，梁、益二州岁岁伐獠以自利，后周武帝平梁、益，岁命随近州镇，出兵讨之，获其生口，以充贱隶，谓之压獠。商旅往来，亦资为货。公卿民庶之家，多有獠口"。则几于白人之贩鬻黑奴矣。唐武后大足元年，"敕以北缘边州郡，不得畜突厥奴婢"。穆宗长庆元年，"诏禁登、莱州及缘海诸道，纵容海贼，掠卖新罗人口为奴婢"。则海陆缘边，皆有贩鬻外国人之事。而本国人亦有鬻卖入外国者。如宋太宗淳化二年，"诏陕西沿边诸郡：先岁饥，贫民以男女卖与戎人。宜遣使者与本道转运使，分以官财物赎，还其父母"。真宗天禧三年，"诏自今掠卖人口入契丹界者，首领并处死。诱至者同罪。未过界者，决杖黥配"是也。

收买奴婢之人，又有转雇与人，以取其利者。宋太祖开宝四年，

"诏应广南诸郡,民家有收买男女为奴婢,转将佣雇,以输其利者,今后并令放免。敢不如诏旨者,决杖流配"是也。人类之牟利,可谓无所不至矣。

唐武宗会昌五年,"中书门下奏:天下诸寺奴婢,江淮人数至多。其间有寺已破废,全无僧众,奴婢既无衣食,皆自营生,洪、潭管内,人数倍多。一千人以下五百人以上处,计必不少。并放从良百姓,旨依"。按是年废天下佛寺,故奴婢并获放免也。平时则不可考矣,以历代佛寺之盛通计之,其数必不少也。辽以良民赐诸寺,分其税一半输官,一半输寺,谓之二税户。金世宗大定二年,尝免之。章宗即位,又括中都及北路二税户。凡无凭验,其主自言之者,及因通检而知之者,其税半输官,半输主。有凭验者,悉放为良。此则僧人衣食租税,同于封君矣。

《日知录》曰:"《颜氏家训》:邺下有一领军,贪积已甚。家僮八百,誓满一千。唐李义府多取人奴婢,及败,各散归其家,时人为露布云:混奴婢而乱放,各识家而竞入。原注:潘岳《西征赋》曰:混鸡犬而乱放,各识家而竞入。太祖数谅国公蓝玉之罪,曰:家奴至于数百。今日江南士大夫,多有此风。一登仕籍,此辈竞来门下,谓之投靠。多者亦至千人。而其用事之人,则主人之起居食息,以至于出处语默,无一不受其节制,有甘于毁名丧节而不顾者。《汉书·霍光传》:任宣言:'大将军时,百官已下,但事冯子都、王子方等,原注:皆老奴。初光爱幸监奴冯子都,常与计事。原注:师古曰:监奴,奴之监知家务者也。及显原注:光妻。寡居,与子都乱。夫以出入殿门,进止不失尺寸之人,而溺情女子小人,遂至于此。今时士大夫之仆,多有以色而升,以妻而宠。夫上有渔色之主,则下必有烝弑之臣。清斯濯缨,浊斯濯足,自取之也。'严分宜之仆永年,号曰鹤坡,张江陵之仆游守礼,号曰楚滨,原注:古诗:昔有霍家奴,姓冯名子都。而晋灼引汉语以为冯殷,则子都亦字也。不但招权纳贿,而朝中多赠之诗文,俨然与搢绅为宾主,名号之轻,文章之辱,至斯而甚。异日媚阉建祠,非此为之嚆矢乎?"

又曰:"人奴之多,吴中为甚。原注:史言吕不韦家僮万人。嫪毐家僮数千人。今吴中仕宦之家,有至一二千人者。其专恣暴横,亦惟吴中为甚。有王者起,当悉免为良,而徙之以实远方空虚之地。士大夫之家,所用仆役,并令出资雇募,如江北之例。原注:郑司农《周礼》司厉注曰:今之奴婢,古之罪人也。《风俗通》言:古制本无奴婢,奴婢皆是犯事者。今吴中亦讳其名,谓之家人。则豪横一清,而四乡之民,得以安枕。其为士大夫者,亦不受制于人,可以勉而为善。讼简风淳,其必自此始矣。"观此可知明代吴中风俗之坏。夫投靠为仆隶者,其人亦宦寺之流耳。降志辱身,所为何事?安得不作奸犯科,招权纳贿,以累其主乎?

近代削除阶级,当以清雍正时为最多。元年,则有山、陕之乐户,绍兴之堕民。五年,则有徽州之伴当,宁国之世仆。八年,则有常熟、昭文之丐户。乾隆三十六年,又命广东之疍户,浙江之九姓、渔户及各省之似此者,悉令该地方查照雍正元年山、陕乐户成案办理。在清代,所谓身家不清白者,仅娼、优、皂隶,及曾鬻身为奴者,三世不得应试入仕而已。包衣仍得入仕。惟虽至极品,对其旧主,仍执仆礼。后曾有旨,命三品以上包衣皆出籍。然此等贱民,虽见放免,在民间仍未能皆以平等待之也。

第十章 国　体

我国今日，巍然以大国立于世界矣。然此等局面，特自秦以来耳。由此上溯之，则为大国七，小国十余。更上溯之，则国名之见于《春秋》及《左氏》者，凡百四十。又上溯之，其确数虽不可知，古所谓万国、三千、千七百云者，乃约略或设法之辞，不足为据。见后。然时愈古则国愈多，则理之可信者也。然则众国分立之中国，果何由而成为大一统之局邪？

凡天下庞然大物，未有可一蹴而成者也。譬诸生物，其始也，物一细胞耳；寖假而合诸细胞以为一器官；寖假而成较大之动物；寖假而成更大之动物；最后乃成为人。国家之成，亦犹是也。今日极大之国家，其始，未有不自极小之部落来者也。我以为国家之成，实经三时代：（一）部落时代；（二）封建时代；（三）郡县时代。

生民之始，果若何情状乎？盖难言之。据书史所载，及存于今之原人推测之，则亦一毫无组织之群而已。稍进乃知有血统。富辰所谓："太上以德抚民，其次亲亲以相及也。"《左》僖二十四年。血统之知必始于母，其后乃知有父。知有母，则知有同母之人焉。又知有母之母，及与母同母之人焉。知有父，则知有父之父，又知有与父同父之人焉。自此而推之则成族。一族之人，群萃州处，必有操其治理之权者，于是乎有宗。宗与族，固国家之所由立也。然究不得遂谓为国家。何者？宗族之结合由于人；而国家之成，则必以地为限界。宗族之中，治人者治于人者，皆有亲族之关系；而国家之政治，则与亲戚无关。夫以一宗之主，推其权力，及于宗族以外，合若干地方之人民而统治之，此则所谓部落者也。部落与宗族，并行不悖。为部落酋长者对其宗族，固亦仍为首长也。

部落之世，交通不便，人民亦蒙昧而寡欲。诸部落之间，殆彼此无甚关系。《老子》曰："邻国相望，鸡犬之声相闻，民至老死不相往来。"所追想者，即此等境界也。如是者，盖不知其若干年。

世运渐进，人智日开，嗜欲日多，交通益便。往来既数，争夺遂萌。乃有以一部落而兼并他部落，慑服他部落者。乃渐入于封建之世。

封建之道，盖有三端：慑服他部，责令服从，一也。替其酋长，改树我之同姓、外戚、功臣、故旧，二也。开辟荒地，使同姓、外戚、功臣、故旧移殖焉，三也。由前二说，盖出于部落之互相吞并。由后之说，则出于一部落之内外拓殖者也。一部落之拓殖于外者，于其故主，固有君臣之分；异部落之见慑服者，对其上国，亦有主从之别；此天子诸侯尊卑之所由殊，而元后群后之所以异也。自彼此无关系之部落，进而为有关系之天子诸侯，则自分立进于统一之第一步也。

封建之地，盖古小而后世大。封建之国，则古多而后世少。此足征诸国吞并之益烈，拓殖之益盛。封建之渐进于郡县，实由此也。曷言乎封建之地古小而后世大也？《王制》说五等之封曰："王子之田方千里，公侯田方百里，伯七十里，子男五十里。不能五十里者，不合于天子，附于诸侯，曰附庸。"《白虎通》以此为周制。《孟子·万章篇》答北宫锜之问同。引《含文嘉》，谓殷爵三等。合子男从伯。或曰：合从子，贵中也。地三等不变。《含文嘉》又谓夏制亦三等，见《王制》疏。《春秋繁露》又分附庸字者方三十里，名者二十里，人氏者方十五里。《周官·大司徒》则谓诸公之地，封疆方五百里，诸侯四百里，诸伯三百里,诸子二百里,诸男一百里。封地之大小互异,为今古文家聚讼之端。其实皆设法之辞,无足深辩。设法二字,见《礼记》、《周官》郑注,谓假设平正之例以示人。《汉书·食货志》论井田,终之曰:"此谓平土可以为法者也。"亦此义。近人误以古书所云,系述当时实事,遂疑其不足信,非也。然设法之辞,何以如此?亦必有其所以然。我盖观于古书言诸国之里数,而知古代列国渐次扩大之迹,及设法之说之所由来也。《易·讼卦》九二:"不克讼,归而逋,其邑人三百户。"疏谓:"此小国下大夫之制。《周礼·小司徒》,方十里为成,九百夫之地。沟渠,城郭,道路,三分去一,余六百夫。又以不易、一易、再易,定受田三百家。"此盖封地之最小者。《左氏》所谓夏少康"有田一成"者也。其制之存于春秋时者,则《论语》谓管仲"夺伯氏骈邑三百"是也。此等小国寡民,在古代盖曾以建侯。故《吕览》谓王者封建,"海上有十里之诸侯"。至春秋之世,则但以为下大夫之食邑而已。此封地之最小而最古者也。进一步,则为今文家所言之制。秦汉时之县,多古国名。盖沿自春秋战国之世,灭国而以为县。县大率方百里,与今文家所言公侯之地合。《孟子》谓"今滕,绝长补短,将五十里也",亦与附庸之地合。知古确有此等国,非虚构也。更进一步,则为《周官》所言之数。郑玄糅杂今古,谓周公扩大土宇,增益诸侯之封,以牵合《王制》、《周官》,其说盖不足信。郑氏所以为此说者,盖欲将今古文所言服之里数,封建之国数,牵合为一故也。《禹贡》:"五百里甸服:百里赋纳总,二百里纳铚,三百里纳秸服,四百里粟,五百里米。五百里侯服:百里采,二百里邦,三百里诸侯。五百里绥服:三百里揆文教,二百里奋武卫。五百里要服:三百里夷,二百里蔡。五百里荒服:三百里蛮,二百里流。"旧有三说:《今尚书》欧阳、夏侯说,谓中国方五千里。史迁同。一也。《古尚书》说:谓五服旁五千里,相距万里。二也。贾逵、马融,谓甸服之外,百里至五百里米,特有此数。其侯、绥、要、荒服各五百里。是面三千里,相距为方六千里。三也。如《古尚书》说,则与《周官·职方》,方千里曰王畿,其外侯、甸、男、采、卫、蛮、夷、镇、藩九服,服各五百里者相合。《王制》:"凡四海之内九州,州方千里。州建百里之国三十,七十里之国六十,五十里之国百有二十,凡二百一十国。天子之县内,方百里之国九,七十里之国二十有一,五十里之国六十有三,凡九十三国。九州,千七百七十三国。"大界方三千里,三三而九,为方千里者九。《周官·职方氏》,"凡邦国千里,封公以方五百里则四公,方四百里则六侯,方三百里则七伯,方二百里则二十五子,方百里则百男",七伯当作十一伯。如此说亦欲封至二百一十国,则必九州大界,方七千里。七七四十九,为方千里四十有九。其一为畿内,余四十八州,各有方千里者六,乃能容之。若大界方七千里,而封国之数与《王制》同,则可得万国。郑氏乃谓黄帝之时,中国疆域,本有万里。尧遭洪水,仅方五千里。分为五服,服各五百里。禹平水土,复各以五百里弼之。书所谓弼成五服是也。故其时封国之数有万,《左氏》谓禹会诸侯于涂山,执玉帛者万国是也。夏衰,夷狄内侵,诸侯相并,土地减,国数少。殷汤承之,更制中国方三千里之界。亦分为九州,而建千七百七十三国,则《王制》所言是也。周公复唐虞之旧域,分其五服为九。其要服之内,亦方七千里。因殷诸侯之数,广其土,增其爵,则《周官》所言是也。将今古异说,悉贯串为一。说非不巧,然终嫌附会耳。以上所引之说,见《禹贡》、《王制》、《周官》及《诗·商颂》正义。**然周代诸国疆域,确有与《周官》所言相近者**。《明堂位》谓成王封周公于曲阜,地方七百里。《史记·汉兴以来诸侯王年表》谓周封伯禽、康叔于鲁、卫,地各四百里,太公于齐,兼五侯。孟子告慎子,谓鲁方百里者五。《告子》。《管子·轻重甲篇》"管子问于桓公曰:敢问齐方几何里?桓公曰:方五百里"是也。案古书言封建,与《王制》合者,十之九而强;与《周官》合者,十不得一。谓周封齐、鲁、卫方四五百里,或七百里,盖亦不足信之辞。所以有此说者,则因后来诸国疆域廓张,数典忘祖,遂以是为初封时事也。东周诸国之地,又有较《周官》所言为大者。子产谓"大国地多数圻"。《左》襄三十五年。《孟子》谓:"海内之地,方千里者九,齐集有其一。"《梁惠王》下。是也。亦可谓周初所封乎!盖吞并及拓殖,为封建之所由兴。封建既兴,二者仍进行不已。其进行之速率,虽诸国不等,亦有大致可求。最古之世,盖不过一成之地。其后渐进至百里，又渐进至五百里。其情势特异者，则又开拓至千里或数千里焉。此为古代事实。《王制》《周官》等书，皆古人虚拟之制，欲见诸施行者。虚拟之制，必切时势以立言。今文家源出孔子，欲复周初之制，故主百里、七十里、五十里之封。《周官》为战国时书，根据春秋以来诸国封域，故增大至五百里、四百里、三百里、二百里、百里也。虚拟之辞，虽不容径认为事实，正可由此窥见事实之真矣。

然则古代之封国，何以不务其大，而以小自安也？曰：封国必察其时之情势。《穀梁》曰："古者天子封诸侯，其地足以容其民，其民足以满城而自守也。"襄二十九年。此以人口之众寡言之。《孟子》曰："天子之地方千里，不千里，不足以待诸侯。诸侯之地方百里，不百里，不足以守宗庙之典籍。"此自国用之多少言之。故曰："周公之封于鲁，为方百里也，地非不足，而俭于百里。太公之封于齐也，亦为方百里也，地非不足也，而俭于百里。"《告子》。盖自有其欲大不能，欲小不可之势也。《吕览》谓："王者之封建也，弥近弥大，弥远弥小，海上有十里之诸侯。"《慎势》。《管子》谓："天子之制，壤方千里。齐，诸侯方百里。负海，子七十里，男五十里。"盖中原民众而土地辟，故其国可大。负海民寡而土地荒芜，故其国当小也。此亦封国大小，有其自然之势之一征也。然则今古文经所拟之制，盖皆就其时势以立言。孔子生于春秋时，主复三代盛时之制。《周官》则战国时书，主就东周以后列国之疆域整齐之也。此设法之谈之所以然也。

曷言乎封国之数，随世而减也？古书所言国数，皆约略，或设法之辞，不足为据，已见前。然其谓古国多，后世国少，则固综合史事以立说，非虚语也。《左》哀七年，诸大夫对孟孙之辞曰："禹会诸侯于涂山，执玉帛者万国。今其存者，无数十焉。"《荀子》谓："古有万国,今有十数。"《富国篇》。又《君道篇》十数作数十。《墨子》谓:"古者天子之始封诸侯也万有余。今以并国之故,万国有余皆灭,而四国独立。"《非攻下》。《吕览》谓:"当禹之时,天下万国。至于汤而三千余国。"《用民》。又谓:"周之所封四百余,服国八百余,今无存者矣。虽存,皆尝亡矣。"《观世》。可见古者列国并吞之烈也。

封建有灭人之国,仍其旧君者。亦有改树我之同姓、外戚、功臣、故旧者。又有开拓荒地,使同姓、外戚、功臣、故旧主之者。前已言之。其中同姓、外戚、功臣、故旧之分封,实于我国之统一关系极大。盖古者车未同轨,书未同文,行未同伦,所恃以团结异族,树统一之基者,实赖开化较早民族,将其文明,移殖各地也。《左氏》载成鱄之言曰,"武王克商,光有天下。其兄弟之国者十有五人,姬姓之国者四十人"。《左》昭二十八年。即《史记》所谓"武王、成、康,所封数百,而同姓五十五"者也。《汉兴以来诸侯王年表》。又《荀子·儒效篇》:"周公立七十一国,姬姓居五十三。"《左》僖二十四年,富辰谏王伐郑,曰:"太上以德抚民,其次亲亲,以相及也。昔周公吊二叔之不咸,故封建亲戚,以蕃屏周。管、蔡、郕、霍、鲁、卫、毛、聃、郜、雍、曹、滕、毕、原、酆、郇,文之昭也。邘、晋、应、韩,武之穆也。凡、蒋、邢、茅、胙、祭,周公之胤也。召穆公思周德之不类,故纠合宗族于成周而作诗,曰:'棠棣之华,鄂不韡韡,凡今之人,莫如兄弟。'其四章曰:'兄弟阋于墙,外御其侮。'如是,则兄弟虽有小忿,不废懿亲。今天子不忍小忿,以弃郑亲,其若之何?"昭二十六年,王子朝使告于诸侯曰:"昔武王克殷,成王靖四方,康王息民。并建母弟,以蕃屏周。亦曰:吾无专享文、武之功,且为后人之迷败倾覆,而溺入于难,则振救之。至于夷王,王愆于厥身。诸侯莫不并走其望,以祈王身。至于厉王,王心戾虐,万民弗忍,居王于彘。诸侯释位,以间王政。宣王有志,而后效官。至于幽王,天不吊周,王昏不若,用愆厥位。携王奸命,诸侯替之,而建王嗣,用迁郏鄏。则是兄弟之能用力于王室也。至于惠王,天不靖周,生颓祸心,施于叔带,惠、襄辟难,越去王都。则有晋、郑,咸黜不端,以绥定王家。则是兄弟之能率先王之命也。"于宗周之厚抚同姓,周姓之翼戴王室,可谓历历言之。襄二十九年,晋平公合诸侯以城杞,子大叔曰:"晋国不恤周宗之阙,而夏肄是屏。其弃诸姬,亦可知也已。诸姬是弃,其谁归之?"于同异姓之疏戚,尤昭然若揭焉。夫"周之宗盟,异姓为后",《左》隐十一年。宁得不谓之私?然先同姓,次外戚,次功臣、故旧,星罗棋布,用作藩屏。而一族之势力,由此遍布于寰区;一族之文化,由此广推于各地矣。即仍其故君者,亦岂遂无裨于统一哉?朝觐有常,会盟有令。共球咸受,集万国之冠裳;文轨是同,昭一朝之制度。固与夫尊称南越,窃帝号以自娱;邑据夜郎,拟汉封之孰大者,迥不侔矣。谓汉族统一中国,封建之制,实有功焉,非虚语也。

古代封建之制,与宗族之制,关系最密。职是故,古代国际间之道德,亦与同族间之道德,大有关系。古之言政治者,恒以兴灭国、继绝世为美谈。所谓兴灭国、继绝世,则同族间之道德也。《尚书大传》曰:"古者诸侯始受封,必有采地。其后子孙虽有罪黜,其采地不黜。使子孙贤者守之世世,以祠其始受封之人。此之谓兴灭国、继绝世。"盖古代最重祭祀,所谓兴灭国、继绝世者,则不绝始封之君之祀而已。此义多有行之者。《史记·秦本纪》:庄襄王元年,"东周君与诸侯谋秦,秦使相国吕不韦诛之,尽入其国秦,不绝其祀,以阳人赐周君奉其祭祀。"即所谓采地不黜,使子孙贤者守之者也。《吕览》曰:"周之所封四百余,服国八百余,今无存者矣。虽存,皆尝亡矣。"云尝亡而复存,则知当时兴灭国、继绝世者甚多。楚庄王既灭陈,以申叔时一言而复之。《左》宣十一年。其后灵王灭陈、蔡,平王又复之。《左》昭十三年。诱杀戎蛮子,而复立其子,《左》昭十六年。皆是物也。不宁惟是,古者天子可封诸侯,诸侯亦可封大夫。大夫以下,亦得以地分其宗族。故《礼运》谓:"天子有田以处其子孙,诸侯有国以处其子孙,大夫有采以处其子孙。"师服谓"天子建国,诸侯立家,卿置侧室,大夫有贰宗,士有隶子弟,庶人工商,各有分亲"。《左》桓二年。虽大小不侔,而原理则一。故天子之所以封诸侯者,诸侯之于大夫,亦宜守之。诸侯之所以交诸侯者,大夫之于大夫,亦当遵之。楚庄王之灭若敖氏也,子文孙箴尹克黄使于齐,归复命,而自拘于司败。王思子文之治楚国也,曰:"子文无后,何以劝善?"使复其所,改命曰生。《左》宣四年。平王杀鬬成然,灭养氏之族,使鬬辛居郧,以无忘旧勋。《昭》二十四年。亦兴灭国、继绝世之义也。于死者不绝其祀,即于生者宜继其食。故纪季之以酅入齐也,鲁子曰:"请后五庙,以存姑姊妹。"《公羊》庄公三年。诸侯不臣寓公。《礼记·郊特牲》。寓公虽不继世,妻得配夫,犹托衣食于公家。《公羊》桓公七年《解诂》。皆同族相恤之义也。古于同族之厚如此,则《春秋》之法,灭同姓者与失地者俱名,亦宜矣。

惟其如是,故古代之一姓,不得势则已,苟得势,则其覆亡颇难。以其同族之蟠据者众,平民无力足以覆亡之也。然其族却有自亡之道。何则?始封之时,天子诸侯之间,非伯叔,则甥舅。否亦先王老臣,当伫嬖幸,其关系原极亲密。一再传后,寖以疏隔,久则成为路人矣。且古代地广人稀,列国利害,无甚关系,至后世则不然也。于是相吞相并,至始皇而遂统于一。夫举天下而奉诸一人,其势可谓极强。然此族之高居民上者,遂惟此一人。欲覆此一族者,覆此一人可矣,秦之亡是也。然则凡物极盛之候,即其将衰之时。物无足以亡之,其身遂寓自亡之道。祸福倚伏之理,盈虚消长之机,岂不异哉!岂不异哉!

封建之世,诸国星罗棋布,其关系一若甚疏。所恃以相维相系者,则巡守、朝贡之制是也。巡守朝贡之制,古书所说互异。今姑勿具论。但藉此一考列国之关系如何,亦足见古代之政体矣。《王制》述巡守之事曰:"觐诸侯,问百年者就见之。命太师陈诗,以观民风。命市纳贾,以观民之所好恶,志淫好辟。命典礼,考时月定日。同律,礼乐、制度、衣服正之。山川神祇,有不举者为不敬,不敬者君削以地。宗庙有不顺者为不孝,不孝者君绌以爵。变礼易乐者为不从,不从者君流。革制度衣服者为畔,畔者君讨。有功德于民者,加地进律。"《孟子》曰:"入其疆,土地辟,田野治。养老尊贤,俊杰在位,则有庆,庆以地。入其疆,土地荒芜,遗老失贤,掊克在位,则有让。一不朝,则贬其爵。再不朝,则削其地。三不朝,则六师移之。"则古代之天子,所以督责其诸侯者盖甚至。此等制度,后人每疑其不能实行。此由狃于春秋战国时势而然,而不知古代非春秋战国比也。古代疆域小,人民朴。人民朴则上下不隔,疆域小则巡览易周。《孟子》又曰:"春省耕而补不足,秋省敛而助不给。""夏谚曰:吾王不游,吾何以休?吾王不豫,吾何以助?"则巡守之始,原不过周览田野之间,犹后世刺史郡守巡行所属,考其治迹耳。至于提封万里之世,则方行海表,原非平时所能。穆王欲肆其心,周行天下,而《祈招》之诗作矣。入朝者,小国对于大国,所以表示其恭敬之心。齐顷公败于鞍而朝晋,韩厥举爵曰,"臣之不敢爱死,为两君之在此堂"《左》成三年。是也。入贡一端,尤于大国之财政,大有裨益。《周官·大司徒》:"诸公之地,封疆方五百里,其食者半。诸侯之地,封疆方四百里,其食者参之一。诸伯之地,封疆方三百里,其食者参之一。诸子之地,封疆方二百里,其食者四之一。诸男之地,封疆方百里,其食者四之一。"郑玄云:"足其国礼俗、丧纪、祭祀之用,乃贡其余。若今度支经用,余为司农谷矣。"《左》文四年:"曹伯如晋会正。"注:"会受贡赋之政也。"《左》襄四年,公如晋听政,晋侯享公。公请属鄫,注:"使助鲁出贡赋。"晋侯不许。孟献子曰:"以寡君之密迩于仇雠,而愿固事君,无失官命。注:"晋官征发之命。"鄫无赋于司马,为执事朝夕之命敝邑,敝邑偏(褊)小,阙而为罪,寡君是以愿借助焉。"又二十九年,晋侯使司马女叔侯来治杞田,弗尽归也。晋悼夫人愠曰:"齐也取货。先君若有知也,不尚取之。"公告叔侯,叔侯曰:"鲁之于晋也,职贡不乏,玩好时至,公卿大夫相继于朝,史不绝书,府无虚月。如是可矣,何必瘠鲁以肥杞?"合此诸文观之,可见当时大国之求取。又襄二十二年,"臧武仲如晋,雨,过御叔。御叔在其邑,将饮酒,曰:焉用圣人?我将饮酒而已。雨行,何以圣为?穆叔闻之,曰:不可使也,而傲使人,国之蠹也。令倍其赋"。注:"古者家其国邑,故以重赋为罚。"疏引《大司徒》郑注,又引《司勋》"凡颁赏地,三之一食"。郑氏注云:"赏地之税,三分计税,王食其一,二全入于臣。"谓"诸侯之臣受采邑者,亦当三分之一而归于公。故云古者家其国邑,言以国邑为己之家。有贡于公者,是减己而贡之。故以重赋为罚"。则诸侯之于天子,大夫之于诸侯,一也。《中庸》以"厚往而薄来",为怀诸侯之义。《聘义》曰:"以圭璋聘,重礼也。已聘而还圭璋,此轻财重礼之义也。"恐能行之者甚少耳。

巡守朝贡而外,尚有制驭列国,保其统一之策,是为伯主。《王制》曰:"千里之外设方伯,五国以为属,属有长。十国以为连,连有帅。三十国以为卒,卒有正。二百一十国以为州,州有伯。八州,八伯,五十六正,百六十八帅,三百三十六长。八伯各以其属。属于天子之老二人。分天下以为左右,曰二伯。"注:"老谓上公。"《春秋传》曰:"自陕以东,周公主之。自陕以西,召公主之。"《公羊》云:"天子三公者何?天子之相也。""自陕而东者,周公主之。自陕而西者,召公主之。一相处乎内。"《公羊》隐五年。则《王制》所谓二伯,即《公羊》所谓三公也。《尚书大传》有八伯,盖亦即《王制》所谓八州之伯。其在周世,周、召二公,世为辅相,盖犹是分陕之旧制,特不能举其职耳。《左》僖四年,管仲告楚人之辞曰:"昔召康公命我先君大公曰:五侯九伯,女实征之,以夹辅周室。赐我先君履,东至于海,西至于河,南至于穆陵,北至于无棣。"则《王制》所谓一州之伯也。《王制》曰:"天子使其大夫为三监,监于方伯之国,国三人。"武王使三叔监殷,盖系此制。秦三十六郡皆有监,亦仿诸此也。此等制度,盖亦肇于疆域狭小之世。后世提封既大,遂不易实行。然齐桓、晋文之迭兴,则固一州之伯之旧制。特其会盟征伐,声威之所被愈远耳。秦穆破西戎,而天子致伯,盖即命为雍州之伯也。知群经所述制度,虽出虚拟,亦必有据依矣。

以上为封建之世列国并列之情形。由部落而至封建,由封建而至郡县,原因虽多,而列国国力之扩张,实为其主要者。部落之世,如何扩张而入于封建之世,遗迹之可考者甚鲜。至封建之世,列国国力之扩张,则尚有可考者。今试陈其义,亦足见统一之业所由成焉。

封建之初,列国盖尚星罗棋布于大陆之上,故斯时列国之疆域,皆不甚相接。必待其人口渐繁,开拓日广,乃成犬牙交错之形焉。顾氏栋高有《春秋列国不守关塞论》,见《春秋大事表》。俞氏正燮有《越国鄙远论》,《癸巳存稿》。谓春秋之世,越国鄙远,乃其恒事。此等衡以后世之事,于理殊不可通,而当时能行之者,则以其地广人稀故也。《穀梁》僖五年,"晋人执虞公。执不言所于地,缊于晋也。"注:"时虞已包裹属于晋。"国为人所包裹而犹不知警,受其璧马而假之道,其轻视土地,可谓甚矣。轻视土地,则地广人稀之世之遗习也。惟其地广人稀,故其所谓越国者,初非如今日经过他国之土地,特经过其国旁之荒地而已。所谓鄙远者,亦非如我国今日,忽越土耳其斯坦,而县小亚细亚,亦经过荒地,以至属于我之城邑而已。犹今之航海者,历重洋而至孤屿也。所以不守关塞者,守关塞所以卫平地,当时平地多荒弃,无待于卫。抑荒地多则随处可入，虽扼一二要地，亦不足资掎角也。此等情势，谓春秋之世，列国皆然，容或过当，然必有此等情形。由春秋上推之，愈古，则此等情形愈甚矣。人类之作事，恒有其惰力，故至春秋之世而犹然也。

由此缅想封建之初，国都而外，其余之地，拼结皆不甚坚凝。故其民之离散，地之削小甚易。春秋时，兴大师以攻围一邑者甚少，往往一用兵即直傅国都，以此也。然则国力之所聚，在一都城而已。

国邑一也，都城。大小异耳。国邑之起，盖起于人类之聚居。我族最初聚居之所，则岛屿是也，此其证甚多。州岛同音，一也。天子之畿内谓之县，县之本字为寰，寰则水绕其四周之谓也。《王制》县内诸侯，《榖梁》隐元年作寰内诸侯。《释文》："寰音县。古है字一音环。"《国语》"管子制齐三乡为寰"，即三乡为县也。颜师古曰："书县邑字皆作寰。县为县挂字。后人转用为州县字。其县挂之县，又加心以别之也。"古代天子之居，实惟明堂。明堂盖国之前身，而亦环之以水，二也。后世之筑城者，必沟水以绕之，盖犹岛居之遗习，三也。近人有《神权时代天子居山说》，盖犹后起之事矣。

岛居为最初情形，稍进则居山。益进，不畏毒蛇猛兽之害。又能重门击柝，以待暴客。于是降丘宅土，乃有城郭，以为守御之资。此时竞争，盖不甚烈，故所谓建国者，不过于适中之地，筑一城而居之，而险要与否，在所勿论。《孟子》称君子之欲，在"中天下而立，定四海之民"。《尽心》。《荀子》谓："王者必居天下中央。"《大略》。《管子》曰："天子有万诸侯也，其中有公侯伯子男焉，天子中而处。"《度地》。又曰："地之东西二万八千里，南北二万六千里，天子中而立。"《轻重》。《吕览》曰："古之王者，择天下之中而立国，择国之中而立宫，择宫之中而立庙。"《慎势》。皆古代建国，但求适中，不务险要之明证。贾生曰："古者天子地方千里，中之而为都，输将繇使，远者不五百里而至。公侯地方百里，中之而为都，输将繇使，远者不五十里而至。"《属远》。何君曰:"王者封诸侯,必居土中,所以教化者平,贡赋者均,在德不在险。"《公羊》僖元年《解诂》。盖由竞争不烈,故但图行政之利便,不计用兵之形势也。夫竞争不烈,则列国未甚接触之征。列国未甚接触,则其国力未甚发展之征也。

斯时之疆域,初不甚严,徒恃人造之沟封以为固。《周官·大司徒》:"辨其邦国都鄙之数,制其畿疆而沟封之。"注:"畿疆,犹界也。""沟,穿地为阻固也。封,起土界也。"其域民亦恃此而已。《左》昭元年,赵孟之言曰:"疆埸之邑,一彼一此,何常之有?王伯之令也,引其封疆而树之官。""过则有刑,犹不可壹。""封疆之削,何国蔑有?主齐盟者,谁能辩焉?"又哀八年,"武城人或有因于吴竟田焉,拘鄫人之沤菅者,曰:'何故使我水滋?'"注谓武城人"侨田吴界,鄫人亦侨田吴"。皆古代疆域,不甚谨严之证也。间有恃人造之关者,孟子谓齐宣王:"臣始至于境,问国之大禁,然后敢入。臣闻郊关之内,有囿方四十里。"《左》襄十四、二十六年,载蘧伯玉、大叔文子之去卫,皆自近关出是也。宣二年,宣子未出山而复。仲尼惜其亡不越境,则以山为境,非古代通常情形也。

古代较大较完固之城,在一国之内,惟有一都城而已。祭仲谏郑庄公曰:"先王之制,大都不过三国之一,中五之一,小九之一。今京不度,非制也。君将不堪。"《左》隐元年。则于国以外之城邑,不徒不以其宏大为喜,抑且以其过制为忧。然及后来,则此等情形,逐渐改变,遂有所谓县者出焉。古之所谓邑者,盖农民聚居之所,即"重门击柝,以待暴客"之制。何君《公羊解诂》谓"秋冬之时,入保城郭。春夏之时,出居田野"是也。宣十五年。此等邑,盖处处有之。邑之大者曰都,小者曰聚,《史记》言舜所居一年成聚,二年成邑,三年成都,故知聚较邑为小,都较邑为大。《左》庄二十八年,"邑有宗庙先君之主曰都,无曰邑"。亦以其大,故有宗庙先君之主也。**皆有城郭,以资守御。**古代民居最小之区域为里。里统于乡,亦统于邑。《史记》:老子,楚苦县厉乡曲仁里人;高祖,沛丰邑中阳里人是也。邑亦有系乡言之者,孔子,生鲁昌平乡陬里是也。

《日知录》云："乡亦有城。"引《汉书·朱邑传》，其子葬之桐乡西郭外为证。案乡以地言，邑以城言，邑为乡之邑，故名系于乡，非乡可统邑。至于乡之城，则自即邑之城，非邑城之外，乡又别有其城也。古代之邑盖甚小，及后世则渐大。《公羊》隐五年，"宋人伐郑，围长葛。邑不言围，此其言围何？强也"。六年，"冬，宋人取长葛。外取邑不书，此何以书？久也"。一邑也，支持敌兵，至于一年有余，其非寡小可知矣。庄三十年，"齐人降鄣。鄣者何？纪之遗邑也"。留吁、铎辰，《穀梁》亦以为潞之遗邑。可见灭国之后，邑仍有不易服者矣。襄十五年，"季孙宿、叔孙豹帅师城成郛"，则邑亦有郭。《左》昭二十六年，成大夫公孙朝谓平子曰："有都以卫国也，请我受师。"其所以有恃而无恐也。此等大邑，叛服于两国之间，颇足为患。强臣擅之，其君往往无如之何。《左》僖二十年，"滑人叛郑而服于卫。夏，郑公子士、泄堵寇帅师入滑"。二十四年，"郑之入滑也，滑人听命。师还，又即卫"。又臧武仲以防，求为后于鲁是也。隐元年，郑大叔命西鄙、北鄙贰于己。又收贰以为己邑，至于廪延。亦藉邑之力以叛君也。邑虽有此等大者，然仍以小者为多。故当时卿大夫之邑皆甚多。《左》襄二十六年，取卫西鄙懿氏六十，以与孙氏，又以免余邑六十。二十八年，"与晏子邶殿，其鄙六十"是也。卿大夫既兼有多邑，则其所治之邑，规制必大，遂成大邑矣。**合所耕之地而言之则曰乡。并诸乡而统治之者为县。**《史记·商君列传》"集小乡聚邑为县"是也。县本区宇之称，故合若干地方而一之，则称为县。**县之设，一为政治所自出，一为甲兵之所聚。**县为令、丞所在，《商君列传》："集小乡聚邑为县，置令、丞。"其为政治所自出，事至易明。曰为甲兵所聚者，春秋时之县，其大皆足与古一国相敌。古代一国，本为一军区也。《左》昭十二年，楚灵王谓子革曰："今我大城陈、蔡、不羹，赋皆千乘，子与有劳焉。诸侯其畏我乎？"对曰："畏君王哉！是四国者，专足畏也，又加之以楚，敢不畏君王哉？"陈、蔡、不羹皆故国，是时为楚之一县。以兵制论，仍自为一区。故知为甲兵所聚也。《左》昭五年，蒍启强谓"韩赋七邑皆成县"。又谓"因其十家九县，长毂九百。其余四十县，遗守四千"。亦县为兵力所聚之一证。**春秋战国时之县，盖多灭国为之。亦有以治理之密新设者。**灭国为之者，如陈、蔡、不羹是也。

凡春秋战国地名，秦汉县名，可知其本为国名者，皆古国之见灭者也。新设者，如"集小乡聚邑为县"是也。斯时也，不独方百里、七十里、五十里之国，夷灭而为大国之县，即卿大夫亦有县甚多。如《左》昭二十八年，晋分祁氏之田以为七县，羊舌氏之田以为三县是也。卿大夫之邑，亦有为古国者，如《左》闵元年，晋献公灭耿，以赐赵夙；灭万，以赐毕魏是也。古代各自独立之国，既为大国所夷灭，即卿大夫亦统地日广，而统一之机迫矣。封地大小，随世变迁。古百里之国称公，楚县尹亦称公，非苟僭也。其地之大，固与古公侯之国相当也。至战国时，封地愈广，则穰侯、文信侯等皆称侯矣。此与诸侯封地之渐大，同一理也。

由县更进一步，则有所谓郡。郡之区域，本较县为小。《周书·作雒篇》，"千里百县，县有四郡"是也。《说文》："周制：地方千里，分为百县，县有四郡。"而至战国，忽以郡统县，何哉？姚氏鼐曰："郡之称，盖始于秦晋。以所得戎翟地远，使人守之，为戎翟民君长，故名曰郡。如所云阴地之命大夫，盖即郡守之谓也。案见《左》哀四年。注曰：'命大夫，别县监尹。'正义曰：'阴地者，河南山北东西横长，其间非一邑，特命大夫总监阴地。'赵简子之誓曰：上大夫受县，下大夫受郡。郡远而县近，县成聚富庶而郡荒陋，故以美恶异等。《晋语》：夷吾谓公子絷曰：'君实有郡县。'言晋地属秦，异于秦之近县，非云郡与县相统属也。及三卿分范、中行、知氏之县，其县与己故县隔绝，分人以守，略同昔者使人守远地之体，故率以郡名。然而郡乃大矣，所统有属矣。"愚案《史记》：甘茂谓秦王曰："宜阳大县，名为县，其实郡也。"春申君言于楚王曰："淮北地近齐，其事急，请以为郡便。"《匈奴列传》谓："赵置云中、雁门、代郡，燕置上谷、渔阳、右北平、辽西、辽东郡以拒胡。魏有河西、上郡，以与戎界边。"则郡率有战备，姚氏谓为边远之地是也。盖统一之途，不外吞并人国，开拓荒地二者。县之设，由吞并人国者多。郡之设，则由开拓荒地者多也。

荒地既日益开拓，则列国境域，渐次相接，故其重视封疆，亦非前世之比。考重视封疆之事，春秋时即已有之。如《公羊》昭公元年，"叔弓帅师疆运田。疆运田者何？与莒为境"是也。《左》襄六年，"齐侯灭莱"，"高厚、崔杼定其田"。注曰："定其疆界。"八年，"莒人伐我东鄙，以疆鄫田"。注："莒既灭鄫，鲁侵其西界。故伐鲁东鄙，以正其封疆。"二五之说晋献公也，曰："蒲与二屈，君之疆也。""疆场无主，则启戎心。"已渐有陈兵守境之势矣。至于战国，列国殆无不慎固封守者。苏秦说齐宣王，谓"韩魏战而胜秦，则兵半折，四境不守"，"所以重与秦战而轻为之臣"是也。观于拓地之益广，守境之日严，而知统一之运之日迫矣。

　　古代最小之国，其地有仅一成者。稍进则为百里、七十里、五十里之国。又进则大国至五百里，前已言之。列国之吞并开拓，速率虽不得齐等，大致要亦相同。而春秋时之晋、楚、齐、秦，战国时之燕，拓地皆至方数千里，何哉？其立国皆在边徼，与戎狄为邻，戎狄贱土，易于开拓故也。《王制》曰："天子之县，内诸侯禄也，外诸侯嗣也。"赐爵颁禄，内外诸侯皆同。所异者，世袭与不世袭而已。诸侯之国其地之大，寖至与王畿等，则其国内，自亦有如内诸侯之大夫，楚县尹称公是也。诸侯之臣，亦有世袭者。盖为地远，制驭之力不及，如楚之于蘷是也。其近者亦不世袭，《王制》谓"诸侯之大夫，不世爵禄"是也。天子之于诸侯，诸侯之于大夫，名异，其实一也。权力所及之地愈广，则行外诸侯之制之地益少，而行内诸侯之制之地益多。然则灭国为县无他，渐废外诸侯之制，推行内诸侯之制而已。春秋时，晋文公降原，"问原守于寺人勃鞮"。《左》僖二十五年。战国时，吴起为魏守西河。皆郡守之类也。古者国小，甲兵少，交通不便，悬远之地，为驾驭所不及，则建国以守之。后世国大，甲兵多，交通便，悬远之地，亦为力所能及，则择人守之。此建国之所以易为制郡也。然则郡之置，又建国之因时制宜，而不行世袭之制者耳。封建之变为郡县如此。

封建之制所以能行者，以其地广人稀，交通不便，王室制驭之力不及，而列国亦不相接触故也。及其户口日繁，土地日辟，交通日便，则制驭之势既易，接触之事亦多。制驭易，则宅中图治者，务求指臂之相联。接触多，则狡焉思启者，不容弱小之存在。封建至此，遂不能不废矣。秦汉时之县，即古者百里之国也。其郡，则五百里之国也。封建至此，已属勉强维持，过此即断难存立矣。汉初所封大国，跨郡五六，连城数十，是六国之形也。"汉独有三河、东郡、颍川、南阳，自江陵以西至蜀，北自云中至陇西，与内史，凡十五郡"。《史记·汉兴以来诸侯王年表》。以视嬴秦，抑又过之。以嬴秦临六国，岂闻能久安者哉？此异姓诸王，所以不久灭亡，而同姓亦卒酿七国之变也。岂人谋之不臧哉？世运则然也。

以上所论，皆周以前事。至于秦而我国之国体定矣。然天下凡事皆有其惰力性。部落封建之制，行之既数千年，其不能一旦划除净尽，亦自然之势也。故自秦以后，封建制度之大反动凡四，而部落之制，亦至近代而划除犹未尽绝焉。今更略论之。

世每称秦人废封建，行郡县，其说误也。废封建是一事，行郡县又是一事。郡县之制，战国以前，早已有之，已见前。惟尽废封建，确自秦始。故谓秦人行郡县，不如谓秦人废封建之为得当也。六国之灭也，丞相王绾等，谓"燕、齐、荆地远，不为置王，无以填之"。后始皇置酒咸阳宫，博士淳于越又进曰："臣闻殷、周之王千余岁，封子弟功臣，自为枝辅。今陛下有海内，而子弟为匹夫，卒有田常，六卿之臣，无辅拂，何以相救哉？事不师古，而能长久者，非所闻也。"皆欲复行封建者也。李斯之驳王绾等也，曰："周文武所封子弟同姓甚众，然后属疏远，相攻击如仇雠。诸侯更相诛伐，周天子弗能禁止。今海内赖陛下神灵一统，皆为郡县，诸子功臣，以公赋税重赏赐之，甚足易制。天下无异意，则安宁之术也。置诸侯不便。"始皇之裁决之也，曰："天下共苦战斗不休，以有侯王。赖宗庙，天下初定，又复立国，是树兵也，而求其宁息，岂不难哉！廷尉议是。"封建之制，由此遂不复行。由今观之，始皇、李斯之议为是，固无待再计矣。始皇之令议帝号，丞相绾、御史大夫劫、廷尉斯等皆曰："昔者五帝地方千里，其外侯服夷服诸侯或朝或否，天子不能制。今陛下兴义兵，诛残贼，平定天下，海内为郡县，法令由一统，自上古以来未尝有，五帝所不及。"又《琅邪刻石》曰："古之帝者，地不过千里，诸侯各守其封域，或朝或否，相侵暴乱，残伐不止，犹刻金石，以自为纪。古之五帝三王，知教不同，法度不明，假威鬼神，以欺远方，实不称名，故不久长。其身未殁，诸侯倍叛，法令不行。今皇帝并一海内，以为郡县，天下和平。昭明宗庙，体道行德，尊号大成。"云云。所斤斤自诩者，皆在封建之废。由今日言之，封建之废，固已习为故常。由当时言之，则秦之为治，确与三代以前，截然有别，亦无怪其自多耳。

然此非当时之人所知也。当时之人，盖视秦之灭六国，为无道之举，而视列国并立，为当然之事。其诋秦曰"暴"，曰"无道"，曰"强虎狼"，非必以其虐民，亦以其尽灭六国，又不封建子弟，为专有前人之功，又背兴灭、继绝之义也。当时六国之人，视六国之复，亦为当然之事。陈胜之谋起兵也，曰："等死，死国可乎？"范增之说项梁也，曰："今君起江东，楚蜂起之将，皆争附君者，以君世世楚将，为能复立楚之后也。"皆此等思想也。人心如此，灭秦之后，自无一人专据有之之理，其不得不出于封建者势也。

周以前之封建，制度本不一定。如地有大小，爵分三等或五等之类。由前所述，已可见之。古代有天下者之号，盖皆曰王，今文经说，谓王者受命，存二代之后，与己并称三王，三王之前曰五帝。此因经说，非事实。然经说亦必有所依据。《尚书大传》述舜事曰："帝乃称王而入唐。"可见王为当时之称，帝为后世之号矣。其下则有三等五等之爵。至秦楚之际，则称天下之共主为帝，而凡有国者皆称王。项籍尊楚怀王为义帝，所分封者皆称王是也。古代诸侯，本有长，至此诸侯皆称王，则为之长者，自宜称霸王，项籍自为之。此时之封建，盖较诸前世，规模莫大矣。

当时受封者有两种人：一六国之后，西魏王豹，故魏王。韩王成，代王歇，故赵王。济北王安，齐王建孙，皆六国后。胶东王市，故齐王，亦齐王族。辽东王韩广，故燕王，虽非燕后，然当时燕后无自立者，广固亦自谓恢复燕国也。一灭秦有功之人也。西楚霸王项籍，汉王刘邦，常山王张耳，皆起兵叛秦者。河南王申阳，张耳嬖人。殷王司马邛（卬），赵将。九江王英布，楚将。衡山王吴芮，秦鄱阳令，起兵从诸侯入关。临江王共敖，义帝柱国。燕王臧荼，燕将。齐王田都，齐将。雍王章邯、塞王司马欣、翟王董翳，则秦降将也。然封建之实，既已不存，则虽勉强为之，亦终不能久。故封国虽多，卒之争霸中原者，刘、项二人而已。项灭刘兴，而所封诸国，亦如摧枯拉朽，忽焉以尽焉。是为封建第一次反动。

第二次反动，即继第一次而起。盖分割天下，各据一方之势，虽明知其不可久，然众建亲戚，以为屏藩之梦，则犹未能醒也。汉初所王，异姓凡七，楚王韩信、梁王彭越、赵王张敖、韩王信、淮南王英布、燕王臧荼、长沙王吴芮。盖本出于不得已。故除长沙而外，皆不旋踵而亡。同姓子弟王者九国，齐王肥、淮南王长、燕王建、赵王如意、梁王恢、代王恒、淮阳王友，皆高帝子。楚王交，高帝弟。吴王濞，高帝兄子。皆跨郡五六，连城数十，此则七国之乱之原也。天下事有一时之用，有恒久之用。恒久之用，如筑室然，必期若干年之安居。一时之用，则蘧庐一宿而已。其物本为刍狗，用已即可弃，不能以其为时之短，而讥其无用也。汉初封建即如此。欲如三代之封建，历千余载，以蕃卫王室，夫固有所不能。然谓其并一时之效而无之，则亦过矣。试即汉初之情势，一陈论之。

汉高祖定天下，反侧之心，未尝消也。韩信、彭越，皆与高帝故等夷，虽曰"角力而臣之"，其能心服者，亦有限耳。高祖南征北讨，不恒厥居。有天下后，在长安之时甚少。是时代之而主大计者，果何人哉？萧何邪？无论高祖不能深任，即曰能之，而其人故刀笔吏，主簿书钱谷则可,参替大计,非所任也。张良邪? 彼徒轻侠策士耳,坐而运筹则可,起而行,亦非所能也。然则高祖之所任,果何人哉? 曰:吕后也。史称"后为人刚毅,佐高祖定天下。所诛大臣,多吕后力"。《史记·吕太后本纪》。夫吕后刚毅或有之,究之一女子耳。功臣宿将,何畏之深? 而韩信、彭越,束手就戮。陈平、周勃当后世,亦戢戢不敢动哉? 曰:此非一人之足畏,外戚之在当时,固自有其势力也。古代所任,首在同姓,次则外戚,人心习为固然。一矣。高祖之起,吕氏盖有力焉。建成、周吕,虽非信、越之伦,抑亦曹、滕之亚,樊哙尤项王所称壮士也,相与辅相之,此韩信、彭越所以束手受戮,陈平、周勃所以屏息不敢出气也。营陵谓"吕氏雅故,推毂高帝就天下",信不诬矣。二也。有此二因,则高祖非任吕后一人,而任吕氏一族也。当时可畏者,莫如功臣。高祖外封子弟,内任外戚,皆所以御功臣也。至高祖死,遂成吕氏一门内斗、功臣外斗宗室之局,吕后死而齐王起兵,则宗室之斗外戚也。使灌婴击齐,而灌婴与之连和,平、勃等遂乘机而起于内,则功臣之斗外戚也。两力合而外戚以亡。然当其未亡时,挟天子之尊,据建瓴之势,其力固雄,其名固顺。使产、禄谨守太后遗教,不轻弃军,则萧墙之祸不作。吴王濞弱岁冠军,白头举事,犹尚无成,况齐王儿子乎? 其成败固未可知,然则外戚固足用也。夫以外戚之势,可畏如此,而吕雉终不能如武曌之易唐而周,则以高祖子弟拥强国者之多也,功臣之深谋秘计,何所不至。然诸臣虽拒立齐王,终不敢不迎文帝于代,其故亦由是也。宋昌劝文帝决,入曰"高帝封王子弟,地犬牙相制,此所谓磐石之宗也,天下服其强",《史记·孝文本纪》。可谓知言矣。然则众建亲戚,在后来虽致七国之乱,而当天下初定时,固未尝不收其效。欲如殷、周所封,历千余载,自全以为藩卫,夫固有所不能。而一时夹辅之效,固不能谓其无有也。故曰:事有永久之效,有一时之效。以其无永久之效，而并昧其一时之效焉，亦不察时势之谈也。

然封建在后世，毕竟为刍狗可弃之物。故其效虽著，其弊已彰。则吴楚七国之乱是也。七国之乱，或追咎文帝之养痈，或蔽罪晁错之操切，亦不衷情实之谈。以当时诸侯之形势，不反一次，其势固终不可止，所谓力之所蕴，不泄不毕也。七国乱后，乃摧抑诸侯，不得自治民补吏。武帝又用主父偃之议，令诸侯得以其邑分封子弟，而贾生"众建诸侯而少其力之策"行矣。《汉书·主父偃传》：偃说武帝曰："愿陛下令诸侯得推恩分子弟，以地侯之。彼人人喜得所愿，上以德施，实分其国，必稍自销弱矣。"于是武帝从其计。汉代之封建，至是遂名存实亡，是为封建第二次反动。

封建制度既亡，王室遂莫为支辅。王莽以外戚移汉祚，如反掌焉。光武定天下，首以息民为务。又是时人心虽思汉，而攀龙鳞附凤翼者，皆异姓功臣，宗支固莫能自振。光武久在行间，苦用兵。群雄定后，虽郡国都尉，犹且罢之，况于立国以树敌乎？职是故，后汉鉴于前汉之亡，理宜崇宗支，而抑外戚，而事卒不然也。魏文帝与陈思王争为魏世子，积不相能。任城威王，亦其所忌。故篡汉后，所以摧抑诸王者甚至。当时诸王，名为分藩，实同禁锢。行动且不自由，求为匹夫而不可得。虽有封建之名，亦徒有其名而已。迨晋有天下，鉴于己所以得之者，实由魏之寡助，复思众建亲戚，以为屏藩，而封建之反动又起，晋室诸王，皆得置兵选吏。而入典机衡，出作岳牧，倚畀之重，视汉抑又过之，遂至酿成八王之乱。东渡而后，虽不复行封建，然迄于南朝，诸王往往出典大郡，或则兼督若干州军马，而斯时中央州郡之相猜，诸王遂承其敝而受其祸。如宋孝武、齐明帝之屠戮宗室，梁武帝被围台城，诸子曾莫顾恤，而争拥兵相屠，皆其祸之最甚者也。此实承封之余敝也。是为封建之第三次反动。

至唐代而其制大异。唐制封爵之名虽异，语其实，则皆汉之关内侯也。马贵与曰："秦汉以来，所谓列侯者，非但食其邑入而已，可以臣吏民，可以布政令。若关内侯，则惟以虚名受廪禄而已。西都景武而后，始令诸侯王不得治民，汉置内史治之。自是以后，虽诸侯王，亦无君国子民之实，不过食其所封之邑入，况列侯乎？然所谓侯者，尚裂土以封之也。至东都，始有未与国邑，先赐美名之例，如灵寿王、征羌侯之类是也。至明帝时，有四姓小侯，乃樊氏、郭氏、阴氏、马氏诸外戚子弟，以少年获封者。又肃宗赐东平王苍列侯印十九枚，令王子五岁以上能趋拜者，皆令带之。此二者，皆是未有土地，先佩印，受俸廪。盖至此，则列侯有同于关内侯者矣。"《文献通考》卷二百六十九。按封建之制分析之，其原素有二：爵以贵之，禄以富之。其权皆出于朝廷，与凡官吏同。君国子民，子孙世袭，则其为部落酋长时固有之权利也。至于封国而无土，则存朝廷富贵之典，而去其固有之权。封建至此，遂名存实亡矣。唐制，分爵凡九：曰亲王，皇兄弟，皇子。曰郡王，以封太子之子。惟庶姓有大功者，亦得封之。曰国公，曰郡、县开国公，曰侯，曰伯，曰子，曰男，皆无土，加实封者，乃以其租调与之。盖徒锡以荣名，并实禄亦不能尽给焉。"爵者，上之所擅，出于口而无穷。"汉晁错语。禄固为物力所限也。封建之制如此，在君主之世，可谓有利而无弊，故后世率仍之。

元代封建，规模可谓极大，太祖四子分地，几于包举亚洲之西、北、中三部，且跨有欧洲。然其地皆不在中国。中国境内，固未尝无诸王分地。即后妃、公主，亦各有食邑。然其赋不得私征，皆输之有司之府，视其当得之数而给之，故其祸不烈。明太祖定天下，封诸子三十九人，各设官属、傅相，置卫兵。虽不得干预政事，而体制颇崇，可称封建第四次反动。然封建至此，实已成强弩之末，故其影响初不大。靖难之变，实以成祖居北藩，兵力本强，与其为燕王无涉。至宸濠，则徒妄人耳。以宸濠之狂悖，遇武宗之荒淫，虽不假之以宁王之名，彼亦未必不反也。故明太祖之封建，实属无大关系。至清初之封三藩，则本非其心之所欲。与其谓为藩封之背叛，尚不如谓为军人之跋扈，汉族遗臣之图恢复者耳。故封建之反动，实至第四次而终。

　　封建者，统一之反也。封建之制废，则统一之业成矣。然后世又有为统一之梗者，则叛民、叛将之割据是也。柳子厚谓秦有叛民，而无叛吏；汉有叛国，而无叛郡；唐有叛将，而无叛州。盖郡县之设，既无世袭，不得私有其土而有其民，而又不假之以兵，其势固无从叛。所可虑者，则天灾流行，政令失当，揭竿斩木，纷纷而起。或则多事之秋，武人跋扈，私其土地，传之子孙耳。大抵一郡之地，势不足以自立，欲割据者，必得一州之地而后可。故行两级制，则外轻而内重。行三级制，则外重而内轻。秦汉皆行两级制，至后汉末年，乃改刺史为州牧。于是，以一人据有一州或数州，遂至纷纷割据，卒离为三国者数十年。晋之东渡，上流势重。荆江二州，迄与扬州相持。至宋武帝出，雄才大略，尽划除同时之武人，而政令始出于一。方其未出于一时，始有王敦之叛，继有苏峻之乱，又有桓温之废立，终以桓玄之篡。即其貌若无事时，亦内外相猜，日以心斗。坐视北方之丧乱而不能乘，致失恢复中原之机会。盖分裂之祸，若斯其酷也。宋武帝虽暂划除武人，然统一之业不成，则外兵终不可废。故南北朝之世，内外仍不免相猜。每当中央纷乱之时，拥强兵于外者，必挺戈而起。两朝四代之革易，皆是物也。此以其成者言。其叛而败亡或降敌者，尚不可偻指数。北方之终不可复，非拓跋氏之强，实南方之权力不出于一，而终不竞也。唐初行府兵之制，兵不屯聚，将不擅兵，故令行万里，莫之能梗。至藩镇之兵起，而天下分裂矣，卒至离为五代十国，亦数十年而后定。其事人人所知，无待深论。北宋之世，兵权亦集中央。迨南渡初，藉诸将之兵以御敌，而诸将中有骄恣不听命令者。"及其或杀或废，惕息俟命，而后江左得以少安。"叶适语。此皆柳氏所谓叛将也。秦末之揭竿斩木,莽末之新市、平林,后汉末之黄巾,隋末之群雄,唐末之黄巢,南北宋间之义军,元末纷起之汉族,明末之饥民,清代之洪、杨,皆柳氏所谓叛民者也。其事或成或不成。成则或为帝,如汉高祖、明太祖是也。次乃割据一方,绵历若干年,否则不旋踵而败。大凡叛民之扰乱,不如叛将割据之久长,以其根柢固不如叛将之深厚也。此外,又有异族侵入中原,割据其地者,如五胡、西夏、辽、金、元、清,皆是。此非我国之自行分裂,当别论。

论一国之国体,当主其常,不主其变。犹之论人之生理者,当主其平时,不当主其病时也。以变态论,自秦以后,分裂之时,亦不为少。然以常理论,则自秦以后,确当谓之统一之国,以分裂之时,国民无不望其统一;而凡分裂之时,必直变乱之际,至统一则安定也。

然则我国之为统一国,固二千余年于兹矣。秦始皇二十六年,灭齐,统一天下,当民国纪元前二千一百三十二年。其稍为统一之累者,则为境内异族之未尽同化。此等异族,我国往往因其未服,即其地立郡县之名,而以其官授其酋长。外观与汉官无异,实则仍保其君国子民之旧。如唐之羁縻州,及元、明、清三代之土官、土司是也。其中管理严密者,承袭须待朝令、政令或受监督。征讨之际,亦听征调。有不顺命或背叛者,则发兵夷之。又或因其政治之虐乱,继嗣之纷争,种落之猜携,邻敌之攻击,辄废其人而代以汉官。此等可谓自部落变为封建,自封建变为郡县。其为力所不及者,则一再传后,辄又废绝,无可稽考。譬诸古代要荒之国,贡会无常。此则仍止可谓之部落耳,并不足语于封建也。大抵今日我国内地,纯然自为风气之部落,已可云无有。西南土官,改流将尽。存者不久亦必列为郡县矣。惟蒙、藏、青海,清代所行,亦只可云封建之制,所以拊结之者,初不甚密,至今日而蒙藏且叛去矣。此则重烦我国民之殷忧者也。

第十一章　政　体

政体可以分类,昔日所不知也。昔者习于一君专制之治,以为国不可一日无君;既集人而成国,则惟有立一君而众皆受命焉尔矣。此由一君专制之治,行之既久,而遂忘其朔。其实天下事无一蹴而成者。中国后世之政体,虽若一君专制之外,更无他途可出;而推其原始,出治之法,实亦不止一途;而古代之君主,与后世之君主,名虽同,其实亦迥异也。

政体之分类,至今繁杂极矣。然推诸古代,固不如是。欲讲古代之政体,我谓亚里士多德之说,仍可用也。亚里士多德以治者之多少,分政体为三:曰君主政体,以一人主治者也;曰贵族政体,以少数人主治者也;曰民主政体,以多数人主治者也。予谓昔以多数人主治之事甚少。所谓多数少数,亦就一阶级言之耳。中国政体,于此三者,亦均有形迹可求。特其后君主之治独存,而余二者,遂消灭而不可见耳。今略述其事如下:

邃古之世,草木榛榛,鹿豕狉狉,所谓君长者,不知其果何情状也。《孟子》载许行之言曰:"贤者与民并耕而食,饔飧(飨)而治。"此盖邃古之俗。近人谓《孟子》"有为神农之言者许行",为诸子托古之铁证。意谓许行造作言语,托之神农也。然此实误解。此"神农"二字,乃学派之名,非人名,其学即《汉志》所谓农家。《汉志》谓"鄙者为之,以为无所事圣王,欲使君臣并耕",正指许行之说也。"有为神农之言者",为当训治。与《汉书·武帝纪》

"丞相绾奏所举贤良方正，或治申、商、韩非、苏秦、张仪之言"，句法相同。犹言有治农家之学者耳。许行所称，盖农家之说。而农家此言，则欲以邃古之治为法。犹老子以邻国相望，鸡犬之声相闻，民至老死不相往来，为至治之世也。犹乌桓大人，"各自畜牧营产，不相徭役"也。《后汉书·乌桓传》。此等君主，犹后世一村长耳。最初所谓君长者盖如此。《汉书·西域传》：乌贪訾离国，户四十一，口二百三十一，胜兵五十七人。狐胡国，户五十五，口二百六十四，胜兵四十五人。此仅如今日之村落矣。

最初之君长，何自来邪？果如柳子厚之言"假物者必争，争而不已，必就其能断曲直者而听命焉。其智而明者，所伏必众，告之以直不改，必痛之而后畏，由是君长刑政生焉。近者聚而为群，群之分，其争必大，大而后有兵有德。又有大者，众群之长，又就而听命焉。是故有里胥而后有县大夫，有县大夫而后有诸侯，有诸侯而后有方伯连一，有方伯连一而后有天子"邪？《封建论》。非也。国之初，盖原于氏族。氏族之长，固有权以治其众。夫其所以治其众者，乃由于亲属，非世所谓政治也。人类最初之结合，盖以亲属为限。然同处一地者，势不能皆为亲属。非亲属不能无争，其和亲者，亦有公共之事，势不能无所听命。其所听者，或以德为众之所归；或以智为众之所信；或其力为众之所慑；或则以小族听命于大族，而大族之长，遂为小族所尊；皆事所可有者也。此为众所听命之人，其所治者，不以亲属为限。凡同处于一地方者，皆受治焉，则始有土地人民，而其所代表者，遂为国家之主权矣。

邃初之君主，或曰必带神权性质，亦不尽然。以能行巫觋之事，而为众所归仰者，固未必无人，然不必尽由乎此。大抵古人信教笃，而社会组织，亦统于一尊。祭所严事之神，或即推统率之人主祭。又凡为君主者，必系一族之长。祭其族中之神，彼固恒为之主。后人不知其以为君长故乃主祭，遂谓其以主祭故而为君长矣。至于造作"感生"、"受命"等说，以愚其民，则必国大民众，君主尊严益甚，然后有之,非邃初所有也。

邃初之君主,本无世袭之理。其所以变为世袭者,则以部落之君,多系一族之长;一族之长,本自有其当袭之人。苟一部落中,诸族之尊事一族不变,则此一族中,继为族长之人,自亦仍为部落之长;久之则成定法矣。此君位继承,所以每与亲族继承,合而为一也。亦有群族所奉,出于公推,不必即为一族之长者,此即选君之制。然人情恒私其子姓,所选者权力既大,选之者不复能制,则毁坏旧法,以传诸其所欲传之人矣。

我国君主之可考者,始于三皇五帝。参看附录《三皇五帝考》。三皇之为何如人?其继承之际何如?不可考矣。大约非身相接。五帝则据《史记》及《大戴礼记》,《帝系姓》。实出一族。其世次未必可据,古书所谓某生某者,未必皆父子。而其统系或不尽诬。据此二书,图其世系则如下:

黄帝 { 玄嚣——蟜极——高辛——尧
       昌意——颛顼——穷蝉——敬康——句望——桥牛——瞽叟——舜

其中无一身相接者。昔人谓传子之局定于禹,信不诬也。

君位传袭之法,据古书所载观之,有同族相袭,世次无定者。如尧、舜、禹之相传是。禹父鲧,据《大戴礼记》及《史记》,亦颛顼子。此制儒家称为传贤,亦谓之禅。其正字当作壇。其事究竟如何,殊难论定。今附录予所作《广疑古》一篇于后,以见予对此事之见解而已。"孔子曰:唐、虞禅,夏后、殷、周继,其义一也。"《孟子·万章上篇》。则继与禅为相对之称。其中又分为二:(一)父子相传;(二)兄弟相及。《公羊》庄三十二年,"鲁一生一及"。《解诂》:"父死子继曰生,兄死弟继曰及。"案《公羊》此文,《史记·鲁世家》作"一继一及"。父子相传之法,盖定于夏,夏除仲康及扃外,无兄弟相及者。图见后。至殷忽行相及之制。此非殷之变夏,古盖自有此两法也。《春秋繁露》云:"商质者主天,夏文者主地。主天法商而王，故立嗣予子，笃母弟。主地法夏而王，故立嗣予孙，笃世子。"《三代改制质文篇》。《公羊解诂》云："母弟，同母弟。母兄，同母兄。分别同母者，《春秋》变周之文，从殷之质；质家亲亲，明当厚异于群公子也。"隐公七年。大丁之死也，其弟外丙、仲壬继立，皆短祚，乃立大丁之子大甲。沃甲之于祖丁也亦然。则商代相及，盖以同母弟为限。同母弟尽，则还立长兄之子。《史记》云："自仲丁以来，废適而更立诸弟子，弟子或争，相代立。"此所谓適，兼指弟与子言。明弟与子各有其当立者也。春秋时，宋宣公舍其子殇公而立其弟穆公，穆公仍传诸殇公。隐公三年。宋固殷后。《礼记·檀弓》："公仪仲子之丧，檀弓免焉。仲子舍其孙而立其子。檀弓曰：何居？我未之前闻也。趋而就子服伯子于门右。曰：仲子舍其孙而立其子，何也？伯子曰：仲子亦犹行古之道也。昔者文王舍伯邑考而立武王，微子舍其孙腯而立衍也。夫仲子亦由行古之道也。"微子殷人。子服伯子所谓古，盖指殷言之也。又春秋时，吴谒、余蔡、夷眜、季子四人，约以兄弟相及。夷眜死，僚以庶长即位。谒子阖庐曰："将从先君之命与，则国宜之季子者也。如不从先君之命与，则我宜立者也。僚恶得为君乎？"遂弑僚而立。吴僻陋，盖犹沿殷法。亦足证殷兄弟相及，以同母为限也。《史记》以僚为夷眜子。案《公羊》载季子谓阖闾曰："尔杀吾兄。"则《史记》误也。《世本》以阖闾为夷眜子。亦必误。

　　立子之法，最为普通。然亦有别，所欲立则立之，是为"立爱"，一也。或论长幼，或论適庶，则有定分，二也。纯乎立爱，于史无征。惟"母爱子抱"，时时以此私情，破坏定制耳。立长立少，随俗不同，我国则多立长。"楚国之举，恒在少者"，《左》文元年。又昭十三年，叔向曰："芈姓有乱，季必实立。"盖亦以定制如此，定乱者多依法拥立少者也。其特异者也。適庶之分，必在妻妾之别既严之后，其起于何时不可知。《吕览》谓："纣母之生微子启与仲衍也尚为妾，已而为妻而生纣。

纣之父欲置微子启,太史据法而争之。"《当务》。《史记》则谓"启母贱不得嗣"。说虽不同,其有適庶之分则一。殷兄弟相及,而以同母为限,盖亦以嫡庶殊贵贱也。《左》昭二十六年,王子朝告诸侯之辞曰:"先王之命曰:王后无適,则择立长。年钧以德,德钧以卜。王不立爱,公卿无私,古之制也。"襄三十一年,穆叔曰:"大子死,有母弟则立之,无则长立,年钧择贤,义钧则卜,古之道也。"此所谓古,盖皆指周之先世。王子朝所谓先王,必周之先世也。周制盖兼取立適立长二义者也。为后世所遵行。

(一)—(二)启—(三)太康
(四)仲康—(五)相—(六)少康—(七)予—(八)槐—(九)芒
—(十)泄—(十一)不降—(十四)孔甲—(十五)臯—(十六)发—(十七)履癸
(十二)扃—(十三)廑

(一)成汤—大丁
(二)外丙
(三)仲壬
(四)太甲—(五)沃丁
(六)大庚—(七)小甲
(八)雍己
(九)大戊—(十)中丁
(十一)外壬
(十二)河亶甲

(十三)祖乙—(十四)祖辛—(十六)祖丁—(十八)阳甲
(十九)盘庚
(二〇)小辛
(二一)小乙—(二二)武丁—(二三)祖庚
(二四)祖甲—(二五)廪辛
(二六)庚丁
(十五)沃甲—(十七)南庚
—(廿七)武乙—(廿八)大丁—(廿九)乙—(三十)辛

以卜定继嗣,古代多有之。《檀弓》:"石骀仲卒,无適子,有庶子六人,卜所以为后者。"《左》昭十三:"楚共王无冢適,有宠子五人,无適立焉。乃大有事于群望,而祈曰:请神择于五人者,使主社稷。

乃遍以璧见于群望，曰：当璧而拜者，神所立也，谁敢违之？既乃与巴姬密埋璧于大室之庭，使五人斋而入拜。"定元年，子家曰："若立君，则有卿大夫士与守龟在。"皆是也。足征此为古代通行之法。然立君而谋诸卜筮，究为不可恃之道。迷信甚深之世，守龟所示，庸或莫之敢违。至于天道远，人道迩，为众所著知，则龟筮之从，有难戢其争夺之心者矣。又义钧则卜，必先之以年钧择贤，贤否固无一定；而异母之子，又可同时而生，实致争乱之道也。故春秋所定之法，较周法尤严。《公羊》曰："立适以长不以贤，立子以贵不以长。"《解诂》曰："适，谓适夫人之子。尊无与敌，故以齿。子，谓左右媵及侄娣之子。位有贵贱，又防其同时而生，故以贵也。礼：适夫人无子，立右媵；右媵无子，立左媵。左媵无子，立嫡侄娣；嫡侄娣无子，立右媵侄娣；右媵侄娣无子，立左媵侄娣。质家亲亲，先立娣。文家尊尊，先立侄，嫡子有孙而死。质家亲亲，先立弟。文家尊尊，先立孙。其双生也，质家据见，立先生。文家据本意，立后生。"隐元年。凡可以致争端者，无一不豫为之防，其立法可谓密矣。隐四年，"卫人立晋"。《公羊》曰："立者何？立者，不宜立也。其称人何？众立之之辞也。众虽欲立之，其立之非也。"春秋之立君，主依法，不主从众，以成法易循，众意难见。且众之所是，未必是也。

立子善乎？立弟善乎？曰：立子善矣。人之情不能无私。兄弟之亲，不及父子。又兄弟之年恒相近，少者或无登位之望，不免争夺相杀。鲁桓公、宋太宗是也。立子以适、不以适孰善？曰：立适善矣。古代夹辅，每资外戚。郑忽以不昏于齐而败，其明证也。立长善乎？立少善乎？曰：立长善矣。立长则君位早定，立少则必有季康子之事矣。《左》哀三年。

古代君权，盖甚微薄。然至后世则渐重。果以何因缘而至是乎？曰其故有三：

（一）君脱离亲族之关系，而成其为君。

（二）臣子之权渐削。

（三）君与教务渐疏，政务日亲。

曷言乎君脱离亲族之关系，而成为君也？君主亦必为一族中人。其对异族，虽论君臣之分，其对同族，仍有伯叔甥舅之亲，其权力不得绝殊。而当君主幼冲，或昏庸时，族众之权力，或且驾乎其上，亦势也。然君主所治，不独一族，使对同族之人，专论亲族之关系，国法必为之破坏。故国愈大，所辖之民愈众，则其法愈严，而君主之亲族，能与君主论亲族之关系者即愈少。县子曰："古者不降，上下各以其亲。"《礼记·檀弓》。可见自殷以前，君主与亲族之关系，尚无异于恒人。至周则天子诸侯绝旁期，大夫降一等，以贵贵压亲亲矣。《文王世子》曰："族人不敢以其戚戚君。"《郊特牲》曰："诸侯不敢祖天子，大夫不敢祖诸侯。"皆所以全乎其为君也。方其始也，君臣之异，仅在几微之间，故"君不与同姓同车，与异姓同车不同服"；《礼记·坊记》。"唯名与器，不可以假人"。《左》成二年。及后世，则天泽之分既严，无借此等虚文以为别矣。

曷言乎臣子之权日削也？古代贵族，与君相去固近，即贵臣亦非甚远。《燕义》："不以公卿为宾，而以大夫为宾，为疑也，明嫌之义也。"何则？君与臣本共治一事之人，其职虽有尊卑大小，其地位实非绝殊，理至易见，而亦事势之自然也。君臣系共治一事，而臣非其君之私人，在古代义本明白。《墨子》曰："天子立，以其力为未足，又选择天下之贤可者，置之以为三公。天子三公既已立，以天下为博大，远国异土之民，是非利害之辨，不可一二而明知，故画分万国，立诸侯国君。诸侯国君既已立，以其力为未足，又选择其国之贤可者，置立之以为正长。"《晏子》曰："君民者，岂以陵民？社稷是主。臣君者，岂为其口实？社稷是养。故君为社稷死则死之，为社稷亡则亡之，若为己死而为己亡，非其私昵，谁敢任之？"是其义矣。君臣之义，惟在君为出命者，臣为受命者，所谓"君能制命为义，臣能受命为信"也。又君当督责其臣，臣当受督责于其君。故曰:"事君者,先资其言,拜自献其身,以成其信。故君有责于其臣,臣有死于其言。"君臣之义,不过如此。臣不旷其职守,君即不容滥用威权。所谓"君使臣以礼,臣事君以忠"也。《坊记》曰:"事君大言入则望大利,小言入则望小利。故君子不以小言受大禄,不以大言受小禄。"《燕义》曰:"臣下竭力尽能,以立功于国,君必报之以爵禄。""礼无不答,言上之不虚取于下也,上必明正道以道民,民道之而有功,然后取其什一。故上用足而下不匮也,是以上下和亲而不相怨也。""此君臣上下之大义也。"其报施之道,及彼此各有分职之义,可谓昭然明白矣。古礼亦有臣一似其君之私人者。如"君有疾饮药,臣先尝之";"君适其臣,升自阼阶";"君于臣,有取无假"等是。此由古代父至尊亲,资于事父以事君,故有此礼。然"子之于亲也,三谏而不听,则号泣而随之。为人臣之礼,三谏而不听,则逃之"。其可绝与不可绝,究有不同。且尝药等本非大臣之事也。臣之以身殉君者,非为其私昵,则由意气相得。此犹朋友之相许以死耳。古朋友本有以死相许者也。《假乐》之诗曰:"之纲之纪,燕及朋友。"毛传曰:"朋友,君臣也。"君臣以职守论,则犹同寮;以交谊论,则由朋友矣。秦穆公与三良饮酒而乐曰:"生共此乐,死共此哀。"三人者皆许诺。穆公死,三人皆自杀以殉之。此君臣之以意气相死者也。**人之情,每易滥用其权力。君权大则下侵其臣,臣权大则上陵其君。求其各守分职,不相侵犯者,盖不易得。古之所患,在臣上陵其君者多,君下侵其臣者少。**此由古代事势,与后世不同。读《墨子·尚同篇》,可以见之。盖专制大甚固为患,而分裂大甚,是非无准,纷争莫为之平,其为患尤甚也。孔子曰:"天无二日,民无二王。尝禘郊社,尊无二上。"凡事皆欲定一尊以息纷争,盖不独君臣之义然矣。社会思想如此,君臣之义自日昌。《左》襄二十年,甯惠子疾,召悼子曰:"吾得罪于君,悔而无及也。名藏在诸侯之策,曰:'孙林父、甯殖出其君。'君入则掩之。若能掩之,则吾子也;若不能,犹有鬼神,吾有馁而已,不来食矣。"此等悔心,皆君臣之义之昌明,有以使之然也。此事于君权之张,所关实大。又居总摄之地者,侵削其下究较易。故君权日张,臣权日削也。古之所谓世臣者,其位盖有所受之,非人君所得擅去。故如周之周、召,齐之国、高,鲁之三桓,郑之七穆,无不世执政柄。世臣与国家休戚,相关甚大。故《孟子》曰:"所谓故国者,非谓有乔木之谓也,有世臣之谓也。"然其弊也,"政由甯氏,祭则寡人"。又其甚者,则"万乘之国,弑其君者,必千乘之家。千乘之国,弑其君者,必百乘之家"。不夺不厌矣。又臣与其君,亦可以论曲直。元咺与卫侯讼是也。《左》襄二十八年。后世则无此事矣。臣非无上陵其君者,然特窃君之权而然,非其固有此权矣。

曷言乎君与教务日疏,政务日亲也?邃古之世,政教不分,其或分殊,教务亦重于政务。故为人君者,往往躬揽神教之大权,而政务则不屑措意。世殊时异,主教者仅存虚号,秉政者实有大权。古代君人之学,首重无为。所谓无为,在后来言之,固非不事事之义。然其初义,则恐正如此。孔子曰:"为政以德,譬如北辰。居其所,而众星拱之。"此谓为人君者,当法昊天上帝也。古者天有六:青、赤、黄、白、黑帝,各有所职。惟昊天上帝,则无所事事。所谓"天立五帝以为相"也。无为初义,盖实如此。后乃以他义释之耳。《礼运》曰:"宗祝在庙,三公在朝,三老在学。王前巫而后史,卜筮瞽侑,皆在左右。王中心无为也,以守至正。"此则俨然入定之僧矣。此等人焉能躬揽政务哉?《礼运》所述,盖王居明堂之礼,邃古之制也。逮于后世,则"一日二日万几",人君于政务,无所不亲揽,其权力亦非古代比矣。

以上三端,皆君权之所以由演进也。此等不能确指其在何时,并无从凿指某事某事以实之。特合前后事迹观之,则其理如此耳。

神教之力,颇足以限制君权。《表记》曰:"唯天子,受命于天。士受命于君。故君命顺,则臣有顺命。君命逆,则臣有逆命。"犹西方政教分离以前,教权出于君权之上也。临之以天,为君者即不容自恣。两汉之世,遇日食灾变,则下诏责躬求言。又或策免三公,犹存此意。魏晋以后,老庄之学大行,人皆崇尚自然,而此意亡矣。然神教能限制君权,亦能辅助君权。后世所谓天子者,特谓事天如父,而天亦视之如子而已。古代则不然。《诗》称后稷之生,由姜嫄履巨人迹；契之生，由简狄吞燕卵，是谓"感生"。感生者，感天而生，盖诚以为天帝之子也。如是，则帝王之种，自与人殊矣。受命二字，在后世亦成空言。古代则又不然。《召诰》曰："皇天上帝，改厥元子，兹大国殷之命。"又曰："今天其命哲，命吉凶，命历年。""王其德之用，祈天永命。"盖诚以为一姓之王天下，实天之历数使然。故有卜世卜年之举。而周德虽衰，王孙满犹以"天命未改"，折楚庄之问鼎也。不宁惟是，有大功德者，经一再传之附会，而其人遂介于人与神之间。开国之祖，大率有功德者也，本易为人所追慕，所传述。况复加之以其子孙之崇奉，用配天等礼，昭示于众乎？其为万民所归仰，宜矣。有盛德者必百世祀，祖宗之声名，固亦足以大庇其后嗣也。后世所谓摄政者，特代行君主之事耳，其人则犹居臣位也。古代则不然。《明堂位》曰："昔者周公朝诸侯于明堂之位，天子负斧依南乡而立。"注："天子，周公也。"又曰："武王崩，成王幼，周公践天子之位，以治天下。"此与清末朝会，溥仪居位，载沣斜身恭扶者大异矣。《书·大诰》之"王若曰"，王肃以为成王，郑玄以为周公。《公羊》隐四年，"隐曰：吾使修涂裘，吾将老焉"。何君曰："将老焉者，将辟桓，居之以自终也。故南面之君，势不可复为臣，故云尔。"《孟子·万章篇》："咸丘蒙问曰：语云，盛德之士，君不得而臣，父不得而子。舜南面而立，尧帅诸侯北面而朝之，瞽瞍亦北面而朝之。舜见瞽瞍，其容有蹙。""孟子曰：此非君子之言，齐东野人之语也。"衡以何君之说，谓尧北面朝固非，谓舜南面而立则是矣。然则摄政者，特有期限，期满当退，为异于真君耳。执此义以推之，则似古代嗣君服丧之时，其位皆由他人摄代。《论语·宪问》："子张问曰：《书》云高宗谅阴，三年不言，何谓也？子曰：何必高宗？古之人皆然，君薨，百官总己，以听于冢宰，三年。"然则三年之中，嗣君本不自为政，故伊尹可放太甲于桐也。《书·无逸》曰："高宗亮阴，三年不言。其惟不言，言乃雍。"《论语·学而》："子曰：父在观其志，父殁亲其行。三年无改于父之道，可谓孝矣。"三年无改于父之道，盖谓三年丧毕，所行克肖其先君，即"其惟不言，言乃雍"之谓也。《坊记》曰："升自客阶，受吊于宾位，教民追孝也。未殁丧，不称君，示民不争也。"盖古人居丧，一切不事事，故嗣君亦然也。君而可以三年不事事，可见是时君位所系，未若后世之重。君位而可以他人摄代三年，可见是时君臣相去之不甚远矣。

古代政体之奇异者，莫如共和。《史记·周本纪》云：厉王"暴虐侈傲，国人谤王，王怒。得卫巫，使监谤者，以告则杀之。国人莫敢言，道路以目。乃相与畔，袭王。厉王出奔于彘。太子静，匿召公之家，国人围之。召公曰：昔吾骤谏王，王不从，以及此难也。今杀王太子，王其以我为仇而怼怒乎？乃以其子代王太子，太子竟得脱。召公、周公二相行政，号曰'共和'。共和十四年，厉王死于彘。太子静长于召公家，二相乃共立之为王，是为宣王"。是周之无君者，十有四年也。案国本非君所独治，特后世君权重，人臣之位，皆受之于君，无君，则臣莫能自安其位。又视君位严，君之职，莫敢轻于摄代，故不可一日无君。若古代，则君臣共治其国之义尚明，臣之位亦多有所受之，非人君所能任意予夺。君权既小，则一国之政，必待人君措置者较少。人臣摄代其君，亦视为当然，而其顾虑，不如后世之甚，则无君自属无妨。《左》襄十四年，卫献公出奔，卫人立公孙剽。孙林父、宁殖相之，以听命于诸侯。此虽立君，实权皆在二相，亦犹周召之共和行政也。然究犹立一公孙剽，若鲁昭公之出奔，则鲁亦并不立君也。然则此等事，古代必尚不乏，特书阙有间，不尽传于后耳。晋惠公之为秦所禽也，"使郤乞告瑕吕饴甥，且召之。子金教之言曰：朝国人，而以君命赏。且告之曰：孤虽归，辱社稷矣。其卜贰圉也。众皆哭"。"吕甥曰：君亡之不恤，而群臣是忧，惠之至也，将若君何？众曰：何为而可？对曰：征缮以辅孺子。诸侯闻之，丧君有君，群臣辑睦，甲兵益多，好我者劝，恶我者惧,庶有益乎?"可见丧君无君者,当时亦不乏也。韦昭释共和曰:"公卿相与和而修政事。"可见无君而不乱,实由百官之克举其职也。《汲冢纪年》及《鲁连子》。以共和为共伯和行天子之事,其说不足信,已见《史记》正义。案《左》昭二十六年,王子朝告诸侯之辞曰:"至于厉王,王心戾虐,万民弗忍,居王于彘。诸侯释位,以间王政。宣王有志,而后效官。"《纪年》及《鲁连子》,盖因此伪造。其实所谓诸侯释位者,诸侯即指周召等言。近人或曰:中国历代,有暴民革命,无市民革命。有之者惟共和一役耳。案此役逐厉王者为国人。古代所谓国人,实国之桢干,而与野人异其阶级者也。

后世革命之人有六:曰宗室,若齐明帝、明成祖。曰外戚,若王莽、隋文帝。曰权臣,若魏、晋、刘宋。曰军人,若梁太祖、宋太祖。曰女主。唐武后。汉吕后仅临朝称制。此皆旧朝之戚属,或其所委任,仍带旧性质。惟起于草野之群众,乃可称真革命耳。其以少数族人主中原者,则性质又异,不能名革命矣。

历代之革命,有自外而入者,有即行之于内者。行之于内者,又可分为二:(一)本系在内之权臣,如王莽是。(二)则在外之强臣或军人,入据中央政府,如曹操、刘裕是。大抵内重之世,革易多在中朝。外重或内外俱轻之世,则或起于外而倾覆旧政府;或先入据旧政府,造成内重之局,而后行革易之事焉。以王步虽改,朝市不惊论,则起于内者为优。然以除旧布新论,则起于外者,为力较大也。

秦以后之革命,大率如此。然秦汉之际之革易,外观虽同,而其实大异。此役也,实政体转变之关键,不容与其余诸役等量齐观也。何也?自周以前之革命,皆以诸侯灭天子。此役则亡秦者皆起于草野,无尺土一民。一也。当时纷纷而起者,六国之后,若六国将相之后,皆无成功。卒登帝位者,乃一贫贱无行之刘季。其将相,亦多贫贱无赖之徒。二也。故此役,实开平民革命之局。自此以后,遂人人可登帝位矣。参看《阶级篇》自明。

贵族之权力,及神教限制君权之力,经汉世乃划削净尽。故秦汉之世,实古今转变之大关键也。汉初,内任外戚,外任宗室,前篇已言之。汉世之任宗室外戚,与后世不同。后世委任宗支,徒成虚语。汉世则诚有"广疆庶孽,以镇抚四海,藩卫天子"之意。当时所封同姓,"跨郡五六,连城数十",尾大不掉之势,显然易见。然初不以为虑者,以封建同姓,为当时之道也。汉初即有吕氏之祸,而元帝以后,任用外戚如故。前汉亡于王莽,而后汉之世,任用外戚如故。不特此也,哀帝去王氏,所以代之者,则外家丁氏及祖母族傅氏也。后汉外戚,殆无善终者。然一外戚去,一外戚复继之。此何故哉?亦以任用外戚,为当然之道也。凡一种制度,未至废弃时,虽或不善,人恒以为行此制者之不善,而不以为此制度之不善。即明知制度不善,亦必以为无可如何之事。既不容废,又无可以代之者。如君主专制之世,去一君必更立一君是也。陈平谓:"项王所任爱,非诸项,即妻之昆弟。"知项氏苟得天下,其封建子弟,任用外戚,亦必无以异于刘氏矣。此固非一二人之所为,而其时代思想为之也。自魏晋以后,则情势大异矣。

赵氏翼曰:"上古之时,人之视天甚近。迨人事繁兴,情伪日起,遂与天日远一日。以《六经》而论,《易》最先出,所言皆天道。《尚书》次之,《洪范》一篇,备言五福六极之征。其他诏诰,亦无不以惠迪、从逆为吉凶。至《诗》、《礼》、《乐》盛于商周,则已多详人事,而天人相应之理略焉。如"正月繁霜"诸作,不一二见也。惟《春秋》记人事,兼记天变,盖犹是三代以来记载之古法,非孔子所创也。战国纷争,诈力相尚。至于暴秦,天理几于灭绝。汉兴,董仲舒治《公羊春秋》,始推阴阳,为儒者宗。宣元之后,刘向治《穀梁》,数其祸福,傅以《洪范》,而后天之与人又渐觉亲切。观《五行志》所载,天象每一变必验一事,推既往以占将来。虽其中不免附会,然亦非尽空言也。昌邑王为帝无道,数出微行。夏侯胜谏曰:久阴不雨,臣下有谋上者。时霍光方与张安世谋废立,疑安世漏言。安世实未言,乃召问胜。胜对《洪范五行传》云:皇之不极,厥罚常阴,时则有下人谋上者。光、安世大惊。宣帝将祠昭帝庙。旄头剑落泥中,刃向乘舆。帝令梁丘贺筮之,云有兵谋,不吉。上乃还。果有任宣子章匿庙间,欲俟上至为逆。事发,伏诛。京房以《易》六十四卦,更直日用事,以风雨寒温为候,各有占验。每先上疏言其将然,近者或数月,远或一岁,无不屡中。翼奉以成帝独亲异姓之臣,为阴气太盛。极阴生阳,恐反有火灾。未几,孝武园白鹤馆火。是汉儒之言天者,实有验于人。愚案此非其言果有征验,正由当时迷信者多,故神其说耳。故观何时诡异之说,征验之多,便可知其时迷信之盛。《左氏》一书,载灾祥占验之说最多,亦同此理。故诸上疏者,皆言之深切著明,无复忌讳。〔……〕而其时人君,亦多遇灾而惧。如成帝以灾异,用翟方进言,遂出宠臣张放于外,赐萧望之爵,登用周堪为谏大夫。又因何武言,擢用辛庆忌。哀帝亦因灾异,用鲍宣言,召用彭宣、孔光、何武,而罢孙宠、息夫躬等。其视天,犹有影响相应之理,故应之以实不以文。降及后世,机智竞兴,权术是尚。一若天下事,皆可以人力致而天无权。即有志图治者,亦徒详其法制禁令,为人事之防,而无复有求端于天之意。故自汉以后,无复援灾异以规时政者。间或日食求言,亦只奉行故事。而人情意见,但觉天自天,人自人,空虚寥廓,与人无涉。"云云。《廿二史札记》卷二"汉儒言灾异"。又"汉重日食"、"汉诏多惧词"两条,可以参看。愚案吾国迷信之衰,实缘魏晋时玄学盛行而然。而魏晋玄学之兴,又根于东汉古学之盛。盖今学多传微言大义,古学偏重名物训诂。重名物训诂者,偏于考据,注重实事,迷信自然渐衰也。故东、西汉之间,实古今风气之一大转捩也。风气变而制度随之矣。

借神教以鼓动者,历代未尝无之。然无一能成事者。如汉之张角、张鲁,晋之孙恩,近代之白莲教、天理教等是也。洪秀全若但言逐满复汉,未始不足号召。乃必模放天主教,则适足以自亡矣。盖我国之民，信教之心素淡。故借资神教，仅足鼓动最愚之民。不必智者，凡普通人即皆不之信。其所能鼓动者，在一国中实居最少数也。

神教之权既破，稍足限制君权者，乃在社会惯习，人伦日用之间。即国民共视为当行之道者是也。日本织田万曰："崇古之风，为支那民族之特质。遗训旧制，改废尤难。苟或反之，即为大戾，历朝革命，非革古法、旧习，乃裁制破坏古法、旧习者耳。"《清国行政法》第一编第一章。其言亦殊有理。盖一国之民，不能无所信守。他国之民，所视为应守之道者，出于神教所启牖。而我国之民，所视为应守之道者，出于古训之昭垂。其所守异，而其有所守则同。守之固，则皆足以禁人之破坏耳。

汉代君权，尚有受限制者一事，相权之重是也。乃至东汉渐变，至魏晋之世而大坏。此事须参考官制乃能明之。

魏晋而后，君主之权力大张。古训及社会惯习而外，几无足以限制之者。而盗窃其权者，则历代皆有。权奸、宵小、女谒、宦寺是也。此乃依附君主而行，非法赋之权，足与君主相抗也。于政体无关系。

所谓民主政体者，谓凡事不容决之以一人，并不容决之以少数人，而必决之以多数人耳。其所谓多数，以全国言之，实非多数，又是一事。此则议事之初，本系如此。虽甚桀骜，能令众人服从其议者有之矣。使众人慑其威而不敢言，止矣。谓公共之事，众人本不当与，惟一人或少数人尸之，此非积渐，必不能致也。故民主政体者，乃政之初制也。我国所以无之者，则以地势便于统一，世愈降，国土愈广，集众而议，势所不行。贵族专制，则较君主专制尤恶，故君主削贵族之权，人民实阴相之。遂至举一国之权，而奉诸一人耳。

民主政体，于古有征乎？曰：有。《坊记》引《诗》曰："先民有言,询于刍荛。"郑注曰:"先民,谓上古之君也。言古之人君,将有政教,必谋之于庶民乃施之。"案《繁露》有六十四民,为上古无名号之君。《书·甫刑》:"苗民弗用灵。"郑注亦以为"有苗之君"。《礼记·缁衣》正义。则此先民释为人君,义自可通。此最古之世,人民之得以参与政事者也。然仅言其事,未详其制也。详其制者,莫如《周官》。《周官·小司寇》之职:"掌外朝之政,以致万民而询焉。一曰询国危,二曰询国迁,三曰询立君。其位:王南向,三公及州长百姓北面。群臣,卿大夫。西面。群吏,府史。东面。小司寇摈以叙进而问焉,以众辅志而弊谋。"《周官》虽虚拟之书,亦必有所依据。试征之他书:《左氏》定公八年,"卫侯欲叛晋,朝国人,使王孙贾问焉"。哀公元年,"吴之入楚也,使召陈怀公,怀公朝国人而问焉"。则《周官》所谓询国危者也。《书·盘庚上》:"王命众悉造(至)于庭。"《孟子》谓大王之迁岐也,"属其耆老而告之"。则《周官》所谓询国迁者也。《书·尧典》:"师锡帝曰:有鳏在下曰虞舜。"《左》僖十五年,"晋侯使郤乞告瑕吕饴甥,且召之。子金教之言曰:朝国人,而以君命赏,且告之曰:孤虽归,辱社稷矣。其卜贰圉也"。昭二十四年,"晋侯使士景伯莅问周故,士伯立于乾祭,王城北门。而问于介众"。介,大也。哀二十六年,"越人纳卫侯,文子致众而问焉"。则《周官》所谓询立君者也。知古确有是事矣。乡大夫之职,"大询于众庶,则各帅其乡之众寡而致于朝"。注:"郑司农云:大询于众庶,《洪范》所谓谋及庶民。"则斯制由来甚远。《洪范》所谓"谋及卿士,谋及庶人,谋及卜筮者",亦必实有其法,而非虚语矣。

其议事之法,亦有可见者。陈怀公之朝国人也,曰:"欲与楚者左,欲与吴者右。"《韩非子·外储说》:"齐桓公将立管仲,令群臣曰:寡人将立管仲为仲父。善者入门而左,不善者入门而右。"此犹今之议院,可否者各自一门出也。《洪范》:"七,稽疑:择建立卜筮人。……三人占，则从二人之言。汝则有大疑，谋及乃心，谋及卿士，谋及庶人，谋及卜筮。汝则从，龟从，筮从，卿士从，庶民从，是之谓大同。身其康强，子孙其逢，吉。汝则从，龟从，筮从，卿士逆，庶民逆，吉。卿士从，龟从，筮从，汝则逆，庶民逆，吉。庶民从，龟从，筮从，汝则逆，卿士逆，吉。汝则从，龟从，筮逆，卿士逆，庶民逆，作内吉，作外凶。龟筮共违于人，用静吉，用作凶。"《公羊》桓公二年，蔡侯、郑伯会于邓。离不言会，此其言会何？盖邓与会尔。注："二国会曰离。二人议，各是其所是，非其所非。所道不同。不能决事，定是非，立善恶。不足采取，故谓之离会。时因邓都，得与邓会。自三国以上言会者，重其少从多也。能决事，定是非，立善恶。《尚书》曰：三人议，则从二人之言。盖取诸此。"又僖公三十一年，"夏，四月，四卜郊，不从，乃免牲。犹三望。曷为或言三卜，或言四卜？三卜礼也，四卜非礼也。三卜何以礼？四卜何以非礼？求吉之道三"。注："三卜，吉凶必有相奇者。可以决疑，故求吉必三卜。"此皆多数议决之法也。

《韩非子·内储说》："鲁哀公问于孔子曰：鄙谚曰，莫众而迷。今寡人举事，与群臣虑之，而国愈乱，其故何也？孔子对曰：明主之问臣，一人知之，一人不知也。如是者，明主在上，群臣直议于下。今群臣无不一辞同轨乎季孙者。举鲁国尽化为一，君虽问境内之人，犹不免于乱也。一曰：晏婴子聘鲁，哀公问曰：语曰，莫三人而迷。今寡人与一国虑之，鲁不免于乱，何也？晏子曰：古之所谓莫三人而迷者，一人失之，二人得之，三人足以为众矣。故曰莫三人而迷。今鲁国之群臣，以千百数，一言于季氏之私。人数非不众，所言者一人也。安得三哉？"又曰："张仪欲以秦韩与魏之势伐齐荆，而惠施欲以齐荆偃兵。二人争之。群臣左右，皆为张子言，而以攻齐荆为利，而莫为惠子言。王果听张子，而以惠子言为不可，攻齐荆事已定。惠子入见，王曰：先生毋言矣。攻齐荆之事果利矣，一国尽以为然。惠子因说：不可不察也。夫齐荆之事也，诚利，一国尽以为利，是何智者之众也？攻齐荆之事诚不利，一国尽以为利，何愚者之众也？凡谋者疑也。疑也者，诚疑，以为可者半，以为不可者半。今一国尽以为可，是王亡半也。劫主者，固亡其半者也。"案今人恒言，多数不免于愚。其实非愚之为患，而不能公之为患，苟人人本其大公至正之心以议事，未有合多数而成众愚者也。何则？愚人而宅心公正，则经智者之譬晓，必能舍己而从之矣。经智者之譬晓而犹不悟，此为下愚之不移。下愚与上智，在群中同居少数，必不至如其意以决议也。然则民主政体之难行，实非识不足之为患，而道德不足之为患，风气诚朴之世，率有众断之遗迹存焉。诚朴愈漓，则专制之威愈甚。其故可深长思矣。《左》成六年，晋栾书救郑，与楚师遇于绕角。楚师还。晋师遂侵蔡。楚公子申、公子成以申息之师救蔡，御诸桑隧。赵同、赵括欲战，请于武子。武子将许之。知庄子、范文子、韩献子谏，乃还。"于是军师之欲战者众。或谓栾武子曰：圣人与众同欲，是以济事。子盍从众？子为大政，将酌于民者也。子之佐十一人，其不欲战者，三人而已。欲战者，可谓众矣。《商书》曰：三人占，从二人。众故也。武子曰：善钧从众。夫善，众之主也。三卿为主，可谓众也。从之，不亦可乎？"此别是一理。虽未必非，然实失从众之意矣。

　　古代采取舆论之事甚多。但用否之权，仍操诸上，不如议会之有定法耳。《管子·桓公问》："齐桓公问管子曰：吾念有而勿失，得而勿忘，为之有道乎？对曰：勿创勿作，时至而随。毋以私好恶害公正。察民所恶，以自为戒。黄帝立明台之议者，上观于贤也。尧有衢室之问者，下听于人也。舜有告善之旌，而主不蔽也。禹立谏鼓于朝，而备讯唉。汤有总街之庭，以观人诽也。武王有灵台之复，而贤者进也。此古圣帝明王，所以有而勿失，得而勿忘者也。桓公曰：吾欲效而为之，其名云何？对曰：名曰啧室之议。曰：法简而易行，刑审而不犯，事约而易从，求寡而易足。人有非上之所过，谓之正士。内于啧室之议，有司执事者，咸以厥事奉职而不忘为。此啧室之事也。请以东郭牙为之，此人能以正事争于君前者也。桓公曰：善。"此似纳谏进贤等事，皆该括焉。《左》襄三十年，"郑人游于乡校，以论执政。然明谓子产曰：毁乡校何如？子产曰：何为？夫人朝夕退而游焉，以议执政之善否。其所善者，吾则行之。其所恶者，吾则改之。是吾师也。若之何毁之"？此则察众论之从违，以定政令之行止者也。《孟子》曰："国人皆曰可杀，然后察之。见可杀焉，然后杀之。"《王制》曰："疑狱，泛与众共之。众疑，赦之。"则古时刑狱，亦有采取舆论之法，但未知其法如何耳。

立君为民，而国非君主一人所私有，此理本古人所深知。《吕览》曰："凡人之性，爪牙不足以守卫，肌肤不足以扞寒暑，筋骨不足以从利辟害，勇敢不足以却猛禁悍，然且犹裁万物，制禽兽，寒暑燥湿弗能害，不惟先有其备而以群聚邪？群之可聚也，相与利之也。利之出于群也，君道立也。自上世以来，天下亡国多矣。而君道不废者，天下之利也。四方之无君者，其民少者使长，长者畏壮，有力者贤，暴傲者尊。日夜相残，无时休息，以尽其类。圣人深见此患也，故为天下长虑，莫如置天子也。为一国长虑，莫如置君也。置君，非以阿君也，置天子非以阿天子也，置官长非所以阿官长也。德衰世乱，然后天子利天下，国君利国，官长利官。此国所以递兴递废也，乱难所以时作也。"《恃君览》。此等议论，古书中不可胜举。如《管子·君臣》，《商君·修权》，议论皆与此篇相出入。如是，其视诛锄暴君，自为当然之事。其言之尤痛快者，莫如《淮南子》。《淮南子》曰："圣人之用兵也，若栉发耨苗，所去者少，而所利者多。杀无罪之民，而养无义之君，害莫大焉。殚天下之财，而澹一人之欲，祸莫深焉。使夏桀、殷纣，有害于民而立被其患，不至于为炮烙。晋厉、宋康，行一不义而身死国亡，不至于侵夺为暴。此四君者，皆有小过而莫之讨也，故至于攘天下，害百姓。肆一人之邪，而长海内之祸，此大伦之所不取也。所为立君者，以禁暴讨乱也。今乘万民之力，而反为残贼，是为虎傅翼，曷为弗除？夫畜池鱼者必去猵獭，养禽兽者必去豺狼，又况治人乎？"《兵略训》。其言之可谓深切著明矣。古之贤君，亦颇有能知此义者。《左》文十三年，"邾文公卜迁于绎。史曰：利于民而不利于君。邾子曰：苟利于民，孤之利也。天生民而树之君，以利之也。民既利矣，孤必与焉。左右曰：命可长也，君何弗为？邾子曰：命在养民。死之短长，时也。民苟利矣，迁也，吉莫如之。遂迁于绎"。《说苑·至公篇》载南宫边子之言曰："昔周成王之卜居成周也，其命龟曰：予一人兼有天下，辟就百姓，敢无中土乎？使予有罪，则四方伐之，无难得也。周公卜居曲阜，其命龟曰：作邑乎山之阳，贤则茂昌，不贤则速亡。季孙行父之戒其子也，曰：我欲室之挟于两社之间也，使我后世有不能事上者，使其替之益速。"此等，疑古者或将指为后人所傅会。然当时既有此理，固不容谓为君长者必不之知也。儒家发挥民贵君轻之义最力者为孟子。其说，皆孔门成说也。见附录。

国非君主所私有，秦汉之际，其义尚明。《至公篇》又曰："秦始皇帝既吞天下，乃召群臣而议曰：古者五帝禅贤，三王世继，孰是？将为之，博士七十人未对。鲍白令之对曰：天下官则让贤是也，天下家则世继是也，故五帝以天下为官，三王以天下为家。秦始皇帝仰天而叹曰：吾德出于五帝，我将官天下，谁可使代我后者。鲍白令之对曰：陛下行桀纣之道，欲为五帝之禅？非陛下所能行也。秦始皇帝大怒曰：令之前。若何以言我行桀纣之道也，趣说之。不解则死。令之对曰：臣请说之。陛下筑台干云，宫殿五里。建千石之钟，万石之簴。妇女连百，倡优累千。兴作骊山，宫室至雍，相继不绝。所以自奉者，殚天下，竭民力。偏驳自私，不能以及人。陛下所谓自营仅存之主也，何暇比德五帝，欲官天下哉？始皇阇然，无以应之,面有惭色。久之曰:令之之言,乃令众丑我。遂罢谋,无禅意也。"此或后人之寓言。然眭孟推《春秋》之意,谓:"汉帝宜谁差天下,求索贤人,嬗以帝位,而退自封百里。"盖宽饶引《韩氏易传》言:"五帝官天下,三王家天下。家以传子,官以传贤。若四时之运,功成者去。不得其人,则不居其位。"俱见《汉书》本传。则事实矣。汉高祖灭项羽,诸侯及将相,共请尊为皇帝。高祖曰:"吾闻帝,贤者有也。空言虚语,非所守也。我不敢当帝位。"此言甚质,乃诚高祖之言,非后世文饰之乱比也。文帝元年,有司请立太子。"上曰:朕既不德,上帝神明未歆享;天下人民,未有嗛志。今纵不能博求天下贤圣有德之人而禅天下焉,而曰:豫建太子,是重我不德也。谓天下何?"皆见《史记》本纪。此等诏令,后世绝不闻矣。亦足觇社会思想之变迁也。

立君为民之义,其亡于东、西汉之际乎?眭孟之说,出自《春秋》。宽饶有言,征之《易传》,足征今学昌明之世,立君为民之义,为儒生所共知,非世主所能讳。迨王莽谋篡,乃伪造图谶,傅以经说,名之曰纬。如图谶之说,则一姓之兴,皆由天命,征以祯祥。传世久远,亦皆前定,由于历数,无复"天视自我民视,天听自我民听","惟命不于常,道善则得之,不善则失之"之意。自此以后,居帝位者,遂侈自以为当然矣,岂非思想之一大转变乎?

无政府之说,中国无之。《老子》谓:"大道废,有仁义。慧智出,有大伪。""绝圣弃智,民利百倍。绝仁弃义,民复孝慈。绝巧弃利,盗贼无有。"《庄子》谓:"民有常性。""至德之世,其行填填,其视颠颠。""同乎无知,其德不离。同乎无欲,是谓素朴。素朴而民性得矣。及至圣人,蹩躠为仁,踶跂为义,而天下始疑矣。澶漫为乐,摘僻为礼,而天下始分矣。故纯朴不残,孰为牺尊?白玉不毁,孰为珪璋?道德不废,安取仁义?性情不离,安用礼乐?""夫残朴以为器,工匠之罪也。毁道德以为仁义,圣人之过也。"《马蹄》。似有有政府不如无政府之意。然此仍是"天下皆知美之为美,斯恶矣;皆知善之为善,斯不善矣"之旨。欲使治天下者,谨守无为之教,还风俗于纯朴。非谓既有政治,可一旦撤去之,而还于无政治也。有政治而复还于无政治,姑无论其可不可,试先问其能不能。老庄即愚人,岂至于是?故以老庄之说,附会今之无政府之说者缪也。至以许行之言,附会今之无政府,则其说尤缪。陈相谓"从许子之道,则市贾不贰,国中无伪。虽使五尺之童适市,莫之或欺。布帛长短同,则贾相若。麻缕丝絮轻重同,则贾相若。五谷多寡同,则贾相若。屦大小同,则贾相若"。苟无政府,试问谁为厘定其贾,责其遵守乎?彼谓"贤者与民并耕而食,饔飧而治",乃谓不剥民以自奉,非谓无君也。不然,又安有所谓贤者,以别于所与并耕之民乎?许行之说,盖古农家之言。其所欲取法者,乃极简陋之世。虽简陋,仍有政府,初非今克鲁泡特金等之说也。后世诵法老庄,以为有君不如无君者,为晋之鲍敬言。其说,见于《抱朴子》之《诘鲍篇》,殊粗浅不足观。然亦谓后世有君之时,不如上古无君之世,非谓既有君,仍可去之也。鲍氏说虽粗浅,葛洪诘鲍之言,却颇有理致。其言曰:"远古质朴,盖其未变。譬夫婴孩,智慧未萌,非为知而不为,欲而忍之也。"又曰:"若令上世,人如木石,玄冰结而不寒,资粮绝而不饥者,可也。衣食之情,苟在其心,则所争岂必金玉?所竞岂必荣位?橡芋可以生斗讼,藜藿足用致侵夺矣。夫有欲之性,萌于受气之初。厚己之情,著于成形之日。贼杀并兼,起于自然。必也不乱,其理何居?"于世风之不可返,古代之未必胜于后世,言之凿凿,与今进化之说,若合符节焉。大抵进化之说,皆就一端而言。若合全体观之,则世事只有变迁,更无所谓进退。且如今日,民权之说既张,平等之义亦著。回视畴昔,则君主威权无限,社会阶级不平,谓其大不如今可也。然昔日风气,确较诚朴,今则巧诈益滋矣。则谓今不如昔亦可也。故《管子》谓"古者智者诈愚,强者陵弱,老幼孤独,不得其所,故智者假众力以禁强虐,而暴人止,为民兴利除害,正民之德,而民师之。

以为无君之世，不如有君可也。庄子谓"圣人不死，大盗不止"，"剖斗折衡，而民不争"。则有君之世，反不如无君亦可也。各就一端言之也。夫言岂一端而已，夫各有所当也。《管子》之说，见《君臣篇》。

　　以天下为一人所私有，盖从古未有此说。然君主之权，既莫为之限制，则其不免据天下以自私，亦势所必至也。积之久而其弊大著，乃有起而矫正之者，是为黄梨洲。《明夷待访录·原君篇》曰："有生之初，人各自私也，人各自利也，天下有公利而莫或兴之，有公害而莫或除之。有人者出，不以一己之利为利，而使天下受其利；不以一己之害为害，而使天下释其害。此其人之勤劳，必千万于天下之人。夫以千万倍之勤劳，而己又不享其利，必非天下之人情所欲居也。故古之人君，量而不欲入者，许由、务光是也。入而又去之者，尧舜是也。初不欲入而不得去者，禹是也。岂古之人有所异哉？好逸恶劳，亦犹夫人之情也。后之为人君者不然，以为天下利害之权皆出于我。我以天下之利尽归于己，以天下之害尽归于人，亦无不可。使天下之人不敢自私，不敢自利，以我之大私为天下之公。始而惭焉，久而安焉，视天下为莫大之产业，传之子孙，受享无穷。汉高帝所谓某业所就，孰与仲多者，其逐利之情，不觉溢之于辞矣。此无他，古者以天下为主，君为客，凡君之所毕世而经营者，为天下也。今也以君为主，天下为客，凡天下之无地而得安宁者，为君也。是以其未得之也，屠毒天下之肝脑，离散天下之子女，以博我一人之产业。曾不惨然，曰：我固为子孙创业也。其既得之也，敲剥天下之骨髓，离散天下之子女，以奉我一人之淫乐，视为当然。曰：此我产业之花息也。然则为天下之大害者，君而已矣。向使无君，人各得自私也，人各得自利也。呜呼！岂设君之道固如是乎？古者天下之人爱戴其君，比之如父，拟之如天，诚不为过也。今也天下之人怨恶其君，视之如寇仇，名之为独夫，固其所也。而小儒规规焉以君臣之义无所逃于天地之间。至桀纣之暴，犹谓汤武不当诛之，而妄传伯夷、叔齐无稽之事,乃兆人万姓崩溃之血肉,曾不异夫腐鼠?岂天地之大,于兆人万姓之中,独私其一人一姓乎?"《原臣篇》曰:"天下之大,非一人所能治,而分治之以群工。故我之出而仕也,为天下,非为君也。为万民,非为一姓也。""世之为臣者,昧于此义。以为臣,为君而设者也。君分我以天下而后治之,君授我以人民而后牧之。视天下人民为人君囊中之私物。今以四方之劳扰,民生之憔悴,是以危我君也,不得不讲治之牧之之术。苟无系于社稷之存亡,则虽有诚臣,亦以为纤芥之疾也。夫治天下,犹曳大木。然前者唱邪,后者唱许。君与臣共曳木之人也。若手不执绋,足不履地,曳木者惟娱笑于曳木者之前,从曳木者以为良,而曳木之职荒矣。嗟乎!后世骄君自恣,不以天下万民为事,其所求乎草野者,不过欲得奔走服役之人,乃使草野之应于上者,亦不出夫奔走服役,一时免于寒饿,遂感在上之知遇,不复计其礼之备与不备,跻之仆妾之间,而以为当然。""又岂知臣之与君,名异而实同耶?"其言可谓深切著明矣,大抵立论恒因乎时势。民主政体,古代既无其制,贵族执政,实较一人专制为尤恶。故孔子谓"天下有道,则礼乐征伐,自天子出。天下无道,则礼乐征伐,自诸侯出。自诸侯出,盖十世希不失矣。自大夫出,五世希不失矣。陪臣执国命,三世希不失矣"。《论语·季氏》。墨子欲使乡长壹同乡之义,国君壹同国之义,天子壹同天下之义。《墨子·尚同》。皆欲举治理之权,奉诸一人。以其时分裂之弊方著,专制之害未形也。自秦以来,君权日张,至晚近而其弊大著矣。故有梨洲之论,皆时势使然也。

后来北族之败亡,无不以继嗣之争者。今不暇备述,试取前、后《汉书·匈奴传》,《隋书》、《唐书·突厥传》读之,可以见其略也。今但略述蒙古之事,以见君位继承之有定法,亦必累经进化而后能然。而我国古代之或禅或继,亦可以此为借镜,而知其所以然焉。案蒙古始祖曰孛儿帖赤那,始居斡难沐涟之源。十八传至海都,始有汗号。海都而后,汗立阙者二世。至其曾孙哈不勒乃复称汗。哈不勒死,其再从兄弟俺巴孩继之。亦海都曾孙。蒙古与主因塔塔儿世仇。主因塔塔儿诱执俺巴孩,送之于金。金人以木驴杀之。非刑之名。俺巴孩使告其子合答安大石,及合不勒子忽图剌,为之报仇。于是部人共议,立忽图剌为汗。《秘史》谓:"是役也,会于豁儿豁纳川。既立忽图剌,遂燕于大树之下。众达达欣喜,绕树跳跃,蹋地成深沟。"盖斯时选举之仪式然也。忽图剌死,蒙古复无共主。成吉思少时,备受同族龃龉。稍长,诸部归向者渐多。始与其安答蒙古语。译言交物之友。札答阑、部名,亦氏族名。札木合同牧。已而去之,诸部多从之者。《源流考》谓是时诸部共推成吉思为汗,盖以继忽图剌也。及漠南北平,诸部族复大会于斡难沐涟,共上成吉思汗之号。拉施特《蒙古全史》曰:"成,坚强也。吉思,多数也。犹契丹之称古儿汗。古儿汗者,众汗之汗也。"《蒙古全史》。盖即所谓大汗也。至此,则推戴成吉思者,非徒蒙古人,而成吉思亦非但蒙古人之汗矣。《源流考》巴图蒙克七岁称达颜汗,四十一岁又即汗位,盖亦始为蒙古汗,继为众部族之汗也。达颜即大元异译,足征达颜汗之称,乃继承蒙古本族之统绪。蒙古自宪宗以前,汗位继承,必由宗王、驸马、万户、千户等会集推戴,谓之忽烈而台。译言大会。盖其本部族之汗,及诸部族之大汗,皆本无世袭之法也。此等立君,虽曰公推,初无定法。孰可与会,既无法律定之。孰可见推,自亦并无限制。惟就事势言之,则所推者,总不越成吉思汗之子孙耳。斯时虽无世继之法,而旧可汗之遗言,于新可汗之见推,甚有关系。观俺巴孩遗命合答安大石及忽图剌为之报仇,而蒙人立汗,遂必于二人中择其一可知。成吉思四子:长曰术赤,次曰窝阔台,次曰察合台,次曰拖雷。蒙古之俗,财产传诸幼子。幼子谓之斡赤斤,译言守灶。然此只是承受产业,与汗位继承,了无干涉。盖一为家事,一为国事也。爵位等之承袭,仍以长子为多。于此可悟古者兄弟相及之理。盖国固利有长君，而年长者任事较久，威望亦易孚于众也。成吉思汗之妻曰孛儿帖，_{翁吉剌氏。}尝为蔑儿乞所篡。成吉思结札木合等，复篡之归。归未久而生尤赤，诸弟皆以此歧视尤赤，不敬之。尤赤从成吉思西征，遂留西北不归，实蒙古之泰伯也。成吉思之死也，遗言立窝阔台。忽烈而台无异议。是为太宗。太宗死，忽烈而台立其子定宗。定宗病不事事，三年而殂。其子忽察、太宗孙失烈门、拖雷子蒙哥，皆觊觎汗位。然太宗后人，多不惬众望。成吉思之分部兵于四子也，拖雷以斡赤斤故，所得独多。功臣宿将，多隶麾下。拖雷之死，诸子皆幼。其妻唆鲁禾帖尼，实主政事。唆鲁禾帖尼有才略，部下皆归心焉。宗王最有威望者，为尤赤子拔都，唆鲁禾帖尼深结之，故拔都亦欲立蒙哥。定宗死之明年，拔都召开忽烈而台于阿勒台忽剌兀。_{地在今新疆省精河县南。}诸王以会议非地，多不至。明年，复会于客鲁沐涟。_{今克鲁伦河。}唆鲁禾帖尼主议，太宗及察合台后人无至者。拔都唱议立蒙哥，是为宪宗。太宗后人谋叛，欲立失烈门。宪宗杀其党七十人，并杀定宗可敦，及其用事大臣，谪失烈门为探马赤。世祖之侵宋也，请于宪宗，令其随军立功自赎。及宪宗自将南伐，仍命投诸水，杀之。宪宗又裂太宗分地，以封其后人，贾生所谓众建诸侯而少其力也。太宗旧部，皆易其将，所以夺其兵柄也。论者讥其失成吉思固本睦族之训焉。宪宗既立，使其弟忽必烈治漠南，阿里不哥治漠北。宪宗伐宋，死于合州。忽必烈方围鄂州，遽与宋和，北归，至开平，自立，是为世祖，始不待忽烈而台之推戴矣。阿里不哥亦立于和林，与世祖战，败绩，乃降。而太宗之孙海都，乘机自立，蒙古诸宗王多附之。至其子察八儿，乃来降。自海都之叛，蒙古大汗之号令，不复行于分封诸国。旷古未有之版图，遂自此解体矣。综观蒙古之立君，其始也，必有足以统摄全族者，而后举之，无其人则阙。其举之也，上遵先君之遗命,下待舆情之允洽。选者无偏党,无私曲,亦不闻植党违道以求立者,诚可为选君之模范。盖部族小则汗位不尊,其利不足争,而是非利害易见,其众亦不易诳也。迨成吉思东征西讨,所摄服者众,进而为诸部族之大汗,则其情势非复如此,而其事亦无以善其后矣。于此可悟选君民主之法,皆易行于小国寡民,至于广土众民之世,则不然也。我国之由官天下易为家天下,得毋其理亦如此邪?

中国一君专制政体,实事势所造成,前已言之。盖在古昔,强陵弱,众暴寡之焰方张,而一人专制之弊未著,故人民宁戴一最强者,以图息肩也。逮乎后世,君主专制之治,业已情见势绌。言政治者,宜其恶君主而欲去之矣。然凡事习之久则不觉其非。古代君权未盛之世,其事迹既多湮晦,又无他国之事,以资观感,则思虑有所不及。即有一二人偶得之,亦迫于势而不敢言。此数千年来,君主专政体,所以安若泰山也。逮乎明清之交,阉宦横于上,"流寇"起于下,生民之道既绝,清人乘之入主。论者穷极根原,乃觉一君专制之害之大,而梨洲原君之论出焉。尚未为多数人所注意也。适会西人东来,五口通商而后,无一事不受外侮。我国人始觉时局之大异于昔。今所谓外夷者,非复古之外夷,乃渐次加以考察,剥蕉抽茧,愈考察而愈近乎其真。而中日战后,时势之亟,又迫我不得不图改变。于是新机风发泉涌,改革之势,如悬崖转石,愈进愈激。图穷而匕首见,而君主政体动摇矣。或曰:梨洲与宋儒,同讲理学。明末固有阉宦之祸,"流寇"之事,然唐宦官亦不可谓不专横。藩镇之割据,其害亦未必减于宦官之祸也。辽金虽未入主中国,然祸害至此,亦前古所无矣。梨洲能发原君之论,宋儒顾大倡尊王之义者何?应之曰:宋儒之所倡者,为尊王攘夷。攘夷,梨洲与宋儒之所同欲也。特宋儒谓必尊王乃可攘夷。梨洲则谓必明乎天下非一人所私有之义,乃可以攘夷,其所以攘夷者不同耳。盖宋儒鉴于晚唐五代藩镇之祸,患纪纲之不立,故主尊王。梨洲鉴于明事之败坏,半由君主之昏庸,深知私天下于一人之弊,故有原君之论耳。

中国之大改革，始于光绪戊戌之变法。是时所欲效者，则日之睦仁，俄之彼得而已，未尝拟议及于政体也。政变而后，康有为设保皇党于海外。斯时所谓新者徒，所跂望者，则德宗亲政，复行新法而已，犹未及于政体也。庚子以后，人民乃知清室之不足有为。是时留学者日多，知外事稍浃。孙文唱道多年之革命，附和者乃渐多。梁启超初亦主革命，后与其师康有为论辩，折而从之，遂主君主立宪。于是革命、立宪，两派对峙。章炳麟所主《民报》，梁启超所主《新民丛报》为之魁。两派议论虽不同，其主改政体则一也。斯时在国内，主张立宪者，可以明目张胆；图谋革命者则不然。立宪派之势力，自较革命派为盛。日俄战后，时局益急。主立宪者，又谓日以立宪而胜，俄以专制而败。议论风靡全国。内外大臣，亦有主之者。于是有派载泽等出洋考察宪政之举。还奏，皆主立宪。疆臣又多奏请者。乃于光绪三十二年，下诏豫备立宪，从改革官制入手。三十四年八月，定豫备之期限为九年。溥仪立，人民请速开国会，又改其期为五年。中国民主之义，本甚昌大，特为事势所遏，郁而未发。是时遭际时会，浡焉以兴。清室即真能立宪，亦未足厌人民之望。况其所谓立宪者，毫无真诚。而内外官吏，借筹备立宪为名，多所兴作，扰民愈甚。主立宪者难之曰："所以欲立宪者，以政治不善也。今将一切新政，悉行举办，名之曰筹备立宪，则筹备告竣时，政治既已举矣，尚何以立宪为？既知专制之不如立宪，又不肯先立宪而后举办庶政，其意果何居乎？"主立宪者之论如此，主革命者可知。清室之所为，终不足以平民气而图自保也审矣。而是时满汉交恶之势又渐炽，于是事势益急。辛亥八月，义师起于武昌。薄海响应，捷于桴鼓。而清社以屋，而民国以成。

民国成立，可为创数千年未有之局。然异族君主之遗孽，迄今仍未克尽除。我国民不可不深念也。初清室之退位也，民国与订

《优待条件》。其中第一款,许其存尊号,民国以外国君主之礼待之。第二款,与以岁费四百万。第三款,许其暂居宫禁,日后移居颐和园。第四款,许其奉祀宗庙陵寝,民国为之保护。第五款,民国许代完德宗崇陵工程。第六款,宫内执事人员,许其留用。唯以后不得再阉人。第七款,民国许保护清室私产。于清皇族,亦许仍其世爵,公私权同于民国国民,而不服兵役,且保护其私产。于旗民,许为代筹生计。未筹定前,八旗兵弁俸饷,照旧发给。亦可谓仁至义尽矣。乃清室仍居宫禁,迄不迁移。违背条件之事,尤不一而足。民国六年,又有复辟之役。京师既复,民国本应加以澈究。徒以是时执政柄者,为清室旧臣,自谓不忍于故君,遂忘服官民国应尽之责任。多数议员,醉心禄利,纵横捭阖,日争政权,但图苟全一己生命财产,不复计纲纪顺逆,无能督责政府者。清帝遂仍安居故宫,一若未犯叛逆之罪。直至十三年,冯玉祥军入京师,国务院始与改订《优待条件》,废其尊号,令其出宫。然犹年给家用五十万。并一次支出二百万,开办北京贫民工厂,尽先收容旗籍贫民。清室所占公产,归诸民国政府,而私产仍为其所有。弥可谓仁之至,义之尽矣。乃清遗臣宝熙等,犹责民国不守《优待条件》,何其悖哉?今节录孙中山秘书处覆宝熙之函如下,于此事症结,最为了然。读此函,而此事之当如何措置,不待再计矣。函云:"中山先生以为条件契约,义在共守。《优待条件》第三款,载明大清皇帝辞位以后,暂在宫禁,日后移居颐和园。又民国三年,《清皇室优待条件善后办法》第二款,载称清皇室对于政府文书,及其他履行公权私权之文书契约,通用民国纪年,不用旧历及旧时年号。第三款载称清皇帝谕告及一切赏赐,但行于宗族家庭,及其属下人等。其于官民赠给,以物品为限。所有赐谥及其他荣典,概行废止。乃清室始终未践移宫之约。于文书契约,仍沿用宣统年号。对于官吏颁给荣典赐谥等,亦复相仍弗改。是于民国元年《优待条件》,三年《优待条件善后办法》中,清室应履行各款,已悉行破弃。逮民国六年复辟之举,实犯破坏国体之大眚。《优待条件》,至此毁弃无余。清室已无再责民国政府践履《优待条件》之理。虽清室于复辟失败后,自承为张勋迫胁而成。然张勋既死,清室又予以忠武之谥。是明示国人以张勋有造于清室,复辟之举,实为清室所乐从。综斯数端,民国政府,于《优待条件》,势难继续履行。我所以认十一月间摄政内阁修改《优待条件》,及促清室移宫之举,按之情理法律,皆无可议。"云云。其后清室善后委员会,点查清宫物品,发见清室与其遗臣密谋复辟文件,函请高等检察厅起诉。高等检察厅谓事在十四年一月一日赦令以前,遂为不起诉处分。委员会复函云:"本年一月一日大赦令,其主旨,系因民穷俗偷,多陷刑辟。故曹锟一案,不在赦列。其强盗匪徒杀人等案,情节较重,亦不在赦列。阴谋复辟,非普通罪犯可比。推翻国体,罪更浮于贿选。细绎此次令旨,实无赦及屡犯不悛,进行不已,复辟罪犯之意。为此仍请贵厅实行依法检举。"云云。高等检察厅终不听。

附录一　三皇五帝考

言古史者必称三皇五帝。三皇之名，不见于经。五帝则见《大戴礼记》。然说者犹多异辞。盖尝博考之。三皇之异说有六，五帝之异说有三。《河图》、《三五历》云："天地初立，有天皇氏，十二头，澹泊无所施为而俗自化。木德王，岁起摄提。兄弟十二人，立各一万八千岁。地皇十一头，火德王，姓十一人，兴于熊耳、龙门等山，亦各万八千岁。人皇九头，乘云车，驾六羽，出谷口。兄弟九人，分长九州，各立城邑。凡一百五十世，合四万五千六百年。"司马贞《补三皇本纪》。此三皇之说一也。《史记·秦始皇本纪》：丞相绾等与博士议帝号曰："古有天皇，有地皇，有泰皇，泰皇最贵。"此三皇之说二也。《尚书大传》以燧人、伏羲、神农为三皇。《含文嘉》、《风俗通》引。《甄耀度》、宋均注《援神契》引之，见《曲礼》正义。《白虎通正说》、谯周《古史考》《曲礼》正义。并同。惟《白虎通》伏羲次燧人前。此三皇之说三也。《白虎通》或说，以伏羲、神农、祝融为三皇。此三皇之说四也。《运斗枢》、郑注《中候敕省图》引之，见《曲礼》正义。《元命苞》、《文选·东都赋》注引。以伏羲、女娲、神农为三皇。此三皇之说五也。《尚书伪孔传序》、皇甫谧《帝王世纪》、孙氏注《世本》，以伏羲、神农、黄帝为三皇。《史记·五帝本纪》正义。此三皇之说六也。太史公依《世本》、《大戴礼》，以黄帝、颛顼、高辛、唐尧、虞舜为五帝。谯周、应劭、宋均皆同。

《五帝本纪》正义。此五帝之说一也。郑注《中候敕省图》,于黄帝、颛顼之间,增一少昊,谓德合五帝坐星者为帝,故实六人而为五。《曲礼》正义。此五帝之说二也。伪孔、皇甫谧、孙氏以少昊、颛顼、高辛、唐、虞为五帝。《五帝本纪》正义。此五帝之说三也。案《大传》云:"燧人以火纪。火,太阳也,故托燧皇于天。伏羲以人事纪,故托戏皇于人。神农悉地力,种谷蔬,故托农皇于地。天地人之道备,而三、五之运兴矣。"则三皇之说,义实取于天地人,犹五帝之义,取于五德迭代也。伏生者,秦博士之一。《始皇本纪》所谓天皇、地皇、泰皇者,盖即《大传》所谓燧皇、羲皇、农皇。《史记》索隐:"天皇、地皇之下,即云泰皇,当人皇也。"虽推测之辞,说自不误。《河图说》虽荒怪,然其天皇、地皇、人皇之号,仍本诸此也。《白虎通》释祝融之义曰:"祝者,属也。融者,续也。言能属续三皇之道而行之。"司马贞《补三皇本纪》曰:"女娲氏代伏羲立,无革造,惟作笙簧,故《易》不载,不承五运。一曰:女娲亦木德王。盖伏羲之后,已经数世。金木轮环,周而复始。特举女娲,以其功高而充三皇。"无革造及同以木德王,皆与属续之义相关,未知《白虎通》意果谁主?然司马氏之言,则必有所本也。《补三皇本纪》又曰:"当其末年,诸侯有共工氏,与祝融战,不胜,而怒,乃头触不周山崩。天柱折,地维缺。女娲乃炼五色石以补天,断鳌足以立四极。"云云。原注:"按其事出《淮南子》。"上云祝融,下云女娲,则祝融、女娲一人。盖今文家本有此异说。故《白虎通》并列之,造纬候者亦可之也。

实六人而为五,立说殊不可通。然实伪孔说之先河。《后汉书·贾逵传》:逵奏《左氏传》大义长于二传者曰:"五经家皆言颛顼代黄帝,而尧不得为火德。《左氏》以为少昊代黄帝,即图谶所谓帝宣也。如令尧不得为火。则汉不得为赤。"此古文家于黄帝、颛顼之间,增一少昊之由。然以六为五,于理终有未安。伪孔乃去燧人而升黄帝为三皇，则少昊虽增，五帝仍为五人矣。且与《易系》盖取一节，始伏羲而终尧、舜者相合，此实其说之弥缝而更工者也。伪孔以《三坟》为三皇之书，《五典》为五帝之典，据《周官·外史》疏，其说实本贾、郑。增改之迹，固可微窥。然则三皇之说，义则托于天地人。其人则或为燧人、伏羲、神农，或为伏羲、神农、祝融，此经师旧说也。因天地人之名，而立为怪说者，纬候也，五帝本无异说。古文家增一少昊，伪孔遂并三皇而易其人。异说虽多，固可穷其源以治其流矣。

问曰：三皇五帝之义，及其人之为谁某，则既闻之矣。敢问旧有此说邪？抑亦儒家所创也？应之曰：三皇五帝之名，旧有之矣。以为天地人之道备，而三五之运兴之义，盖儒家所创也。《周官》："都宗人掌都宗祀之礼。凡都祭祀，致福于国。"注："都或有山川及因国无主，九皇六十四民之祀。"疏："史记伏羲以前，九皇六十四民，并是上古无名号之君，绝世无后，今宜主祭之也。"按注以因国无主之祀，释《周官》之都宗人，盖是。以九皇六十四民，说周因国无主之祭，则非也。《周官》虽战国时书，然所述必多周旧制。九皇六十四民，见《春秋繁露·三代改制质文篇》。其说：存二王之后，以大国，与己并称三王。自此以前为五帝，录其后以小国。又其前为九皇，其后为附庸。又其前为民，所谓六十四民也。其说有三王九皇而无三皇。《周官》，"外史，掌三皇五帝之书"。伏羲者，三皇之一。疏引史记，史记为史籍之通称。今之《史记》，古称《太史公书》。汉东观所续，犹称史记。盖未有专名，故以通名称之也。此疏所引史记，不知何书。然必南北朝旧疏，其说必有所本也。云伏羲以前，明在三皇五帝之前，其说必不可合。郑盖但知《周官》都宗人所祀，与《繁露》九皇六十四民，并是绝世无名号之君，遂引彼注此，郑注好牵合，往往如此。疏亦未知二说之不可合，谓《史记》所云伏羲以前上古无名号之君，即郑所云九皇六十四民，遂引以疏郑也。《史记·封禅书》："管仲曰：古者封泰山禅梁父者七十二家。"又曰："孔子论述六艺传，略言易姓而王，封泰山禅乎梁父者七十余王矣,其俎豆之礼不章,盖难言之。"而《韩诗外传》曰:"孔子升泰山,观易姓而王,可得而数者七十余人,不得而数者万数也。"《封禅书》正义引。今本无之。然《书序》疏及《补三皇本纪》并有此语,乃今本佚夺,非张氏误引也。万盖以大数言之。然其数必不止七十二可知。数不止七十二,而管仲、孔子,皆以七十二言之者,盖述周制也。七十二家,盖周登封之所祀也。曰俎豆之礼不章,言周衰,不复能封禅,故其礼不可考也。《春秋》立新王之事,不纯法古制,然损益必有所因。因国无主之祭,及于远古有功德于民之人,忠厚之至也,盖孔子之所因也。然不能无损益,《王制》者,孔子所损益三代之制也。《王制》多存诸经之传,如说巡守礼为《尧典》之传是也。皆孔门《六经》之义,非古制。郑以其与《周官》不合,多曲说为殷制,大非。《王制》曰:"天子诸侯祭因国之在其地而无主后者。"此《周官》都宗人之所掌,盖孔子之所因也。《繁露》曰:"圣王生则称天子,崩迁则存为三王,绌灭则为五帝,下至附庸,绌为九皇,下极其为民。有一谓之三代,虽绝地,庙位祝牲,犹列于郊号,宗于岱宗。"绝地者,六十四民之后,封爵之所不及,故命之曰民。绝地而庙位祝牲,犹列于郊号,宗于岱宗,此盖周登封时七十二家之祭矣。周制,盖自胜朝上推八世,谓之三皇五帝,使外史氏掌其书,以备掌故。自此以往,则方策不存,徒于因国无主及登封之时祀之而已。其数凡七十二,合本朝为八十一。必八十一者,九九八十一;九者数之究;八十一者,数之究之究者也。孔子则以本朝合二代为三王,又其上为五帝,又其上为九皇,又其上为六十四民。必以本朝合二代为三王者,所以明通三统之义也。上之为五帝,所以视昭五端之义也。九皇之后,绌为附庸;六十四家徒为民,亲疏之义也。此盖孔子作新王之事,损益前代之法,《春秋》之大义。然此于《春秋》云尔,其于《书》,仍存周所谓三皇五帝者,以寓天地人之道备,而三五之运兴之义。故伏生所传,与董子所说,有不同也。《古今注》:"程雅问于董生曰:古何以称三皇五帝?对曰:三皇者,三才也。五帝，五常也。"三才者，天地人也。五常可以配五行。董子之言，与伏生若合符节。故知三皇五帝为《书》说，三王、五帝、九皇、六十四民为《春秋》义也。或曰：《繁露》谓"汤受命而王，亲夏，故虞，绌唐，谓之帝尧，以神农为赤帝。周以轩辕为黄帝，因存帝颛顼、帝喾、帝尧之帝号，绌虞而号舜曰帝舜，推神农以为九皇"。明九皇六十四民，为周时制也。应之曰：此古人言语与今人不同，其意谓以殷周之事言之当如此，非谓殷周时实然也。或曰，《管子》曰："古者封泰山禅梁父者七十二家，夷吾所记，十有二焉。"下历举无怀、伏羲、神农、炎帝、黄帝、颛顼、帝喾、尧、舜、禹、汤、周成王之名，凡十二家。明三皇五帝，即在七十二家之中。应之曰：此亦古今言语不同。上云七十二家，乃极言其多。下云十二家，则更端历举所能记者，不蒙上七十二家言。此以今人语法言之为不可通，然古人语自如是，多读古书者自知之也。《庄子·胠箧篇》列古帝王称号，有容成氏、大庭氏、伯皇氏、中央氏、栗陆氏、骊连氏、轩辕氏、赫胥氏、尊卢氏、祝融氏，多在三皇以前。古人同号者甚多。大庭氏不必即神农，轩辕、祝融亦不必即黄帝、女娲也。《礼记·祭法》正义引《春秋命历序》："炎帝号曰大庭氏，传八世，合五百二十岁。黄帝，一曰帝轩辕。传十世，二千五百二十岁。次曰帝宣，曰少昊。一曰金天氏，则穷桑氏，传八世，五百岁。次曰颛顼，则高阳氏，传二十世，三百五十岁。次是帝喾，即高辛氏，传十世，四百岁。"又《曲礼》正义："《六艺论》云：燧人至伏羲，一百八十七代。宋均注《文耀钩》云：女娲以下至神农，七十二姓。谯周以为伏羲以次有三姓，始至女娲。女娲之后五十姓至神农，神农至炎帝，一百三十三姓。"说虽怪迂，然三皇五帝，不必身相接，则大略可知，亦足为《韩诗》不得而数者万数作佐证也。二千五百二十岁之二，闽本、宋本作一。

附录二　广疑古篇

刘子玄《疑古》之说，后儒多訾之，此未有史识者也。彼众人不知，则其论事，恒以大为小。今有十室之邑，醵资而为社，举一人主其事，意有不乐，褰裳去之可也。假为千室之邑，则其去之，有不若是其易者矣。受任于败军之际，奉命于危难之间，拂衣而去，在一人诚释重负。然坐视继任之无人，而国事遂至败坏，众民无所托命，必有蹙然不安者。古之居高位，当重任者，曷尝不思息仔肩？然终不得去者，固未必无贪恋权力，沈溺富贵之私。然念责任不得遽卸，不忍脱然而去，以坏大局，其情亦必有之，厚薄不同而已。非如世俗所测度，徒据高位，贪厚禄而不肯去。苟肯弃高位，舍厚禄，即无不可去，无不得去也。彼世俗之见，亦适成其为世俗之见而已。儒者之称尧舜禅让，而讥后世篡夺，将毋同？

子玄曰："魏文帝曰：舜禹之事，我知之矣。汉景帝曰：学者无言汤武受命不为愚。斯并曩贤精鉴，已有先觉。而拘于礼法，限以师训，虽口不能言，而心知其不可者，盖亦多矣。"案《汲冢纪年》，明系伪物。其所以为伪，殆亦因口不能言，而托之于古与？夫书传无说，而我以意度，以为必然。书传有说，而我以意度，以为必不然。此学者之所深訾，亦恒情之所不服。然天下事固有意度未必非，左证完具，未必是者。今谓自有地球，则天无二日，书传无征也。谓古者十日并出，则传有其辞矣。二者果孰是乎？盖治社会科学者，其视人之行为与物同。今夫无生之物，其变动，最易逆测者也。植物动物，犹可逆测也，惟人则不然。虽甚圣智，不能必得之于至愚者矣。虽然，人人而观之，其举动殆不可测。而合全社会而观之，则仍有其必至之符。懦夫见弱，稽颡搏颊，壮士则有不肤挠不目逃者。其勇怯之相去，若楚与越。国民则未有见侮而不斗者也。且即人人而观之，其度量之相越，亦自有其限界，不能一为神而一为禽也。宋之田舍翁，其雄略，孰与唐之太宗？然宋太祖与唐太宗，则相去初不甚远。明之卖菜佣，其智力，孰与汉之郑康成？然以顾亭林与郑康成比，则度长絜大，殆有过之，谓古今人不相及，姑以是砭末俗而寄其思古之情，则可矣。以是为实，殆不然也。然则谓后世惟有王莽、曹操、司马懿、刘裕、杨坚、李渊、朱温、赵匡胤，古独有尧、舜、禹、汤、文、武，无有是处。

子玄疑古，皆据《汲冢书》及《山海经》。此皆伪物，不足据。亦其所以不见信于世也。百家之言尧、舜、汤、武者多矣。非儒之于儒，犹儒之于非儒也。举其说，犹不足以服儒家之心。今试以儒攻儒，则其可疑者，亦有五焉。

《书》曰："无若丹朱傲，惟慢游是好，傲虐是作。罔昼夜頟頟。罔水行舟，朋淫于家，用殄厥世。"《释文》："傲，字又作奡。"《说文》奡下引"《虞书》：若丹朱奡"。又引"《论语》：奡荡舟"。俞理初《癸巳类稿》曰："奡与丹朱，各为一人，皆是尧子。《庄子·盗跖篇》曰：尧杀长子。《释文》引崔云：长子考监明。又《韩非子·说疑篇》云：《记》曰：尧诛丹朱。尧时《书》称胤子朱，《史》称嗣子丹朱。朱至虞时封丹，则尧未诛丹朱。又据《吕氏春秋·去私篇》云：尧有子十人。高诱注云：孟子言九男事舜，而此云十子，殆丹朱为胤子，不在数中。其说盖未详考。《吕氏·求人篇》云：妻以二女，臣以十子。

《吕氏》实连丹朱数之，而《孟子》止言九男。《淮南·泰族训》亦云：尧属舜以九子。合五书，知尧失一子。《书》又云殄厥世。是尧十子必绝其一，而又必非丹朱也。《管子·宙合篇》云：若觉卧，若晦明，若敖之在尧也。即《史记·夏本纪》若丹朱傲。《汉书·楚元王传》刘向引《书》无若丹朱敖之敖。房乔注云：敖，尧子丹朱。谓取敖名朱，若举其谥者，尤不成辞。案《说文》言丹朱奡，《论语》已偏举奡。司马迁、刘向言丹朱敖，《管子》已偏举敖，则奡与朱各为一人，有三代古文为证，无疑也。《汉书·邹阳传》云：不合则骨肉为仇敌，朱、象、管、蔡是已。汉初必有师说。朱与奡以傲虐朋淫相恶，亦无疑也。故《经》曰奡额额，罔水行舟，则《论语》云奡荡舟也。《经》曰奡朋淫于家，则邹阳云骨肉为仇敌也。《经》曰奡殄厥世，则《论语》云不得其死。《孟子》、《吕氏》、《淮南》十子九男之不同；《庄子》言杀长子；《韩非子》言诛丹朱，皆可明其传闻不同之故。又得《管子》、《论语》偏举之文，定知言奡者不是丹朱矣。"赵耘崧《陔余丛考》曰："羿善射，奡荡舟，解以有穷后羿及寒浞之子，其说始于孔安国，而朱注因之。寒浞之子名浇，《左传》并不言奡。浇之荡舟，不见所出。陆德明《音义》，于丹朱傲云，字又作奡。宋人吴斗南，因悟即此荡舟之奡，与丹朱为两人也。盖禹之规戒，若但作傲慢之傲，则既云无若丹朱傲矣，下文何必又曰傲虐是作乎？以此知丹朱与奡为两人也。曰罔水行舟，正此陆地行舟之明证也。曰朋淫于家，则丹朱与奡二人同淫乐也。吴氏之说，真可谓铁板注脚矣。"予案奡能罔水行舟，则其人必有勇力。似与舜抗而不胜，而尧其余九男，乃往事舜者，此可疑者一也。

太史公曰："夫学者载籍极博，犹考信于六艺。《诗》、《书》虽缺，然虞夏之文可知也。尧将逊位，让于虞舜，舜禹之间，岳牧咸荐，乃试之于位，典职数十年，功用既兴，然后授政。示天下重器，王者大统，传天下若斯之难也。而说者曰：尧让天下于许由，许由不受，耻之，逃隐。及夏之时，有卞随、务光者。此何以称焉？太史公曰：余登箕山，其上盖有许由冢云。孔子序列古之仁圣贤人，如吴太伯、伯夷之伦，详矣。余以所闻，由、光义至高，其文辞不少概见，何哉？"史公此文，盖深慨载籍所传之说，与《书》义不符，欲考信而无从也。案宋于庭《尚书略说》据《周礼疏序》引郑《尚书》注云：四岳，四时之官，主四岳之事。始羲和之时，主四岳者，谓之四伯。至其死，分岳事置八伯，皆王官。其八伯，惟驩兜、共工、放齐、鲧四人而已。其余四人，无文可知矣。案上文羲和四子，分掌四时，即是四岳，故云四时之官也。云八伯者，《尚书大传》称阳伯、仪伯、夏伯、羲伯、秋伯、和伯、冬伯，其一阙焉。郑注以阳伯为伯夷掌之，夏伯弃掌之，秋伯咎繇掌之，冬伯垂掌之，余则羲和、仲叔之后。《尧典》注言驩兜四人者；郑以《大传》所言，在舜即真之年，此在尧时，当别自有人，而经无所见，故举四人例之。案唐虞四岳有三：其始为羲和之四子，为四伯。其后共、驩等，为八伯。其后伯夷诸人为之。《白虎通·王者不臣篇》：先王老臣不名。亲与先王戮力，共治国，同功于天下，故尊而不名也。《尚书》曰咨尔伯，不言名也。案班氏说《尚书》，知伯夷逮事尧，故居八伯之首，而称太岳。《春秋左氏》隐十一年，夫许，太岳之胤也。申、吕、齐、许同祖，故吕侯训刑，称伯夷、禹、稷为三后。知太岳定是伯夷也。《墨子·所染篇》、《吕氏春秋·当染篇》并云：舜染于许由、伯阳。由与夷，夷与阳，并声之转。《大传》之阳伯，《墨》、《吕》之许由、伯阳，与《书》之伯夷，正是一人，伯夷封许，故曰许由。《史记》尧让天下于许由，正傅会"咨四岳，巽朕位"之语。百家之言，自有所出。《周语》太子晋称共之从孙四岳佐禹。又云：胙四岳国，命为侯伯，赐姓曰姜，氏曰有吕。《史记·齐太公世家》云：吕尚，其先祖尝为四岳。佐禹平水土。虞、夏之际，封于吕，姓姜氏。此云四岳，皆指伯夷。盖伯夷称太岳，遂号为四岳。其实四岳非伯一人也。据此，则孔子于许由，未尝无辞，史公偶未悟耳。而知宋氏之说,则四岳之三,即在四罪之中,岂不可骇?又神农姜姓,黄帝姬姓。《史记·五帝本纪》谓黄帝与炎帝战于阪泉之野,又谓黄帝与蚩尤战于涿鹿之野。其实阪泉、涿鹿,即是一役;蚩尤、炎帝,正是一人。予别有考。自黄帝灭炎帝后,至于周,有天下者,皆黄帝之子孙。而共工、三苗,则皆姜姓也。伯夷虽得免患,卒亦不能践大位。唐虞之际,其殆姬姜之争乎?此可疑者二也。

《小戴记·檀弓》:"舜葬于苍梧之野。"各书皆同。惟《孟子》谓:"舜生于诸冯,迁于负夏,卒于鸣条。"未知何据。案《史记·五帝本纪》:"舜耕历山,渔雷泽,陶河滨;作什器于寿丘,就时于负夏。"索隐引《尚书大传》:"贩于顿丘,就时负夏。"则史公、孟子,同用今文《书》说。《史记》下文又云:"南巡狩,崩于苍梧之野,葬于江南九疑,是为零陵。"盖又一说也。古衡山,或以为在今湖南,或谓实今安徽之霍山。窃疑古代命山,所包甚广。衡霍峰岭相接,实通名为衡山。衡者,对从而言,以其脉东西绵亘而名之也。而唐虞之世,所祀为岳主峰者,则实为今之霍山。何者?禹会诸侯于涂山,又会诸侯于会稽,皆在淮南北、浙东西之地。而三苗之国,衡山在南,岐山在北,至禹时犹勤兵力以征之,舜未必能巡守至此也。自秦以前,戡定天下者,皆成功于今安徽。桀奔鸣条;武庚之叛,淮夷、徐戎并兴;楚之亡亦迁寿春是也。窃疑舜卒于鸣条,实近当时之南岳。后人误以唐虞时南岳,亦今衡山,乃并舜之葬处,而移之零陵耳。然无论其为鸣条,为苍梧,其有败逋之嫌则一。鸣条,桀之所放。苍梧、九疑,则近乎舜放象之有庳矣。果其雍容揖让,何为至于此乎?此可疑者三也。

《史记·秦本纪》:"秦之先,帝颛顼之苗裔孙,曰女脩。女脩织,玄鸟陨卵,女脩吞之,生子大业。大业取少典之子,曰女华。女华生大费,与禹平水土。已成,帝锡玄圭。禹受曰:'非予能成,亦大费为辅。'帝舜曰：'咨尔费，赞禹功，其赐尔皂游。尔后嗣将大出。'乃妻之姚姓之玉女。大费拜受。佐舜调驯鸟兽，鸟兽多驯服，是为柏翳。"正义："《列女传》云：陶子生五岁而佐禹。曹大家注云：陶子者，皋陶之子伯益也。按此，即知大业是皋陶。"《索隐》曰："寻检《史记》上下诸文，伯翳与伯益是一人不疑。而《陈杞世家》，即叙伯翳与伯益为二，未知太史公疑而未决邪？抑亦谬误尔？"案《陈杞世家》，叙唐虞之际，有功德之臣十一人：曰舜，曰禹，曰契，曰后稷，曰皋陶，曰伯夷，曰伯翳，曰垂、益、夔、龙。《索隐》曰："秦祖伯翳，解者以翳益，则一人，今言十一人，叙伯翳，而又别言垂、益，则是二人也。且按《舜本纪》叙十人，无翳而有彭祖，彭祖亦坟典不载，未知太史公意如何，恐多是误。然据《秦本纪》叙翳之功，云'佐舜驯调鸟兽'，与《舜典》'命益作虞，若予上下草木鸟兽'文同。则为一人必矣，今未详其所由也。"案《陈杞世家》之文，盖漏彭祖。所以叙翳，又别言益者，以垂、益、夔、龙四字为句。虽并举益，实但指垂。此古人行文足句之例。详见予所撰《章句论》。十一人去舜得十，加十二牧，凡二十二人。《五帝本纪》上文云："禹、皋陶、契、后稷、伯夷、夔、龙、垂、益、彭祖，自尧时而皆举用，未有分职。"次云："命十二牧。"下乃备载命禹、弃、契、皋陶、垂、益、伯夷、夔、龙之辞，而终之曰："嗟！女二十有二人。"明二十二人，即指十二牧及前所举十人。特失命彭祖之辞耳。然则翳、益为一人不疑也。《夏本纪》曰："帝禹立，而举皋陶荐之，且授政焉，而皋陶卒。而后举益，任之政。"禹行禅让，而所传者反父子相继，何邪？此可疑者四也。

《孟子》："万章问曰：人有言，至于禹而德衰，不传于贤而传于子。有诸？孟子曰：否，不然也。天与贤，则与贤。天与子，则与子。……丹朱之不肖，舜之子亦不肖。舜之相尧，禹之相舜也，历年多，施泽于民久。启贤，能敬承继禹之道。益之相禹也，历年少，施泽于民未久。舜、禹、益相去久远,其子之贤不肖,皆天也,非人之所能为也。莫之为而为者,天也;莫之致而至者,命也。"辨矣。然《淮南子》曰:"有扈氏为义而亡。"注:"有扈,夏启之庶兄也。以尧、舜举贤,禹独与子,故伐启。启亡之。"《淮南子·齐俗训》。《新序》曰:"禹问伯成子高曰:昔者尧治天下,吾子立为诸侯。尧授舜,吾子犹存焉。及我在位,子诸辞侯而耕,何故?子高曰:昔尧之治天下,举天下而传之他人,至无欲也;择贤而与人,至公也。舜亦犹然。今君之所怀者私也,百姓知之,贪争之端,自此始矣。德自此衰,刑自此起矣。我不忍见,是以野处也。"《新序·节士》。《淮南》世以为杂家,而主于道,其实多儒家言,予别有考,今姑勿论。《新序》之为儒家言,则无疑矣,而其言如此。又《书·甘誓序》疏曰:"自尧、舜,受禅相承,启独见继父,以此不服,故伐之。"义疏所本,亦必儒家言也。然则夏之世继,儒家传说,亦有异辞矣。得毋三王之事,或隐或显,姑以意言之邪?其可疑者五也。

周公摄政,亦今古文之说不同。今文家谓武王克殷二年,天下未集,有疾,周公乃自以为质,告于大王、王季、文王,藏其策金縢匮中。武王崩,成王少,周公恐天下闻而畔,乃践阼,代成王,摄行政,当国。管叔及其群弟流言于国。周公告太公望,召公奭曰:我之所以弗辟,摄行政者,恐天下畔周,无以告我先王大王、王季、文王。于是卒相成王。管、蔡、武庚等果率淮夷而反。周公乃奉成王命,兴师东伐。诛管叔,杀武庚,放蔡叔。宁淮夷土,二年而毕定。周公归报成王,乃为诗诒王,命之曰《鸱鸮》。成王七年,成王长,能听政,周公乃还政于成王。初,成王少时,病,周公乃自揃其爪以沈于河,以祝于神曰:王少未有识,奸神命者乃旦也。亦藏其策于府。成王病有瘳。及成王用事,人或谮周公,周公奔楚。成王发府,见周公祷书,乃泣,反周公。《史记·鲁世家》、《蒙恬列传》。周公死,成王狐疑,欲以天子礼葬公。公人臣也，欲以人臣礼葬公。公有王功，天大雷雨，禾偃，大木拔。及成王寤金縢之策，改周公之葬，申命鲁郊，而天立复风雨，禾稼尽起。《论衡·感类篇》。《后汉书·周举传》注引《尚书·洪范·五行传》。古文家以为武王崩，成王年十岁。年十二，丧毕，称已小，求摄。周公将代之，管蔡流言，周公惧，明年，出居东国，待罪以须君之察己。周公之属党，与知居摄者，周公出皆奔。又明年，尽为成王所得。周公伤其属党，无罪将死，恐其刑滥，又破其家，而不敢正言，乃作《鸱鸮》之诗以诒王。明年，有雷风之异，王乃改先时之心，更自新，以迎周公于东。周公反，则居摄之元年。时成王年十五。书传所谓一年救乱。明年，诛武庚、管、蔡等，书传所谓二年克殷。明年，自奄而还，书传所谓三年践奄。四年，封康叔，书传所谓四年建侯卫。时成王年十八。明年，营洛邑，故书传云五年营成周。六年制礼作乐。七年，致政成王，成王年二十一。明年，乃即政，年二十二也。《礼记·明堂位》、《诗·七月》《鸱鸮》《东山》疏。案义疏所引，虽郑氏一家之言，然《论衡·感类篇》曰："古文家以为武王崩，周公居摄，管、蔡流言。王意狐疑周公，周公奔楚，故天雷雨，以悟成王。"则郑所用，乃古文家之公言也。案周公既以成王幼而欲摄政，而又出居东国，待罪以须君之察己，不合情理。自当以今文说为是。古文之说，盖误居东与奔楚为一谈也。周初之楚，在今丹、淅二水入汉之处。宋翔凤《过庭录·楚鬻熊居丹阳武王徙郢考》。文王化行江汉，实得此震荡中原。迨穆王南巡守不反，则自武关东南出之道绝，而王室之威灵稍替矣。《左氏》昭公七年，"公将适楚，梦襄公祖。梓慎曰：襄公之适楚也，梦周公祖而行。子服惠伯曰：先君未尝适楚，故周公祖以道之。襄公适楚矣，而祖以道君"。可见周公奔楚，确有其事。此事自当如今文说，在成王亲政之后。谓属党之执，亦在斯时，则怡然冰释，涣然理顺矣。丹、淅形胜之地，周公据之，意欲何为，殊不易测。其如何复反于周，亦不可考。发府见书之说，乃讳饰之辞，不足信也。雷风示变，因以王礼改葬，申命鲁郊，其事亦殊可异。《汉书·匈奴传》："贰师在匈奴岁余，卫律害其宠，会母阏氏病。律饬胡巫言先单于怒，曰：'胡故时祠兵，常言得贰师以社，今何故不用？'于是收贰师，贰师骂曰：'我死必灭匈奴！'遂屠贰师以祠。会连雨雪数月，畜产死，人民疫病，谷稼不熟，单于恐，为贰师立祠室。"生则虐之，死又谀之，巫鬼之世，常有之矣，不足怪也。然则周公其果以功名终邪？此可疑者六也。

此等疑窦，一一搜剔，实不知凡几。今特就其较显著者言之耳。然儒家所传，是否事实，固已不能无疑。则亦无怪子玄之疑之矣。近人有孔子托古改制之说。其甚者，至谓三代以前，皆獉狉之世；尧、舜、禹、汤、文、武，为不知谁何之人，皆孔子造作，以寄其意。此亦太过。无征不信，岂能以一手掩尽天下目邪？且孔子固曰"我欲托之空言，不如见之行事之深切著明"矣。立说而蕲为世之所信，固莫如即其所信而增饰之。然则儒家之言，仍是当日流传之说。儒家特加以张皇，为之弥缝耳。仲任谓"圣人重疑，因不复定"，其说最允矣。《论衡·奇怪篇》。

然当日虽有此流传之说，而为之张皇其辞，弥缝其阙者，则固儒家为之，则亦足以考见儒家之主张矣。儒家之书言禅继之义者，莫备于《孟子·万章上篇》。今试就其言考之。其第一步，实在破天下为一人所私有之说，故曰："天子不能以天下与人。"然则孰与之？曰："天与之。""天与之者，谆谆然命之乎？"曰："非也。""天视自我民视，天听自我民听。"故舜禹之王，必以朝觐、讼狱之归，益之继世亦然也。此所谓"天与贤则与贤，天与子则与子"也。故曰："唐、虞禅，夏后、殷、周继，其义一也。"设诘之曰："德若舜禹，必天之所生，欲命以为天子者也，而何以仲尼不有天下？"则曰："无天子荐之也。"设又诘之曰："启、太甲、成王之德，不必如益、伊尹、周公也，而何以益、伊尹、周公不有天下？"曰："继世而有天下，天之所废，必若桀纣者也。"

如常山蛇,击首则尾应,击尾则首应,其立说可谓完密矣。当时虽未能行,卒赖其说,深入于民心,而两千年后,遂成国为民有之局。诵儒家言者,尊孔子为制法主,宜哉。

于史事不谛,而以意为说,不独儒家然也。《韩非子·忠孝》曰:"瞽瞍为舜父而舜放之。象为舜弟而杀之。放父杀弟,不可谓仁。妻帝二女而取天下,不可谓义。"《外储说》曰:"燕王欲传国于子之也,问之潘寿。对曰:禹爱益,而任天下于益,已而以启人为吏。及老,而以启为不足任天下,故传天下于益,而势重尽在启也。已而启与友党攻益,而夺之天下。"舜禹曾操懿之不若矣。然《五蠹篇》则曰:"尧之王天下也,茅茨不剪,采椽不斫;粝粢之食,藜藿之羹;冬日麑裘,夏日葛衣;虽监门之服养,不亏于此矣。禹之王天下也,身执耒臿,以为民先;股无胈,胫不生毛;虽臣虏之劳,不苦于此矣。以是言之,夫古之让天子者,是去监门之养,而离臣虏之劳也。"则说又大异,何哉?一以明让非定位一教之道,一以明争让由于养之厚薄也。皆取明义而已。事之实不实,非所问也。子玄所谓"轻事重言"者也。

或曰:古之让国者亦多矣。许由、务光、王子搜《庄子·让王》、《吕览·贵生》。等,姑勿论,其见于故书雅记者,若伯夷、叔齐,若吴泰伯,若鲁隐公,若宋宣公,《春秋》隐公三年。若曹公子喜时,成公十六年。若吴季札,襄公二十九年。若邾娄叔术,昭公三十一年。若楚公子启,哀公八年。皆是也。尽子虚邪?曰:夷齐之事,殊不近情。周大王之为人,何其与晋献公相类也?此外苟察其实,有一如儒家所传,尧、舜、禹授受之事者邪?